제3판

지식사회의 인간관계
인공지능시대의 인간경영

김종재 지음

박영사

제 3 판 서문

삶은 인간관계로부터

경영학에 "Management is personal management."라는 유명한 경구가 있다. 경영이란 곧 인사관리를 뜻 한다는 말이다.

그렇다. 현대 지식사회의 인간은 어떤 조직과 관계를 맺고 살아간다. 조직사회는 경영의 사회다. 조직사회의 경영을 성공시키기 위해서는 조직내외에서 인간관계에 성공해야 한다. 경영 즉 인간관계인 것이다.

이러한 기본철학에 입각하여 "지식사회의 인간관계"를 출간하여 대한민국 학술원 우수학술 도서에 선정되기도 하였고 독자들의 사랑도 많이 받았다. 지식사회는 변화를 거듭하여 4차 산업혁명시대가 도래하여 인공지능 시대가 오고 조직사회는 인공지능과 함께 살아가야 하는 사회로 변모하였다.

새로이 전개되는 변화의 시대에 맞추어 개정 3판을 출간하게 되었다. 개정판을 내면서 세 가지 점에 주안점을 두었다.

첫째, 총 16장을 12장으로 요약 정리하여 4차 산업혁명시대의 대학의 교재로, 일반인의 교양서로서 활용할 수 있도록 개편하였다.

둘째, 인간관계는 실천과학이라는 입장에서 역사적 사례들을 보완하여 인간관계를 학습하고 실천하는 데 이론과 실용 양면에서 도움이 되도록 하였다.

셋째, 인공지능 시대가 도래하여 인공지능과 함께 살아가야 하는 것이 현대인의 운명이요, 꿈 많은 청년들에게는 더욱 그렇다. 인공지능은 칼과 같은 양면을 지니고 있다. 독자들이 인공지능을 인간의 생활과 인간관계에 유익한 도구로 활용할 수 있는 지혜를 터득할 수 있도록 인공지능에 관한 필요한 내용을 도입하였다.

인간의 삶의 최고의 선(善)은 사랑과 승화와 창조의 삶이며 이를 꽃 피우기 위해서는 수기(修己), 치인(治人), 치세(治世)의 인생을 살아야 한다는 것이 본서가 추구하는 알파요 오메가다. 독자들이 본서의 철학을 인생의 화두로 삼아 4차 산업혁명시대라는 변화의 시대를 살아가는 지혜의 샘물로 이용해 준다면 더없는 보람이 되리라 생각된다.

덧없이 흐르는 세월의 물결 따라 인생도 흐르고 흘러 노을진 낙조를 바라보게 되었다. 프랑스의 어느 대통령은 인간으로 태어나서 하고 싶은 일을 다하고 떠난다는 유언을 남겼는데 자신이 없으니 아쉽기 그지없다. 명작에 대한 꿈은 아직 가슴 속에 남아 있는데 신의 뜻은 어떠신지? 유한한 인간의 운명 앞에서 겸손해야 한다는 것을 절실히 느끼게 된다. 칠판을 바라보고 30년, 칠판을 뒤로 하고 40년의 외길을 함께 걸어온 인생의 동반자에게 오랜 세월 침묵의 동행자였던 빛바랜 책상과 아쉬운 이별을 해야겠다는 선언을 해야 할 때가 온 듯하다.

그러나 가슴 깊은 곳에서는 생명과 바꿀 수 있는 명저를 남기고 싶다는 열정이 아직 꿈틀거리고 있다. 인간은 숨쉬고 있는 것만으로는 살아 있는 것이 아니다. 삶의 마지막 순간까지 의미 있는 인생을 살 때 살아 있는 것이다.

이번 개정판을 내면서 제자들의 도움을 많이 받았다. 전남대학교 양동민 박사는 마무리작업에 바쁜 시간을 많이 할애하여 주었으며 (사)평화아카데미 사무국장인 전재형 국장은 컴퓨터작업에 수고를 많이 하였고 전남대 대학원 김광숙 선생은 편집에 수고를 아끼지 않았다.

끝으로 박영사 안종만 회장님, 이영조 팀장님, 마찬옥 편집위원님께 감사의 마음을 전하고 싶다.

인생은 인간관계다. 잃어버린 세계에서 살고 있는 독자들이 인간관계에 성공하여 빛나는 인생탑을 쌓으시기를!

사랑하는 손자들, 가경·현송·종윤·나원·동규·동현이가 할아버지의 얼이 담긴 본서를 통하여 의미 있는 인생을 살아 준다면 더 없는 행복이리라.

2019년 5월　봄향기 피어 오르는
무등산 자락 개선산방(開仙山房)에서
김　종　재

개정판 서문

의미 있는 삶을 위하여

인간의 최고의 선(善)은 자기실현(自己實現: self-actualization)의 길이요, 자기실현의 길은 수기(修己)·치인(治人)·치세(治世)의 길이다. 자기실현의 길은 모택동의 대장정만큼 어렵고 험한 길이기도 하다. 그러나 그 길이 인간이 의미 있는 삶을 살기 위한 알파요, 오메가의 길이다. 인생의 대장정의 길을 안내하고자 니체가 한 밤중에 촛불을 켜들고 신을 찾아 헤매던 심정으로 인생의 황혼을 불태웠다.

본서를 수정하면서 특별히 고려한 점은

이론적인 면은 핵심 요소만 간추려 정리하고 삶의 실전에 참고가 될 수 있도록 다양한 인생의 이야기들을 이론의 틀에 맞추어 정리하였다.

저자가 꿈꾸는 세계는 공동선(共同善)의 세계, 사슴이랑 이리랑 함께 산길을 가며 바위틈에 어리는 물을 마시는 세계이다. 어떤 인생의 이야기들은 본서의 기본 철학에 배치되는 면이 있다고 생각할 수도 있으리라. 그러나 그런 삶의 사례들은 "평화를 원하거든 전쟁에 대비하라"는 잠언이 주는 교훈과 같이 자기실현을 성취하여 공동선(共同善)의 평화세계를 구축하는 데 기여할 수 있는 전략적 자료로서 가치를 부여하여 주었으면 한다.

니체는 그의 필생의 걸작 "짜라투스트라는 이렇게 말하였다"를 자평하여 "이 책이야 말로 철학서의 진수다"라고 선언하고 여러 출판사에 출판을 의뢰하였으나 거절당하고 눈물을 머금고 자비로 출판하였다. 그러나 겨우 40부 팔리고 기증본에 응답한 사람은 한 사람이었고, 칭찬한 사람은 한 사람도 없었다. 그는 너무도 외로워서 "나는 인생의 오식(誤植)이다. 다른 사람들은 모두 옳게 서 있는데 나는 거꾸로 서 있다"고 탄식하고 "내가 죽은 후 150년이 지나서야 나의 사상을 이해하게 될 것이다"라는 유언을 남기고 떠났다. 정말로 그가 떠난 지 150년 후부터 니체의

사상은 빛을 보기 시작하였다. 이처럼 새로운 길을 개척하는 사람들은 고독의 우산을 쓰고 길 없는 길을 걸을 때가 많다.

본서가 빛을 보도록 전남대학교 대학원 박사과정의 이희정 양의 수고가 많았으며 양동민 군의 협조도 잊을 수 없다. 그들 학문의 길에 서광이 있기를 바란다.

특히 손익계산을 초월하여 본인의 저서들을 출간할 수 있도록 후원하여 준 박영사 안종만 회장께 감사드리고 편집을 맡아 수고해준 편집부 마찬옥 이사와 강상희 양의 노고에 감사드린다.

운명의 여신이 내려준 인연의 고리로 연을 맺어 하 많은 인고의 세월을 함께 걸어온 인생의 반려인 동규 할머니에게 본서가 학술원의 "우수학술도서"로 선정되었다는 기쁜 소식을 전하고 싶다.

이 책을 읽는 독자들이 인간관계에 성공하여 자기실현의 의미 있는 삶을 살아 준다면 피카소가 그림을 그리듯, 베르디가 오페라를 작곡하듯 삼경(三更)을 지새우고 지새웠던 나의 인생이 헛되지 않으리라 생각한다.

독자들의 의미 있는 삶을 기원하며!

2010. 7.

무등산 자락 開仙山房에서

저자 김 종 재

책을 쓰면서

공동선의 세계를 위하여

하늘아래 가장 중요한 것도 인간관계요, 가장 어려운 것도 인간관계다.

이 세상에 홀로 존재하는 것은 아무것도 없다. 우주 만물은 서로 네트워크를 형성하고 우주의 법칙에 따라 일정한 질서를 유지하며 존재하고 있다. 태양계의 태양, 달, 지구와 인간은 중력이라는 대자연의 법칙에 따라 서로 연결되어 있다. 이처럼 우주 만물은, 우주의 대법칙에 따라 달의 인력으로 밀물, 썰물이 생기는 것과 같이 밀어주고 끌어당기며 운동을 계속하고 있다. 아인슈타인은 이 신비스러운 우주의 질서를 자기의 신이라고 고백하였다. 우주질서의 원리는 한쪽의 질서가 깨어지면 다른 쪽의 질서도 깨어진다. 그래서 우주는 하나의 공동체요, 생명체라 할 수 있다.

봄날 강가에 피어 있는 꽃 한 송이도, 가을 공원에 흩날리는 낙엽 한 잎도 자연의 섭리에 따라 피고 지는 것이다. 초원의 소 한 마리가 살기 위해서는 태양빛과 흙과 풀과 공기와 물이 필요하고 사람의 손길이 필요하다. 이 꽃, 저 꽃, 윙윙거리며 날아다니는 벌은 그냥 날아다니는 것이 아니다. 벌은 꽃과 꽃의 암수를 연결하여 열매를 맺게 해주고 꿀을 채취하여 먹고 살고 사람에게 주기도 한다. 소와 벌은 홀로 살고 있는 것이 아니다. 지구상의 만물이 그러하고 인간의 삶도 그러하다. 꽃, 소, 벌과 인간은 대자연의 공동체 안에서 함께 살고 있는 것이다.

대자연의 만물이 서로 연결되어 있는 공동체인데 하물며 만물의 영장이라고 하는 인간이 홀로 살아 갈 수 있겠는가? 인간은 상호연결되어 상호의존하고 상호작용하며 함께 살아간다. 그러므로 진정한 인간관계란 함께 사는 삶 즉, 공동선을 위한 공동체의 삶이라 하겠다.

그러나 현대인은 물질문명과 기계문명의 포로가 되어 살인적인 무한 경쟁 속에서 자기상실의 삶을 살아가고 있다. 프롬은 현대를 가리켜 인조인간(人造人間)의 시대요, 현대인의 문제는 무관심과 소외라고 진단하고 현대사회를 잃어버린 세계라고 한탄하였다. 잃어버린 세계에 살고 있는 우리는 새로운 세계를 건설하고 진정한 인간성을 회복하여야 하는 과제를 안고 살고 있다. 멀고도 어려운 그 과제를 실현하는 길은 인간의 진정한 삶의 길인 공동선을 위한 공동체의 인간관계를 구축하는 데 있다고 믿는다.

이러한 뜻에서 본서는 성공적인 인간관계의 학습과 응용을 위하여 공동선과 공동문화를 기본 철학으로 삼고 매일 매일 일어나는 인간관계의 실전에 응용할 수 있도록 삶의 전쟁터에서 일어난 사례들을 장별로 안배하여 집필하려고 노력하였다.

본서를 집필하면서 특별히 역점을 둔 점은,

첫째, 현대사회는 지식사회요, 지식혁명의 시대이다. 지식혁명시대의 환경변화를 예측하고 시행착오를 최소화하여 성공적인 인생을 설계하고 경영할 수 있도록 예방경영의 관점에서 기존의 내용을 대폭 개편하였다.

둘째, 한 학기 동안 대학의 전공 또는 교양 교재로 사용하기에 적합하게 구성하였다.

셋째, 공공기관, 기업체, 여러 조직체에서 일 하는 분들에게 성공적인 인간관계를 형성하여 자기실현의 길을 가는 데 지침이 되도록 하였다.

넷째, 이론적인 틀은 간결하게 요약정리하고 정치, 종교, 문화, 사회, 군, 기업 등에서 활동했던 역사에 발자국을 남긴 사람들과 의미 있는 삶을 살았던 사람들의 이야기를 간추려 정리하였다.

다섯째, 책의 구성은 1, 2, 3, 4부로 나누었으며 특히 4부는 천재도 살기 어려운 무한경쟁의 시대의 삭막한 삶의 전쟁터에서 의미 있는 인생의 길을 가고자 하는 독자들에게 안내인의 역할을 하여야 한다는 신념을 가지고 삼경(三更)을 지새우곤 하였다.

인간관계의 연구는 인간이 무엇인가에 대한 해답을 얻을 수 있다면, 불교에서 화두가 풀리면 깨달음을 얻듯이 쉽게 그 길을 찾을 수 있으리라 생각한다. 그러나 인류역사가 시작된 이래 인간의 자기 자신에 대한 연구는 시지프의 신화에서처럼 바위만 굴리고 있다. 신은 인간에게 답은 주지 않고 과제만 주었기 때문에 인간은 수많은 시행착오를 범하면서 끝도 없고 답도 없는 자신을 알기 위한 탐구여행을 계속하고 있다고나 할까? 이와 같이 인간에 대한 무지(無知)가 인간관계를 공부하는 한계라고 하겠다.

이 책이 빛을 보기까지 전남대학교 한상 연구원, 이수화 박사와 박사과정에서 공부하고 있는 양동민 군과 김광숙 양의 수고가 많았다. 특히 양동민 군은 원고 정리에 많은 시간을 할애하고 밤새워 땀을 흘릴 때가 많았다. 미래에 학문적인 대성이 있기를 바란다.

한 송이의 국화꽃을 피우기 위하여 봄부터 소쩍새가 그렇게 울었듯이 생명력 있는 책을 세상에 내어 놓을 수 없을까 하고, 고뇌하는 때도 많았었다.

이번의 책은 우거를 연구실 삼아 원고를 썼기 때문에 아내의 도움이 많았다. 나의 집필 사상 처음으로 아내가 타이핑하고 원고 정리까지 하는 조교역할을 하였다. 그리고 때로는 삼경까지 컴퓨터 앞에 앉아 있는 저자의 건강을 위해서 근심어린 날들을 보낸 것으로 알고 있다.

세월이 흘러서 손자들이 여러 명 생겼고 2008년 가을에도 딸 손자, 아들 손자 두 놈이 태어났다. 이 책이 갓 태어난 손자들의 성장과 함께 독자들의 사랑을 받고 판을 거듭하여 후일 손자들이 할아버지의 책을 읽고 의미있는 인생을 살아 준다면 하는 너무 큰 소망을 가져본다.

1992년부터 본서가 판을 거듭하면서 지금까지 맥을 이어 온 것은 오로지 독자들의 관심과 배려에서였다고 생각한다. 학자의 책 한권은 어떤 황제보다도 어떤 장군보다도 더 큰 영향력을 미친다고 한다. 본인도 이러한 꿈을 가슴에 품고 출발한 학자의 길이었는데 추수할 것 없는 텅 빈 가을 들판에 홀로 서 있는 기분이 들 때가 많다. 다음에 생명력 있는 작품을 남기기 위하여 인생의 마지막 정열을 바칠 것을 다짐하여 본다.

끝으로 어려운 출판 환경에서도 30여년 동안 본인이 학자의 길을 가는 데 성원을 보내주고 본서의 출판을 허락하여 준 안종만 회장님과 황인욱 전무님, 편집부의 마찬옥 부장님과 강상희 양, 그리고 편집부 직원 여러분에게 감사를 드리며 박영사의 무궁한 발전을 기원한다.

셰익스피어는 "세상은 무대요, 인생은 배우"라는 명언을 남겼다. 노트에 쓴 글씨는 지우고 다시 쓸 수 있지만 우리가 걸어온 인생의 발자국은 지울 수가 없다. 미완의 저서이지만 본서가 세상이라는 험난한 무대에서 독자들이 성공적이고 가치 있는 인생의 발자국을 남길 수 있도록 조그마한 도움이라도 된다면 더 없는 보람과 영광으로 생각하는 바이다.

인생의 길목에서 조우했던 많은 사람들의 의미 있는 삶을 바라면서….

2009. 2.

무등산 아래 開仙山房에서

저자 김 종 재

차 례

제2부 인간의 삶과 인간관계

제4장 동기부여와 자기실현(Self－actualization)

제5장 인간의 삶과 가치관

제6장 인간의 상호작용과 인간관계

제7장 집단에서의 인간행동

제8장 효과적인 커뮤니케이션(Communication)

제9장 인간사회의 갈등관리

제3부　공동선의 길을 찾아

제12장 공동선의 세계를 위하여

제1부

인간의 길
— 인간관계의 길

인간관계 3대전략

인간

시간　공간

1. 인간: 인맥을 구축하라
2. 시간: 시간을 활용하라
3. 공간: 공간을 확보하라

제1장

인간관계와 인간의 본성

인간

신의 창조물인가?
자연의 존재물인가?

인생은 인간관계요, 인간관계는 인생이다.

인간의 두 얼굴: 예수와 유다

레오나르도 다빈치가 '최후의 만찬'에 그려 넣을 예수의 모델을 찾기 위해 고심하던 중 마침내 시골의 한 성당 성가대에서 '피에트로 반디네리'라는 선한 얼굴을 가진 성가대원 한 사람을 만나게 되었다. 반디네리는 기꺼이 예수의 모델이 되어 주었고 얼마 후 음악공부를 하기 위해 다른 지역으로 떠나게 되었다. 다빈치는 6년 동안 11명의 예수의 제자들을 그렸고 마지막으로 배신자 유다의 모델을 찾아야 했다. 그때 로마 시장이 사형수들 중에서 찾아보라고 권하였다.

다빈치는 감옥으로 가서 사형을 기다리고 있던 한 죄수를 선택하여 유다의 모습을 그리고 이제 감옥으로 돌아가도 좋다고 하였다. 그런데 갑자기 사형수가 무릎을 꿇고 자기를 모르겠느냐고 물었다. 다빈치가 "나는 내 인생에서 당신 같은 사람을 본 일이 없소" 하니 그 청년이 "최후의 만찬 예수의 모델이 바로 나였소"라고 하였다. 그 선한 청년이 악의 소굴에 빠져 그만 사형수가 되고 말았던 것이다.

이와 같이 동일한 사람이라도 인생의 삶의 변화에 따라 예수가 될 수도 있고 유다가 될 수도 있는 것이 인간의 세계이다.

최후의 만찬

I 인간관계의 전제조건 ― 인간이란 무엇인가?

인간의 조건

간절한 열망, 내 존재를 다 던져도 좋을 절절한 갈망,
그리고 그것을 이루어 내려고 하는 처절한 실천,
그것이 인간의 조건이다.
― 앙드레 말로

이 세상 우주 만물은 만류 인력이라는 중력의 힘에 의하여 일정한 질서를 유지하면서 서로 관계를 맺고 공존하고 있다. 인간이 삶을 유지하기 위해서는 첫째로 대우주인 우주와 관계를 맺고 다음은 소우주인 인간끼리 관계를 맺고 살아가야 한다. 인간은 태어나서 삶을 마감할 때까지 실로 헤아릴 수 없는 수만 가지와 어떤 관계를 맺고 주고받으며 살아가야 한다. 그 수만 가지 중 가장 중요한 관계가 바로 인간과 인간 간의 관계이다.

이성을 가진 인간은 의미 있는 삶을 원하는 동물이다. 의미 있는 삶을 살기 위해서는 인간관계에서 성공해야 한다. 인생은 인간관계요 인간관계는 인생이다. 인간관계에 성공하기 위해서는 관계를 맺고 사는 인간이 무엇인가를, 누구인가를 알아야 한다. 그런데 인간은 인간 자신이 도대체 누구인가를 알지 못한다. 내가 누구인가를, 네가 누구인가를 모르면서 아는 체하고 관계를 맺고 살아가고 있다.

인간의 역사가 시작된 이래 인간은 인간 자신이 누구인가를 끊임없이 탐구해 왔다. 그러나 그 해답을 찾아내지 못하고 있다. 그것을 한계상황이라고 한다. 인간은 그 한계상황 속에서 몸부림치며 삶을 위한 관계를 맺고 살아가야 하는 존재다. 그 모순의 한계상황 속에서 인간끼리 어떤 방법으로 성공적인 인생을 살 것인가의 방법을 찾아보아야 한다. 그 방법을 찾아 길을 떠나 보기로 하자.

1. 인간이란 무엇인가?

이 세상에 내어던져진 인간이란 도대체 무엇인가? 어디서 왔다가 어디로 가는 존재인가? 유신론의 입장에서, 무신론의 입장에서, 신에게, 자연에게, 그리고 우리 인간 자신에게 묻고 또 묻는 숙명적인 과제이다. 인간이란 도대체 무엇인가 하는 물음은 인간의 역사가 시작된 이래 오늘까지 끊임없이 인간에게 던져진 숙제이다.

휴전회담 65년 만에 이루어진 북미정상회담은 상대가 누구인가를 모르는 데서 기인한 기만의 인간관계에 대한 상징을 말해 주고 있다. 정상회담에서 합의문에 서명하여 놓고도 그들은 서로를 의심하고 있다. 왜 그런가? 그 해답은 간단하다. 인간이 무엇인가를 모르기 때문이다. 인간은 대면공화 심격천산(對面共和 心隔千山 — 명심보감: 서로 대면하여 이야기는 하고 있지만 마음은 천개의 산이 가로 막혀 있는 것처럼 차이가 있다는 뜻)하는 동물이기 때문이다.

만일 인간이 인간의 마음을 측정할 수 있는 인공지능을 만들어 스마트폰에 장착하여 가지고 다니면서 국가 간의 회담에서, 개인 간의 거래에서, 애인과의 대화에서 상대방의 마음을 속속들이 탐지해 낼 수 있다면 어떤 현상이 일어날까? 상상해보라. 경천동지의 대 변화가 일어날 것이다. 인간사회는 인간이 기계화되어 로봇사회가 되고 말 것이다. 그런 사회를 과연 인간사회라 할 수 있을까? 인공지능 인간시대가 와서 1~20년 후에는 인간의 일 45%를 인공지능이 대신하게 될 것이라고 한다. 그러나 인공지능이 인간의 사랑하고 미워하는 오욕(五慾) 칠정(七情)과 온갖 책략을 꾸미는 인간의 마음까지 대신할 수 있을까? 진정으로 사랑의 밀어를 속삭일 수 있을까? 아마 그런 시대는 오지 않으리라. 그것은 신의 영역이 아닌가 한다. 그런데 오만한 인간은 신의 영역을 넘보고 있다.

인간사회는 본질적으로 서로를 모르기 때문에 의심하고 기만하는 사회다. 그래서 국가 간에 협정을 맺고 개인 간에 각서를 쓰고 혼인서약을 하고 소설이 나오고 시가 나오고 영화가 나온다. 희극이 있고 비극이 있다. 행복이 있고 불행이 있다. 사랑이 있고 증오가 있다. 평화가 있고 전쟁이 있다. 인간은 평화를 원하면서 전쟁을 한다. 인간사회는 모순의 사회다. 서로를 모르는 모순 속에서 경쟁하며 협력하며 살아가는 사회다.

불행한 일이지만 인간의 사회는 기만의 사회다. 기만 속에 살면서 만남(진실)의 사회로 나아가려는 것이 인간의 모순된 사회다.

인간은 자신이 누구인지 모르기 때문에 너무 궁금하다. 그래서 탐구하고 탐구하여 왔다. 그러나 결론은 모른다이다. 인간이 무엇인가에 대한 물음은 신이 인간에게 준 영원한 수수께끼가 아닌가 한다. 그 영원한 수수께끼를 풀기 위하여 시지프의 신화처럼 인간은 탐구에 탐구를 반복하고 있는지 모른다. 위에서 말한 바와 같이 인공지능시대가 도래하여 인간의 여러 가지 일을 대신하고 있는 경이로운 시대가 왔지만 인간이 무엇인가에 대한 해답은 아직 내리지 못하고 있다. 우리나라 속담에 천길 물속은 알아도 한길 사람 속은 모른다는 속담이 있다. 명심보감(明心寶鑑)에 환호환피 난환골, 지인지면 불지심(環虎環皮 難環骨, 知人知面 不知心)이라는 경구가 있다. 호랑이를 그리되 그 가죽은 그리기 쉽지만 그 속뼈는 그리기 어렵고 사람을 알되 그 얼굴은 알지만 그 마음은 알기 어렵다는 뜻이다. 결국 인간이 무엇인가에 대한 해답을 찾기는 어렵다는 뜻이다.

영원한 수수께끼인 인간이 무엇인가에 대한 해답을 찾지 못한 인간은 너무 답답한 나머지 노래를 하고 시를 읊기도 한다. 하이네라는 시인은 어느 날 로렐라이 언덕에 올라 인간이란 도대체 무엇인가를 묻고 물었지만 그 해답을 얻을 수 없어 다음의 역설적인 시를 읊었다.

인간이란 무엇인가.
어디서 왔다가 어디로 가는 것인가.
찬란히 반짝이는 하 많은 저 별 빛 너머로
살고 있는 자 그는 누구인가.
그 해답을 기다리는 자 그는 바보다.

하이네의 인간에 대한 역설처럼 체념하고만 살 수 없는 것이 인간의 본성이다. 하이네의 시는 끊임없이 반복되는 물음의 역설적인 표현이라 할 수 있다.

인간은 자기존재에 대한 끊임없는 탐구를 계속하여 인간본성의 연구에 흔적을 남기기도 하였지만 신비와 경이로 가득 찬 특이한 존재에 대한 완전한 연구는 요원하며 만일 출생의 비밀을 밝혀낸다 하더라도 신의 노여움을 사게 되지 않을까 한다. 인간의 인간에 대한 연구는 한계상황을 벗어날 수가 없으며 이러한 한계상황 내에서 먼저 간 선현과 철학자들이 인간 본성에 대한 여러 가지 가설을 제시하였다.

그들의 물음은 인간의 본질과 본성에 대한 이해는 가능한 것인가? 만약 가능하다면 그것은 어떻게 정의될 수 있는가 하는 점이다. 인간의 문제를 접근하는 데는 여러 가지 측면이 있지만 위의 본질적인 물음에 대한 가치판단의 기준에 따라 종교, 정치, 교육, 문화 그리고 인간관계를 다루는 철학의 핵심이 형성되는 것이다.

따라서 본 인간관계에서는 위에서 서술한 인간의 한계상황을 인식하고 그 한계 상황 내에서 현대조직사회에서의 성공적인 인간관계를 형성해 나가는 방법을 탐색하여 보려고 한다.

2. 인간의 본성에 대한 견해

앞에서 이야기한 바와 같이 인간이란 존재가 형이상학적(形而上學的)으로, 형이하학적(形而下學的)으로 무엇인가라는 명제가 밝혀진다면 인간본성에 대한 구체적인 규명은 용이하게 해결될 수 있을 것이다.

인간에 의한 인간탐구는 크게 나누어 "인간이 양(善)인가, 이리(惡)인가"라는 문제로 고민하고 있는 다람쥐 쳇바퀴 도는 듯한 모습에서 한 발짝도 더 나아가지 못하고 있다. 프롬(E. Fromm)은 인간의 본성에 대하여 다음과 같이 설파하고 있다.[1]

인간이 양이라면 인간의 생활은 왜 양의 생활과 같지 않은가? 인간의 역사는 피로 쓰여졌으며, 그것은 인간의 의지를 꺾기 위해 힘이 사용된 계속적인 폭력의 역사가 아닌가? 우리들은 도처에서 인간에 대한 인간의 비인간성을 목격하지 않는가? 무자비한 전쟁에서, 살인과 강간에서, 강자가 약자를 무자비하게 착취하는 데에서, 그리고 고문을 당하고 괴로움을 당하는 사람들의 한숨 소리를 외면하고, 캄보디아의 킬링필드, 시리아의 내전에서 보는 바와 같이 살인을 즐기기조차 하는 인간의 모습을 보고 전율을 느낌과 동시에 선악에 대한 혼란에 빠지게 된다. 이스라엘과 팔레스타인의 처절한 싸움에서, 아우슈비츠의 죽음의 수용소에서, IS의 잔인한 테러에서 우리 인간이 보고 느낀 것은 무엇인가? 이 모든 사실들은 홉스로 하여금 "인간은 동포에 대해서는 이리와 같다"라는 결론을 내리게 했다.

그러나 '인간은 양과 같은 존재이다' 또는 '이리와 같은 존재이다'라고 각기 주

---

1) R. M. Hodgetts, *Modern Human Relations*(Hinsdale, Illinois: The Dryden Press, 1980), p. 8.

장하는 양쪽의 주장은 모두 우리들을 당황하게 만들고 있다. 우리들은 스탈린이나 히틀러 같은 명백한 살인자들을 개인적으로 알고 있으나 그들은 일반적인 일이 아니라 예외적인 일이다. 대부분의 인간은 양의 가죽을 쓴 이리이며, 우리들로 하여금 지금까지 야수처럼 행동하지 못하게 했던 그 금지사항들이 일단 제거된다면 우리들의 진짜 성질이 명백히 나타날 것이라고 가정해야 하는가? 이러한 가정은 부인하기는 어려우나 완전히 신빙성이 있는 것은 아니다.

그렇다면 여기서 우리들이 취급하고 있는 곤란한 모순에 대해 더 좋은 설명이 또 있을까? 우리들은 소수의 이리들이 다수의 양들과 어울려 살고 있다고 간단히 말할 수 있을까? 이리들은 죽이기를 좋아하며 양들은 따르기를 좋아한다. 그렇기 때문에 이리는 양을 살해하고 목 졸라 죽이며 양은 이에 순순히 응하는데, 그것은 그들이 따르는 일을 즐기기 때문이 아니라 따르기를 동의하기 때문이다. 이는 두 종류의 인종, 다시 말하면 늑대족과 양의 종족이 있음을 의미하는 것이 아닌가? 더군다나 늑대처럼 행동하는 것이 인간의 본성이 아닌데, 폭력이 인간에게 신성한 의무로 제시된다면 어떻게 인간이 그렇게 쉽사리 늑대처럼 행동하도록 설득당할 수 있는 것인가? 양과 늑대에 관한 우리들의 가정은 조리가 없을지도 모른다. 결국 늑대는 대다수의 인간이 보여주는 것보다는 더 명백하게 인간본성의 긴요한 특질을 나타내는 것이 아닌가? 아니면 결국은 두 가지 주장이 다 틀렸을지도 모른다. 아마도 인간은 늑대도 되고 양도 되는지도 모른다. 아니면 늑대도, 양도 아닌지도 모른다.

그러나 이와 같은 프롬의 주장은 역시 프롬의 주장일 뿐이다. 인간본성탐구에 대한 인간의 끝없는 노력에도 불구하고 인간존재에 대한 신비는 검은 베일에 싸여 있으니 인간이 인간본성을 운운한다는 것은 신의 입장에서 보면 어리석기 짝이 없는 짓일지 모른다. 그러나 인간은 자신의 존재에 대하여 체념하고 산다는 것은 너무도 불안하기 때문에 어리석은 작업인 줄 알면서도 그 일을 계속하고 있다. 신의 입장에서 보면 어리석은 작업이 인간의 입장에서 보면 위대한 업적일 수도 있다. 이러한 의도를 살려서 인간관계의 본론에 들어가기 전에 인간본성에 대한 동서양의 학자들의 견해를 들어 이야기하고자 한다.

▒▒▒▒ 타지마할 성

인도의 무굴제국 다섯 번째 왕인 샤자한은 5명의 왕비가 있었는데 그중에서 두 번째 왕비 뭄타즈를 제일 사랑하였다고 한다. 그런데 그 사랑하는 왕비가 출산 중 사망하고 말았다. 그는 사랑하는 아내를 기념하기 위해 타지마할 성을 건축하기로 하고 인도 최고의 기술자들을 모집하였다. 무려 22년에 걸쳐서 너무나 아름다운 성을 건축하였다. 대리석으로 된 궁전은 가로 300m, 세로 530m나 된다. 그런데 왕은 타지마할 성을 건축하느라 몇십 년을 고생한 기술자들의 손목을 절단하였다. 샤자한은 왜 그렇게도 잔인한 행동을 하였을까?

샤자한왕은 그 성을 건축하는 데 국가의 재정을 너무 낭비하여 국가의 기강이 흔들리고 민심이 동요하여 그의 아들에 의하여 8년 동안이나 유폐되었다가 사망하였다고 한다. 그가 유폐되었던 곳은 타자마할 성의 건너편에 있는 검은 대리석 집이었다. 그는 그곳에 갇혀서 타지마할 성을 바라보며 무슨 생각을 하다가 죽었을까.

---

1) 인간의 본성에 대한 학설

동서양의 선현들이나 학자들이 인간의 본성에 대하여 여러 가지 학설을 설파하였지만 이는 인간이 무엇인가에 대한 명확한 규명이 없는 한계 내에서의 주장이라는 것을 밝혀두면서 인간관계 공부에 몇 가지 도움이 될 수 있는 학설을 소개하고자 한다.

(1) 성선설(性善說)

성선설은 맹자가 처음으로 제창하였는데, 인·의·예·지(仁·義·禮·智)의 4가지 특성이 인성(人性)에 뿌리박고 있어서 인간과 비인간이 이것으로써 구별이 된다는 것이다.[2]

"인간 본성이 선한 것은 마치 물이 아래로 흐르는 것과 같다. 인간은 선하지 않음이 없으며, 물은 아래로 내려가지 않음이 없다"(「孟子」 '告子篇').

"측은한 마음은 인간이면 누구나 다 가지고 있고, 부끄러워하고 미워하는 마음도 누구나 다 가지고 있다. 공경하는 마음, 옳고 그름을 가리는 마음 또한 누구나 다 가지고 있다. 측은한 마음은 인(仁)이요, 부끄러워하고 미워하는 마음은 의(義)이며, 공경하는 마음은 예(禮)요, 옳고 그름을 가리는 마음은 지(智)이다. 仁·義·

---

2) 森本三男(編), 「經營組織」(中央經濟社, 1985), pp. 147~148.

禮·智는 밖에서 나에게 주어서 생긴 것이 아니라, 내가 본래부터 가지고 있는 것인데 이것을 생각하지 않았을 뿐이다"

仁·義·禮·智 네 가지는 기본덕목이요, 인간의 마음에서 생겨난 것이지 밖에서 부여해준 것이 아니다. 그러므로 인간의 본성이 선하다는 것은 대개 여기에 기초를 두고 있는 것이다. 맹자는 또 말하기를 성인은 의리가 충만하기 때문에 본성은 반드시 선하다. 성인과 나는 동류이며 서로 비슷하다는 원리에 근거하여 나의 본성 역시 선하지 않을 수 없다고 주장하였다.

(2) 성악설(性惡說)

순자는 성악설을 제창하여, "인간의 성품은 악하다. 그 선(善)한 것은 인위(人爲) 즉 허위이다"(「순자」 '성악편')라고 말했는데, 이것은 善이 선천적인 것이 아니라 후천적임을 지적한 말이다. 환언하면 善은 타고나면서부터 가지고 나온 것이 아니라 인위적인 결과란 의미이다.

(3) 선·악에 대한 서양의 사조

중국의 성악설(性惡說)은 성선설(性善說) 다음에 제창되었지만, 서양에서는 먼저 성악설이 생기고 난 뒤에 성선설의 관점이 생겼다. 서양의 사악한 인성관은 사악한 세계관에 근본을 두었고 사악한 세계관은 종교의 영향에서 생겼다. 기독교는 인류의 시조 아담이 원죄를 지었기 때문에 사악한 길로 떨어졌고 그 후손들은 태어나면서 악한 경향을 가지고 나온다고 주장하였다. 그러므로 인간의 본성은 근본적으로 악하다는 주장이 일찍부터 신조가 되어버려 이에 대해 의심하거나 논변을 벌일 여지도 없었다. 중세의 교부철학자 아우구스티누스(A. Augustinus) 이래의 논자들은 모두 인간의 본성이 악하다는 관점을 가지고 있었다. 그 후 이탈리아의 마키아벨리(N. Machiavelli: 1469~1527)와 영국의 홉스(J. Hobbes: 1588~1679)와 독일의 쇼펜하우어(A. Schopenhauer: 1788~1860)는 모두 인간의 본성이 악하다고 주장하였다. 마키아벨리는 당시 이탈리아 사회의 부패를 직접 보았으므로 인간의 본성은 악하다고 단정하였고, 홉스는 원시사회 초기에 백성들이 혼전하는 자연상태를 가상하여 인간의 본성이 악함을 추론해 내었으며, 쇼펜하우어는 천국에서 쫓겨 내려온 신화를 형이상학적 진리로서 독실하게 믿었으므로 성악의 관점을 갖게 되었으니, 죄악이 인간본성 가운데 뿌리 깊게 박혀 있기 때문에 제거할 방법이 없다고 생각하였다.

> ▰▰▰▰ **인간의 본성: 유태인 포로수용소에서**
>
> 2차 대전 때 유태인 수용소에 프로이드의 제자인 프랭클린(Flankle)이라는 심리학자가 들어 가게 되었다. 그는 그곳에서 두 가지의 특이한 인간의 모습을 경험하였다. 하나는 한 유태인 죄수(?)가 동포를 독일군에게 밀고한 대가로 얻은 빵조각을 웃으면서 먹고 있는 모습이었다. 그는 무릎을 쳤다. 아! 인간의 본성은 악한 것이로구나 하고. 그는 성악설(性惡說)을 신봉하는 학자였다. 얼마 후 한 유태인이 수용소의 동포를 구하기 위하여 기꺼이 목숨을 바치는 모습을 보았다. 그는 놀랐다. 도대체 인간이란 무엇인가. 선한 것인가. 악한 것인가. 선도 악도 아닌 그 어떤 것이 있구나. 그 어떤 것은 바로 초월의 의지가 아닌가 하는 깨달음을 얻었다.

2) 다른 견해

(1) 공자: 인성(人性)은 일야(一也)다

공자는 인성은 하나라는 주장을 폈다. 사람의 성품은 하나인데 환경에 따라 惡으로 나타났다, 善으로 나타났다 한다고 논어에 기술하였다. 예를 들면 강도짓을 하여 남의 물건을 빼앗아 달아나던 강도가, 물에 빠져 허우적거리는 어떤 사람을 보고 도둑질한 물건을 버리고 물에 빠진 사람을 구해주었다면 그의 본성은 선이었을까? 악이었을까? 하는 물음에 답하는 것이 공자의 인성론이다.

(2) 파스칼(Blaise Pascal): 인간은 중간자다

파스칼은 인간은 세 가지 측면에서 중간자라는 주장을 폈다.

① 인간은 시간적으로 중간자다.

우리의 뒤에는 영원한 과거가 있고 우리의 앞에는 영원한 미래가 있다. 영원한 과거와 영원한 미래의 중간에 서 있는 자가 바로 중간자로서의 인간이라는 것이다.

② 인간은 공간적으로 중간자다.

인간은 무한대의 우주 공간 한 중간의 한 점에 서 있는 깨알 같은 존재로서 광대무변의 우주 공간 중간에 떠 있는 중간자라고 주장하였다.

③ 인간은 존재론적으로 중간자다.

인간은 동물인가 하면 천사요, 천사인가 하면 동물이다. 천사도 아니요 동물도 아닌, 천사와 동물의 중간에 서 있는 자라고 갈파하였다.

현실세계를 보면 야수같이 악한 인간이 얼마나 많으며 천사같이 선한 인간도 얼마나 많은가. 인간이 천사, 즉 「善」의 편에 서서 살 수 있도록 환경을 조성해주는 일이 중요하다 하겠다.

(3) 야스퍼스(Karl Jaspers): 인간은 피투성(被投性)인 존재인 동시에 기투성(企投性)인 존재다

야스퍼스는 인간은 이 세상에 내어던져진 존재임과 동시에 스스로 내어던지는 존재라고 하였다. 피투성(被投性)이란 어머니 뱃속에서 수동적으로 태어나는 한계상황을 뜻하고, 기투성(企投性)이란 스스로 선택할 수 있는 인생길을 말한다.

우리가 누구의 아들딸로 태어나는 것은 어쩌자니 어쩔 수 없는 한계상황이다. 이것은 선택 불가능의 세계다. 이것을 운명이라 한다. 우리는 선택 가능의 세계, 즉 기투성(企投性)의 세계에 희망을 걸어야 한다. 선택의 길을 가면서 인생을 창조해가는 인간에 대한 이야기를 계속 하고자 한다.

인생은 무(無)상태에서 태어나며 무에서 태어난 인간은 선택과 책임을 동시에 져야 한다고 강조했던 또 한 사람의 철학자는 사르트르였다. 사르트르는 무신론의 신봉자였다. 그는 인간은 태어나면서 용도가 정해진 것이 아니라 완전히 무상태에서 태어난다. 무에서 태어난 인간은 자기 자신의 인생에 대하여 자신이 선택을 하고(예컨대 정치인이 될 것인가, 학자가 될 것인가, 군인이 될 것인가의 선택), 그 선택에 대하여서는 책임을 져야 한다는 책임론을 강조하였다.

불교에서는 인간의 일생을 운명 30%, 선택 70%라고 가르치고 있다. 운명은 가을에 감나무 밑에서 감이 떨어지기만을 기다리는 것이고 선택은 감나무를 흔들어 감을 떨어뜨리는 것이다. 인간은 선택에 의해서 운명을 바꿀 수 있다. 인간으로 태어나서 이 세상에 빛을 남긴 사람들은 30%의 운명을 극복하고 70%의 선택의 세계를 최대한 활용한 사람들이다. 영국의 처칠은 칠삭둥이로 태어난 발달장애인이었다. 그는 초등학교를 3년이나 유급하였고 영어에 낙제하였다. 옥스퍼드를 가고 싶었지만 실력이 모자라고 자신이 없어서 사관학교에 진학하였다. 그런 처칠이 영국 수상을 두 번이나 역임하였고 2차 대전을 승리로 이끌었으며 노벨 문학상까지 받았다.

그 빛나는 성공의 열쇠는 운명을 극복한 지혜로운 선택의 결과였다. 처칠의 인생좌우명 "포기하지 말자"를 기억하자. 2차 세계대전 중 독일의 로켓 포탄이 런던을 끙음의 공포에 몰아넣을 때 의회에서 "피와 눈물과 땀을 바쳐 영국을 구하자!" 라고 외친 감동적인 처칠의 연설을 우리의 인생에 적용해 보자.

3. 현대 사회의 인간상황

1) 잃어버린 세계의 인간의 삶

19세기의 문제는 '神이 죽었다'는 데 있었다. 그러나 20세기의 문제는 '人間이 죽었다'는 데 있다. 19세기에는 비인간적이란 말이 냉혹하다는 것을 의미했었다. 그러나 그 말의 20세기적 의미는 분열적 자기소외를 뜻한다. 과거의 위험은 인간이 노예화되는 데 있었다. 그러나 "앞으로의 위험은 인간이 인조인간(人造人間)화되는 데 있다"라고 프롬(E. Fromm)은 갈파하고 있다.[3] 21세기는 신도 죽었고 인간도 죽었고 돈과 기계의 노예가 되어버린 인간 '인조인간', 이것이 현대인의 모습이다.

이와 같은 현대인의 모습은 기계문명의 발달로 인간이 거인이 되었기 때문이다. 도구와 불과 언어를 가지고 자연과 맹수와 투쟁을 시작했던 인간은 현대에 접어들어 초능력을 발휘하는 거인이 되었다. 오늘의 인간은 기관차를 들어올리고, 들을 수 없는 먼 곳에서 사람들이 속삭이는 대화내용을 듣고, 대륙 저 너머에서 일어나고 있는 상황을 탐지해 낸다. 새보다 더 높이 더 멀리 하늘을 날며 오대양 육대주를 종횡으로 난다. 물고기보다 더 깊이 더 멀리 헤엄치는 능력을 개발하여 대양을 자유로이 헤엄쳐 다닌다. 이런 인간은 산을 뚫고, 자기 의지대로 대지를 개조하고 바다와 바다를 연결하고, 사막에도 물을 끌어들인다.

그러나 더욱더 놀라운 것은 인간이 신보다 더 믿고 더 필요한 것을 만들었는데, 그것이 바로 컴퓨터라는 우상이다. 인간은 컴퓨터의 노예가 되고 말았다. 이것이 현대 인조인간의 상징적인 모습이다. 컴퓨터의 발달은 4차 산업혁명시대를 맞이하게 되었고 인공지능시대가 도래하여 인간의 역사에 새로운 변화의 시대를 맞이하게 되었다.

이러한 초인적인 능력을 발휘한 인간은 긍지를 갖게 되었고, 또한 긍지를 갖는 것은 당연한 현상이라 하겠다. 인간은 이성과 창의력의 덕택으로 첨단문명의 세계를 구축하여 동화와 유토피아의 꿈이나 공상보다도 더 나은 것을 실현하였다. 인간

---

3) R. M. Hodgetts, *op. cit.*, p. 9.

은 의·식·주(衣·食·住)의 혁명을 가져왔고 편리의 문명을 성취하여 자동화 시대라는 문을 열었다. 이만하면 인간은 긍지를 가지고 인류의 장래에 대한 자신감을 가질 수 있지 않을까?

그런데도 여전히 현대인은 불안을 느끼며 점점 더 갈피를 못 잡고 방황하고 있다. 그는 힘써 일하고 노력하면서 자기의 활동이 쓸모없는 것이라고 어렴풋이 느끼고 있다. 사물에 대한 자기의 힘이 커지면 커질수록 그는 개인생활과 사회생활에서 무력감을 느낀다. 자연을 지배하기 위한 새로운 더 좋은 수단을 만들어내면서도 그는 그들 수단의 네트워크(network)에 얽매이게 되었고 이들 수단이 의미하는 오직 하나의 목적을 상실하고 말았다. 그 목적이란 '인간 자신(man himself)'이다. 인간은 자연의 주인이 되었으면서도 자신의 손으로 만들어낸 기계의 노예가 되어버린 것이다. 그는 물질에 관한 모든 지식을 가지고 있으면서도 인간존재라는 가장 중요한 근본적인 의문에 관해서는, 다시 말하면 인간이란 무엇인가, 어떻게 살 것인가 하는 의문에 관해서는 전혀 아무것도 모르고 있다. 이것이 21세기를 살아가는 컴퓨터 시대 인공지능시대의 잃어버린 인간의 단면이다.

현대인에게 '무엇으로 살 것인가'의 문제는 해결되었지만 '무엇을 위해서 살 것인가'의 문제는 해결되지 못하였다. 삶의 수단은 찾았지만 삶의 목적을 찾지 못한 것이 현대인이다.

2) 현대사회와 인간성 소외문제

현대사회의 근본적인 소외는 어디에서 오는가?

현대문명의 이기를 마음껏 누리고 살면서 현대인은 입만 열면 인간상실과 인간성 소외를 외치고 스스로 고독의 심연에 빠져 있다. 이러한 현대인의 병의 원천은 무엇인가? 그것의 핵심적인 원인은 산업화와 민주화, 물질만능주의 그리고 그것으로 인한 과거 전통사회에서 누려온 공동체사회의 붕괴에 있다 하겠다.

(1) 산 업 화: 현대인은 산업화된 세계에 살면서 시간의 노예, 속도의 노예, 돈의 노예가 되었고 기계의 부품이 되었다. 우리는 만능의 컴퓨터 앞에서 무력한 자신을 발견하게 된다. 특히 4차 산업혁명시대를 맞이하여 인간은 인간이 인간을 위해서 만들어 놓은 인공지능과 로봇 앞에서 고독의 심연에 빠진다.

(2) 민 주 화: 민주·자유·평등은 인간의 소망이다. 헤겔은, 세계사는 자유의 투쟁사라고 일찍이 갈파하였다. 현대인은 조상들이 쟁취한 민주화의 덕으로 인권을

누리는 삶(이것도 세계적인 면에서 볼 때 일부이기는 하지만)을 살고 있지만 오히려 이 민주화, 즉 모든 사람은 동등하다는 관점에서 개인은 공허한 생활 감정만을 지니고 있게 되었다. 프롬은 이러한 현상, 즉 현대의 고독을 순간순간의 불연속적 공허주의 속의 민주적 원리[4]라고 말하고 있다.

너와 나는 종속이 아니요, 대등하다는 관념이 우리 사회에서도 만연되어 있다. 신도 죽었고, 전통적인 도덕도 죽었고, 어른도 죽었고, 아버지도 죽었다. 내가 신이요, 촌장이요, 어른이요, 아버지다. 이것이 이른바 산업화와 민주화의 시대에 살고 있는 현대인의 모습이다. 현대인의 고독과 소외에 대하여 카렐 마카(Karel Macha)는 현대의 고독은 순간순간의 불연속적 공허로서, 소위 민주적 원리 — 모든 사람은 동등하다는 관점 — 에서 개인은 공허한 생활감정만을 지니고 있게 되었다고 말하고 있다.[5]

(3) 전통사회 인간 공동체의 붕괴: 현대사회가 산업화되고 민주화되면서 병행하여 나타난 것이 전통사회의 삶의 뿌리요, 규범이었던 인간 공동체의 붕괴라고 할 수 있다. 이는 다음 장에서 자세히 설명하기로 한다.

인간성 소외는 전통적인 인간관계의 붕괴와 갈등을 가져왔다. 현대인의 인간관계는 인(仁)과 의(義)와 신(信)에 의한 인간관계가 아니라 가산주의(家算主義)에 의한 인간관계로 흐르고 있다.

하늘 아래 가장 어려운 것도 인간관계요 가장 중요한 것도 인간관계다. 살아 있는 한 우리는 인간관계를 맺고 살아간다. 시지프의 신화같은 일이지만 포기할 수 없는 것이 인간관계에 대한 연구다. 인간 속에 살아야 하기 때문에…

인공지능시대라는 끝이 없는 경쟁의 바다에서 우리는 살아가야 한다. 우리의 숙명이기도 한 인간관계에 성공하고 인생에 성공할 것인가? 그 길을 찾아가 보기로 하자.

경쟁사회의 한 사례를 보자.

미국 어느 회사 중역이 있었다. 그는 회사에 입사하여 중역이 되어 어느 날 교통사고로 51세에 죽을 때까지 자신의 삶의 99%를 회사의 일에 쏟았다. 아내는 가정에 관심을 가져달라며 간청하였지만, "조금만 참아 달라. 모두 가족의 장래를 위해서 회사 일을 열심히 하는 것이니 이해해 달라"는 말 뿐이었다. 그의 아내는 기

---

4) 金植鉉, 「人事管理」(서울: 貿易經營社, 1984), pp. 514~515.

5) R. M. Hodgetts, *op. cit.*, pp. 15~16.

다리다 지쳐서 의과대학에 진학하여 의사가 되어 자기 일을 시작하였다. 그러나 자기 일을 갖게 되었다고 남편의 빈자리가 채워질 수 있는 것은 아니었다. 그녀는 남편이 필요했다. "여보! 이제 중역까지 되었으니 가정으로 돌아와요"라고 간청하였으나 그는 "중역이 되었으니 조금만 참아 달라," "회사는 내가 필요하다. 내가 없으면 안 된다"는 대답이었다. 어느 날 그의 아내에게 비보가 날아왔다. 교통사고로 그는 일 속에 묻혀 살았던 세상을 떠났다. 그가 간 후 3일 후 회사는 다른 사람을 그의 자리에 앉혔다.

 ## Ⅱ 인간관계의 발전과정

인간은 인간을 필요로 한다.

▧▧▧▧ 인간관계에 성공하는 세 가지 지혜

누구나 조직사회에서 조직생활을 하면서 성공적인 인생을 살기를 원한다. 성공적인 인생의 기본적인 요건은 성공적인 인간 경영에 있다 하겠다. 조직생활에서 성공적인 인간 경영의 요건을 세 가지로 요약하여 설명하고자 한다.

첫째는 스승이다. 인생의 길은 자기실현의 길이다. 인간은 육체의 아버지도 필요하지만 정신적인 아버지, 정신적인 스승이 필요하다. 자기 인생의 지표가 될 스승이 가까이 있으면 더욱 좋고 그렇지 않으면 스승의 모델이 있어야 한다. 빛을 남긴 사람들은 자기 인생의 스승이 있었다. 미국생활에서 저자의 연구에 가장 많은 협조를 했던 샤마(Chammah) 교수의 스승과 인생의 모델은 아인슈타인이었다. 플라톤은 그의 인생에서 네 가지 것을 감사하였다. 첫째는 희랍인으로 태어난 것, 둘째 남자로 태어난 것, 셋째 자유인으로 태어난 것, 마지막으로 소크라테스의 제자로 태어난 것이었다. 플라톤은 소크라테스라는 위대한 스승을 만났기 때문에 위대한 철학자가 될 수 있었다.

둘째는 직언(直言)해 줄 사람이 있어야 한다. 우리는 주위에 수많은 사람들과 인간관계를 맺고 있다. 인간은 모순투성이의 동물이기 때문에 인생을 살아가면서 때때로 시행착오를 범하게 된다. 그렇기 때문에 인간에게는 자기 행위에 대한 피드백(feedback)이 필요하다. 이 피드백은 본인이 지각하기가 어려운 면이 많다. 여기에서 진정으로 직언해 줄 친구나 동료가 필요하다. 직언해 줄 사람이 없는 사람은 진정으로 자기를 발견하기 어렵다. 조선시대 중종에게는 조광조가 있었다. 중종은 자신의 뜻이 받아들여지기까지 무수히 많은 상소를 올리며 직언을 두려워하지 않았던 조광조로 인해 무척이나 괴로워했지만 조광조의 주장이 바른 것이었기에 그 뜻을 받아들였다. 그러나 끝내는 수구세력들의 압력을 극복하지 못하고 조광조에게 사약의 형벌을 내리고 만다.

징기스칸의 참모 야율초재는 무력만능을 주장하는 징기스칸에게 점령지에 문화정책을 펼 것을 진언하였다. 중국을 무력으로 점령하였지만 문화정책을 쓰지 않으면 언젠가는 한족인 중국에 흡수되어 중국의 지배를 받는 파국이 올 것이라고 충언을 하였다. 그는 "무력으로 천하를 차지할 수는 있다. 그러나 무단 정치로는 천하가 다스려지지 않는다"는 명언을 남겼다. 몽고는 그들이 점령한 중국(징기스칸의 손자가 원나라를 세움)과 이슬람 문화에 동화되고 끝내는 축출당하였다. 야율초재의 직언은 예언이 되어 적중하였다.

직언은 꼭 필요한 삶의 지혜다. 그러나 사람들은 특히 지도자가 되면 직언을 싫어하게 된다. 어떤 대통령은 대통령이 되면 솔직하게 민심을 전해달라고 친구들에게 부탁하여서 약속을 믿고 직언을 계속하니까 청와대 문을 닫더라는 것이다. 대통령의 부인이 그 사실을 알고 부인 자신이 뒷문으로 대통령의 친구들을 초청하여 민심을 들었다는 일화가 있다.

셋째는 참모다. 인간의 얼굴이나 생각이 백인백색(百人百色)인 것과 같이 인간의 생활은 너무나 복잡하다. 특히 기만의 인간관계 속에서 살아가는 현대인은 세상을 사는 지혜가 필요하다. 아무리 머리가 좋은 사람도 모든 것을 자기의 힘으로 할 수 없을 때가 많고, 남의 눈에는 보이지만 자기의 눈에는 보이지 않을 때가 많다. 인생을 살아가는 데, 조직생활을 성공적으로 해나가는 데 전략의 지혜를 자문하여 줄 참모가 필요하다.

미국의 육군 참모총장과 국무장관을 역임하고 2차 대전 후 유럽부흥의 마셜플랜으로 유명했던 마셜은 참모를 잘 관리하여 성공한 인물이었다. 그가 육군 참모총장으로 임명되기 10년 전쯤 마셜은 조지아주 포트베닝의 보병학교에서 부 지휘관으로 복무하면서 다수의 장교들을 훈련시킨 경험이 있었다. 그때 마셜은 촉망받는 젊은이들의 이름을 기록해 두었다. 육군 참모총장이 된 후 그는 나이 많은 장성들을 은퇴시키고 그 자리를 직접 훈련시킨 이 젊은이들로 메우기 시작하였다. 그중에서도 가장 총애했던 인물이 드 와이드 아이젠하워(Dwight D Eisenhower)였으며 아이젠하워를 그의 참모로 기용했고 1942년에는 중장이었던 아이젠하워를 유럽 작전 현장 사령관에 임명하고 그 외 중요한 부서의 참모들을 그의 사람들로 채웠다. 그들은 그의 대리인 역할을 하였으며 미국 군부의 비효율과 권력투쟁 갈등을 이겨내고 2차 대전을 승리로 이끈 핵심세력으로 그들을 활용했다. 그는 그가 총애한 아이젠하워에게 충고한 핵심적인 중요한 제안 중 하나는 부하를 키우라는 것이었다.

간디에게는 네루 같은 참모가 있었고 징기스칸이 거대한 영토를 정복할 수 있었던 것은 그의 휘하에 명장들이 있었기 때문이었다.

1. 조직사회에서의 인간관계란?

"조직사회에서의 인간관계는 종업원이 경제적·심리적 및 사회적으로 만족하면서 더욱 생산적이고 협동적일 수 있도록 동기 부여하는 것이라 할 수 있다."[6] 따라서, "인간관계의 적용은 조직의 이익(또는 동기부여하는 사람)과 개인의 이익(동기부여되는 사람) 양자를 어떻게 작업장에서 연결할 수 있는가의 과정, 즉 양자의 목적을 동시에 달성해가는 과정이라 할 수 있다."

이러한 인간관계의 정의에 입각하여 조직에서 인간관계에 대한 설명을 보다 자세히 보기로 한다.

현대 산업사회에 있어서 조직은 생존, 성장, 이윤과 같은 여러 가지 목표와 관련을 맺고 있고, 종업원은 충분한 보수, 적합한 작업조건, 다른 사람들과 원만한 친교를 맺을 수 있는 기회, 흥미 있고 의미 있는 일을 할 수 있는 기회를 바라는 것과 관련을 가지고 있다.

오늘의 조직사회의 입장에서 볼 때 이러한 조직과 개인의 상호관계 속에 있는 인간관계는 다음 네 가지 영역으로 분류하여 생각할 수 있다. 즉, 개인근로자, 작업집단, 작업환경, 경영자(리더)로 분류할 수 있는 것이다. [그림 1-1]에서 보는 바와 같이 이 네 가지의 주요 영역은 각각 상호작용을 하며 상호 영향력을 행사하고 있는 것이다.

그림 1-1	X-Y이론의 가설

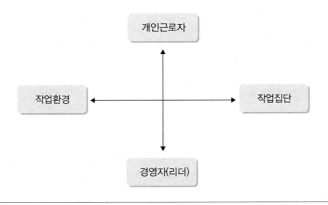

---

6) 金植鉉, 앞의 책, pp. 514~515.

이 네 가지의 영역 중 가장 중요한 것은 지도자(指導者, leader)이다. 인간관계라는 것은 인간에 관심을 두어야 하지만 지도자인 경영자는 조직의 모든 수준의 목표에 대한 통찰력을 상실하여서는 결코 안 된다. 경영자는 사람과 일, 그리고 부여된 목표 달성에 관심을 기울여야 한다. 어떤 경영자들은 그들의 종업원을 만족시키는 데 지나친 관심을 가진 나머지 수행해야 할 일 자체를 소홀히 하는 경우가 있다. 반면 어떤 경영자들은 지나치게 일에만 관심을 기울여 직무(job)에 대한 심리적·사회적인 면을 이해하는 데는 거의 시간을 할애하지 않는 경우가 많다. 인간관계라는 것은 조직의 모든 수준에서 중요한 것이므로 유능한 경영자는 인간관계에 대한 여러 가지 아이디어를 운용하는 길이 한 가지 방법만 있는 것이 아니라는 사실을 인식하여야 한다.

위에서 주로 기업조직의 측면에 입각하여 인간관계(人間關係)에 대하여 설명하였는바, 그 기본원리는 학교나 병원, 국가기관, 사회단체 모두 동일하다고 할 수 있다.

인간관계는 개인차원과 조직차원으로 나누어 생각할 수 있으나 현대 사회는 조직사회이기 때문에 조직차원의 인간관계에 역점을 두고 본서를 집필하고자 한다.

1) 개인차원

인간은 누군가의 배 속에서 태어나 생을 마감할 때까지 실로 수많은 사람과 관계를 맺고 살다가 누군가의 손을 잡고 간다. 인간(人間)이라는 한자어 인(人)은 사람이라는 뜻으로 두 사람이 서로 받치고 있는 격이다. 인간은 인간을 필요로 한다. 홀로 살아갈 수 없는 것이 인간이다. 두 사람 이상 복수의 인간이 결합할 때 인간관계가 이루어지고 인간의 삶이 형성된다.

인간이라는 간(間)자는 양쪽의 글자는 인간을 뜻하고 중앙의 일(日)자는 태양 즉 인간이 살아가는 데 필요한 태양이요, 물자이다. 인간이 살아가기 위해서는 태양은 기본이요, 수많은 필수품이 필요하다. 인간은 삶에 필요한 물자를 놓고 상호 배분하여 먹고 살아간다. 이것이 인간의 삶이요, 인간관계다. 인간관계란 두 사람 이상이 관계를 맺고 사랑하며 미워하며 경쟁하며 협력하며 살아가는 존재이다. 현대사회는 조직사회이지만 조직사회에서의 인간관계도 개인차원에서 출발한다.

인간은 생존을 위해서 개인차원의 관계에서 시작하여 사회의 발전과 더불어 조직차원으로 인간관계가 확대되어 가고 있다.

인간관계의 표본 ―도원결의(桃園結義)―

동양의 역사에서 인간관계의 금과옥조로 삼고 있는 삼국지의 도원결의에 대하여 이야기해 보자. 배신과 변화 많은 세상에 도원결의에서처럼 동지를 구하여 살 수만 있다면 그 이상 바랄 것이 무엇이 있겠는가?

도원결의란 나관중의 '삼국지연의'에서 유비, 관우, 장비가 성(姓)과 태어난 날짜는 다르지만 한날 한시에 죽자는 결의를 하고, 도원(桃園)에서 의형제를 맺은 데에서 비롯된 말로 의형제를 맺거나 뜻이 맞는 사람들이 사욕을 버리고 목적을 이루기 위해 합심할 것을 결의하는 일을 나타내는 말로 널리 쓰이게 되었다.

이 세상에 홀로 존재하는 것은 아무것도 없다. 인간은 인간을 필요로 한다. 이 잠언이 인간이 이 세상을 살아가는 인간관계의 핵심요소라 하겠다. 세상을 살아가면서 인간은 인간으로서의 어떤 목적을 달성하기 위하여 함께 모의하고 행동하고 싸울 사람이 필요하다. 동물도 사냥을 할 때 공격 조와 망을 보는 조와 적을 방어하는 조로 나누어 싸우는데 하물며 인간에 있어서야 오죽하겠는가. 인간관계에서 배신 없이 생사를 걸 수 있는 동지를 구할 수 있다면 금상첨화일 것이다. 동양사에서는 삼국지의 도원결의를 인간관계의 금과옥조로 삼고 있다. 그것은 소설 삼국지에 나오는 허구이지만 오늘날까지도 중국인들 사이에서는 인간관계 서약의 모범으로 널리 쓰이고 있다.

후한(後漢) 때 환관의 횡포로 정치가 어지러워지자, 천하 인심이 날로 흉흉해져 사방에서 도적들이 벌떼처럼 일어났다. 이렇게 나라가 혼란에 빠지자, 유비, 관우, 장비가 도원에서 의형제를 맺은 데서 도원결의라는 유명한 일화가 탄생하였다. 큰일을 의논하는 자리에서 장비가 집 뒤의 복숭아 동산에 꽃이 한창이니 내일 이 동산에서 천지(天地)에 제(祭)를 지내고 셋이 의형제를 맺어 한마음으로 협력하기로 한 뒤에 일을 도모하자고 하였다. 유비와 관우가 동의하여 다음날 도원(桃園)에 검은 소(黑牛)와 흰 말(白馬)과 지전(紙錢) 등 제물을 차려놓고 제를 지내며 맹세했다. "유비, 관우, 장비가 비록 성은 다르나 이미 의를 맺어 형제가 되었으니, 마음과 힘을 합해 곤란한 사람들을 도와 위로는 나라에 보답하고 아래로는 백성을 편안케 하려하고, 한해 한달 한날에 태어나지 못했어도 한해 한달 한날에 죽기를 원하니, 하늘과 땅의 신령께서는 굽어 살펴 의리를 저버리고 은혜를 잊은 자가 있다면 하늘과 사람이 함께 죽이소서!" 맹세를 마치고 유비가 형이 되고, 관우가 둘째, 장비가 셋째가 되었다.

2) 조직차원

오늘의 조직사회에서는 인간관계와 경영의 중요성에 대해서 많은 논의가 이루어지고 있다. 이와 같이 인간관계가 경영의 중요한 이슈(issue)로 등장한 데 있어서 그 성립배경과 과정을 분석해 보면,

① 산업주의의 출현(the emergence of industrialism)

② 과학적 관리(the scientific management)의 반성

③ 행동과학적 관리(the behavioral management)의 태동

이라고 할 수 있다.[7]

(1) 산업주의의 출현

산업주의는 18세기 말 영국의 산업혁명과 더불어 출현한 것이다. 산업혁명 후 수공업에서 기계공업으로 산업계가 전환되어 공장에 기계가 설치되고 노동력은 새로운 기계공장을 운영하기 위해서 고용되었다. 이러한 산업화의 유형이 미국으로 건너갔던 것이다.

당시 소유경영자의 기본적인 관심은 생산(output)을 증가시키는 것이었으나 그들은 새로운 환경변화를 이해하지 못했다. 예를 들면 그들은 기계에 대해서나 사람을 관리하는 것에 대해서 특별한 지식이 없었다. 그 결과 어떤 경영자들은 온정주의(paternalistic style)를 사용하고 어떤 경영자들은 능률과 이익이라는 이름으로 부하를 다스리려고 하였다. 이러한 양자의 갈등을 해결코자 태동한 것이 이른바 미국에서의 과학적 관리운동으로, 산업주의에서는 경영의 핵심인 인간문제 해결에 있어서 결정적인 방법을 제시하지 못하고 다른 방법의 연구를 초래케 하였던 것이다.

(2) 과학적 관리(Scientific Management)의 반성

미국에 있어서 과학적 관리운동은 남북전쟁 후 그 근원을 찾을 수 있다. 과학적 관리자는 대부분 기술자(mechanical engineers)였으며, 그들은 공장운영에 그들의 전문기술을 응용하여 최대의 생산성을 올리기 위하여 사람과 작업환경을 과학적으로 통합·관리하려고 하였다. 사람과 작업환경을 통합·관리하는 것은, 예를 들면 어떤 종업원이 일정한 직무가 요구하는 육체적 기술이 부족하다면 그는 과학적 방법으로 그 직무에서 제거되는 것과 같은 것이다.

이 과학적 관리자들은 능률(efficiency)에 최대한 역점을 두었는데, 이 과학적 관리의 아버지라고 할 수 있는 사람이 테일러(Frederick Taylor)였다. 테일러는 과학적

---

7) R. M. Hodgetts, *op. cit.*, pp. 15~16.

관리법으로 많은 공헌을 하였지만 인간관계의 측면에서는 많은 비판도 받고 있다. 그가 공장을 관리하는 데 인간의 문제를 전혀 도외시하였던 것은 아니었지만 그의 지나친 능률 위주의 관리방법은 역설적으로 새로운 방향의 인간관계 연구를 위한 계기를 마련해 주었다고도 할 수 있다.

여기에서 과학적 관리법의 문제를 분석하면 다음과 같다.

① 노동강도(intensity of labor)의 제고와 그 한계
② 자본집약적(capital-intensive)인 근대산업의 발달
③ 임률(wage-rate)에 대한 노동조합의 압력
④ 종업원의 협력적 기능(attitude of cooperation)의 부족

여기에서 종래의 과학적 관리법은 사실상 능률향상에 기여하였음에도 불구하고, 그 방법은 산업사회의 저변을 흐르는 기본문제를 충분히 해결하지 못하였고, 오히려 근본적 반성을 하지 않을 수 없게 되었다. 이리하여 경영에 있어서의 인간 문제는 새로운 시각에서 보완하고 종업원의 사기앙양과 기업에 대한 협력증진에 의하여 경영의 작업능률을 향상시키는 것을 시도하게 되었다. 이것이 바로 경영학에 있어서의 인간관계의 연구인 것이다.

(3) 행동과학적 관리의 태동

근대 행동론적 관리(behavioral management)의 근원은 호손연구(Hawthorne studies)에서 찾을 수 있다. 다음에서 호손연구의 개요와 결론, 그리고 비판을 분석하여 인간관계 연구가 행위론적 연구에 입각하여 진행된 과정을 살펴보고자 한다.

먼저 호손실험의 개요를 보면 시카고 교외의 전기회사인 호손(Hawthorne) 공장에서 1924~1932년간에 걸쳐서 행해진 인간관계에 대한 실험으로 당시 종업원은 30,000명이었으며 당시의 수준으로 임금이나 후생복지시설은 양호한 편이었다. 그런데도 이 공장 내에서는 불평불만이 고조되어 능률이 저하되고 있었다. 당시에는 테일러의 과학적 관리사상이 미국의 기업계를 지배하고 있었기 때문에 회사의 경영진은 종업원의 불만에 대한 진의를 파악할 수 없었다.

이의 진단을 위해서 하버드(Harvard) 대학교의 교수진에게 이 문제의 진단을 의뢰하였던바, 메이요(Elton Mayo) 교수가 단장이 되어 1, 2, 3, 4차 실험을 한 결과

종업원의 생산능률을 좌우하는 것은 물적 요인(物的 要因)이라기보다는 인적 요인 (人的 要因)에 있다는 사실을 밝혀내었으며 이때부터 인간관계의 연구가 활발하게 진행되었다.

1939년 뢰스리스버거(F. J. Roethlisberger)와 딕슨(B. Dickson)에 의해서 호손실 험의 연구가 발표된 후, 인간관계이론은 1950년대까지 기업경영에 많은 영향을 주 었으나, 기업환경의 변화와 더불어 많은 비판을 받게 되고 인간의 행동과학적 연 구로의 전기를 맞게 된다. 여기에서 인간관계론에 대한 비판을 간추리면 다음과 같다.

호손실험을 계기로 인간관계론이 학계와 실무계의 많은 주목을 모으고 산업현 장에 널리 적용되었으며 인접학문에 커다란 충격을 주었다. 그러나 인간관계론에 대한 비판도 여러 측면에서 제기되고 있다.

첫째, 인간관계론은 인간, 특히 개인과 인간관계의 측면만 중시하고 그것이 조 직목표의 효율적 달성과 어떻게 연결되는가를 간과하고 있다.

둘째, 비공식조직에만 관심을 집중하고 공식조직의 역할을 간과한 점도 지적되 었다.

셋째, 인간관계론에서는 경제적 보상의 효과를 경시하였다.

넷째, 노동조합의 역할을 무시하였다. 특히 메이요는 적절한 인간관계만 이루어 진다면 노조는 불필요하게 된다는 입장을 보여주고 있다.

이러한 많은 비판에도 불구하고 인간관계론은 여러 학문분야에 광범위한 영향 을 주어 이들의 발전에 공헌하였다. 거시적 방향으로는 조직의 문제를 보다 폭넓은 시각에서 해결하려는 산업사회학 등에 영향을 주었으며 미시적 방향으로는 인간의 행동에 대한 이해를 깊게 하려는 산업심리학, 조직행동론, 집단역학 등의 발전에 새로운 계기가 되었다.

2. 행동과학과 인간관계

1950년대까지 꽃피웠던 인간관계론이 여러 가지 비판을 받게 되고 한계의 벽에 직면하게 되자 그 대안으로 태동한 학문이 행동과학이라는 학문이다. 행동과학이라 는 학문에서 분가한 조직행동론이 이른바 경영분야에서의 인간관계의 대안으로 출 현하여 자리를 잡게 되었다. 산업혁명 후 인간관계의 전개과정을 살펴보면 [그림

1−2]와 같다. 행동과학은 호손연구에서 한계가 나타난 인간관계 연구를 과학적인
방법으로 접근하는데 큰 기여를 하고 있다고 하겠다.

그림 1−2 │ 인간관계의 전개과정8)

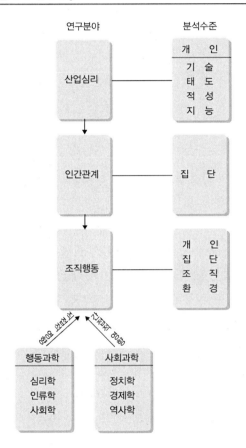

[그림 1−2]에서와 같이 오늘날의 인간관계론은 행동과학적 입장에서 연구를
진행하게 되었다.

따라서 성공적인 인간관계를 유지하기 위해서는 인간의 행동도 행동과학적 입
장에서 과학적인 방법으로 연구되어야 한다. 현실생활에서 인간의 모든 행동을 과

---

8) [그림 1−2]의 내용을 보다 자세하게 공부하고자 하면 Silagyi & Wallace의 책을 참조하기
  바람.

학적인 방법으로 규명하기는 어려운 일이지만 조직생활의 성공을 위해서 행동과학적인 입장에서 인간관계의 훈련을 쌓는 것은 필요하다고 본다. 인간관계의 훈련에 대해서는 다음에 자세히 다루기로 하고 과학적 기법(the scientific method)과 인간관계론에 있어서의 행동론적 연구(behavior research in human relation)에 대해서 기술하고자 한다.

1) 인간관계론에서의 행동과학적 연구

인간관계의 전문가들은 회사나 학교나 사회단체의 작업현장에서 일어나는 인간의 행동에 대하여 어떤 제도적인 연구를 할 방법을 가질 수 없다.

그러나 그들 대신 학교나 산업현장에서 심리학자를 포함해서 논리적이고 행동론적인 연구를 할 시간적 여유를 가지고 있는 사람들이 있다. 그들은 개인행동과 집단행동에 대해서 흥미와 관심을 가지고 있다. 이와 같이 높은 전문적인 기술을 터득한 사람들을 행동과학자라고 할 수 있으며, 그들은 우리들이 조직생활을 통해서 일어나는 인간관계에 대한 지식을 잘 습득하는 데 책임을 지고 있다 할 수 있다.

그러면 이러한 전문가들이 이루어놓은 과학적 방법을 어떻게 응용할 것인가가 문제이다. 이에 대한 방법은 여러 가지 길이 있다. 예컨대 실험반, 통제반, 면접 등 여러 가지 방법으로 시행한 성공적인 방법을 이용하는 것이 현장에서 종사하는 담당자들의 역할이다.9)

오늘날 현대산업사회에서 인간관계는 일반론(一般論)이나 예감, 막연한 여론에 의해서가 아니라 훈련된 과학자들에 의해서 제도적으로 모으고 분석된 경험적 정보에 입각해서 이루어져야 한다고 믿는다.

이러한 과학적인 방법으로 훈련을 받고 이의 응용을 통한 개인생활과 조직생활을 영위해 나가는 것이 복잡한 현대사회를 살아나가는 바람직한 삶의 태도라고 생각한다. 본서는 이러한 취지를 최대한 살려서 독자들이 유용하게 이용할 수 있는 인간관계의 길잡이 역할을 할 수 있도록 구성하였다.

그러나 인간관계 해결을 위한 100% 해답이 있을까? 신만이 알고 있는 비밀영역이라고 생각한다. 그러나 독자들에게 조그만 도움이라도 드리기 위해 항해를 계속해 보고자 한다.

---

9) R. M. Hodgetts, *op. cit.*, p. 22.

정직과 신뢰의 기업인 — 듀퐁

정직과 신뢰는 개인이나 회사를 지탱해주는 받침목의 역할을 한다. 신뢰를 상실한 개인이나 회사의 꿈과 계획은 모래 위에 짓고 있는 집일 뿐이다. 공자도 그의 가르침에서 신(信)을 가장 중요시하였다. 신뢰는 약속이행과 도덕성을 바탕으로 하여 이루어지는 법이다.

미국의 화학회사 듀퐁을 창업한 듀퐁은 화학을 전공한 화학도였는데 그는 스승의 처형을 보고 충격을 받은 나머지 미국으로의 이민을 결행하기에 이르렀다. 91일 동안 바다의 풍랑으로 온갖 고생을 겪은 후 미국 동부 해안에 겨우 도착한 듀퐁은 지치고 배가 고파 가까운 농가에 찾아가 따뜻한 수프라도 얻어먹는 것이 급선무였다. 저 앞에 농가가 보였다. 듀퐁이 문을 두드리며 주인을 불렀지만 아무런 대답이 없었다. 성애가 낀 유리창 너머로 방안을 들여다보니 난로에는 불이 지펴져 있었고 식탁에는 먹음직스러운 음식이 차려져 있었으며 문은 잠겨 있지 않았다. 듀퐁은 배고픔을 견디지 못하여 가족들을 데리고 들어가 주린 배를 채웠다. 식사가 끝날 때까지 집 주인은 돌아오지 않았다. 후일 알려진 일이지만 주인은 가족과 함께 1800년 1월 1일이라 점심 준비를 해놓고 교회에 갔던 것이다.

듀퐁은 할 수 없이 주인을 만나지 못하고 떠나게 되어 프랑스에서 가져온 금화 한 닢을 식탁 머리에 두고 나왔다. 이때 아이들은 물론 모든 가족들은 금화 한 닢이 아깝다고 야단이었다. 그러나 세월이 흐르면서 아이들은 금화를 두고 온 아버지를 존경하게 되었으며 그들도 그렇게 자랐다. 듀퐁사에 대한 소비자들의 신뢰도 그때부터 출발하였다고 할 수 있다. 그 후 듀퐁사는 성장에 성장을 계속하여 200세가 넘도록 장수하고 있다. 듀퐁사는 나일론을 개발하는 데 23년이라는 세월이 걸렸다고 한다. 듀퐁의 그 무서운 집념은 이민선에서 싹텄던 것이다. 듀퐁은 나일론개발에 만족하지 않고 혁신과 창조를 거듭하여 새로운 제품들을 출시하여 오늘에 이르렀다.

 인공지능시대의 인간관계

1. 인공지능시대의 태동

인간의 역사는 호기심과 나태에서 출발한다. 원시시대부터 4차 산업혁명에 이르도록 인간의 역사는 끝없는 도전의 역사다. 그 도전의 이면에는 호기심이라는 복병이 숨어 있다. 인간의 기본 욕구는 식욕·성욕·주거욕이요, 다음이 호기심의 욕구이다. 달나라에 누가 살고 있을까?의 호기심은 인간의 역사를 혁명과 창조의 역사를 쓰게 하였다. 에덴 동산에서 아담과 이브가 쫓겨난 것은 따먹지 말라는 저 과일 속에 무엇이 들어 있을까 하는 호기심 때문이었다.

석기·철기 시대를 지나 수만 년 후에 기계화시대를 맞이하게 되었다. 혁명의 역사 배후에는 호기심과 나태에서 출발한 편리의 시대를 추구하는 인간의 욕망이 자리잡고 있었다. 인간은 농업혁명에서 산업혁명으로, 산업혁명에서 지식혁명으로, 지식혁명은 컴퓨터혁명으로, 컴퓨터혁명은 드디어 제4차 산업혁명을 가져오게 되었으며 이 4차 산업혁명이 바로 인공지능시대를 상징하고 있다.

이와 같은 인류혁명의 과정을 거쳐서 인공지능시대가 태동하였다.

현대는 속도화, 편리화, 대중화의 시대이다. 이 시대를 선도한 것이 태동하였는바 그것이 바로 인공지능이다. 인공지능은 예상치 못한 속도로 발전하여 인간관계에 엄청난 영향을 미치게 될 것이다.

인간은 지혜를 축적하는 재능을 타고난 동물이다. 동물의 세계는 지혜의 축적이 없다. 오늘의 인공지능의 발전은 인간 지혜의 축적의 결과이다. 사람은 100년 전 사람과 오늘의 사람이 다르다. 그러나 소는 천년 전 소나 백년 전 소나 오늘의 소나 다르지 않다. 소의 세계는 지혜의 축적이 없기 때문이다. 만일 200년 전 사람이 다시 환생하여 고향에 돌아온다면 잘못 왔다고 도망치고 말 것이다. 앞으로 인간사회가 어떤 모습으로 변하게 될지 예측하기 어려우나 인공지능시대의 변화에 따라 인간사회도 변하게 되고 인간관계도 변하게 될 것이다.

2. 인공지능의 기능

첫째, 인공지능은 세 가지 등급으로 구별할 수 있다. 인간보다 1,000배 이상 높은 지능인 초인공지능(artificial super or ultra intelligence), 인간수준 범용 인공지능(artificial strong or general intelligence), 한 가지 일을 아주 잘하는 약 인공지능(artificial row intelligence)으로 나눌 수 있으며 세기의 관심이 되었던 알파고는 약 인공지능에 속한다. 인공지능의 미래는 예측하기 어려울 정도로 무궁무진하다는 것을 감지할 수 있다.[10]

---

10) 김재인, 「인공지능시대 인간을 다시 묻다」(동아시아, 2017), p. 9.

둘째, 알파고라는 인공지능이 탄생한 후 많은 변화가 일어나고 있다. 그 예를 보자.

① IBM의 인공지능 왓슨이 의료정보를 학습한 후 임상에서 임상과 처방을 내린 일

② 구글 번역이 신경망 학습을 통해 상당히 높은 정확도로 언어 간 번역을 해낸 일. 최근 승정원일기를 번역하려 하는데 인간이 번역하면 30년 걸릴 것으로 예상되고 인공지능이 번역하면 6개월을 예상하고 있다.

③ 포커게임에서 인공지능이 인간챔피언에게 이긴 일. 알파고는 이세돌을 이기고 중국의 챔피언을 완승하고 은퇴하였다고 한다. 새로운 기계학습의 시대를 준비하고 기계학습을 통해서 계산의 영역에서 인간을 능가하리라는 것이 확실하다.

셋째, 인공지능이 변호사보다 더 정확한 법률지식을 습득하여 변호사 역할을 하고 인간이 기능적으로 할 수 있는 거의 모든 영역을 담당할 날이 머지않았다. 인공지능에게 일자리를 빼앗긴 인간은 어떤 일을 할 것이며 인간관계는 어떻게 전개될 것인가? 인간에게 주어진 과제는 너무도 무겁다.

3. 인공지능과 인간생활의 변화

생각하고 학습하는 인공지능이 출현하여 인간의 사회에 큰 변화를 불러일으키고 있다.

첫째, 앞으로 인공지능은 협소한 틀을 벗어나 패턴인지, 복잡한 의사소통 등 오로지 인간만이 독차지하던 영역들에서 다방면으로 능력을 보여주기 시작하였다. 우리는 인공지능이 점점 더 많은 일을 하고 그러면서 비용이 계속 떨어지며 결과가 향상되고 우리 삶이 더 나아지는 현상을 목격하게 될 것이다.

둘째, 디지털 기술은 달팽이관 이식을 통해 귀가 먼 사람의 청력을 회복시키기도 하고 언젠가는 눈이 완전히 먼 사람의 시력을 회복시킬 것이다. 미국 식품의약처(FDA)는 일세대 망막 이식물(rerinal implant)을 승인했다. 인공지능은 사지마비 환자에게 생각만으로 휠체어를 작동하는 혜택을 주게 될 것이다.

셋째, 인공지능은 인간의 목숨을 구하는 일을 하게 될 것이다. 의사보다 더 정확하게 환자를 진단하여 처방을 내리게 될 것이다.

넷째, 스마트폰에 발달된 인공지능의 능력이 가미된다면 인간의 생활이 더 많은 변화를 가져오게 될 것이다. 세계 74억 인구가 시간과 공간을 초월하는 삶을 살게 될 것이다. 인공지능이 발전할수록 인간의 세계도 혁명적 변화가 오게 될 것이다.

인공지능의 발달로 인한 인간생활에 일어나고 있는 변화들을 보면 놀라움을 금할 수 없다. 로봇 트랙터로 밭 갈고 드론으로 농장 관리하는 무인농업이 현실화하고 있다. 농부는 스마트폰으로 농장을 관리하고 있다. 무인햄버거식당이 등장하여 인공지능이 햄버거를 요리하는 시대가 왔다. 애완로봇시대가 와서 인공지능 반려견과 무료를 달래는 세상이 왔다.

나아가 인공지능 애인시대가 눈앞에 왔다. 인공지능 애인, 인공지능 섹스파트너, 인공지능 비서 시대가 이미 와있고 일본의 어떤 젊은이는 인공지능과의 결혼을 선포하였다. 인공지능이 오욕칠정을 느끼는 인간의 감정을 완벽하게 구비할 수 있을까 하는 것에 대해서는 필자는 의문을 가지고 있지만 그 시대가 오지 않으리라고 속단할 수도 없다.

이렇게 무섭게 변하는 시대에 인간은 인공지능을 인간을 위한 인공지능으로 활용할 것인가, 인간관계는 어떻게 전개될 것인가가 문제이며 과제이다.

4. 인공지능과 마음

인공지능을 개발하면서 인간이 가장 호기심을 가졌던 문제는 과연 학습하고 생각하고 사랑하고 미워하는 인간의 마음을 인공지능이 재현할 수 있을까 하는 문제가 아니었을까 한다. 그런데 학습하는 인공지능은 이미 개발되었다. 그것은 알파고와 이세돌의 대결에서 이미 정리되었다. 그러나 인공지능의 가슴속에 인간과 같은 마음을 갖도록 할 수 있을까?

사실 인간은 매일 마음이라는 두 글자를 입에 바르고 살지만 마음이 인간의 몸속 어디에 자리하고 있는지 그 형체를 볼 수 없다. 인간은 가슴을 가리키면서 마음 아프다, 마음이 불타고 있다는 등 온갖 표현을 다하지만 마음의 실체는 볼 수도 만질 수도 없다. 과연 인공지능에게 인간의 마음을 입력시켜 인간처럼 느끼게 할 수 있을까, 만일 그런 세상이 돌아온다면 인간사회에 대 변화가 일어날 것이다. 인간관계에 예측하기 어려운 변화가 일어날 것이다. 인공지능이 희노애락을 느끼고 인간에게 사랑과 증오를 표현하는 세상이 온다면 인간관계는 어떻게 변할까?

　우리 인간은 인간을 위한 인공지능을 만들어야 한다. 인공지능이 2030년까지는 45%의 인간의 일을 대신할 것이며 인간사회에 혁명적 변화가 올 것이다. 인공지능이 현재의 인간의 일을 대부분 대신하게 되겠지만 인간만이 간직하고 있는 창의력은 인공지능의 한계이다. 인공지능에게 일상적이고 기계적인 일을 맡기고 인간은 새로운 창의적인 일을 찾아낸다면 인공지능에게 일자리를 빼앗기는 것이 아니라 수많은 창의적인 일을 만들어 새로운 인간의 사회를 건설하게 될 것이다.

제2장

인간의 잠재능력과 창의력 개발

I 잠재능력 개발

우주는 육체를 덮고 마음은 우주를 덮는다.

우주는 육체를 덮고 마음은 우주를 덮는다는 말은 인간에 대한 엄청난 경구다. 인간의 능력은 무한하다는 상징적 표현이다. 수천 년 전 석기시대에서 출발한 인간은 과학문명의 최고봉을 향하고 있다. 4차 산업혁명의 시대가 왔고 인공지능의 시대가 왔다. 어렸을 때부터 하늘을 자동차를 타고 다니면 얼마나 편리할까를 가끔 생각하며 살았는데, 필자는 공상에 그치고 다른 사람에 의하여 하늘을 나는 자동차가 꿈에서 현실로 나타났다. 자율주행 자동차 시대가 왔다. 인공지능이 소설을 쓰는 시대가 왔다. 아! 인간의 능력이란 무섭지 않은가? 우리 모두는 무한한 능력의 소유자들이다. 여기서 특별히 강조하고자 하는 바는 자기 자신의 능력을 믿고 개발하려고 몸부림치는 자만이 무한한 능력의 여신을 맞을 수 있다.

무한한 인간의 능력은 어떻게 개발할 것인가 그 방법을 찾아보자.

1. 잠재능력이란 무엇인가?

인간이 인간다운 삶을 살기 위해서는 자기의 능력을 최대한 발휘하여 자기개발을 하여 인생의 최고의 선(善)인 수기(修己), 치인(治人), 치세(治世)의 삶을 살아야 한다. 여기에서는 인간능력개발의 원동력인 잠재능력개발에 대하여 설명하려고 한다. 잠재능력이란 무엇인가를 설명하기는 어렵지만 독자의 이해를 돕기 위하여 간단히 정리하여 보기로 하자.

인간의 정신세계는 [그림 2-1]에서 보는 바와 같이 의식, 무의식으로 이루어져 있는데, 이 무의식의 세계를 잠재능력이라 할 수 있으며 이 무의식의 세계를 정리하면 다음과 같다.

| 그림 2-1 | 무의식의 세계(빙산의 예) |

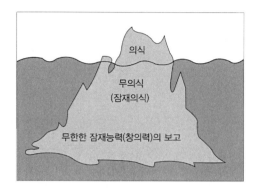

① 인간의 무의식의 세계는 우주처럼 무한하다.
② 잠재의식은 24시간 가동한다. 잠재의식은 의식의 하수인이기 때문에 의식의 명령에 따라 움직인다.
③ 수면에 떠 있는 빙산은 1/10만 수면 위로 나와 있고 9/10는 물속에 잠겨 있는데 인간의 잠재의식은 빙산에 비유할 수 있다. 즉, 의식은 빙산의 1/10이요, 무의식은 빙산의 9/10이다. 인간의 전의식은 의식＋무의식으로 이루어진다.

여기에서 유의해야 할 점은 빙산은 끝이 있지만 무한한 무의식은 끝이 없다. 인간의 무한한 능력은 이를 입증하고 있다. 인간은 달을 정복하고 화성까지 탐사하고 있으며 먼 훗날 지구 멸망의 날이 올 때 다른 별로 이사 갈 꿈을 꾸고 그 연구를 하고 있다. 최근의 연구에 의하면 Sense Cam을 목에 부착하면 평생 동안 주위의 모든 것을 촬영하여 본인과 본인 주위의 역사를 속속들이 기억하는 장치를 개발하고 있다고 한다. 무한한 인간의 능력에 어디까지 갈 것인지 두렵기도 하다. 인간의 두뇌는 미래 인류의 생존을 위해서 사용해야 한다. 위에서 설명한 잠재의식의 내용으로 볼 때 각자의 꿈을 달성하고 인생에서 성공하기 위해서는 잠재능력의 무한한 보고인 이 잠재의식을 활용하여야 한다.

4차 산업혁명이 진행되고 있는 현대과학문명을 볼 때 인간의 능력이 무한하다는 사실은 의심할 수 없다. 이 항에서 특별히 강조하고자 하는 바는 인간 누구에게나 내재하고 있는 이 엄청난 잠재능력을 개발하여 자기개발의 꽃을 피우는 길을 실현하기를 바라는 것이다.

미국의 한 통계에 의하면 보통의 인간은 자기 능력의 1/10도 채 발휘하지 못하고 저 세상으로 사라진다고 한다. 이것은 너무나 억울하지 않은가! 수많은 아인슈타인, 수많은 뉴턴, 수많은 과학자들이 자기능력을 발휘하지 못하고 평범하게 살다가 사라지고 만다는 사실에 놀라지 않을 수 없다. 인간의 능력은 어디까지일까? 그 끝이 보이지 않는다. 4차 산업혁명의 시기가 도래하여 인류는 흥분의 도가니에 빠져 있다. 인공지능, 로봇공학, 사물인터넷, 자율주행자동차, 3D프린팅, 나노기술, 생명공학, 재료공학, 퀀텀 컴퓨터(quantum computing) 등 새로운 분야에서 무서운 변화가 일어나 인류사회에 대변화를 가져오리라 예상되고 있다. 4차 산업혁명으로 인해 지금 초·중등학교에 다니는 학생들이 사회에 나올 때 즈음이면 현재의 70%의 일자리는 사라지고 전혀 새로운 일터에서 일하게 되리라는 예측과 기대를 하고 있다. 이 얼마나 가공할 일인가? 이러한 변화는 무한대의 능력을 소유한 바로 인간 자신에 의해서 이루어지는 것이다. 위에서 보통의 인간은 자기능력의 십분의 일도 채 발휘하지 못하고 세상을 하직한다고 하였다. 너무 억울하지 않은가? 무한한 능력을 잠재우는 것은 인간으로 태어난 자기 자신에 대한 배신이다. 분발하라.

2. 조직생활에서 잠재능력을 발휘하는 지혜

잠수함은 물속에 잠겨 있는 이유가 있다. 적의 눈에 띄지 않게 숨어 있다가 필요할 때 물 위로 솟아올라 적과 싸우다 다시 물속으로 잠수한다. 또한 적이 보이지 않는 바다 깊은 물속에 숨어 적의 위치를 알아내고 공격한다. 그리고 자취를 감춘다. 인간의 삶에도 잠수함의 원리를 이용하면 인생이라는 항해를 성공적으로 할 수 있다. 학생들을 가르치는 교수에게도 20%만 가르치라는 말이 있다. 교수가 자기가 가진 실력의 100%를 모두 가르치고 나면 밑천이 떨어져서 더 이상 가르칠 것이 없으려니와, 학생들에게 매력을 잃게 된다. 교수의 실력은 산속의 옹달샘에서 흘러나오는 마르지 않는 샘물처럼 마르지 않고 계속 흘러나와야 한다.

조직생활을 하는 사람들도 마찬가지이다. 신입사원이 단시일 내에 인정을 받겠다고 자기가 가진 것을 모두 토해 낸다면 그 사람은 곧 버림을 받게 된다. 그 사람은 모든 능력을 이미 발휘했기 때문에 더 이상 필요한 존재가 아니고 소모품으로 전락하고 만다. 조직생활을 하는 사람들은 잠수함의 원리를 터득하고 실천해야 한다. 본인이 가진 능력의 보고를 상황에 따라 조금씩 조금씩 열어야 조직에서 버림 받지 않고 계속 쓰임을 받을 수 있다. 현명한 사냥개는 눈앞에 나타난 노루를 보고 무조건 노루의 뒤를 쫓지 않는다. 노루가 가는 길목에 잠복해 있다가 맥을 짚는다. 하물며 인간에 있어서야! 무얼 조금 안다고 상사를 놀라게 하지 말고 잠수함처럼 숨어서 능력을 발휘하며 상사에게 기대와 믿음을 주어라.

노자의 도덕경에 곡신불사(谷神不死)라는 경구가 나온다. 골짜기에 몸을 도사리고 숨어있는 귀신은 죽지 않는다는 뜻이다. 자기가 바라는 생의 봉우리에 오를 때까지 정체를 감추고 골짜기에 숨어 있는 귀신처럼 야금야금 목표를 향해서 영토를 넓혀 가야 한다.

3. 잠재능력의 사례

잠재능력에는 긍정적인 면과 부정적인 면이 있다. 인생을 긍정적으로 생각하고 확실한 신념을 가지고 노력하면 긍정적인 결과가 오고, 부정적인 생각, 패배의식에 사로잡혀 일을 하면 결과도 부정적으로 되고 만다. 다음에서 독자의 참고가 되기 위하여 잠재능력의 사례를 긍정적인 사례와 부정적인 사례로 나누어 설명하고자 한다.

1) 부정적인 예

이 이야기는 서울 어느 가정에서 일어난 실화이다. 편모슬하로 시집온 새색시가 결혼한 지 1년 만에 한쪽 팔이 마비되고 말았다. 남편과 어머니는 놀라서 이 병원 저 병원을 전전하며 2년 동안 치료를 하였지만 효과가 없었다. 마지막으로 정신과에 가서 진단한 결과 남편과 시어머니 사이에서 남편의 사랑을 차지하기 위해서 난 병이라는 결론이 나왔다. 그녀는 병이 남으로써 남편의 사랑을 받고 시어머니의 관심을 불러일으켰기 때문에 잠재의식에서 아프기를 원했던 것이다. 인간생활에 부정적인 암시는 이처럼 무서운 결과를 가져온다. 인간생활에서 다른 예는 얼마든지 있다. 입시를 앞둔 고 3 학생의 고삼병은 일류대학에 갈 자신이 없는 학생이 부모에게 변명할 수 있는 길이다. 현실도피를 위한 병 또는 세상을 살면서 공연한 걱정, 공포, 불안감에 싸여 사는 사람들은 모두 잠재의식에서 부정적인 작용을 하는 사람들이다.

또 하나의 부정적인 사례를 보자.

미국의 한 철도국 직원이었던 Nick Sitzman은 어느 날 냉장창고에 들어갔는데 일을 보고, 문을 열려고 하니 문이 고장 나서 열리지 않았다. 그는 문을 두드리고 소리를 질렀으나 아무도 나타나지 않았다. 그날은 모직원의 생일 파티가 있어서 모두 일찍 퇴근하고 없었기 때문에 그의 외치는 소리를 들을 수가 없었다. 그는 구원의 소리를 지르고 지르다가 얼어 죽고 말았다. 다음날 아침 직원들이 출근하여 문을 열어보니 그는 싸늘한 시체로 변해 있었다. 그런데 그 전날은 냉장창고가 고장이 나서 냉장창고의 온도는 13℃를 가리키고 있었다.

2) 긍정적인 예

1976년 5월 어느 날 일본의 어느 시에서 한 주부가 시장에 다녀오는데 자기의 어린이가 12층 아파트에서 떨어지는 것을 보고 순간 뛰어가서 아이를 안아서 무사히 아이를 구출한 사건이 있었다. 그 후 그 사건은 일본사회의 화제가 되었는데 그 주부는 아이를 보는 순간 '오! 오오찌' 하고 달려가 안고 쓰러진 후 정신을 잃었다고 그때의 상황을 설명하였다. 그 후 육상선수들을 동원하여 실험을 하였지만 그 주부만큼 빨리 뛴 사람은 없었다. 더욱이 그 주부는 육상선수도 아니었다.

각종 암으로 수술을 여덟 번 하고도 살고 있는 한 할머니가 있었다. 그 할머니가 그렇게 끈질기게 살고 있는 이유는 자신이 죽으면 누구에게 맡길 수 없는 정박아 아들이 있었기 때문이었다. 어머니는 만신창이의 몸이었지만 내가 죽으면 저 불쌍한 아이를 누구에게 맡기고 떠날 것인가를 생각하면 도저히 죽을 수가 없어서 이를 악물고 살았다고 한다. 어머니의 간호 덕이었는지 3년밖에 살지 못한다는 아들은 20살까지 살아서 생일날 "어머니, 고마워요!"라고 외쳤다고 한다. 바로 이런 믿어지지 않는 사실이 긍정의 삶인 것이다.

이것은 인간 속에 내재해 있는 잠재의식의 위력이라고 하지 않을 수 없다. 인생을 살아가는 데 있어서 무엇보다 필요한 것은 자기의 무한한 능력을 믿고 성공할 수 있다는 신념을 가지고 노력하는 일이다. 자기를 개발하고 인류사를 빛낸 사람들은 불굴의 의지로 긍정적인 인생을 산 사람들이다. 아인슈타인 이후의 세계최고의 물리학자라는 영국의 스티브 호킹 박사의 예를 보라! 그는 대학 4학년 때 루게릭병이라는 불치병에 걸려 전신이 마비되어 장애인이 되어 혼자 힘으로는 아무것도 할 수 없는 식물인간이 되었으나 장애를 극복하여 세계적인 물리학자로 살다가 떠났다. 인생의 운명이란 신만이 알 수 있는 것일까? 호킹은 대학 2학년 때 루게릭병에 걸려 실의에 빠져 있을 때 연인을 만나 결혼을 하고 그 연인의 사랑의 힘으로 장애를 극복하고 세계적인 물리학자가 되었다. 그런데 사랑으로써 자신의 인생을 바꾸어 놓은 그 아내와 이혼하고 자신을 돌보던 간호사와 재혼하였다. 보통사람의 상식으로는 이해할 수 없는 사건이 아닐 수 없다. 인간사회에서 일어나고 있는 이런 이해하기 어려운 인간사는 신만이 알고 있는 인간의 운명일까? 그는 움직이지도 못하고 말도 못하고 자기 혼자의 힘으로는 아무것도 할 수 없는 최악의 장애인이었다. 그는 10명의 간호사가 24시간 간호해 주고 있는 영국의 국보였다. 그는 컴퓨터 자판기를 손가락으로 두드려 글을 쓰고 의사표현을 하였다. 그렇게 불사의 삶을 살아왔던 그도 운명의 부름에 세상을 떠나고 전설이 되었다.

4. 잠재능력 개발을 위한 잠재의식의 활용

잠재의식은 의식의 하수인이다.
자기의 목표를 암시하고 암시하라.

이처럼 무한한 능력을 가지고 있는 잠재의식은 스스로는 힘을 쓰지 못한다. 바다에 떠 있는 엄청나게 큰 무동력의 유조선은 예인선이 필요한 것과 같이 잠재능력을 개발하기 위해서도 의식이라는 예인선이 필요하다. 잠재의식은 컴퓨터와 같다. 아무리 용량이 큰 컴퓨터라도 키(key)를 누르지 않으면 작동하지 않는 것처럼 잠재의식도 의식의 명령 없이는 그의 무한한 능력을 활용할 수 없다.

잠재의식은 의식이 시키는 대로 의식의 의지에 의해 움직인다. 예를 들면, 아침에 연인과 등산을 가기 위해서, 내일 아침에는 6시에 기상하자고 마음속에 다짐하고 잠자리에 들면 대개 6시경에 잠에서 깨어나게 된다. 명령하는 쪽은 의식이요, 잠에서 깨어나는 쪽은 무의식이다. 그래서 의식은 잠재의식에 계속 반복하여 암시하는 과정을 통하여 성공적인 인생의 길을 갈 수 있는 것이다. 과학자는 위대한 과학자가 되는 자기의 모습을 그리고, 기업인은 기업의 미래상을 암시하면서 기업 활동을 하며 대재벌로 성장할 수 있다는 꿈을 가지고 산다.

자기 인생의 미래상을 머릿속에 그리고 그 미래상이 달성될 수 있다고 끊임없이 암시하면서 꾸준히 노력할 때 인생의 목표는 서서히 이루어질 수 있다. 화가는 그림을 그리기 전에 마음속에서 그림을 그린다. 인간은 누구나 인생의 화가인 것이다. 미래의 그림을 그리고 그 그림을 완성하기 위하여 잠재능력을 최대한 활용하면 성공의 여신은 가까이 다가온다.

필자는 대학 3학년 때 건강이 악화되어 학교를 중단해야 할 기로에 서 있었다. 그때 대학 근처에 한 민간요법 치료사가 있었는데 그는 나에게 강력하게 권고하였다. 아침에 일어나서 "나는 건강하다. 나는 건강하다"를 천번씩 암시하라고…

잠재능력을 위한 암시의 방법을 제시하면 다음과 같다.

1) 묵상을 통한 방법

목표를 반복하여 묵상한다.

(1) 아침의 묵상
(2) 저녁의 묵상
(3) 여가를 이용한 묵상
(4) 묵상시에 자기의 목표를 암시한다.

묵상시의 자기의 목표달성을 암시하면서 묵상한다. 구체적인 목표를 세우고 암시하고 묵상하라. 묵상은 자기 자신을 설득하는 무기이다. 자신을 설득하지 못하는데 어찌 남을 설득하겠는가.

2) 휴식을 이용한 방법

삼매경에 빠져 일하다가 잠깐 쉬는 휴식기에 떠오르는 위대한 아이디어를 이용하는 방법이다. 뉴턴의 만유인력은 사과나무 밑에서 발견되었고, 아르키메데스의 부력의 원리는 목욕탕에서, 왓슨의 기관차 발명은 대평원을 산책하면서 번개처럼 떠오르는 아이디어를 현실화한 것이다. 일본의 마스시다는 공원을 산책하면서 노동자들이 수도꼭지에서 흘러나오는 물을 마시는 모습을 보고 대량생산의 아이디어인 유명한 수도철학의 아이디어를 생각해 냈다.

3) 신념의 얼굴을 거울에 투영시켜라

매일 아침 거울을 볼 때마다 목표를 달성한다는 신념의 얼굴을 하고 거울을 보면서 자기암시를 하라. 신념의 얼굴은 거울에 투영되어 성공적인 인생을 살 수 있을 것이다. 영국의 처칠 수상은 의회에 나가 연설할 때는 거울 앞에서 연습을 하며 자기암시를 하고 나갔다. 2차 대전 때 처칠이 의회에서 한 연설은 너무도 유명하다. 그는 의회의 기둥을 잡고 "나는 피와 눈물과 땀을 바쳐 영국을 승리로 이끌겠다"는 열변을 토했다. 그것은 자기 자신에 대한 암시이자 영국 국민에 대한 암시였다.

인생의 목표를 암시하라. 그날의 목표를 암시하라.

'한국의 빌 게이츠가 되겠다', '이순신 같은 장군이 되겠다'를 암시하라. '다산 같은 학자가 되겠다'고 암시하라. 그리고 계획을 세워 실천하라. 실천한 것을 꼭 피드백(feed back)하라. 인생은 자기가 되고자 하는 모델이 있어야 한다. 역사를 창조한 인물 중 자기의 모델을 찾아 암시하라.

5. 잠재능력 개발을 위한 기본자세

잠재능력 개발을 위해서는 앞에서 말한 바와 같이 긍정적이고 창조적인 인생관이 필요하다. 이를 위하여 바람직한 인생의 자세를 간추려 보자.

1) 대 생명력

긍정적인 인생을 사는 사람들은 대 생명력을 가져야 한다. 사업에 성공한다는 확신, 나는 죽지 않는다는 생명력에 대한 신념이 있어야 한다. 에디슨이 전기를 발명하기까지 1,100번의 실험을 하였다고 한다. 모택동은 장개석 군에 포위당했던 절강성의 포위망을 뚫고 일 년이라는 대장정 끝에 산넘고 물건너 죽음의 고비 고비를 넘기고 연안에 도착하여 공산당을 재건하는 데 성공하였다. 모택동 군은 절강성을 탈출할 당시 10만 명의 병사였는데 연안에 도착해 보니 끝까지 남은 병사는 6,500명에 불과하였다. 죽거나 중간에 도망쳤기 때문이었다. 괴테는 「파우스트」를 24세에 시작하여 82세에 완성하였다. 단테는 사형선고를 받고 20년 동안 망명생활을 하면서 「신곡」을 썼다. 이것이 생명력이다. 다빈치는 최후의 만찬을 10년에 걸쳐서 그렸다. 아우슈비츠 죽음의 수용소에서 98%가 죽어 나갔는데 그 지옥에서 살아 나온 사람들이 있었다. 그 사람들이 어떻게 살아남았을까? 조사해 보니 최후까지 삶의 의지를 포기하지 않은 사람들이었다고 한다. 이것이 생명력이다.

포기하지 마세요! 죽지 마세요! 당신은 영원한 생명력의 소유자입니다.

2) 위대한 인간이라는 신념

신은 인간 누구에게나 평등하게 위대한 점을 주었다. 인간은 신이 주신 선물인 자신의 위대한 점을 활용하지 못하기 때문에 실패한 인간이 된다. 자기도 이 세상에 필요한 존재이며 위대한 점을 부여받았다는 신념을 간직해야 한다. 빌 게이츠는 10대 때 세계 모든 사람들의 책상 위에 PC 한대씩을 놓을 수 없을까? 하는 꿈을 가지고 노력한 결과 컴퓨터의 황제가 되어 그 꿈을 이루고 세계에서 제일의 부자로, 가장 기부를 많이 하는 사람이 되었다.

3) 적극적인 삶의 자세

인생에서 성공하기 위해서는 인생을 걸고 노력하라. 한 송이 국화꽃을 피우기 위하여 봄부터 소쩍새는 얼마나 울었는가. 생명까지도 걸고 자기의 꿈을 성취하기 위해서 노력하는 사람들을 신은 외면하지 않는다. 어떤 사람이 도사에게 물었다. "도사께서는 어떻게 그 어려운 도사가 되었습니까?" 도사 가로되, "나는 잠잘 때 잠자고, 밥 먹을 때 밥 먹고, 일할 때 일하지요." "여보시오? 누가 그렇게 안 하는 사람이 어디 있습니까?" 하니, 도사가 다시 말하기를, "다른 사람은 밥 먹으면서 딴 생각을 하고, 잠자면서 딴 생각을 하지요. 그것이 나와 다른 점이요"라고 말하였다. 인간은 숨 쉰다는 것만으로 살아있는 것을 의미하지 않는다. 살아 있는 한 자기인생의 목적을 위해서 꾸준히 노력하는 것이 생의 기본적인 자세이다. 파란만장한 어느 대통령의 일대기를 보기로 하자.

어느 대통령의 일생
31세: 사업에 실패
32세: 주의회 의원선거 낙선
34세: 다시 사업에 실패
35세: 애인의 죽음
43~47세: 하원의원 선거에 세 번 낙선
55세: 상원의원 선거에 낙선
56세: 부통령 도전에 실패

58세: 상원의원 선거에 낙선

60세: 미합중국 대통령에 당선

4) 영원한 삶

인간은 반드시 죽는다는 것은 만고의 진리인데 모순의 인간은 영원히 살기를 원한다. 영원까지는 모르지만 그래도 오래 살 수 있는 길은 있다. 하나는 종교를 믿는 일이요, 하나는 창조적인 작업을 하는 일이다. 종교의 길은 보이지 않는 영혼의 길이니 여기에서는 접어 두기로 한다. 보이는 창조의 길은 시간과 공간을 초월하여 우리 가슴 속에 살아 있는 길을 말한다. 그 창조적인 인생의 길을 간 사람들은 지금도 우리 가슴 속에 살아 있다. 아인슈타인, 카네기, 소크라테스 등 헤아릴 수 없는 사람들이 지금도 살아 있다. 인간으로 태어나서 무의미하게 인생을 살다가 허무하게 딴 세상으로 가면 그곳에서도 환영받지 못한다. 의미 있는 인생을 사는 길은 삶의 발자국을 남기는 일이다. 프랑스의 대통령 퐁피두는 "나는 살아 있는 동안 내가 할 수 있는 모든 것을 다하고 죽는다"는 유언을 남기고 떠났다. 퐁피두는 갔지만 그의 발자국은 프랑스에 남아서 후세들이 그의 발자국을 따라가고 있다. 그의 육신은 갔지만 유산은 남아서 후세들을 가르치고 있다. 이것이 창조의 길이요, 영원을 향한 길이다. 그의 유언은 그렇게 살아오지 못한 필자의 가슴을 많이도 아프게 했다.

5) 사　　랑

사랑하라. 사랑은 생명이요 창조이다. 괴테는 사랑은 위대한 불꽃이라고 외쳤다. 미국의 어느 기업인은 하버드 대학생들과의 대화에서 그가 미국에서 다섯 번째 안에 드는 부자가 된 것은 사랑 때문이라고 말하였다. 의미심장한 말이다. 사랑은 생명이요, 불꽃이요, 창조력의 에너지이다. GE의 전 회장인 잭 웰치는 어렸을 때 자기 집은 가난하였지만 넘치는 사랑이 있었고, 특히 어머니의 사랑이 오늘의 자기를 있게 하였다고 고백하였다. 이처럼 인간은 사랑을 통해서 무한한 능력을 발휘할 수 있다. 인간의 능력은 무한하다는 확고한 신념을 가지고 인생을 출발하자. 인생에는 노력한다고 해결할 수 없는 불가사의가 있다.

첫째, 우리 인간은 태어나고 죽는 것을 마음대로 할 수 없다. 어디에서 누구의 아들, 딸로 태어날 것인가를 자신의 뜻대로 할 수 없다. 이러한 현상을 철학적 의미로는 한계상황이라 한다. 또 자살을 하지 않는 한 죽음 역시 한 인간의 마음대로 할 수 없다. 그래서 인명은 재천이라고 한다. 죽고 사는 문제는 인간의 의지대로 할 수 없기 때문에 종교가 탄생한 것이다.

둘째, 삶의 여정에서 어떤 목표를 가지고 열심히 노력한다고 다 성공하는 것은 아니다. 성공의 불꽃을 피우기도 하지만 실패의 늪에 빠져 허우적거릴 때도 많다. 그러면 어떻게 살아야 할 것인가?

인생의 길은 불확실하다. 불확실한 갈림길에서 할 수 있는 일은 자신은 무한한 능력의 소유자라는 신념을 가지고 최선을 다하는 일이다. 이러한 신념으로 무장하고, 자기의 강점을 발견하고, 목표를 정하고, 목표를 달성하기 위하여 사랑의 인생을 걸면 약육강식의 세계에서 생존할 수 있다고 믿는다.

명심하라. 자기 자신의 무한한 능력을 믿어라. 신념을 가져라. 목표를 찾아라. 목표를 달성하기 위하여 인생을 걸어라. 사랑하라.

잠자는 자에게는 신은 나타나지 않는다.

깨어나라
여인이여. 깨어나라 그만 잠자라.
밤은 이미 지나갔는데
낮 또한 잃을 셈인가?
깨어있던 다른 여인들은 아름다운 보석을 받았는데
어리석은 여인
그대는 잠들어 있느라
그 모든 걸 잃었구나
그대의 님은 현명했으나
그대는 어리석었다.
오! 여인이여
그대는 님과의 잠자리를 준비해 놓지 못했구나
정신 나간 이여
그대는 철없는 놀이로 시간을 다 보냈다
젊음은 헛되이 가버렸고

그대는 자신의 님을 너무 몰랐다

깨어나라 깨어나라 그리고 보라

침대는 텅 비었고

님은 밤에 그대 곁을 떠났다

카비르는 말한다

깨어 있어야

님의 음악이 화살처럼

그대 가슴을 뚫고 들어온다고!

잠자리를 준비해 놓지 않고 잠만 자는 여인은 남자의 사랑을 받을 수 없듯이 세상살이도 준비한 자만이 기회를 활용할 수 있다. 준비하라. 철저하게 미래를 위해서!

6. 생명력 있는 삶을 위하여

인간의 삶에는 생명력이 가장 중요하다. 생의 막다른 골목에서 의미 있고 생명력 있는 삶을 마감한 한 인간의 감동적인 예를 보자.

불란서에 살고 있었던 장 도미니크 보비라는 잡지사 편집장은 갑자기 뇌졸중으로 전신마비가 되어 쓰러졌다. 그는 의식과 왼쪽 눈꺼풀만 살아 있었다. 그는 삶의 마지막을 정리하기 위해 편집부 여직원을 불러 눈꺼풀을 깜빡거리는 것으로 a, b, c...암호를 정하고 책을 쓰기 시작하였다. 책 이름은 「잠수복과 나비」였다. 그는 45일 동안 30만 번 이상 눈꺼풀을 깜빡거려서 책을 마무리하고 세상을 떠났다. 그의 마지막 유언적인 이야기는 너무도 감동을 준다.

열쇠로 가득찬 이 세상에 내 잠수복을 열어줄 열쇠는 없는 것일까?

종점 없는 지하철 노선은 없을까?

나의 자유를 되찾아 줄 만큼 막강한 화폐는 없을까?

다른 곳에서 구해보아야겠다. 나는 그곳으로 떠난다.

Ⅱ 인간의 창의력 개발

1. 인간의 창의성과 잠재능력

피카소의 창의력개발

피카소 하면 떠오르는 것이 무엇인가? 20세기 위대한 화가, 여성편력의 노벨상감, 그가 사망한 후 그의 곁을 떠난 두 사람의 여인이 저승에 가서라도 그를 지켜주어야겠다고 자살을 하였으니 놀라운 일이 아닐 수 없다. 그는 함께 살았던 여성들에게서 영감을 얻어 특이한 그림을 그렸다. 그가 위대한 예술가가 되는 데에는 위대한 깨달음의 순간이 있었다.

피카소는 네 살 때부터 그림을 그리기 시작하였다. 그의 아버지도 미술 교사였는데, 그의 어머니는 피카소의 그림을 가리켜 아버지의 그림보다 훌륭하다고 칭찬을 하였다. 그는 자기가 그림을 제일 잘 그린다고 자부심을 가지고 살고 있었다.

24세가 된 어느 날 루브르 박물관을 방문할 기회가 있었다. 루브르 박물관을 방문하여 많은 명화들을 보고 깜짝 놀랐다. 그렇게 자부심으로 넘쳤던 피카소의 그림은 아무것도 아니었다. 그는 절망에 빠져 아버지에게 루브르 박물관을 방문했던 소감을 말하였다. 아버지는 그에게 파리 교외 무명화가들의 그림을 모아 둔 창고로 가 보라고 충고하였다. 피카소는 그곳에서 아프리카 흑인들의 그림을 보고 큰 깨달음을 얻고 자기 세계의 화풍을 창조하기 시작하였다. 그곳에서 영감을 얻어 그린 그림이 그 유명한 '아비뇽의 농부들'이었다. 20세기 피카소라는 위대한 화가는 파리 교외 창고 속의 무명화가들의 그림 속에서 탄생하였다.

신은 여러분 주위에 많은 것을 뿌려 놓았다. 잠만 자지 말고 깨어나서 새로운 세계를 찾아보라고!

인간의 역사는 신천지를 찾아가는 역사이다. 신천지를 찾아가는 역사는 창조의 역사이자, 변화의 역사이다. 인간의 역사는 농경사회(수천년)에서 산업사회(약 300년)로, 산업사회에서 지식정보사회(20~30년)로 창조와 변화를 가져와 제4차 산업혁명을 창조하기에 이르렀다.

예를 들어보자. 인간이 숫자를 세는 계산 역사는 처음에는 손가락으로 시작해서 주판으로, 주판에서 계산기로 다시 컴퓨터로 변화의 과정을 겪었다. 컴퓨터 사용의 역사를 살펴보면, 1950년경 컴퓨터가 등장했을 때 그 주요시장에 대한 전망은 군대와 과학계산 분야, 천문학 같은 분야에만 국한될 것이라는 생각이 압도적이었다. 그러나 현재의 컴퓨터를 보면 이미 인간의 우상이 되어 있다. 마누라 없이는 살아도 컴퓨터 없이는 못사는 시대가 되었다.

오늘날 우리들은 정보혁명의 시대에 살고 있다. B.C. 1300년경 중국에서 세계 최초로 인쇄된 서적이 나온 후 혁신을 거듭하여 이동식 디스크만으로도 엄청난 양의 인쇄가 가능하고 컴퓨터를 이용하여 한순간에 전 세계로 정보를 주고받을 수 있게 되었다. 이것이 기적이고 혁명이다. 우리는 지식혁명의 시대에 살고 있는 것이다.

원시사회로부터 현대문명에 이르기까지 인류의 역사를 되돌아보면, 그야말로 창조로 점철된 역사인 것이다. 미국의 미래학자 토플러(A. Toffler)는 그의 저서 「제3의 물결」에서 제3의 물결은 단지 20~30년 만 걸려도 역사의 흐름을 바꾸어 나갈 수 있으며, 우리가 사는 현세대에서 그러한 물결의 흐름에 정면으로 직면하게 될 것임을 지적한 바 있다. 그러나 토플러의 예견도 빗나가고 있다. 20년 30년이 아니라 1, 2년 만에, 아니 몇 개월 만에 변하고 있다. 문자 그대로 우리는 단절의 시대(The age of discontinuity)에 살고 있는 것이다. 인간의 창조력은 학습하는 인공지능의 시대를 가져오게 되었다.

이와 같이 중요한 창조성은 몇 사람에게만 부여되는 천부적인 능력인가, 아니면 만인이 타고난 것인데 몇몇 사람만이 창의력을 개발하여 인류사회에 공헌하고 있는가 하는 의문에 빠지게 된다. 그런데 이러한 물음에 대해서 불행하게도 창의력이란 몇 사람에게만 부여된 천부적인 것이라는 견해가 개인이나 조직 내의 전통적이고 지배적인 생각이었다.

만약 우리가 이러한 견해를 인정한다면 수많은 평범한 사람들은 희망을 가질 수도 없으며, 자포자기 상태에서 의미 없는 삶을 누리게 될지도 모른다. 그러나 다행히도 일부 학자들은 우리들 모두가 창조적인 능력을 가지고 있다고 믿고 있다. 모든 사람은 무한한 창의력을 지니고 있는데, 창조적 능력의 개발 여하에 따라서 창조적인 사람도 되고 그렇지 못한 사람으로 전락하게도 된다는 것이다. 인간은 누구나 무한한 잠재력을 가지고 있다. 이에 대한 설명을 [그림 2－1]을 통해서 하고자 한다.

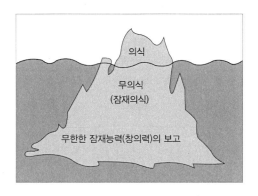

즉 인간의 창조적 능력을 태어날 때부터 지니고 있는 것으로 보는 학자들은 [그림 2－1]의 무의식의 세계를 바로 잠재능력으로 생각하는 것이다. 이 그림은 빙산에 비교한 것이다. 빙산은 1/10은 물 위에 떠 있고 9/10는 물속에 잠겨 있다. 의식과 무의식의 세계를 빙산에 비교하여 그린 그림이다.

이곳이 바로 창의력의 보고라는 것이다. 무의식의 세계에 대한 개념은 정신분석학의 아버지라고 불리는 프로이드(S. Freud)에 의해 주장되었다. 그런데 이 무의식은 곧 인간의 잠재의식을 말하며, 이는 무한한 잠재능력의 심연을 의미한다. 이에 대한 찬반의 주장은 아직까지도 계속되고 있지만 여기에서는 긍정적인 입장에서 논지를 펴나가고자 한다. 어떤 학자들은 20세기 인류사회를 변혁시킨 4대 사건으로 다윈의 진화론, 아인슈타인의 상대성 원리의 발견, 레닌의 공산혁명, 프로이드의 무의식의 발견을 들고 있다. 이만큼 프로이드의 무의식의 발견은 인류사에 큰 파장을 불러일으켰다.

2. 창조와 상상력의 관계

산업현장의 가치창조는 정보에 인간의 상상력이 결합된 결과이다. 순수예술 분야에 있어서의 창조는 상상력이 가장 순수하게 발휘된 결과이다. 베토벤의 음악이 그렇고, 피카소의 미술이 그렇다. 그들은 아름다움을 창조하기 위하여 상상력을 종횡무진으로 발휘한 것이다.

상상력은 퀴리(Curie) 부부가 라듐(radium)을 발견할 때에도 결정적인 역할을 했다. 퀴리 부부는 광석 속에 있는 우라늄의 산화물로부터 라듐을 분리해내기 위해 4년 동안 실험을 계속해왔다. 5,677회의 실험 끝에 라듐이 녹아 있을 것으로 믿어지는 용액이 담긴 그릇에서 액체가 증발한 후 라듐의 결정이 나타나기를 기다리고 있었다. 1902년 섣달 그믐날이었다. 그러나 액체가 다 증발한 후에도 그릇 속에는 아무것도 남아 있지 않았다. 퀴리 부부는 낙망 속에 그날 밤을 지새웠다. 그러다가 잠 속에서 퀴리 부인이 '라듐의 양이 아주 적다면 그릇 밑바닥에 눈에 보이지 않을 만큼이라도 라듐이 깔려 있을지도 모른다'는 상상을 해냈다.

이 상상이 떠오르자 퀴리 부인은 곧장 실험실로 달려가 그 빈 그릇을 찾았다. 한밤의 어둠 속에서 빈 그릇의 밑바닥으로부터 푸른 불빛을 발견했다. 라듐의 존재를 예언한 지 45개월 후인 1903년 1월 1일 밤의 일이었다. 이미 존재하고 있는 진실을 찾아내는 데 있어서도 상상력은 그렇게 중요했다. 이처럼 인간에 의한 창조는 상상력을 필요로 한다.

인간의 상상력에 관하여 깊이 통찰한 철학자로 칸트(Immanuel Kant)가 있다. 칸트는 "머리가 좋은 사람이란 결국 상상력이 좋은 사람이다"라고 했다. 신비주의 시인 윌리암 블레이크(William Blake)는 상상력을 예찬하며 다음과 같은 구절을 남겼다.

모래알 하나에서 세계를 보며
들꽃 하나에서 우주를 본다.
무한을 한 손에 움켜잡으며
한 순간 속에서 영원을 느낀다.

이처럼 인간의 상상력은 많은 현인과 예술가들의 예찬을 받아 왔다. 그도 그럴 것이 인류의 문화와 예술, 그리고 과학을 발전시킨 이들은 보통사람들이 볼 수 없는 것을 머릿속에 그려보고, 들을 수 없는 소리를 들으면서 많은 창조의 업적을 남겼기 때문이다. 인간의 상상력은 어디에서 올까? 무한한 잠재능력에서 나온다.

3. 창의적 능력의 형성

사람들은 창의적 능력(creative ability)과 창의적 행동(creative behavior)을 혼동하는 경향이 있다. 그러나 창의적 행동도 다른 행동과 마찬가지로 개인의 능력과 모티베이션(motivation)의 상호작용의 함수이며, 물리적·사회적 환경의 영향을 받게 된다. 따라서 창의적 능력은 창의적 행동에 영향을 미치는 한 변수에 불과한 것이다. 이 항에서는 주로 창의적 능력의 형성에 대해서 살펴보기로 한다.

1) 창의적 능력

자동차의 안전유리의 발명을 한 프랑스의 과학자 아두아르 베네딕투스의 이야기를 들어보자.

프랑스의 화학자였던 아두아르 베네딕투스는 어느 날 파리 시내를 걸어가고 있었다. 그런데 때마침 자동차 사고로 앞 유리창이 깨어져 운전자의 얼굴에 처참하게 상처가 나서 검붉은 유혈이 범벅이 되어 있는 것을 목격하였다. 그는 그 광경을 안타깝게 생각하고 그의 연구실로 향하였다. 연구실에 가서 선반을 청소하다가 그만 실수를 하여 병 하나가 연구실 바닥에 떨어졌다. 그 병을 치우려고 보니 그 병은 산산조각 부서져 있었지만 파리 시내에서 보았던 자동차 사고시의 유리처럼 산산이 흩어진 것이 아니고 병의 형태를 유지한 채 조각들이 서로 엉켜있었다. 그 병을 자세히 보니 오래된 실험용병에 약품은 모두 사라지고 얇은 막이 형성되어 병의 깨어진 조각들은 흩어지지 않고 그 막에 부착되어 있었다. 그는 무릎을 쳤다. "바로 이것이구나!" 그는 파리의 자동차 사고와 그의 깨어진 실험용 유리병의 원리를 이용하여 자동차의 안전유리를 발견하게 되었다. 이러한 현상을 연상작용이라 부른다. 인간은 신으로부터 상상력이라는 선물을 받았다. 연상작용은 상상력을 통해서 일어난다. 그 교수의 자동차 안전유리의 발견이 창의적 사고요, 창의적 능력이다.

위의 사례를 바탕으로 창의적 능력과 연상작용에 대하여 이야기해 보기로 한다.

창의적 능력이란 새롭고도 유용한 아이디어를 창출할 수 있는 능력을 가리킨다. 이를 연구한 학자들은 창의적 능력이란 개인으로 하여금 새로운 결합(combination)과 연상(association)을 할 수 있도록 해주는 일련의 재능이라고 정의한다. 창의적 행동에 대한 문헌들은 이의 두 가지 특징을 강조한다.

첫째, 이는 단순한 단일 차원의 능력이 아니라 여러 가지 능력의 복합체라는 점, 프랑스 화학자의 자동차 안전유리를 만들어낸 창의적 사고와 행동은 새로운 결합과 연상의 복합체라 할 수 있다. 둘째는 대부분의 개념들(concepts)을 다른 사람들이 이전에 하지 않았던 새로운 방식으로 연결짓는 것과 관련되어 있다는 점이 그것이다.

여기에서 창의적 능력의 본질을 살펴보자. 무엇보다도 먼저 창의적 능력은 연상이나 결합 또는 파생적 사고(divergent thinking)를 해내는 능력으로 파악되어야 한다. "태양 아래 새로운 것은 없다"는 실제로 우리들이 창의적이라고 부르는 것의 대부분이 이미 알려져 있는 둘 또는 그 이상의 요소들을 다른 사람들이 이전에 연결시킨 적이 없는 방식으로 결합시킨 것에 불과하다. 모차르트가 그의 가곡 돈 지오반니(Don Giovanni)를 작곡하기 이전에도 이미 오케스트라에 사용되는 모든 악기와 그것들의 소리 및 인간의 음성이 알려져 있었던 것이다. 또 조지 쉬어링(George Shearing)이 그들을 결합하여 자신의 독특한 음악양식을 창조하기 훨씬 이전부터 피아노, 비브라폰, 대위선율기법 들이 알려져 있었던 것이다.

유신론의 입장에서 보면 창조라는 말은 인간의 용어이지 신의 용어는 아니다. 신은 인간에게 연상작용을 하여 많은 부품을 조립하여 새롭고 유용한 것을 만들어내라는 과제를 부여하였을 뿐이다. 자동차의 원리는 태초에부터 있었지만 인간이 2만 가지가 넘는 부품을 조립하여 드디어 자동차라는 완제품을 만들어냈는데, 인간은 이를 창조라고 부른다.

창의성의 이러한 측면을 가리켜 이중연결행동 — 이전에 연결되지 않았던 두 개의 인식적 매트릭스(cognitive matrix)를 결합하는 행동 — 이라고 부른다. 잘 알려져 있는 창의적 활동들이 단순한 이동연결행동임을 알 수 있도록 요소별로 분리해낼 수 있다. 뉴턴의 중력의 법칙도 다음과 같은 두 요소로 나누어 볼 수 있다.

(1) 첫째 요소(A)

달의 운행항로가 만약 지구가 없었더라면 취해졌을 직선항로로부터 이탈되어 있다는 사실이 알려져 있었다. 뿐만 아니라 그 이탈률도 알려져 있었다.

(2) 둘째 요소(B)

지구를 향해 낙하하는 물체의 낙하속도가 가속화된다는 사실이 알려져 있었고, 그 가속률도 알려져 있었다.

A와 B를 연결시킴으로써 A와 B 사이에는 모종의 관계가 존재한다는 생각을

끌어낼 수 있었고 추가적인 조사를 통해 이탈률과 가속률이 같다는 사실이 밝혀졌다. 여기서부터 달과 낙하물체 모두에 작용하는 힘은 동일한 것이라는 결론이 얻어졌으며, 이 힘을 중력(gravity)이라고 부르는 것이다.

2) 창조력과 지능과의 관계 — 희망의 메시지

앞에서 언급한 바와 같이 이중연상능력은 창조적 능력과 관련된 중요한 능력들이지만, 이들만이 창조적 능력을 구성하는 것은 아니다. 특히 창조력과 지능 사이에는 복잡한 관계가 존재한다.

우리들은 흔히 창조력과 지능을 동일한 것으로 생각하는 잘못을 저지르기 쉽다. 우리는 '창조적인 천재'라는 표현을 자주 하는데, 이는 오직 지능이 높은 사람만이 창조적일 수 있다는 가정하에서의 발상법이다. 그리고 창조적인 천재와 지능상의 천재를 동일시하는 모순은 이에 관한 많은 연구들에서 밝혀지고 있다. 이들 연구의 결과를 종합해보면, [그림 2-2]와 같이 나타낼 수 있다.

그림 2-2 │ 창조력과 지능과의 관계

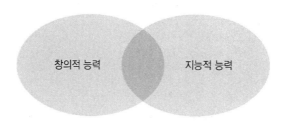

두 조의 능력들 사이에 중복되는 부분은 크지 않음이 분명하다.

[그림 2-2]에서처럼, 창조력에 포함된 능력들 가운데 일부는 지능에도 포함되며, 지능에 포함되는 능력들 중의 일부도 창조력에 포함되는 것이다. 물론 창조력과 지능 사이에 중복 정도가 명확하게 알려져 있는 것은 아니지만, 그 정도가 그렇게 크지 않다는 것이 많은 학자들의 견해다.

창조력과 지능 사이에 관련이 있음을 밝혀낸 연구 중에서, 그 중복은 10% 정도라는 주장이 있다. 그 중복 정도가 이보다도 더 작다고 생각하는 학자들도 있으며,

이 두 능력이 완전히 독립적이라는 견해를 가진 학자도 있으나 이에 대한 증거를 제시하는 학자는 없다.

길포드(J. P. Guilford)는 상당한 정도의 창조적인 능력을 발휘하기 위해서는, 최소한의 지능은 필요하다고 주장한다. 그는 1,000명의 학생들을 대상으로 연구한 결과, 지능지수(IQ)와 창조력은 다양한 속성을 포함하는 광범위하고 뚜렷하게 정의되지 않은 능력들로서, 각각은 [그림 2 — 2]에 나타난 바와 같이 일부분만이 상호관련이 있을 뿐이라는 결론을 내렸다.

여기에서 특히 우리가 주목하여야 할 것은 창조성 개발을 위해서 실시한 40개의 연구(청년과 장년집단을 대상으로 한 것임) 중 90%가 훈련을 통해서 창조적 능력이 향상된 것으로 나타났다는 것이다. 더욱이 창조성이 뚜렷한 개인과 그렇지 못한 개인 간에도 똑같이 창조적인 능력이 있다는 사실이 발견되었다.

여기서 우리는, 모든 인간은 창조력을 발휘할 수 있다는 가능성을 발견하게 된다. 그러므로 인간은 누구나 무한한 가능성이 있는 존재라는 사실을 확신하고, 꾸준히 창조력을 개발하면 성공적인 삶을 누릴 수 있다는 것을 강조하고 싶다. 수많은 에디슨, 수많은 뉴턴, 수많은 아인슈타인이 창조력을 개발할 생각조차 하지 않고 자포자기하였기 때문에 무의미한 인생을 살다 떠났다는 사실을 명심할 필요가 있다.

앞의 [2 — 1]의 그림은 인간의 창조적인 잠재능력의 무한함을 설명하기 위한 그림이다.

자동차는 부품에 따라 그 가치가 차별화되지만 인간은 똑같은 재료에 의해서 태어났다. 그래서 인간은 모두 신이 주신 특징을 가지고 있다. 이는 희망의 메시지가 아닌가?

인간의 창조력 어디까지 왔을까?

인공지능 애인 이야기: 생각하고 학습하는 인공지능이 탄생하여 이세돌과 바둑대결을 하여 4:1로 승리하여 세계를 놀라게 하였다. 그 알파고는 은퇴하고 새로운 인공지능이 탄생하고 있다. 새로 탄생할 인공지능은 여러 가지가 있겠지만 여기에서는 인간의 연인 순이에 대하여 이야기하기로 한다. 사회가 변하여 1인 가구가 급증하고 있다. 인간은 불안하고 외로운 존재다. 그 외로운 인간에게는 친구도 아내도 연인도 비서도 필요하다. 앞으로 인공지능의 연인도 아내도 친구도 등장하게 될 것이다. 아름다운 인형을 만들어 거기에 인공지능의 센서를 부착하면 애인 등 다방면의 역할을 하게 된다. 이미 중국에서는 섹스를 할 수 있는 인공지능을 만들었는데 2만개가 팔렸다고 한다. 놀라운 일이 벌어지고 있다.

새로 탄생한 인공지능은 애인과 아내의 역할을 하여 가정에서의 가사를 도와주고 한 침대를 쓰며 외로움을 달래 줄 것이며 외출시에는 집의 경비원이 되어 주고 같이 여행을 하고 때로는 경호원역할도 하게 될 것이다.

순이와 같이 사는 사람들은 편리한 점이 많다. 인공지능 연인은 비용이 거의 들지 않는다. 센서로 움직이고 아직 인간과 같은 감정을 표현하지 못하기 때문에 부부간에 싸울 일도 없다. 거의 100% 주인의 의지대로 움직인다. 이것이 인공지능시대의 연인 순이의 모습이다.

그런데 여기에서의 문제는 인간은 감정 없는 순이에게 곧 싫증을 느끼게 될 것이다. 인간은 감정의 동물이기 때문에 감정의 교감을 원하는 동물이다. 인공지능 순이가 아무리 껴안고 사랑합니다, 안아 주세요 하더라도 기계는 기계일 뿐이기 때문이다. 기계인간에게 어찌 사랑하고 미워하는 마음이 생기겠는가? 기계로부터가 아닌 사람으로부터 사랑을 받고 싶고 연인이 인간임을 느끼고자 할 것이다. 그때 어떻게 할 것인가? 앞으로 감정을 느끼는 인간지능 순이가 탄생할까? 4차 산업혁명시대의 과제이다. 사랑하고 미워하는 감정을 느끼고 인간처럼 사랑하고 미워하고 섹스의 감정을 느끼는 인공지능을 만들어 내려고 하고 있다. 그것이 가능하다는 주장이 나왔고 그 징후가 보이고 있다. 이것은 역천(逆天), 자연의 순리를 거역하는 인간의 자기 파괴적인 교만이 아닌가 하는데 그 날이 오지 않을까 두려워진다.

4. 창조적인 의사결정방법의 개발

1) 창조적 개인의 특성

위에서, 인간은 누구나 창조력을 가지고 있다고 강조하였다. 인간이 창조력을 개발하고 그것을 발휘하기 위해서는 환경의 조성, 스스로의 환경극복이 중요하다. 여기서는 창의적 개인의 특성에 대해서 알아보기로 하겠다. 부분적으로는 앞 장에서 언급된 것들도 있지만, 창조성의 측면에서 다시 다루기로 한다.

(1) 인구통계학적 특성

① 창조적 개인의 특성으로 가정적 특성, 성, 나이 등에 대한 연구가 지속되어 왔다. 여기에서는 [그림 2-3]을 참고로 나이와 창의력에 대해서 이야기하기로 한다. 이 연구 결과를 보면 이들의 대부분은 30~40세 사이에 창조적인 산물의 산출 빈도가 가장 높았다는 것이다. [그림 2-3]을 보자. 여기서는 신체적인 성숙과 지적인 성숙의 연령별 단계를 도표화한 것이다.

그림 2-3 │ 신체와 지능의 연령별 발달단계

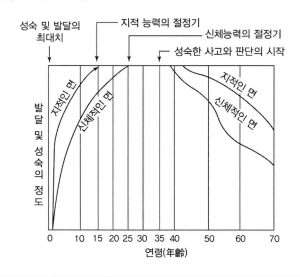

[그림 2-3]에서 보더라도, 35세가 성숙한 사고와 판단의 시작으로 되어 있다. 솔로몬 박사에 의하면 35세를 전후로 하여 훌륭한 연구 성과들이 나온다는 것이다. 그렇다면 앞에서 말한 30~40세 사이에 창조적인 산물의 산출빈도가 가장 높다는 연구결과와도 일치된다고 할 수 있다.

화학자, 수학자, 물리학자들은 30~34세 사이가 창조력의 절정기로 나타나 있다. 발명가들도 이 기간 중에 가장 뛰어난 발명성과가 있었다. 60년 동안 1,100개의 특허출원을 제출했던 에디슨도 33~36세 사이에 전체 특허출원의 25%가 넘는 312개를 냈다고 한다. 곤충학자, 농화학자, 심리학자 등은 35세 부근에서 창조력이 절정에 달했다. 기타 거의 모든 분야의 과학자들, 그리고 미술가나 음악가들까지도 30~36세 사이에 창조적인 업적과 작품을 남겼다는 것이다.

이상의 예만을 통해서 본다면, 30세 이전이나 40세 이후에는 별다른 업적을 이루지 못하는 것으로 생각하기 쉽지만, 창조적 업적이 유년기나 노년기에도 나타났었다는 점을 유의하기 바란다. 모차르트는 5세에 「미뉴에트」를 작곡하였고, 폴 모피는 12세에 장기 챔피언이 되었다. 그리고 갈릴레오, 멘델스존, 밀턴, 파스칼, 슈베르트 등도 10대에 뛰어난 창조적 성과를 보여준 위인들이다. 그런가 하면 벨리니는 85세라는 인생의 황혼기에 걸작품을 만들어 냈으며, 세르반테스는 68세에 돈키호테 2부를 저술했다. 갈릴레오는 70대까지 창조적이고 생산적인 업적을 이룩하지 않았던가. 특히 기업에서 세계적인 성공을 거둔 미국의 켄터키 프라이드치킨의 창업자는 64세의 나이에 닭구이 장사를 시작했다고 한다. 베르디는 80세에 유명한 오페라 「팔스타프(Falstaff)」를, 드러커 교수는 94세까지 명저를 출판하고 95세에 사망하였다.

인생은 50부터니, 60부터니 하는 말이 있는데 우리는 이 말을 위안과 격려의 채찍으로 받아들일 필요가 있다. 사실 인생 50은 하루로 치면 오후 3시와 같다. 여름날 오후 3시는 태양이 가장 강하게 작렬하는 때이다. 그러나 정점은 하강을 의미하기도 한다. 3시가 지나가면 4시, 5시가 온다. 인생도 이에 비견할 수 있다. 그래서 젊었을 때의 노력을 강조하는 것이다.

그러나 젊은 나이에 큰 업적을 남기면 더욱 좋지만 그렇지 못한 사람들은 앞의 위인들처럼 황혼의 나이에도 창조적 활동을 통하여 의미 있는 인생을 살기를 바란다. 나이 들었다고 포기한 사람들은, 숨은 쉬고 있되 죽어 있는 자들이다. 나이에 구애받지 않고 영원을 향해 걸어가는 사람들에게 창조의 여신은 미소를 보내줄 것이다.

(2) 행위적 특성

창조적 행위자들에 대한 많은 연구를 통해서, 이들의 현저한 행동상의 특성들이 밝혀졌다. 이러한 특성들은 대부분 창조활동 과정과 밀접한 관련이 있는 것들이지만 관련이 없는 사항도 있다. 이 중에서 창조행동 과정과 관련이 있는 행위적 특성을 정리하면 다음과 같다.

① 높은 이직률

창의적 행위자들은 창의성을 요구하는 문제에 대해서는 강한 집착을 느낀다.

그러나 그들은 조직구성원으로서는 그러한 경향을 보이지 않고 있다는 사실이 미국의 여러 연구에서 나타나고 있다.

미국의 107명의 과학자와 엔지니어들에 대한 조사에서 창의적 행위자들은 자신들보다 덜 창의적인 동료에 비해 조직체와의 일체감을 덜 느끼는 것으로 밝혀졌다. 또 다른 연구에서 동창생들간의 직업변경횟수와 창의력과의 상관관계를 조사하였는데, 창의적인 행위자들은 다른 동창생들에 비해 직업을 더 자주 바꾼 것으로 나타났다. 최근 한국에도 많은 변화가 일어나고 있다. 30~40대 젊은 벤처기업인과 CEO들이 탄생하고 있다.

② 비순응성

창조적인 사람들은 조직생활에서 조직의 행동에 순응적인가 비순응적인가의 문제는 많은 관심과 연구의 대상이 되어 왔다. 이에 대하여 어떤 명확한 결론을 내릴 수는 없지만 창의적 행위자들이 대부분 다른 사람들에 비해 사회적인 평가기준들을 받아들이지 않는다는 연구결과들이 나오고 있다. 즉 창의적 행위자들은 여러 가지 이유에서 어떤 상황하에서는 잘 순응하지 않는다는 것이다.

환경, 교육, 무사안일의 추구 등 여러 가지 이유 때문에 창의적 잠재력을 가진 수많은 사람들이 현실 순응형이 되어 기존의 제도 속에 파묻혀 살고 있다. 인류사회에 빛을 남기고 영원히 살아서 우리의 가슴속에서 숨 쉬고 있는 사람들은 역류의 철학을 가진 사람들이라는 사실을 기억할 필요가 있다.

큰 홍수가 나면 홍수를 역류하여 상류로 상류로 거슬러 올라가는 물고기가 있고, 홍수의 물결 따라 떠내려가는 물고기가 있다. 홍수가 지나고 살아남은 물고기는 역류하는 물고기요, 홍수의 물결 따라 떠내려간 물고기는 바다에 빠져 죽게 된다. 인간의 사회도 이와 마찬가지다. 인간이 영원히 사는 길은 반항의 철학을 가지고 창조의 일생을 사는 길이다. 위에서 설명한 사실을 다시 요약하면 인간에게는 No-Men과 Yes-Men이 있는데 No-Men의 길은 비순응성이 강한 길이요, Yes-Men의 길은 순응성이 강한 길이다. 저자는 늘 Yes-Men과 No-Men을 똥개와 사냥개에 비유하곤 한다.

Yes-Men은 똥개요, No-Men은 사냥개이다. 똥개는 영원한 똥개요, 사냥개는 영원한 사냥개다. 그러나 사람은 교육과 환경, 가치관에 따라 똥개도 되고 사냥개도 된다. 이것이 동물과 다른 인간의 특성이다.

(3) 창조적 행위자들의 일관된 특성

창조적 행위자들의 일관성 있는 특성들로는 다음과 같은 점들을 지적할 수 있다.

① 가 치 관

창의적 행위자의 가치관은 미학적인 것인 동시에 기능적 실용성에 치중한 것이기도 하다. 창조적 사고와 행동을 통해서 인생을 차별화하고자 한다.

② 속   성

창의적 행위자는 자신만만하여 독립적인 동시에 비판에 민감하고 상처 받기 쉽다.

③ 욕   구

창의적 행위자는 자율적이며, 자신의 재능이나 주체성을 잘 알고 있는 동시에 성취에 대한 인정이나 승인을 얻고자 하는 욕구도 가지고 있다.

④ 지   식

창의적 행위자는 정보를 얻으려고 노력하는 동시에 객관에 의존하기도 한다.

인간의 특성 연구의 권위자인 바론(Barron)은 창의적 행위자의 특성에 대하여 "창조적 천재는 순진무구한 동시에 아는 것이 많아서, 원시적인 상징주의와 엄격한 논리에 익숙하다. 그는 보통사람에 비해 매우 원초적인 동시에 매우 교양 있는 사람이며, 매우 파괴적인 동시에 매우 건설적인 사람이며, 때로는 더 미친 사람이지만 때로는 금강석처럼 정신이 올바른 사람인 것이다"라고 결론을 맺고 있다.

그러나 앞에서 말한 바와 같이 하늘이 탄생시킨 창조적 천재가 따로 있다고 생각하고 미리 포기하지 말자. 신은 우리 모두에게 보이지 않는 위대한 능력을 주었다. 그것을 깨닫는 자는 창조의 천재가 되고 깨닫지 못한 자는 우둔한 바보가 된다. 인간은 모두 불성과 신성을 부여받은 위대한 창조물이다.

양심이여! 지성이여 ! 반항하라
— 앙리 발뷰스 —

━━━━ **반항아 괴테**

괴테는 반항아였다. 괴테의 아버지는 법원서기였는데, 하급 법조인들이 바라는 것은 자기 자식들이 판검사가 되는 것이리라. 괴테의 아버지도 괴테가 사법시험에 합격하여, 판검사가 되기를 바랐다. 괴테의 집에 가면 괴테의 아버지가 개구쟁이 괴테를 감시하던 건물 3층에 조 그만 창문이 지금도 보존되어 있다.

괴테는 아버지 뜻을 거역하고 문학의 길을 택하였다. 아버지에게 반항하고 남의 약혼자를 사랑하여 뜻을 이루지 못하고, 이루지 못한 사랑을 승화시킨 작품이 젊은 베르테르의 슬픔 이다.

괴테는 23세에 한적한 마을 베츨러에서 운명의 여인 로테라는 소녀를 만나 평생 사랑하면 서 82세까지 글을 썼다. 인생의 길은 사랑하는 길이요, 승화하는 길이요, 창조하는 길이다. 괴 테는 로테라는 연인을 만나 새로운 길을 걸었다. 지금도 괴테하우스에는 괴테가 그린 애인 로 테의 초상화가 여행객의 눈길을 사로잡고 있다.

로테를 위한 괴테의 기도

― 저에게 맡겨 주소서. 로테를 저에게 맡겨 주소서. 나는 이제 이런 기도를 드릴 수도 없다. 이제 그녀는 남의 소유가 아닌가? 다만 농부가 땅에 엎드려 비를 구하듯이 눈물로 신에게 그 녀를 달라고 기도할 뿐이다.

2) 창조적 분위기 조성

창조성을 발휘하기 위해서는 개인의 노력도 물론 중요하지만 환경의 조성도 중 요하다. 가정에서는 가정환경을, 학교에서는 교육환경을, 조직에서는 조직환경을, 사회에서는 사회환경을 조성함으로써 개인이 창조력을 발휘할 수 있도록 여건을 마련해주어야 한다. 조직에서 구성원들의 창조적 행위가 조성되도록 하기 위해서는 경영자들이 이런 행위를 방해하는 요인들을 이해하여 제거해주고, 동시에 창조적 행위를 촉진시켜줄 수 있는 분위기의 조성과 기법을 개발하여야 한다.

(1) 창조적 행위에 대한 조장

개인의 창조적 행위를 조장하는 요인들이 있다. 그 요인으로 ① 강화 ② 목표 와 시한 ③ 노력의 추가 ④ 자유와 자율성 ⑤ 신축성과 복합성 등을 들 수 있다.

인간은 보상을 원하는 동물이다. 무기수도 근무성적이 좋으면 감형을 받을 수 있다는 보상심리 때문에 성실하게 수형생활을 한다. 복제 개 스너피를 탄생시켰던 모 교수는 보상심리가 너무 강하여 영웅에서 하루아침에 사기꾼으로 추락하였다. 명장 한니발은 로마군과 싸우면서 지쳐있는 병사들에게 격투기 경기를 시켜 이긴 자에게는 자유를 주었다. 그러자 병사들의 사기는 올라갔다.

목표와 시한도 중요하다. 목표가 없고 시한이 없다면 엎질러진 잉크와 같이 집중력이 흐트러질 수 있다.

헤밍웨이는 「무기여 잘 있거라」라는 소설을 마무리하는데 80번의 수정 작업을 하였다고 한다. 경영학계의 석학으로 알려진 모 교수는 10년을 주기로 출간하는 그의 저서 중 어느 부분에 20번이나 수정을 한 바 있다고 필자에게 말한 바 있다. 유명한 수재들의 노력에 깜짝 놀라지 않을 수 없었다. 아무리 천재라 할지라도 인간은 불완전하고 실수를 하는 동물이다. 그래서 완벽을 향한 추가적인 노력이 필요하다. 에디슨은 전기를 발명할 때까지 3,000번이나 실험을 거쳤다고 한다.

창조는 정신적 통제 아래서는 빛을 낼 수가 없다. 자유와 자율성 그리고 신축성과 복잡성의 보장 속에서 창조성이 발휘될 수 있다. 명확하고 실행 가능한 목표를 갖는 개인, 조직은 창의성을 발휘하는 데 효과적이다.

(2) 역경을 극복하고 창의성을 발휘한 사람들

록키산맥의 해발 3,000m 높이에는 수목한계선 지대가 있다. 이 지대의 나무들은 무서운 바람 때문에 곧게 자리지 못하고 마치 사람이 무릎을 꿇고 있는 듯한 모습으로 서 있다. 이 나무는 세계적인 명품 바이올린의 재목으로 쓰인다고 한다.

이 나무는 생존을 위해 무릎을 꿇고 모진 풍상을 이겨내고 살다가 귀한 재목으로 쓰인다.

베토벤은 청력을 잃은 뒤에 위대한 작곡을 하였다. 월터 럴리 경(Sir Walter Raleigh)은 13년간 투옥 중에 '세계의 역사'라는 명저를 저술하였다. 밀턴은 44세에 눈이 멀고 나서야 '실낙원'이라는 명저를 남겼다.

솔제니친(Aleksandr Isayevich Solzhenitsyn)은 「수용소 군도」라는 소설로 노벨문학상을 받고 "수용소 군도여 감사하다"라고 독백하였다. 시베리아의 유배생활을 겪지 않았다면 그는 노벨상을 받지 못했을런지 모른다.

다산(茶山) 정약용은 18년 유배를 극복하고 위대한 업적을 남겼으며, 미켈란젤로는 8년에 걸쳐서 최후의 만찬을 완성하여 최후의 만찬은 역사상 가장 뛰어난 미술품 12가지 중 하나로 선정되었다.

(3) 창조력 개발기법

연상이라는 말은 창조성 개발에 있어서는 중요한 단어다. 즉 '아! 이제야 생각났다'라는 말은 상상력과 기억을 결부시켜서 하나의 사고를 다른 사고로 유도하는 능력, 즉 연상이라는 창조력을 말하는 것이다.

결혼한 지 오래된 50대 신사가 젊은 날 연애시절에 곧잘 감상했던 음악을 듣고 결혼식 날을 상기한다든가, 대학시절에 유행했던 흘러간 노래를 듣고 문득 잊었던 대학시절의 추억이 떠오르는 것과 같은 것이다. 이 연상작용은 어떤 사물이나 사건을 보고 느끼는 정도에 따라 위대한 창조력을 발휘하게 한다.

일본의 경영의 천재 마쓰시다(松下)는 공원을 산책하면서, 철철 흐르는 수돗물을 마시는 노동자의 모습을 보고 대량생산의 아이디어를 생각해낸 사람이다. 저 넘쳐 흐르는 수돗물처럼 값싸고 질 좋은 제품을 대량으로 생산하여 전 세계 소비자들에게 팔자는 아이디어를 가지고, 그는 동양인으로서는 처음으로 대량생산을 시작한 사람이다. 松下의 이와 같은 경영철학을 수도철학이라고 부른다.

이와 같이 자유 연상법은 자유로운 상상의 흐름을 강조한다. 자유 연상법에는 몇 가지 방법이 있는데, 두뇌선풍법이라고 불리며, 기업의 문제해결을 위한 회의식 아이디어 개발 방법으로 널리 알려진 브레인 스토밍법이 있고, 이와 비슷하지만 리더가 회의시 구성원에게 주제를 알려주지 않고 회의에서 나온 각종 아이디어를 실제문제와 연결시켜 문제해결방안을 이끌어낸다는 점에서 양보다 질을 중요시하는 고든법이 있다. 고든법이 성공하기 위해서는 집단리더가 자유토론의 시간에 상상력을 크게 발휘하여 토론을 실제문제와 연관시키는 능력이 있어야 한다.

Ⅲ 창조적 예방경영능력의 개발

1. 예방경영이란?

의학에 예방의학이라는 분야가 있다. 병에 걸리기 전에 병을 예방하고 건강을 지키는 방법을 연구하는 분야이다. 예방경영이란 예방의학에서 추구하는 것과 같이 인생에서 일어나는 불행한 사건들을 경영학적인 방법을 통해서 미리 예방하자는 것이다. 즉 기업의 부도와 개인, 조직, 사회에서 일어나는 재앙과 불행을 미리 막고 실패 없는 성공적인 인생을 살았으면 하는 염원에서 필자가 오랫동안 화두로 삼아 온 지론이다.

임진왜란이 일어나기 전에 이율곡 선생은 유비무환(有備無患)을 주장하며 10만 대군의 양성을 조정에 건의하였으나 묵살당했다. 그런데 7년 임란의 피해는 조선팔도를 쑥대밭으로 만들 정도로 컸다. 10만 대군을 양성하였더라면 임란의 피해를 막을 수 있었을 것이다.

6·25때, 이승만 정부는 북한과 적대관계로 대치해 있으면서도 아무 준비를 하지 않았다. 북한군이 정릉까지 쳐들어와 총소리가 진동하는데도 이승만 정부는 서울 시민들에게 안심하라는 방송을 내보내고 정부 당국자들만이 한강 철교를 건넌 다음 철교를 폭파해버렸다. 이승만 정부는 6·25에 대한 예방을 전혀 하지 않고 있었던 것이다.

정치 지도자들의 죄는 지금도 되풀이되고 있다. 문민정부 때 초래한 IMF는 하늘에서 갑자기 떨어진 유탄이 아니었다. 80년대부터 서서히 오고 있었다. 기업의 문어발식 경영, 정부의 방만 운영, 국민의 과소비로 인해 외채는 눈덩이처럼 불어나고 있었다. 기업의 경쟁력, 국가 경쟁력은 국제사회에서 하위권을 맴돌고 있는데, 우리는 선진국이 다 된 것처럼 떠들고 있었다.

9·11테러는 예방할 수 없었을까? 미국의 정보망에 테러징조가 감지되었었다.

천안함의 비극은 예방할 수 없었을까? 서해 안보체계가 구멍이 났다고 강한 군대를 만들어야 되겠다고 뒤늦은 처방전 내느라고 부산하다.

9·11테러나 천안함의 비극도 예방할 수 있었다. 그래서 예방경영 전략이 필요하다.

2. 예방경영의 전제 조건

1) 예측경영

"예언을 하지 말라. 특히 미래에 대해서"라고 미래학자 사무엘 골드윈은 일찍이 충고한 바 있다. 아마 불확실한 미래 예측의 폐해를 염려해서일 것이다. 그러나 사회의 지도자와 조직의 CEO는 시대를 내다보는 탁견이 있어야 한다. 시인은 시대의 예언자라고 하는데, 사회를 이끌어 가는 지도자들은 미래를 예견하고 대비책을 세워야 하지 않을까 한다.

개인적인 예를 들어보자. 드러커 박사는 자기가 많은 책을 출판했지만 가장 보람 있는 저술은 1949년에 쓴 「보이지 않는 혁명」이라고 하였다. 그는 그 저서에서 소련의 패망을 예측하고 그 대비를 역설했기 때문이라는 것이다.

그때는 소련이 한참 번영하던 때였기에 소련의 붕괴에 대한 예측에 귀를 기울이는 사람은 아무도 없어서 그는 너무도 억울했다고 「*The New Realities*」(1980)라는 책에서 술회하면서 소련이 망한 이유를 조목조목 분석했다.

우리가 주목할 부분은 서문에서 밝힌 한국에 대한 그의 견해다. 국민소득이 5,000달러에 이르기까지 서구는 150년, 서구에서 배운 일본은 100년이 걸렸는데, 한국은 불과 30년 만에 $5,000을 획득했다고 하면서 세계 역사상 유례가 없는 업적을 이룩한 경이로운 나라라고 찬탄했다. 그러나 그 다음이 문제였다. 그는 칭찬 다음에 다음과 같은 무서운 충고를 하였다.

"한국은 진로를 바꾸어라. 한국이 과거와 같은 방법으로 번영을 계속하기를 꿈꾼다는 것은 오산이다. 한국은 진로를 바꾸어야 한다"라고.

그러나 한국은 진로를 바꾸지 않았다. 기업의 방만 경영, 정부의 방만 운영과 국민의 과소비는 변하지 않았다. 한국 경제의 불안을 예측한 채권자가 돈줄을 끊으니 하루아침에 국가부도의 위기에 직면하게 되었던 것이다. 방만한 하나의 예를 보자.

IMF가 오기 전 한국의 국가 원수 일행이 영국을 방문하여 영빈관에 머무르게 되었다. 한국 정부관계자는 영빈관 전체를 빌려줄 것을 요청하였는데 호텔당국은 영빈관 역사상 어느 나라 국가원수도 한 층 이상을 사용한 적이 없으니 한 층만 사용하라고 하였다. 그런데 한국 정부당국자는 화를 내며 막무가내로 호텔 전체의 대여를 요청하였다. 할 수 없이 호텔 측은 호텔 전체를 사용하도록 허락하였다. 한국 대표단이 떠난 후 호텔 측과 영국 언론의 빈축은 한국의 신문에 날 정도였다. IMF는 서서히 다가오고 있는데 우리는 허세를 부리며 떵떵거리고 있었던 것이다. 한국 정부는 다가오는 IMF에 대한 예방은커녕 자초하고 있었던 것이다.

몇년 전 독일 대통령이 한국을 방문하였다. 대통령 일행은 조선호텔에서 2박 3일을 지냈다. 그들이 떠난 후 호텔 측 발표에 의하면 그들끼리 식사를 한 경우에는 '피자'를 외부에서 불러다 먹었으며, 수건 2개, 화장지 2통만을 사용하고 떠났다고 하였다. 우리에게 무서운 교훈을 남긴 것이다. 나라는 암에 걸렸는데 지도자들은 흥청망청한다면 나라가 어찌 되겠는가. 예방경영이 참으로 중요한 것이다.

William Henry Gates는 우리 모두 잘 아는 컴퓨터의 황제이다. 그는 13세에 컴퓨터를 시작하였고, 19세에 컴퓨터회사를 친구와 함께 설립하였다. 그는 10대 때에 PC(personal computer)의 꿈을 꾸고 "모든 가정에 PC 한 대를!"이라는 비전을 세웠다. 그는 "만약 IBM이라는 거대 기업이 PC를 생각했더라면 오늘의 나는 존재하지 않았을는지 모른다"고 회상하였다. 거대기업 IBM은 PC를 예견하지 못했던 것이다. 지나간 역사에 만약이라는 가정법은 의미가 없다. 그러므로 정확한 미래를 예측하고 대응 방안을 세운다면 시행착오를 피할 수 있고, 만약이라는 단어를 사용하여 가정법 문장을 만들지 않게 될 것이다.

2) 수평적 경영(창조적 경영)

정확한 예측도 수평적 경영을 통하여 예방경영에 성공하지 못한다면 무의미하다. 진찰은 정확히 하지만 병은 낫지 못하는 의사에 비유할 수 있겠다. 의사가 진단은 잘하지만 처방을 못하여 병을 낫지 못한다면 그 의사는 명의가 될 수 없다. 현대의학에서 강조하는 것은 예방의학이라고 한다. 특정 질병이 예상되니 그 병에 대해 예방하라는 의사의 진단 유무는 인체의 예방경영에 성공과 실패의 갈림길인 것이다.

예방경영에 필요한 두 번째 전제 조건은 수평적 경영이다. 수평적 경영이란 '역(逆)사고와 실천'을 의미한다. 허리를 뒤로 최대한 젖히고자 하는 사람은 앞으로도 최대한 굽혀야 한다는 이치와 비슷하다.

포드 자동차 회사보다 늦게 출발한 GM자동차는 포드 자동차보다 더 좋은 자동차를 만들어도 팔리지 않았다. 고민에 빠져 있다가 하나의 방법을 생각해 냈다. 당시 미국의 자동차는 검정색 일색이었으며 그것은 포드자동차의 색이기도 하였다. 포드는 어떤 색도 검정색을 능가할 수 없다고 주장하고 검정색 자동차만을 고집하였다. GM은 색깔을 바꾸어 보기로 하고 빨강, 하양, 노랑색의 자동차를 생산하였다. 1년 만에 포드를 추월하는 기적같은 일이 일어났다. 이것이 수평적 사고와 창조적 경영이다.

우리나라의 사례를 살펴보자. 삼성의 반도체 산업은 이병철 회장의 큰 업적이다. 그가 반도체 산업을 구상할 때 삼성의 참모진과 심지어는 그가 좋아하는 일본의 자문그룹까지도 한국에서 반도체 산업은 너무 빠르다고 반대하였다. 그러나 그는 외로운 결단을 내려 반도체 산업을 시작하여 세계 일류의 회사를 만들었다. 남보다 한 걸음 앞선 수평적 경영은 열 걸음 먼저 목적지에 도착할 수 있다.

IMF 때 삼성의 반도체가 없었더라면 삼성의 운명은 어떻게 되었을까. 한국경제는 얼마나 큰 타격을 입었을까. 수평적 경영이 회사와 나라를 살릴 수 있었던 것이다. 경쟁 사회에서 수평적 사고와 실천의 경영만이 조직을 살릴 수 있다고 생각한다.

예측경영과 수평적 경영을 잘하여 예방경영에 성공한 기업의 사례로는 듀퐁을 들 수 있다. 이 회사는 1802년에 설립되었으니 200여년의 역사를 간직하고 있다.

듀퐁의 세계 최장수 생존 비결은 무엇일까. 그 해답은 듀퐁의 예측경영과 수평적 경영을 통한 예방경영의 성공에 있다.

프랑스에서 이민선을 타고 미국에 간 듀퐁은 처음엔 화학제품인 gunpowder를 생산하기 시작하였다. 그러나 거기에 만족하지 않고 Chemical에서 Bio−technology와 hightech science까지 발전하였다. 시행착오도 많았지만 어려움에 봉착할 때마다 구조조정을 위한 소위원회를 구성하여 예방경영을 잘 했다.

듀퐁이 걸어온 길을 요약하자면, 환경적응(예측경영) → 전략수립(수평적 사고) → 구조조정(예방경영)이라고 할 수 있다. 결국 이러한 성공적인 경영 덕분에 200년 이상 계속기업으로 성장하고 있는 것이다.

또 하나의 좋은 사례로 삼등열차 타는 법을 살펴보자.

삼등열차는 지정자리가 없는 열차다. 그야말로 삼류인생(?)들이 타는 열차다. 옛

날 서울역에서 목포까지 가는 삼등열차는 14시간 정도 걸렸다. 간이역까지 정차하며 쉬어쉬어 가는 완행열차다. 요사이는 신세가 좀 늘어져서 삼등열차를 타지 않으니 상황을 잘 모르겠지만, 아마 삼등 완행열차는 예나 지금이나 별 차이가 없으리라 생각된다. 삼등열차 타는 가장 큰 고통은 지정좌석이 없기 때문에 자리를 잡지 못하는 사람들은 선 채로 목적지까지 지루한 여행을 하는 것이라 하겠다. 야간 삼등열차를 타고 서서 목포까지 14시간을 간다고 생각해보시라. 그 고통이 어떠하겠는가를. 서민들은 야간열차를 주로 이용하였다. 낮에 서울에서 일을 보고 야간열차로 귀향해야 경비를 절약할 수 있기 때문이었다.

삼등열차는 지정좌석이 없기 때문에 자리 잡기 전쟁이 일어나곤 했다. 서울역에서 개찰하면 차표를 들고 열차를 향해서 죽을 힘을 다해 뛰어가서 자리를 잡는다. 그런데 대부분의 사람들은 열차의 중심부로 뛰어간다. 왜냐하면 맨 앞에 가는 사람이 열차의 한 중심을 향해서 뛰니까 모방심리에 의해서 모두들 그 사람 뒤를 따라가게 된다. 일등으로 뛰어간 사람이야 자리가 있겠지만 늦게 뒤따라간 사람에게는 자리가 없다. 이미 먼저 온 사람들이 자리를 잡고 미소 짓고 앉아 있게 된다. 맹목적으로 뛰어온 사람들은 어떻게 하는가. 그들은 열차의 중심에서 앞쪽이나 뒤쪽으로 자리를 찾아 허둥댄다. 그러나 앞자리나 뒷자리나 빈자리는 그들을 기다리고 있지 않다. 이미 다른 사람들에 의해서 선점되어 있는 경우가 많다. 그들은 땀만 뻘뻘 흘리고 피곤에 지친 몸으로 서서 가게 된다.

사람들은 중앙을 선호한다. 강의실에서도, 길을 갈 때도 중앙을 택하여 앉고 걷고자 한다. 누구를 평가할 때도 중간점수를 줄 때가 많다. 학생들의 평가점수도 B학점이 많다. 이런 현상을 가리켜 중심화경향이라고 한다. 삼등열차를 타기 위해서는 이런 중심화경향에서 벗어나야 한다. 삼등열차를 탈 때 열차의 중간을 향해서 뛰어가는 것은 모방심리에 의한 중심화경향이라고 할 수 있다.

그러면 어떻게 해야 삼등열차에서 자리를 잡을 수 있을까?

열차의 중심을 향해서 뛸 것이 아니라 열차의 맨 앞쪽이나 뒤쪽을 향해서 뛰어가야 한다. 아니 빨리 뛸 필요도 없다. 좀 빨리 걸어가기만 해도 양쪽에는 빈자리가 있다. 이것이 삼등열차 타는 법이다. 틈새전략이다. 수평적 경영이란 삼등열차를 지겹도록 이용했던 필자의 젊은 날의 체험에서 터득한 방법이다. 인생을 사는 것도 이와 마찬가지라고 생각한다. 삼등열차 타는 법은 인생을 살아가는 지혜이며 수평적 경영의 좋은 사례라고 생각한다.

3) 사랑의 경영

하버드대학에서는 매년 그해 미국기업 중 5위 내에 드는 기업인을 초청하여 학생들과 대화하는 시간을 갖는다고 한다. 몇년 전 모임에서 한 학생이 초대 받은 기업의 CEO에게 "당신이 미국에서 5위 내의 기업인이 된 비결이 무엇입니까" 하고 묻자, 그 기업인은 "「사랑」입니다"라고 대답하였다고 한다.

사랑은 죽음을 초월하는 위대한 불꽃이다(괴테). 생명을 건 사랑으로 조직의 경영에 임한다면 기업은 파산되지 않고 조직은 무너지지 않으며 인생은 실패하지 않을 것이다. 사랑은 예방경영의 무기이다. 잭 웰치는 성공비결의 원동력은 어렸을 때 가난했지만 어머니의 넘치는 사랑이 있었기 때문이었다고 고백하였다.

우리나라는 5·16당시만 하더라도 국민소득 80$을 맴도는 세계최빈국 중의 하나였다. 지금은 국민소득 3만불을 획득한 나라로 성장했다. 그런데 국민의 의식은 어떤가. 불행하게도 갈등의 용광로가 들끓는 나라가 되고 말았다. 이 근본 원인은 어디에 있는가. 사랑이 메마른 사막 같은 정치문화, 기업문화, 사회문화에 있다. 우리에게는 각계 각층의 사랑으로 무장한 공동선의 문화를 창조하는 대변혁이 필요하다.

예방경영의 역사적 사례

한국의 역사에서 예방경영에 실패하였기 때문에 엄청난 민족적 비극을 초래한 경우는 너무도 많았다. 그 대표적인 사례를 들어 우리의 교훈으로 삼고자 한다.

1554년에 일본인 평창진이 조총 두 자루를 가지고 조선으로 귀화하였다. 신하들은 조총이 정교하여 무기로 개발하는 것이 좋겠으니 개발을 윤허하여 달라고 왕에게 여러 차례 건의하였으나 왕은 허락하지 않았다. 그때의 관청인 사간원, 비변사, 홍문관까지 나서서 철포 제작허가를 주청했지만 왕은 요지부동 허하지 않았다. 당시의 왕 명종은 "어진 장수가 있어 잘 조치한다면 적들이 멋대로 날뛰지는 못할 것이라"고 황당한 이야기를 하며 신하들의 간청을 들어 주지 않았다. 당시 조선에는 천자총통, 지자총통 같은 중화기가 있었으나 그것들은 잡철로 효용가치가 없었다. 정승들은 조선 총통의 문제점을 이야기하며 일본 철포(鐵砲)의 개발을 진언하였으나 명종은 "오래된 물건은 신령스러우니 예로부터 전해 내려오는 물건을 부수어 쓰는 것은 옳지 못하다"고(1555년 6월 17일 명종실록) 거절하였다.

이것이 당시 왕 명종의 모습이었다. 이런 인간이 왕 자리에 앉아 있다니 유구무언(有口無言)이다. 왜인 평창진이 귀화한 것은 일본이 스페인 상선으로부터 철포를 얻은 지 11년 만이었다. 일본은 1543년 다네가시마에 도착한 스페인 상선으로부터 철포 두 자루를 입수하였다. 당시 도주는 나이 불과 15세였다고 한다. 그 어린애는 철포의 귀중함을 알고 대장장이에게 개발을 명하여 500자루를 만들었다. 그 후 일본인들은 철포를 개발하고 개발하여 도요토미 히데요시는 철포를 조총으로 만들어 그 무력으로 일본을 통일하였다. 그리고 조선의 침범을 은밀히 노리고 있었다.

이것뿐인가? 임진 왜란이 일어나기 3년 전 1589년 대마도주 평의지 등이 조총 수삼정을 조선에 바쳤다. 조총은 군기사(軍器寺)에 보관하라는 명이 내려졌다. 이때의 왕은 임란때 의주로 도망치고 중국으로까지 도망치려고 하였으나 신하들의 만류로 주저앉은 왕 선조였다.

명종이 귀화 일본인 평창진의 철포를 대량으로 개발하였더라면, 선조가 대마도주가 바친 조총을 개발하였더라면 민족사에 가장 치욕스러운 참화는 피할 수 있지 않았을까? 아! 그러나 역사에는 만일은 없다. 너무 기가 막하고 분하고 분한 역사의 치욕이다.

임란 때 왜군은 부산에서 평양까지를 20일 만에 침범하여 명나라는 일본이 명나라를 치려고 하는데 조선이 일본의 앞잡이 노릇을 하는 것이 아닌가 하고 의심까지 하였다.

임란의 참상은 상상을 초월했다. 조선 반도는 쑥대밭이 되었고 한양 거리거리에는 시체가 나뒹굴었고 가족끼리 서로 잡아먹기까지 하였다고 유성룡의 징비록에 기록되어 있다.

예방경영의 철학과 전략이 얼마나 중요한가. 명심하고 실천하기를!

창조적 인간 에디슨

에디슨은 자신이 반드시 성공하리란 점을 굳게 믿었고 장애가 있으면 그것이 어떤 것일지라도 분쇄해버릴 때까지 맹렬하게 공격하였다.

토마스 알바 에디슨은 7세때, 미시간주 고장의 초등학교에 다녔는데, 겨우 3개월 만에 퇴학당하고, 주로 어머니에서 교육을 받았다. 집안 형편이 어려웠으므로 12세 때에 철도의 신문팔이가 되었고, 15세 이후에는 철도 전신수가 되어 미시간주의 아드리안을 비롯하여 보스턴

등 여러 지역을 옮겨 다녔다. 그동안, 틈만 나면 여러 가지 실험 기구를 사 모아, 과학 실험에 열중하였다.

그 무렵의 미국은 1861년에 일어난 남북 전쟁을 경계로 하여, 여러 가지 산업이 새로이 발전하고 있었다. 이와 같은 시대에 에디슨은 전신수가 되고자 전신술을 배웠던 것인데, 그것은 동시에 자신이 발명가로서의 생애의 제1보를 내딛게 되는 계기가 되었다. 그동안, 그는 보스턴에서 패러디의 「전기학의 실험적 연구」라는 책을 읽고 커다란 자극을 받았다. 이 책에 나와 있는 실험을 하나하나 살펴보기도 하고, 실지로 해보기도 하였다. 그 밖에 이 무렵에 화학의 실험과 전신의 연구도 했다. 3,000번의 실험과 실패를 거쳐 1868년에 전기식 투표 기록장치를 발명하였으며, 최초의 특허를 얻었다. 이어서 주식 시세 수신기와 전신의 새로운 송신 방법 등의 발명도 했다.

실패에도 맥 빠지지 않고 끈기 있게 다시 시작하는 사람이 성공한다. 큰 실패를 저질러도 그것은 최후의 성공에 이르는 과정이며, 당연히 통과하지 않으면 안 되는 징검다리로 여겨져야 한다.

에디슨은 67세에 그의 공장이 전소되었지만 다시 시작하였다. 전기의 발명으로 그는 그의 인생을 창조하였고 세계의 역사를 창조하였다.

IV 인생의 길 ― 의사결정의 길

1. 의사결정이란 무엇인가?

인간에게는 두 갈래의 길이 있다. 하나는 선택가능한 길이요, 다른 하나는 선택불가능한 길이다. 야스퍼스의 표현을 빌리면, 선택불가능한 길은 피투성(被投性)의 길이다. 인간의 힘으로는 어쩌자니 어찌할 수 없는 한계상황을 말한다. 우리는 태어남을 선택할 수 없듯이, 죽음도 선택할 수 없다. 이것은 인간의 한계상황이다.

반면 인간에게는 선택가능한 길이 있다. 이는 기투성(企投性)의 길이다. 아침 몇 시에 일어날 것인지, 어느 학교에 갈 것인지, 누구와 결혼할 것인지, 어떠한 직업을 택할 것인지 등은 우리 인간의 의지로 선택가능한 길이다. 무신론자였던 사르트르는 인간은 무(無)라고 주장하고 무(無)는 선택을 의미한다고 하였다. 무(無)의 상태로 태어난 인간은 선택에 의해서 이것도 될 수 있고 저것도 될 수 있다는 것이다.

그는 선택에 대한 책임을 강조하였다. 자기가 선택한 것에 대하여 책임을 져야 한다는 철학을 갖고 있었다.

선택이란 선택권자가 자기의 목적을 달성하기 위하여 둘 이상의 갈림길에서 어느 한 길을 택하는 것이다.

어떤 길을 선택할 것인가. 미국의 시인 로버트 프로스트(Robert Frost)의 「가지 않은 길」을 음미하여 보자. 그는 케네디 대통령의 취임식 때 백발을 휘날리며 이 시를 낭독하였다.

(중 략)

단풍진 숲 속에 길이 두 갈래
두 길을 갈 수 없어 유감이구나
나는 남들이 덜 다닌 길을 택했지
그것이 오늘을 있게 했구나
— Robert Prost —

위의 시에서 읊은 것처럼, 기업에서건 개인생활에서건 두 길 이상을 동시에 택할 수는 없다.

인간은 심사숙고한 끝에 한 길을 택해야 하고, 거기에는 타당한 이유가 있어야 한다. 마지막 연에서 노래한 것처럼 그 선택은 아주 큰 차이를 가져온다. 인생길의 선택은 행복과 불행, 성공과 실패의 운명을 좌우하기 때문이다.

사르트르는 인생의 선택에 대하여 남다른 눈을 가지고 있었다. 그는 보봐르와 계약결혼을 하여 2년씩 연장하여 42년을 산 특이한 사람이었다.

성공적 의사결정 — 서산간척지 공사와 정주영 회장

현대의 정주영 회장은 은퇴 후 농사를 짓겠다고 선언하고 충청도 서산 앞바다를 매립하여 총면적 40,100ha의 엄청난 간척공사를 하였다. 공사를 마무리하고 절강 작업이 남아 있을 때, 절강하고 수문을 내야 하는데 물결이 너무 세서 실패를 거듭하였다. 세계적인 공학박사들을 동원하였으나, 그들의 방법은 모두 실패하였다. 정주영 회장은 기발한 아이디어를 생각해 냈다. 세계에서 가장 큰 폐(廢)유조선을 동원해 물살을 막는 이른바 정주영 방식 유조선 공법을 적용하였다. 많은 전문가들의 반대를 물리치고, 정주영 회장의 아이디어에서 나온 이 공법으로 현대건설은 280억 원의 공사비를 절감했다. 공사기간도 36개월이나 단축하였다.

그는 신화를 창조하였고 오늘의 서산농장이 탄생하였다.

정주영 회장은 개척정신으로 남들이 가보지 못한 미지의 길에 뛰어들어 성공사례를 만들었다. 그는 프로스트가 읊은 대로 남이 가지 않은 길을 간 경영자였다.

2. 역사에서 본 의사결정의 사례

토인비는 21세기는 황인종의 세기가 될 것이라고 예언한 바 있다. 황인종의 나라 중 어느 나라가 21세기에 강대국이 될 것인가라는 논쟁이 계속되어 왔다. 중국은 G2국가로 성장하여 미국과 세계의 주도권을 놓고 경쟁하고 있고 한국과 일본도 21세기의 세계 중심국가가 되겠다고 벼르고 있다.

그런데 중국에 그 무게를 두고 있는 것이 대세인 듯하다. 그것은 한 지도자의 의사결정 결과 때문이다. 중국은 모택동 집권 말기 인민공사 시절 굶어 죽는 사람이 일 년에 약 3,000만 명이나 되었다. 이와 같은 비참한 운명의 중국에 새로운 지도자가 등장하였다. 모택동 시대가 가고 등소평의 시대가 온 것이다. 그의 최우선의 과제는 13억 중국인의 빵문제를 해결하는 것이었다. 그때 중국 휘난성 한 농촌 마을에 18인의 농민결사 사건이 일어났다. 그 농민들은 인민공사 시절 공동으로 농사를 지어봐야 계속 굶어 죽어가니 「국가의 인민공사 토지를 18등분하여 각자 농사를 짓자. 소득이 나면 국가에서 할당한 양을 납부하고 나머지 소득을 각자 소유하기로 하자. 만일 우리 중에 주자파라고 하여 감옥에 가거나 사형당한 사람이 발생할 경우 그 사람들의 자식들은 남아 있는 사람들이 책임을 지자」라는 결의였다. 일 년 후 이 사람들은 농사가 풍작이 들어 할당량을 나라에 내고도 남아 그 식량으로 굶주림을 면하고 살아남았다. 이 소식이 등소평의 귀에 들어갔다. 등소평은 주자파라고 감옥으로 보낸 대신 바로 이것이구나 하고 무릎을 쳤다. 등소평의 개혁개방의 스승은 북경대학교 교수도 아니요, 바로 후난성의 농민들이었던 것이다. 「흰고양이든 검정 고양이든 쥐만 잡으면 된다」는 등소평의 유명한 말은 18인 농민 결사에서 얻은 아이디어였다.

그 후 중국은 개방정책을 도입하여 21세기 미국의 가장 강력한 잠재적인 적으로 등장하였고 우리 한국에 가장 두려운 국가로 부상하고 있다. 지도자의 의사결정이 한 나라의 운명을 좌우한 예다. 개인, 집단, 조직, 나라의 중대사가 있을 때 순간의 의사결정이 얼마나 중요한가에 대한 살아 있는 사례들은 얼마든지 있다.

중국의 장개석은 참모와 마누라까지 반대했던 서안행을 측근 20명만을 대동하고 감행했다가 장학량에게 감금당하여 국공합작을 강요당하고 끝내 광활한 본토를 빼앗기고 대만으로 도망치고 말았다.

반도체 사업은 한국에는 너무 빠르다고 사방의 만류를 뿌리치고 반도체사업을 성공으로 이끈 삼성의 이병철 회장 등 수많은 성공과 실패의 사례를 역사에서 찾아볼 수 있다.

의사결정이 나라의 운명을 좌우한 중요한 또 하나의 예를 보자.

이라크 대통령 후세인의 쿠웨이트 침공의 오판

이라크의 독재자 후세인은 쿠웨이트를 노리고 있었다. 그는 1990년 쿠웨이트를 침공하고 옛 이라크 영토이니 이라크에 합병한다고 선언하였다. 중동에서 이슬람의 맹주로 군림했던 후세인은 1991년 미국에 의하여 격퇴당하고 이라크의 100만 대군은 전쟁다운 전쟁 한번 못해보고 사막의 참호 속에서 주저앉고 말았다. 전쟁 당시 유명한 이야기가 있었다. 미국은 이라크의 모든 것을 알고 있었고 후세인의 마음만 몰랐다는 것이다. 전쟁은 정보전과 전자전이었다. 미군은 컴퓨터 앞에서 영상으로 사막전의 실전을 방불케 하는 전쟁을 수없이 훈련한 후 실전에 임하였다. 미국의 전략 사령부에서 High Tech 병사 몇 사람이 컴퓨터로 장난치듯 전쟁을 하였다고 한다. 후세인은 강대한 미국을 상대로 왜 승산 없는 전쟁을 하였을까? 후세인은 베트남에서 미국을 눈여겨보았었다. 후세인은 미국이 베트남 증후군 때문에 전쟁을 피할 것이며 전쟁을 한다고 하더라도 직접 개입은 하지 않을 것으로 판단하였다. 그는 베트남에서처럼 공군에 의한 폭격이 중심전이 되리라 예상하였다. 그는 미국이 베트남에서 패하고 새로운 형태의 전쟁에 대한 준비를 완료했다는 사실을 깨닫지 못하였다.

미군은 베트남전에서의 교훈을 잊지 않고 베트남전에서와 같이 공군에 의존하지 않았다. 게릴라전 같은 기동부대를 편성하여 정보전과 전자전으로 대응했다. 후세인은 허를 찔리고 말았던 것이다. 한 지도자의 의사결정이 얼마나 중요한가. 명심하라!

3. 의사결정의 유형에는 어떤 것이 있는가?

인간은 성격에 따라 네 가지 유형으로 나눌 수 있다. 이지적이고 우유부단한 햄릿형, 행동적이고 저돌적인 돈키호테형, 쾌락만을 추구하는 돈판형, 조그만 일에도 부끄러워하고 참회하는 「죄와 벌」의 주인공 라스콜리니코프형이 그것이다.

의사결정도 그 주체와 대상에 따라 몇 가지 유형으로 구분할 수 있다. 여기서는 다섯 가지 유형으로 나누어 살펴보기로 하겠다.

1) 전략적·관리적·업무적 의사결정

앤소프는 기업의 의사결정자에 따른 3가지 형태의 의사결정을 들고 있다. 전략적 의사결정, 관리적 의사결정, 업무적 의사결정이 그것이다.

(1) 전략적 의사결정

이것은 기업 내부의 문제보다는 외부문제와 관련된 것을 결정할 때 필요하며, 최고경영자가 관여한다. 가령, 그 기업이 무슨 제품을 만들어서 판매할 것인가 혹은 기업의 전반적인 목표나 목적을 정할 때 필요한 유형이다.

지금은 타계한 S그룹의 회장은 회사 내에서 시기상조라고 반대한 반도체의 개발에 참여하여 결국 국내 최초로 최첨단반도체인 256KD램의 개발에 성공하였다.

이처럼 사운을 건 돈과 두뇌의 싸움인 반도체산업에의 투자는 최고경영자만이 내릴 수 있는 의사결정인 것이다.

(2) 관리적 의사결정

이것은 전략적 의사결정을 바탕으로 하여 중간관리자가 기업자원의 활용을 극대화할 수 있도록 내리는 유형이다. 자원의 조직화, 취득, 개발과 관련된 것이 많다. 인적자원을 적절히 활용하기 위해 정보수집, 권한, 책임 등을 각 직책에 조화 있게 배분한다든지, 유통시스템의 방식, 시설의 입지조건의 결정 등에 관여한다. 이때 주의할 것은 중간관리자들은 조직의 상위관리자와 하위관리자 사이에서 어느 한편에 치우치지 않도록 하는 것이 필요하다. 조직에서 중간관리자의 역할은 인체에서의 허리의 역할과 같기 때문에 중간관리자의 역할은 그만큼 중요한 것이다.

빌게이츠는 MS그룹을 20%의 핵심인력이 없으면 존재하지 않았을 것이라고 말하였다. 바로 그가 말한 20%가 허리역할을 하는 관리적 의사결정의 인력들이라고 할 수 있다.

(3) 업무적 의사결정

이것은 최고경영자와 중간경영자가 내린 의사결정을 가지고 하위경영자가 직접 생산이나 영업활동을 수행하면서 부딪히는 문제를 해결하며 내리는 의사결정이다. 따라서 대상업무는 주로 기능별 분야에서, 자원의 배분, 충당, 일정계획, 감독, 통제 등이 되겠다.

한편, 전략적 결정이나 관리적 결정은 대체로 비구조적 혹은 반구조적 문제인데 반해 업무적 결정은 구조적인 문제이다. 지금은 의사결정의 기술이나 컴퓨터의 발달로 비구조적인 문제가 점차 정형화, 구조화되어 가고 있는 추세다. 따라서 의사결정자들은 여기에 적절한 대응을 할 수 있도록 노력해야 하겠다.

2) 정형적 의사결정과 비정형적 의사결정

의사결정의 대상에 따라 분류해 보면 정형화된 의사결정과 비정형화된 의사결정이 그것이다. 의사결정의 내용이 일상적이고 반복적인 성격이라면 이를 프로그램화하여 의사결정을 손쉽게 할 수 있다. 반면에 비반복적이고 비일상적인 것이라면 그때그때의 상황에 따라 적합한 선택을 하게 된다.

일반적으로 기업의 하위직 종사자들은 정형적 의사결정을, 상위직 종사자들은 비정형적 의사결정을 하게 된다.

여기에서 중요한 의사결정은 비정형적 의사결정이다. 시간과 공간을 초월하는 시대에 살고 있는 우리는 내일을 예측하기 어려운 변화의 시대에 살고 있다. 이 변화의 시대에 순간순간 찾아오는 문제들에 대한 의사결정을 효과적으로 대처해야 하는 것이 지도자와 경영자의 몫이다. 한국에 IMF라는 재난이 서서히 다가오고 있을 때 그 위험을 느끼지 못한 사람들과 그것을 감지하고 예방을 시도한 그룹으로 나누어 볼 수 있다. 기업의 CEO는 금융위기를 어떻게 극복할 것인가? 9·11테러와 천안함 사건과 같은 문제를 어떻게 대처할 것인가? 등의 의사결정이 바로 비정형적 의사결정이다.

3) 개인의사결정과 집단의사결정시에 유의해야 할 점

이 유형은 의사결정의 주체가 몇 사람으로 구성되는가에 따른 구분이다. 사회구성의 최저 기본단위는 개인이다. 개인이 모여서 집단을 이루고, 집단이 모여서 하나의 조직이 된다. 마치 골짜기의 물이 모여서 냇물이 되고, 냇물이 모여서 강물이 되고 이것이 다시 바닷물이 되는 것과 같은 이치다. 그래서 항상 개인과 집단은 연구의 대상이 되어온 구성요소인 것이다.

개인의사결정과 집단의사결정을 사례를 들어 설명해 보기로 한다.

(1) 개인의사결정 사례: 사마천의 사기

중국의 한무제 때 사마천이라는 사람이 있었다. 사마천은 장수인 한 친구를 두었는데, 전쟁에서 패배한 사마천의 친구에게 한무제는 사형의 형벌을 내렸다. 사마천이 옆에서 지켜보다가 사형은 너무 가혹하니 형을 좀 감하여 주십사 하고 왕에게 건의하였다. 그런데 왕은 감형은커녕 황제의 명을 거역하였다 하여 사마천을 궁형에 처해 버렸다. 우리나라식으로 보면 괘씸죄에 해당한다고 할 수 있다. 그때 사마천의 나이는 38세였다. 궁형을 당한 사마천은 원한을 갚을 의사결정을 하여야 했다. 그는 왕의 폭정을 담은 역사책을 쓰기로 결심하고 사기(史記)라는 피로 쓴 역사책을 집필하였다. 사기를 완성한 후 한 질은 한무제에게 전하라 하고 한 질은 태산에 묻었다. 한무제가 사기를 읽고 진노하여 그 놈을 잡아오라고 명령을 내렸으나 사마천은 할 일을 마치고 이미 저 세상으로 떠나버렸다. 사마천은 궁형을 받은 후 여러 가지 의사결정을 할 수 있었을 것이다. 첫째, 자포자기하여 타락한 인생을 사는 경우, 둘째, 군사를 일으켜 혁명을 하는 경우, 셋째, 성생활을 할 수 없으니 승려가 되는 경우, 넷째, 역사책을 쓰기로 하는 경우 등을 추측해 볼 수 있다. 네 번째의 의사결정을 내리고 실천에 옮긴 사마천의 사기는 오늘날 인류역사서 중 가장 훌륭한 명저로 많은 사람들에게 교훈을 주고 있다.

(2) 집단의사결정의 사례

케네디 정부 때 쿠바를 침공한 사건이 있었다. 그 사건은 케네디 행정부의 국가안보회의를 통과하고 케네디 대통령이 결재한 침공사건이었다. 쿠바난민 1,500명을 훈련시켜 하바나에 상륙하는 군사작전이었다. 결과는 대실패였다. 200명이 죽고

나머지는 포로가 되었다. 군사작전은 미국의 모든 정보력을 동원하고 국가안보회의
까지 통과하여 감행한 작전이었다.

미국의 CIA조차 눈앞의 쿠바에 대해 그렇게도 정보력이 부족했던 것이다.

(3) 의사결정시 주의할 사항: 흥분한 상태에서 의사결정하지 마라

의사결정시 특히 주의할 사항은 흥분한 상태에서 의사결정을 하고 행동해서는
안 된다. 흥분을 가라앉히고 냉정하고 이성적인 상태에서 의사결정을 하고 행동해
야 한다.

감정의 주인이 되라. 감정의 운전수가 되어라. 셰익스피어는 세상은 무대요, 인
생은 배우라는 명언을 남겼다. 배우가 연기를 하듯 감정을 조절하면서 인생을 살아
야 실수를 예방할 수 있다.

청담스님이 종정으로 있으면서 불교 현대화 운동을 펼쳤다. 당연히 불교계는
시끄러웠다. 대구의 한 사찰 마당에서 집회가 끝났을 때 불만을 품은 한 신도가 청
담스님의 뺨을 쳤다. 갑작스럽게 일어난 일이었다. 그런데 청담스님은 빙그레 미소
만 짓고 있었다. 청담스님은 내면 깊숙이 감정조정의 도사가 되어 있었다. 그의 얼
굴뿐만 아니라 마음도 미소 짓고 있었다.

특히 리더는 어떤 상황에서도 평정심을 잃어서는 안 된다. 평정심을 잃지 않는
리더는, 인생이라는 리더는 인생이라는 전쟁터에서 전체 상황을 투명하게 바라볼
수 있다.

흥분한 상태에서 의사결정하여 망신을 산 예를 보자.

몇년 전, 모 대기업 재벌 회장 아들이 룸살롱인가 하는 술집에서 폭행을 당한
일이 있었다. 술판에서 벌어진 불상사로 그렇게 큰 사건도 아니었으며 그 재벌회장
의 아들은 미국유학까지 다녀온 청년이었다. 집에서 아들의 폭행사건을 들은 재벌
회장인 아버지는 가죽점퍼를 입고 주먹깨나 쓰는 청년들을 동원하여 현장에 나타
나 진두지휘를 하며 아들에게 주먹을 휘두른 청년들을 폭력으로 앙갚음을 하였다.
그 후 그 사건이 언론에 보도되고 세간의 화제가 되어 그 회장이 곤혹을 겪은 적이
있다. 그 분은 세상에서 가장 사랑하는 아들이 폭행을 당했다고 하니까 너무도 흥
분한 나머지 감정이 이성을 마비시켜버렸던 것이다. 조금만 참았더라면…

이처럼 흥분한 상태에서 중요한 의사결정을 하여 개인사나 국가의 대사를 망친
경우가 많다. 아파트에서 투신한 사람, 한강에 투신한 사람, 홧김에 이혼한 사람,

욱하는 마음에 불지른 사람 등. 조금만 참았더라면 그들의 인생이 달라졌을 것이다.

미국의 9·11 테러는 미국 건국 이후의 최대의 수치였고 참사였다. 미국은 바로 보복의 칼을 들었다. 냉정을 잃어버린 흥분한 상태에서의 결정이었다. 그 결과는 어떠한가. 미국은 이라크와 아프가니스탄에서 깊은 수렁에 빠졌다. 9·11테러에서 잃은 인명보다, 9·11테러에서 잃은 재산보다 훨씬 많은 인명과 재산을 잃고 퇴로를 찾지 못하고 허덕였다. 대중은 바람이다. 위정자들은 흥분한 대중을 이용하여 나라를 위기에 몰아넣으면서 권력을 유지하고 국민을 기만하려고 하는 경우가 있다. 미국의 부시 전 대통령은 9·11테러가 발생했을 때의 지지율은 사상최대였는데 그가 퇴임할 때에는 미국 역대 대통령 중 지지율이 최하위였다.

필자도 흥분상태에서 의사결정하여 돌이킬 수 없는 인생의 실수를 저지른 적이 있다.

인일시지분(忍一時之忿)이면 면백일지우(免百日之憂)라(한때의 분노를 참으면 백일의 근심을 면할 수 있다)는 경구를 잊지 말자.

한 친구에 대해 난 생각한다
한 친구에 대해 난 생각한다.
어느 날 나는 그와 함께 식당으로 갔다.
식당은 손님으로 만원이었다.

주문한 음식이 늦어지자
친구는 여종업원을 불러 호통을 쳤다.
무시를 당한 여종업원은
눈물을 글썽이며 서 있었다.
그리고 잠시 후 우리가 주문한 음식이 나왔다.

난 지금 그 친구의 무덤 앞에 서 있다.
식당에서 함께 식사를 한 것이
불과 한 달 전이었는데
그는 이제 땅 속에 누워 있다.

그런데 그 10분 때문에 그토록 화를 내다니
— 막스 에르만 —

4. 의사결정과 행동

우리는 오 헨리의 단편 「크리스마스 선물」을 기억하고 있다. 가난한 부부가 있었다. 남편은 아내를 위해 시계를 팔아 머리빗을 샀고, 아내는 머리털을 팔아 시계 줄을 샀던 것이다. "머리카락이 없어도 전 여전히 당신의 아내예요. 제 머리칼을 셀 수 있을지 몰라도 당신에 대한 나의 사랑은 한이 없어요"라고 남편에게 안기던 아내 델라의 말이 우리의 가슴을 울려준다. 이들 부부가 시계를 팔아 머리빗을 사고, 머리털을 팔아 시계 줄을 산 행동은 상대편을 행복하게 하기 위한 목표에서였다.

인간의 모든 행동은 목표지향적인 것이다. 향가인 「서동요」를 보자. 백제의 남쪽 지방, 어느 연못가 마을에서 홀어머니를 모시고 살던 주인공 서동은 신라 선화공주의 미모에 관한 소문을 듣고 국경을 넘게 된다. 공주를 아내로 맞이하려는 분명한 목표가 있었기 때문이다.

우리가 생활을 하다 보면, 현재의 상황과 기대상황과 차이를 느낄 때가 많다. 우리는 그 차이를 줄이기 위해 여러 가지 행동을 하게 된다. 서동의 경우도 마찬가지였다. 서라벌에 도착한 서동은 현실과 기대의 엄청난 차이에 당황했을 것이다. 구중궁궐 깊은 곳에 살고 있는 선화공주를 만나는 것은 불가능했다. 그래서 그는 지략을 짜낸 것이다. "선화공주님은 맛둥방(서동)을 남몰래 숨겨두고 밤마다 안고 잔다네" 하는 사실무근의 노래를 퍼뜨린 것이다. 말하자면 유언비어의 효시인 셈이다. 그 결과 공주를 아내로 맞이하게 되었던 것이다.

사람들은 서동이 그랬던 것처럼 문제에 대한 인식을 통해 어떤 행동을 선택할 것인가의 의사결정을 하게 된다. 다음에는 의사결정의 과정과 결과가 어떻게 실제의 행동으로 옮겨지는가를 두 가지 측면에서 살펴보기로 하자.

1) 심리적 과정

좀 복잡한 생각이 들겠지만 [그림 2-4]를 함께 보기로 하자.

[그림 2-4]에서와 같이 인지론자들은 인간의 정신과정을 자극과 반응의 과정

그림 2-4 │ 의사결정과 행동에 미치는 잠재적인 요인들

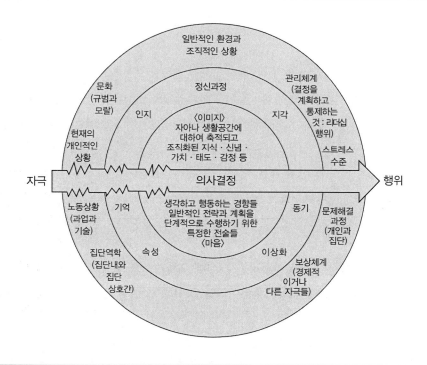

으로 설명한다. 이 접근법에서는 갭의 개념이 그 근간을 이루고 있는데, 개인들은 언제나 그들의 현재상황과 기대상황 간의 불일치가 일어나면 현재상황과 기대상황이 일치될 수 있도록 다른 어떤 행동을 요구하게 된다.

어느 기업의 사장이 자기 회사의 금년도 이익신장률을 20%로 정했다고 하자. 그는 여러 가지 경제적 사정과 회사의 능력, 그리고 기타상황으로 보아 20%의 성장을 확신했던 것이다. 그런데 20%가 못 되었다고 하자. 그 사장은 자기의 기대상황과 현재상황 간에 차이가 생겼음을 인식하고, 그 이유와 극복방법을 찾게 될 것이다. 그리고 차후에 그러한 결과가 일어나지 않도록 정책을 실시하게 될 것이다. 이런 경우의 갭은 그 사장으로 하여금 회사정책의 변화를 가져오게 하는 자극이 되었고, 그 자극의 결과 새로운 정책을 도입하는 반응을 보이게 된 것이다.

2) 의사결정의 상황

만약 어떤 사람의 상사가 어려운 일을 맡기면서, 오늘 내로 끝마쳐야 한다고 명령한다면 어떻게 하겠는가? 이는 그 사람에게는 하나의 자극이라고 할 수 있다. 즉 현재상황과 기대상황 사이에 갭이 생겼음을 의미한다. 이러한 자극에 대해 어떻게 반응할 것인가?

[그림 2-4]에서와 같이 수많은 요인들에 의하여 결정될 것이다. 사람은 개인으로서, 또는 집단이나 조직체의 한 구성원으로서 행위규범을 갖게 된다. 후자는 개인의 활동을 구속하는 일종의 제약요인이 될 수 있다.

예를 들면, 어떤 문화권에서는 개인의 업무성과가 가장 높이 평가되지만, 다른 곳에서는 그것보다는 최선을 다하는 태도가 더 높이 평가될 수 있다는 것이다.

노동환경, 특정한 업무, 기술 등도 자극요인이 되어 그 사람의 반응에 영향을 준다. 원고 마감일이 촉박한 작가의 경우엔 긴박감이 그의 전체행동을 지배할 것이다. 따라서 전력 질주함으로써 마감일 안에 원고를 완성한다면, 그는 목표를 달성한 셈이 된다. 반면에 느긋한 시간여유가 있는 작가는 그런 분위기 속에서 마찬가지로 목표를 달성하게 될 것이다. 이처럼 의사결정은 그 자체가 행동이며 실천의지의 표현이므로, 의사결정을 내릴 당시의 상황은 그의 행동에 막대한 영향을 미친다. 의사결정자가 소속해 있는 집단이나 조직의 규범, 관리체계, 보상체계 등은 모두 의사결정의 상황요인이다.

3) 효과적인 의사결정을 위한 유의사항

사람들은 내일 내려도 늦지 않을 결정을 오늘 내리려고 급하게 서두른다. 특히, '빨리빨리 문화'에 젖어 있는 한국 사람들은 이러한 경향이 더욱 심하다. 세계적인 기업 IBM의 모토는 생각하라(Think)이다. 이 말은 결정을 빨리 내리기 위해 생각하라는 뜻이 아니다. 그 반대이다. 이 회사의 사무실(심지어 화장실에도) 곳곳에서 이 문구를 발견할 수 있다. 생각을 깊이하고 최후에 의사결정을 하라는 뜻이다.

로마의 집정관 파비우스는 명장 한니발의 침공을 받고 로마 시민들의 성화에도 불구하고 지연작전을 써서 조국을 구하였다. 한니발과 맞서 싸웠다면 그 강력한 군대에 이길 수가 없었다. 지연작전으로 한니발을 지치게 하여 물러나게 했던 것이다. "사람들의 조롱이 두려워 내 신념을 꺾을 수 없소. 오히려 나는 더 바보가 되는 길을 택할 것이오. 내 나라의 안위를 위해 겁쟁이란 비난을 받는 일은 수치가 아니오. 남들의 조롱과 비난 그리고 오해가 무서워서 신념을 바꾼다면 그것이 오히려 집정관이라는 직책을 맡은 나에게 더 어울리지 않는 행동일 것이오." 로마시민에 대한 그의 답변이었다.

한편, Drucker 교수는 그의 저서(The Effective Executive)에서 성급한 생각에서 나오는 조급한 의사결정을 주의하라고 강하게 역설하였다.

'빨리빨리 문화'에 익숙한 한국 사람들은 성과를 빨리 내기 위하여 성급한 의사결정을 내려 실패를 하고 신의를 잃고 갈팡질팡하는 경우가 있다. 기업, 정부, 개인생활에서 그 사례를 쉽게 찾아볼 수 있다.

의사결정 실패의 사례 ― 프랑스의 마지노선 건설

왜 프랑스는 마지노선을 건설하였는가?

프랑스는 세계 1차 대전 중 독일로부터 막대한 물적, 인적 피해를 입었다. 독일은 1차 대전의 패전국이 되었지만 독일의 침공 피해를 경험한 프랑스는 독일로부터의 위험을 영원히 차단시킬 방법을 찾으려고 고심했다. 그 방법이  독일과 프랑스의 국경을 가로지르는 장벽인 마지노선을 건축하는 것이었다. 프랑스는 1차 대전 때 많은 피해를 입었지만 마지막까지 견뎌낼 수 있었던 것은 근대적 요새 덕분이었고 방어용 요새는 소규모 병력으로도 방어가 가능하다는 판단을 하였다. 프랑스는 1차 대전 때 겪은 전쟁의 경험으로 더 강력한 요새를 건설하기로 하였다. 과거 경험의 기준으로 미래의 장벽을 설계하였다. 마지노라는 이름은 양국 국경 사이에 장벽을 설계하고 건축의 책임자였던 프랑스의 국방장관 마지노(Maginot)의 이름을 딴 것이다.

마지노 장벽의 건설: 1930~1940년까지 총 공사비 약 300억 프랑이라는 어마

어마한 비용을 투자하여 프랑스와 독일 두 나라의 국경을 가로지르는(북서부 벨기에 국경에서 남동부 스위스 국경까지) 총연장 750km의 대규모 요새를 건설하였다.

요새는 당시 축성기술의 정수를 결집시켰으며 유효적절하게 지형과 지세를 방어선으로 활용하였다. 지하설비와 대전차 방어시설, 나아가 무려 3.5m에 이르는 콘크리트벽을 구축하여 난공불락의 요새를 축성하였다.

독일의 침공: 1940년 5월, 독일의 침공이 시작되었다. 프랑스는 마지노선의 위력을 보여주리라 기대하고 있었다. 그러나 프랑스의 예상은 완전히 벗어나고 말았다. 독일군 전차는 마지노선을 우회하여 벨기에 국경의 아르덴(Ardennes)을 기습적으로 돌파하였다. 무성한 산림으로 이루어진 아르덴은 전차는 고사하고 보병들의 통과조차도 힘든 곳이었다. 그래서 프랑스는 그곳에 요새 하나도 세울 생각을 하지 않았다. 마치 기원전 로마인들이 알프스 산을 천연의 요새로 생각하여 한니발이 알프스를 넘으리라고는 상상도 못하고 해안 쪽만 방어하고 있었던 것과 같은 사고였다.

더욱이 2차 대전에서는 비행기가 본격적으로 전투에 활용되면서 독일군은 마지노선의 하늘을 날아 프랑스를 공격해 들어왔다.

마지노선의 교훈: 과거의 경험을 기준으로 미래를 계획해서는 안 된다는 교훈을 배웠다. 더욱이 프랑스는 마지노선 건설의 엄청난 비용으로 프랑스 군 근대화에 큰 차질을 가져왔으며 1944년 연합군의 노르망디 상륙작전 때는 독일군의 방어진지가 되기도 하였다.[1]

과거의 성공은 과거일 뿐이다. 미래는 새로운 미래의 눈으로 바라보아야 한다. 한국에 IMF의 폭풍이 불 때 이를 대처하는 방법이 기업에 따라 다르게 나타났다. 어느 기업은 새로운 방법으로 빠르게 대처하고 다른 기업은 과거의 성공신화를 버리지 못하고 과거의 방식으로 대처하였다. 그 결과 후자의 방법을 택한 기업들은 비참하게 쓰러지고 말았다.

맥아더 장군은 그의 부관이 군사 전략에 관한 책 몇 권을 가지고 있는 걸 보고 "무슨 책이냐?"라고 물으니 "전쟁에서 승리한 군 작전 책입니다"라고 대답하니 "그 책을 모두 불태워 버리게"라고 명령하였다는 일화가 있다.

---

1) 김광희 지음, 「창의력에 미쳐라」(넥서스BIZ, 2010), p. 158 참조.

5. 의사결정의 일반적 과정

인간사에서 일어나는 모든 사안은 개인, 조직, 사회에서 일어나는 일들을 효과적으로 처리하기 위해서는 일반적으로 [그림 2-5]의 의사결정의 과정을 거친다.

그림 2-5 │ 의사결정의 일반적인 과정

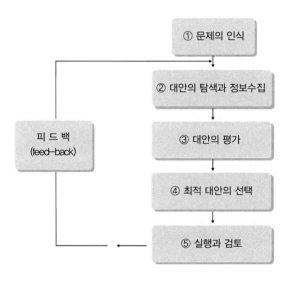

1) 문제의 인식

신약성경을 읽다 보면 예수님이 병자들을 고쳐주는 기사가 많이 나온다. 하루는 베데스다 못가에서 38년 된 고질적인 중풍을 앓고 있는 병자를 만나신다. 예수님은 병이 벌써 오랜 줄 아시고, 고쳐주기 전에 먼저 "네가 낫고자 하느냐"고 물으셨다(요한복음 5:6). 이것은 바로 병자에게 자신의 문제를 인식하도록 일깨워주는 질문인 것이다.

2) 대안의 탐색과 정보수집

두 번째 단계는 문제해결의 방안이 몇 가지나 있는가를 살펴보는 일이다. 앞에서 문제점을 해결할 수 있는 여러 가지 방법을 대안이란 용어로 설명하였다. 해결책은 반드시 대안 중에서 나오게 된다.

그러므로 의사결정자는 가능하면 많은 대안들을 찾아내어 거기서 가장 적합하다고 생각되는 안을 선택해야 할 것이다.

3) 대안의 평가

여러 대안 중 최적의 대안을 선택하기 위한 평가를 해야 한다.

4) 최적 대안의 선택

네 번째 단계는 가장 좋은 대안을 선택하는 일이다. 그런데, 자기의 목표달성에 가장 적합하다고 평가하는 확실한 판단의 기준에 의거한 것이어야 한다.

5) 실행과 검토

선택된 대안은 실행하여야 가치가 있다.

선택된 의사결정은 실천하라

일단 결정된 의사결정은 실천해야 한다. 이를 행동으로 전환하는 일은 어떤 사람에게 정확히 책임지어져야 한다.

① 이 결정을 알아야 하는 사람이 누구인가?
② 어떤 행동을 해야 하는가?
③ 누가 그것을 해야 하는가?
④ 그 행동을 해야 할 사람이 그것을 할 수 있도록 하기 위해 어떤 환경을 만들어 주어야 하는가?

이 질문에 대한 책임소재를 명확하게 하고 업무를 수행할 때 성공적인 의사결정을 하고 성공적으로 업무를 수행할 수 있다.

콘스탄티노플의 함락과 돌거포의 위력

터키 이스탄불에 가면 소피아 성당 정원에 콘스탄티노플을 함락시키는 데 결정적인 역할을 한 600kg짜리 돌포탄이 천 년 전의 전쟁의 참화를 말해주며 누워 있다.

중세 전쟁의 양상을 바꾸어 놓은 것은 대포라는 신병기의 출현이었다. 전투의 전문가라는 자긍심으로 살아가던 중세 기사계급을 무용지물로 만들어 버리기도 했던 대포라는 병기의 출현이었다. 몽골이 전 유럽을 지배했던 무기는 말과 활이었다. 그러나 유럽의 대포의 발견은 몽골이 유럽과의 전쟁에서 패배한 큰 이유가 되기도 했다. 대포소리에 놀란 몽골의 말들이 혼비백산하였기 때문이다. 대포 때문에 천년제국이 무너진 이야기를 들어보자.

헝가리인 우르반이라는 사람은 지금까지 발명한 대포보다 몇 배 성능이 뛰어난, 이름하여 돌거포를 설계하여 돈을 좀 벌어야겠다고 생각하고 이슬람과 대치하고 있는 콘스탄티노플의 황제를 찾아갔다. 황제의 측근들은 헝가리인의 설명을 듣고 가소롭다고 비웃고 쫓아내버렸다. 그는 포기하지 않고 적군인 트루크족의 메메트 2세 술탄을 찾아갔다. 역시 술탄의 참모들은 말도 안 되는 잠꼬대 같은 소리라고 비아냥거리다가 술탄에게 보고나 해보자고 술탄에게 헝가리인을 데리고 갔다. 술탄 메메트 2세는 신하들과 달리 헝가리인의 설명을 듣고 설계도를 펴고 자세히 설명해보라고 하였다. 설계도면을 자세히 응시하고 있던 술탄은 즉시 만들어보라고 명령하였다. 거포를 완성하고 시험 발사할 날이었다. 거대 괴물 같은 거포는 포신 길이 8m, 포탄의 무게 600kg, 말 30마리와 소가 좌우에서 끌어야 움직이는 거대한 수레, 700명의 호위병, 당시로서는 듣지도 보지도 못했던 괴물의 거포였다. 드

터키 군사박물관이 소장하고 있는 우르반의 돌거포

디어 시험발사일이 돌아왔다. 군 당국에서 주민들에게 포성에 놀라지 말라고 발사 경고까지 하였다. 드디어 발사!, 20km 사방에 무서운 굉음소리를 내며 1km반을 더 날아가 커다란 폭음을 내면서 땅을 2m나 파고들어가 박혔다. 지상최대의 병기의 모습이 들어왔다. 물론 헝가리인의 거포만으로 콘스탄티노플이 함락된 것은 아니었다. 당시의 상황을 보면 몽고가 헝가리를 침공할 때 이 성의 점령을 포기하고 돌아서 갔다는 난공불락의 콘스탄티노플 성이었다. 금각만(황실을 지키는 바다의 관문)까지 적군에 주도권을 빼앗기고 1,000년의 세월이 흐르는 동안 황궁은 쇠약해져서 트루크 등 3국의 이슬람국가에 포위되어 있었다. 국내에서는 패배의식에 젖어 고관대작들은 금은보화를 챙겨 자식들을 모두 안전한 이탈리아, 프랑스 등으로 보냈다. 이렇게 나라의 기강이 해이해질 대로 해이해진 틈에 전쟁이 일어났다.

트루크의 메메트 2세는 콘스탄티노플의 콘스탄티누스에게 전면 항복을 요구하고 터키를 떠나면 그대의 백성들은 목숨을 살려주겠다고 통보하였다. 황제는 조공을 바치겠다고 밀사를 보냈으나 메메트 2세는 밀사의 목을 베어버렸다. 전쟁이 일어났다. 며칠 동안 콘스탄티노플을 향해서 대포들이 날아갔다. 거대석포(石包)도 바람을 가르며 날아갔다. 하루에 7번밖에 쏘지 못했다. 오발도 많았다. 하지만 3겹으로 이루어진 1,000년의 성은 거포 몇 발에 힘없이 무너지고 말았다. 메메트 2세는 야음을 틈타 100만 병사에게 총진군을 명하였다. 물론 거포 몇 발에 천년제국이 무너진 것은 아니지만 거포는 결정적인 역할을 하였다. 거포의 위력 앞에 비잔틴제국의 수도 콘스탄티노플은 힘없이 사라지고 오늘의 이슬람제국을 그 자리에 건설하였다. 당시 콘스탄티노플을 정복한 트루크의 왕은 나이가 불과 21세인 메메트 2세였다. 그는 49세에 이집트, 시리아 원정길에 나섰다가 세상을 마감했다. 그는 선왕 무라트 2세와 노예 사이에서 태어났다. 그는 아버지의 사랑을 받지 못했었다고 전해지고 있다. 그의 위에는 이복형제가 있었는데 두 명 모두 그보다 먼저 세상을 떠났다. 그래서 그는 아버지에게서 왕위를 물려받게 되었다.

명심하라! 새로운 병기에 눈을 떠라! 인생을 살아가는 데 새로운 무기를 개발하라! 역사에 만일은 없지만 콘스탄티노플의 황제가 헝가리인의 병기를 전쟁에 사용했었더라면 전쟁의 결과는 어떻게 되었을까. 역(逆)으로 생각해보자.[2]

상상력은 신이 인간에게 내려준 특권이다.

---

2) 시오노 나나미 지음, 최은석 옮김, 「전쟁 3부작 1 — 콘스탄티노플 함락」(한길사, 2000).

당신은 무한한 상상력과 무한한 잠재능력의 소유자다. 왜 잠재우고 있는가? 상상력의 세계는 무동력의 세계다. 무동력선인 잠재능력에 전원을 연결하라. 새로운 병기를 만들어 내어라. 새로운 병기를 만들었다 하더라도 그 병기가 눈앞에 있다 하더라도 그것을 어떻게 사용해야겠다는 효율적인 의사결정을 하지 못하면 무용지물이 될 수 있다.

══════ 조직생활의 성공을 위한 수칙

1. 상사를 놀라게 하지 말라. 조그만 일도 상사와 상의하라.
2. 지혜의 샘물이 마르지 않게 하라.
3. 잠수함의 원리를 이용 야금야금 정복하라.
4. 실력, 믿음, 친교를 쌓아라.
5. 논쟁을 피하라. 교만하지 않게 비굴하지 않게 행동하라.
6. 능력 없는 동료, 상사에게 감사하라. 그들이 있었기에 당신이 생존할 수 있으니까.
7. 생존부등식의 처세를 행하라. 적은 것은 양보하고 인생을 좌우하는 일은 지켜라.
8. 최대한 상대방의 체면을 지켜 주어라. 상대방에게 상처를 주지 말고 부정적인 유머를 삼가라.
9. 정보를 가지고 꼭 필요할 때 사용하라.
10. 지속적인 학습과 공동체의식을 함양해서 필요한 사람이 되어라.

V 의사결정과 인공지능의 활용

4차 산업혁명이라는 무서운 시대를 맞이하게 되었다. 가장 놀라운 일 중의 하나는 인공지능이라는 인간 아닌 인간이 인간을 대신해서 인간사에서 일어나는 의사결정을 하게 되었다는 것이다.

예를 들면 로봇이 음식을 조리하고 인공지능이 주문을 받아 드론이 배달하는 시대가 도래하였다. 무인식당이 우리를 기다리고 있다. 인공지능이 환자를 진단하고 수술여하를 결정하고 처방을 내린다. 입력데이터에 따라서는 사람보다 더 정확한 의료행위를 할 수 있다.

나아가 한 가지 극단적인 예를 들어보자. 어떤 적대국간에 전쟁을 할 때 인간 장군들이 아닌 인공지능장군들이 전쟁에 대한 의사결정을 하고 전략을 수립한다면 세상은 어떻게 변할까? 인생의 길은 의사결정의 길이다. 산 자는 매일 의사결정을 하며 인생을 살아간다. 여기에 인생의 삶이 있다. 그런데 모든 의사결정을 인공지능이 한다면 인간의 삶은 어떤 모습으로 변할까? 상상하기도 무서운 생각이 든다. 인간세상의 주인공은 인간일 것인가, 기계일 것인가? 상상만 해도 놀라운 일이다.

인공지능의 기능은 급속도로 예상을 비웃으며 발전해 나갈 것이다. 예를 들면 스마트폰마다 음성인식 비서가 탑재되어 있고 자율주행자동차는 이미 등장했고 음악을 작곡하고 그림을 그리는 등 인간의 창작영역에 도전하고 있다. 일본에서는 변호사가 만든 인공지능 변호사가 일본의 민법시험에서 2년 연속 1등을 하였다.

앞으로 인공지능은 지구상의 거의 모든 인류보다 뛰어날 수 있고 발전속도는 기하급수적으로 빨라지리라 예상된다. 인공지능은 핵보다 더 위험하다고 일론 머스크 테슬러(SXSW CEO)는 경고하고 있다.

핵보다 무서운 인공지능에게 모든 인간의 의사결정을 의존하는 일이야말로 양날칼과 같은 것이다. 인공지능에게 인간을 위한 의사결정을 하도록 오작동이 일어나지 않는 인공지능을 만드는 것 이것이 인간의 과제다.

여기에서는 인공지능의 의사결정의 긍정적·부정적 영향을 들어 보기로 한다.

긍정적 영향
＊데이터를 활용한 합리적 결정이 가능해진다. 편견이 줄어든다.
＊비이성적 과열이 사라진다.
＊시대에 뒤쳐진 관료제를 개편한다.
＊새로운 일자리와 혁신이 증가한다.
＊에너지 자립도가 증가한다.
＊의료과학 및 질병 퇴치 기술이 증가한다.

부정적 영향
＊책임소재가 불분명해진다(예, 수탁자의 권리와 법률적 책임은 누가 지게 될 것인가?).

＊기존의 일자리가 감소한다.

＊해킹과 같은 사이버 범죄가 증가 한다.

＊책임, 의무, 거버넌스(governance)의 소재 파악이 어려워진다.

＊(인공지능이 내린 결정을) 점점 이해하기 어려워진다.

＊불평등이 심화된다.

＊알고리즘과의 마찰이 생긴다. 인류의 존재에 대한 위협이 생긴다(클라우스밥의
제4차 혁명, 217~218 참조).

이러한 긍정적 영향과 부정적 영향에도 불구하고 인공지능의 활용을 통한 의사
결정은 계속 증가할 것이다. 어떻게 긍정적 효과를 확대시켜 인류에게 유익한 의사
결정을 하도록 해야 할 것인가의 책임과 사명은 전적으로 인공지능을 창조한 주인
인 인류 자신에게 있는 것이다.

제3장

인공지능시대의 문화창조

문화 없는 조직은 영혼 없는 몸뚱이다.
— 간디 —

다문화(多文化)시대의 해법
─ 공동문화(共同文化) 창조

단일민족, 단일문화를 자랑하던 한국에 엄청난 변화의 물결이 일고 있다. 지식혁명의 시대인 현대사회는 통신과 교통혁명의 세계가 되었으며 이로 인하여 세계는 인구이동의 시대가 되었고 인구이동은 문화이동의 시대를 가져왔다. 한국인도 매년 2,600여만 명이 세계를 여행하고 외국인도 한국에 매년 1,300여만 명이 들어온다. 한국에 상주하는 외국인은 200여만 명이 넘었고(2017년) 한국인의 결혼비율을 보면 국제결혼이 날로 증가하여 10명당 4명은 외국인과 결혼하고 있다.

미국을 가리켜 인종전시장이라고 불렀는데 한국의 거리에도 외국인이 이웃사람처럼 늘어나고 한국의 직장, 가정에도 우리와 피부색이 다른 인종과 언어와 문화가 공존하고 있다. 단일민족, 단일문화의 시대는 이미 지나갔다. 이처럼 다문화시대가 도래하였으나 외국의 문화를 미처 받아들이지 못하여 갈등이 깊어져 여러 가지 분쟁과 비극이 일어나고 있는 것이 우리사회의 현실이다.

다문화시대의 갈등을 해결하고 함께 사는 길을 찾는 해법은 무엇인가.

그것은 공동문화의 창조에 있다.

공동문화의 창조를 위해서는

첫째, 상호 문화의 이해가 전제되어야 한다. 서로의 인종, 언어와 의, 식, 주 등 서로의 전통과 문화를 인정하고 이해하여야 한다. 서로의 문화에 대한 이해를 하고 학습하여 상호간에 이해하고 협조하고 존중하는 함께 사는 공생의 가치관을 함양하고 실천하여야 한다.

둘째, 공동체 의식을 함양하여 인종·언어·종교·습관의 벽을 허물어야 한다. 한국의 다문화가정에서 차별과 폭력 등으로 비극적인 일들이 일어나고 있다. 어느 판사가 다문화가정의 폭력문제를 재판하면서 한국인의 야만성을 질타하는 판결을 한 적이 있다. 문화민족으로서 안타까운 일이다. 우리 사회가 필요로 해서 우리와 함께 살고 있는 사람들이다. 다문화시대의 갈등의 해법은 공동문화의 창조에 있다는 것을 강조하는 바이다. 공동문화는 우리는 함께 살아야 한다는 공동체의 형성을 통해서 창조할 수 있다.

셋째, 공동문화를 창조하기 위해서 개인과 조직, 국가가 함께 노력하여야 한다는 것을 제안하는 바이다. 특히 대학, 지자체, 국가에서 공동문화 창조를 위한 프로그램을 만들어 보급하고 관리하는 것이 중요하다.

4차 산업혁명의 시대는 시·공을 초월하는 시대다. 세계는 점점 압축되어 민족 간 국가 간 인종 간 공생의 길을 택해야 한다. 다문화시대는 변화하는 역사의 산물이다. 다문화시대의 갈등의 해법은 공동선의 사회분위기 창조와 공동문화의 생활화에 있다고 믿는다.

Ⅰ 문화와 인간

1. 문화란 무엇인가?

장자는 "문화를 소의 코뚜레"라고 하였다. 코뚜레 없는 소는 자연의 소산이요, 코뚜레 있는 소는 문화의 소산이라 할 수 있다. 장자가 말한 바와 같이, 문화란 자연적인 것에 인간의 손에 의해서 변화된 모든 것이라 할 수 있다. 그러므로 문화는 인간의 창조물이라 할 수 있다. 문화는 이처럼 인위적인 것이다. 문화는 인간이 개발한 것이며 이 인간이 개발한 문화로부터 인간은 영향을 받는다. 따라서 문화는 인간의 아들임과 동시에 어머니이다. 다음에서 학자들의 견해를 들어 문화의 정의에 대하여 이야기해 보기로 하자.

문화의 개념은 학자에 따라 다양하나 문화의 대표적인 개념을 정리하면 영국의 문화인류학자 테일러(E. B. Taylor)는 문화를 "지식·신앙·예술·법률·도덕·관습, 그리고 사회의 한 성원으로서의 인간에 의해 얻어진 다른 모든 능력이나 습관들을 포함하는 복합적인 총체"라고 기술하고 있다. 이 정의에 따르면 문화란 모든 인류 전체를 의미하며 복합총체란 인류의 모든 능력과 관습을 포괄하는 매우 일반적인 개념이다. 그리고 그것은 인간이 사회의 한 성원으로서 배운다는 점이다. 즉 문화는 한 사회집단의 삶의 유형 또는 생활양식 그 자체인 것이며, 문화를 이렇게 규정지을 때 어느 사회나 문화를 갖지 않는 사회는 없다고 할 수 있다.

인간관계는 이 문화 속에서 이루어진다. 그렇기 때문에 문화와 인간관계는 매우 중요하다. 어떤 문화권에 살면서 인간관계를 원만하게 영위하기 위해서는 우선 그 사회의 문화에 대한 학습이 우선되어야 한다.

2. 문화의 특성

문화의 특성을 정리하면 다음과 같이 요약할 수 있다.

- 문화는 다른 사람과 공유한다.
- 문화는 학습된 행동이다.
- 문화는 상징적인 것으로 나타난다.
- 문화는 지속성을 지닌다.
- 문화는 유형화된다.
- 문화는 적응화의 속성을 지닌다.

3. 문화는 왜 중요한가?

인간은 자기가 만들어 놓은 문화의 영향을 받아 개인과 민족의 흥망성쇠가 결정되기도 한다. 일찍이 민족의 특유한 문화를 형성했던 문화민족은 생존력이 강했던 반면, 스스로의 문화를 형성하지 못한 민족은 멸망하거나 다른 문화민족에게 동화되고 만다는 것이 역사적인 사실이다. 다음에서 몇 가지 예를 들어보자.

첫째, 중국의 역사를 보면 한족의 나라인 명나라를 점령했던 북방민족 만주족은 한족에 비하여 문화가 낙후되었기 때문에 정복자가 오히려 피정복자에게 동화되어 버리고 만 결과를 가져왔다. 만주족은 청나라를 세워 260년 동안 중국을 통치하였지만 문화민족 한족에게 동화되어 소수민족으로 전락하고 말았다.

원(元)나라는 징기스칸의 손자인 쿠빌라이가 중국(송나라)을 정복하고 세운 나라였지만 중국 한족의 문화에 동화되고 말았다. 명나라에 멸망한 후 흔적조차 없이 사라져 버렸다.

둘째, 이스라엘은 2,000년 동안 세계를 떠돌며 갖은 핍박을 받다가 2차 대전 후 미·영이 팔레스타인의 영토(옛 이스라엘의 영토)를 분할하여 이스라엘인에게 옛 영토로 돌아오라고 광고를 하니 250만명이 몰려들었다. 이것은 기적과도 같은 현실이었다. 문화민족이었기에 가능한 일이었다. 이스라엘이 2,000년의 유랑생활에서 그들의 민족을 지켰던 것은 그들의 문화를 장구한 세월 동안 끈질기게 지켰기 때문이었다.

셋째, 거대한 제국을 건설했던 징기스칸의 후손들이 페르시아, 중앙아시아에서 몰락한 것은 군사력은 우세하였으나 문화적, 인종적 우월감이 존재하지 않았기 때문이었다. 그들은 유목민이었기 때문에 전투력만 강했던 문화적 미개인이었다. 징기스칸의 후손들은 이슬람에 동화되었고 이슬람을 신봉하기까지 하였다.

넷째, 우리나라의 역사를 보면, 한민족의 생존을 위협했던 침략이 수없이 많았지만, 가장 큰 위협은 두 가지였다. 그중 하나는 중국의 문화적 동화력이요, 다른 하나는 북방민족과 왜인의 군사적 정복력이었다. 중국의 문화적 동화력은 수천 년간 중원을 정복한 이민족을 중국인으로 만들어버린 위력을 가진 것이었다. 만주족, 거란족, 티베트족, 위구르족 등이 한때 당당한 제국을 건설하였으면서도 궁극에 가서 중국에 동화되어버리고 오늘날 독립된 민족국가를 형성하지 못하고 있는 것은 우리가 잘 아는 사실이다. 중국과 인접해 있으면서 중국에 끝내 동화되지 않고 독립된 나라를 형성하고 있는 나라는 드물다. 우리는 물론 중국의 선진문물을 받아들이는 데 인색하지 않았고, 우리 스스로 소중화(小中華)라고 하기도 하였다. 그러나 우리는 끝내 중국인이 되지는 않았던 것이다. 이것은 우리 민족이 문화민족이었기 때문에 가능한 것이었다.

이와 같이 문화의식이 강할 때 그 민족은 생존력을 계속 유지하는데, 우리 한민족도 민족의 수많은 수난사를 겪고 오늘까지 명맥을 유지하고 있는 것은 꾸준히 우리의 전통문화(傳統文化)의 흐름이 단절되지 않고 계승되어온 결과라 하겠다. 이러한 예를 보아 문화민족은 생존력이 강하고, 민족문화가 형성되지 못한 민족은 생존력이 약함을 알 수 있다.

현대의 조직사회에서 조직문화와 조직의 생명력은 상관관계가 있다. 조직문화가 약하면 조직에 외부의 위협이 가해질 때 그 조직은 허망하게 무너지고 만다는 사실을 우리는 너무 많이 발견하고 있다.

Ⅱ 한국의 전통문화와 그 변화

1. 민족공동체 이념의 형성

전통문화의 원류와 기본 가치는 공동체 이념이라고 할 수 있으며, 공동체 이념의 철학적 기초는 유(儒)·불(佛)·선(仙)에 뿌리를 둔 공동체적 조화사상이라고 할 수 있다. 그러면 유(儒)·불(佛)·선(仙)이 어떻게 우리 민족의 공동체 이념 구현에 기여했는가를 보기로 하자.

1) 선교(仙敎)

우리 민족의 민간신앙의 형태로 서민층에 깊이 뿌리를 박고 내려온 민족 고유의 신앙으로 주신에 해당하는 삼신인 환인(桓因), 환웅(桓雄), 단군(檀君)은 삼신(三神)인 동시에 일신(一神)이라는 개념을 갖고 있다. 삼신은 나누면 셋이요, 합하면 하나다. 이해를 돕기 위하여 천주교의 예를 들어보면 천주교에서도 성부, 성자, 성령은 셋 이면서 하나요, 하나이면서 셋인 삼위일체신(三位一體神)이라고 한다. 이와 같은 삼 위일체의 관념은 민족의 공동체의식의 함양에 큰 역할을 하였다. 선교의 삼위일체 의 관념은 단군사상의 근본인 홍익인간의 근본을 이루고 있다.

2) 불교(佛敎)

불교의 기본개념은 현상과 원리가 둘인 듯하면서 하나요, 개개 사물이 독립인 듯하면서 서로 인연을 가진 통일체로서 파악된다. 불교의 생사일여(生死一如), 시종 여일(始終如一), 불생불멸사상(不生不滅思想)은 공동체이념의 극치라 할 수 있다. 삶 과 죽음이 하나요, 처음과 끝이 하나이고 태어남도 죽음도 없다는 불교의 사상은 공동체의 본질이라 할 수 있다.

3) 유교(儒敎)

유교의 기본은 중용(中庸)과 중화(中和)이다. 즉 일이이, 이이일(一而二, 二而一)의 원리는 성리철학(性理哲學)의 기본구조를 이루고 있다. 원리로서의 이(理)와 현상으 로서의 기(氣)가 둘인 듯하면서 하나요, 음(陰)과 양(陽)이 둘이면서 그것은 또 하나 로 통합되는 것이다. 자연과 인간은 둘이면서 하나인 까닭에 합일사상(合一思想)이 성립된다. 인간관계도 마찬가지이다. 남과 여가 대립관계가 아니요, 부모와 자식이 대립관계가 아니며, 정부와 국민이 대립관계가 아니다. 천인합일(天人合一)의 이상 적 사상이 인간관계에 있어서 공동체이념을 강조할 수밖에 없는 것이다. 하늘과 사 람을 하나, 즉 공동체(共同體)로 묶는 것이 천인합일(天人合一)이다. 그래서 하늘은 대우주요, 인간은 소우주라고 한다. 즉, 인간은 자연을 따라서 만들어진 영물이다. 인간의 육신은 춘하추동(春夏秋冬)의 자연의 원리에 따라 만들어졌다. 이것이 유교의 이이일사상(二而一思想), 즉 조화 사상이다. 하늘과 사람이, 자연과 사람이 합일되는데 왜 사람끼리 합일되지 못하겠는가? 이것이 공동체사상이며, 유교의 참뜻은 바로 여기에 있다 하겠다.

유교의 민본(民本)·애민(愛民)·위민사상(爲民思想), 불교의 제중이념(濟衆理念), 단국신화의 홍익인간(弘益人間)의 이념은 모두 공동체적 조화사상과 공동체적 삶을 강조하는 공동체이념의 뿌리라 할 수 있는 것이다. 우리의 전통문화는 선(仙)에서 출발하여 불(佛)로 이행하고 불(佛)에서 다시 유(儒)로 전환하면서, 오늘의 현대문화는 서구의 과학문명을 도입하여 현대 한국문화를 형성하였다고 할 수 있다. 여기에서 일반적으로 대립관계를 특색으로 하는 서양사상과 포용성을 특색으로 하는 동양철학의 근본적인 차이를 인식할 수 있는 것이다.

2. 공동체의 실체

공동체의식이란 나 가운데에서 너를 찾고, 너 가운데에서 나를 발견하지 않고서는 성립되지 않는다. 이것은 삶 속에 이미 죽음이 내포되어 있고, 죽음 속에 이미 삶이 남아 있어서 불생불멸(不生不滅)한다고 믿는 사생관(死生觀)과도 다를 것이 없다. 나누면 다수요, 합치면 하나라는 관념이 없이는 공동체의식은 성립되지 않는다. 불생불멸(不生不滅)과 생사일여(生死一如), 천인합일(天人合一)은 공동체의 극치라 할 수 있으며, 이것이 우리 민족공동체의 근본사상이라 하겠다. 이러한 사상에 기본을 두고 공동체의식이 함양되고 실체로 나타났는바, 이 공동체의 실체를 정리하면 다음과 같다.

공동체의 단위는 다음과 같이 세 가지로 분류할 수 있다.

1) 국가·민족공동체

이는 애국심의 발휘로 강화되는데 불교의 중화의식(中和意識)과 선교의 배달의식(倍達意識) 등이 크게 작용하였다. 이는 신라의 화랑정신, 국난시의 유생 및 승려·농민의 봉기들을 통해서 민족공동체 정신의 발휘로 구현되었다. 세계가 놀란 2002년 붉은 악마의 월드컵의 응원 열기는 어디에서 찾아야 하겠는가. IMF 때 금모으기 운동을 어느 나라에서 찾아볼 수 있겠는가.

2) 마을·향촌공동체

이의 핵심은 ① 계, ② 경조활동, ③ 생산활동: 농사 때 서로 도와주는 미풍, ④ 잔치(풍악)를 통한 공동체 등으로 요약할 수 있다.

3) 가족공동체

이는 ① 부자유친(父子有親), ② 부부유별(夫婦有別), ③ 장유유서(長幼有序)와 같은 윤리가 그 맥을 이루었다.

이상에서 우리나라의 전통문화에 있어서 공동체이념에 대해 간단히 살펴보았는데, 우리의 전통문화는 그 자체로 보아 문제가 많고 장단점이 있지만 우리 민족의 오늘이 있기까지 끈질긴 생명력을 유지하면서 세계 속에서의 한국의 위상을 더욱 크게 세워온 것은 위에서 고찰한 공동체의식에 뿌리를 둔 우리의 전통문화의 생명력에 있다고 생각한다.

그러나 우리 민족은 21세기에 들어와서 역사의 전환점과 문화의 전환점에 서 있다. 단군에서 비롯하여 유·불·선(儒·佛·仙)의 정신이 전통문화를 형성하여 내려온 한국의 전통사회에 서구의 문명이 밀려오게 되면서 급격한 변화를 가져왔다. 특히 8·15 해방 후의 정치적 변혁을 거듭하면서 우리의 문화와 가치관은 크게 흔들리고 있다. 민족 고유의 윤리는 붕괴되고 서구의 횡적 윤리가 젊은 세대들에게 깊숙이 침투하였다. 가치관의 변화는 계층간·세대간의 갈등을 심화시키고 우리의 전통적인 공동체는 국가·마을·가족의 모든 측면에서 위협을 받고 있으며 우리는 밀려오는 서구의 물질문명에 압도되어 거의 맹목적인 서구화를 추구하다 보니 너무 많은 것을 잃어버리게 되었다.

본서에서 문화면을 특별히 강조하는 이유는 우리의 전통문화의 뿌리인 공동체의식의 회복을 통해서 인간화의 사회를 건설해야 한다는 뜻에서이다. 앞에서 살펴본 세 가지의 기본적인 공동체는 서로 유기적인 관계를 가지면서 가족에서 출발하여 국가공동체로 귀결될 때 사회는 안정과 균형을 찾게 된다. 그와 반대로 세 가지 공동체 단위에서 어느 하나에만 치중할 때 사회는 안정과 균형을 잃게 된다. 이러한 전통문화에 바탕을 두고 조직문화도 개발 유지되어야 한다고 믿는다.

그러나 한국의 전통문화는 붕괴되어 가고 있다. 새로운 문화 창조의 바탕 위에 새로운 개인·민족·국가의 가치관을 형성하여 새 시대 민족문화의 꽃을 피워야 하는데 과도기를 겪고 있다.

3. 전통적인 공동체문화의 붕괴

위에서 한국의 전통문화의 공동체적 특질에 대하여 살펴보았다. 그러나 문제는 이러한 공동체문화가 산업화의 길을 가면서 서서히 붕괴되고 있는 반면, 새로운 공동체문화는 형성되지 못하고 있다는 것이다.

산업화로 인하여 무엇보다 먼저 문제가 된 것은 농촌인구의 도시로의 이동으로 농촌사회의 공동체가 붕괴되고 말았다는 데 있다. 그것은 농촌인력의 산업 인력화와 도시로의 이동으로 농촌도 핵가족이 되어 농촌공동체가 붕괴되고, 가족제도마저도 '핵가족화'되고 있으며, 선진국은 이 핵가족제도에도 문제가 발생하여 미국의 경우 인구 다섯 사람 중 한 사람은 독신자이고 인구 7명당 2명은 편부모를 두고 있다고 한다. 한국사회도 엄청난 변화가 와서 1인 가구가 500만을 넘어 인구 4인당 1명이 1인가구라고 한다.

둘째, 청소년의 활동이 증대되어 교육과 직장 등을 찾아 가정을 떠나게 됨으로써 대가족제도의 변화를 가져오고 인구이동의 시대가 돌아와서 사회 변동이 일어나고 있다.

셋째, 여성의 지위가 향상되고 산업화로 인해 가정을 지키는 시간보다는 자기의 전문적인 직업과 직장을 찾게 되어 가정에 대한 개념도 변화하고 있다.

넷째, 문명의 발달로 사회가 다양화되고 가치관이 변화되어 가족주의적인 가부장주의가 깨어지고 종적 관계보다는 횡적 관계의 인간관계가 형성하게 되어 이른바 민주화라는 의식이 강하게 확산되고 있다.

다섯째, 과학문명의 발달은 가속화되어 인공지능시대에 접어들었다. 인공지능시대는 인간의 생활과 인간관계에 엄청난 변화의 바람을 예고하고 있다. 이 변화의 물결을 어떻게 슬기롭게 극복하여 기계가 아닌 인간이 사는 문화의 시대로 만들어 갈 것인가가 인간에게 주어진 과제이다.

이와 같이 변화하는 현대사회는 인간관계의 모습과 특성도 변질되기 마련이다. 종래의 귀속적 관계, 위계서열적 관계, 특수주의적 관계, 집합주의적 관계, 원초적 관계가 서서히 업적적, 평등적, 보편주의적, 개인주의적, 2차적 관계로 변모하고 있다. 이런 것의 인간적 합의로서 개인의 원자화, 타자지향성의 증대, 익명화, 그리고 소외 등을 들 수 있다.

파괴된 공동체, 소외된 인간의 자리에 선 것은 무엇인가. 그 원인은 어디에서 왔는가. 그것은 물질문명을 추구하는 현대 사회의 산물이다. 현대 사회의 신은 돈이다. 돈이 인간의 삶의 가치 기준이 되어 버렸다. 자본주의 사회의 병폐는 현대 사회의 한계상황이다. 극도의 이기심, 사회적 갈등, 인간성 상실, 사회악의 범람 등 우리를 압박하고 있는 요소들이 너무도 많다. 이른바 잃어버린 세계가 되고 만 것이다.

잃어버린 세계, 공동체를 복원하는 방법은 무엇인가. 그것은 현대문명을 파괴하고 농경사회로 돌아가는 것이 최선책이 될 것이다. 전화기를 없애고, TV를 파괴하고, 컴퓨터를 파괴하고 스마트폰을 없애면 토플러(A. Toffler)가 말한 제2의 물결의 세계로 되돌아가 농경사회에서의 공동체를 다시 형성하게 될 것이다. 그러나 과연 이것이 가능한 일인가? 이것이 불가능하다면 다음의 선택은 무엇인가? 이것이 바로 우리들이 찾아 헤매고 있는 해답이다. 그 해답은 자본주의 체제의 혁신을 통한 새로운 창조적인 공동체문화를 건설하는 것이다.

4. 한국사회에서 일어나고 있는 문화변동

우리는 위에서 한국문화의 특징과 우리의 전통문화의 형성에 대하여 설명하였다. 그러나 그와 같이 뿌리 깊은 전통문화의 역사성에도 불구하고 우리의 전통문화와 공동문화는 위의 항에서 분석한 바와 같이 어느 사이 그 울타리가 허물어지고 있다. 따라서 여기에서는 이러한 문화의 변동이 어떠한 이유로 일어나고 있는가에 대해 요약 정리하여 보기로 한다.

전통문화의 변화 — 정(情)의 사회, 정(情)의 문화의 변화

서양의 문화와 동양의 문화의 특징을 비교하면 다음과 같이 정리할 수 있다. [표 3-1]에서와 같이 동서양의 문화는 그 특색을 달리하고 있는바, 한국의 전통사회는 마을공동체와 친족공동체를 일상생활의 기본단위로 하는 '정(情)의 사회(社會)'였다. 이와 같은 정의 사회는 부락, 친족, 연(緣)을 중심으로 인간관계를 형성·유지시켜왔다고 할 수 있다. 이 연(緣)의 관계는 네포티즘(Nepotism), 즉 한국적인 연

| 표 3-1 | 동·서양의 문화비교

구 분	동 양	서 양
영향 요인	1) 달의 문화 2) 유 3) 불 4) 선	1) 태양의 문화 2) 기독교 3) 르네상스사상 4) Pragmatism
문화권의 정서	陰의 문화 靜의 문화 情의 문화	陽의 문화 動의 문화 理性의 문화
결 과	공동체 조화(포용적 조화) 수동적 수용적 신비주의	개인 정복 능동적 창의성 합리주의

고주의를 낳아 민족의 동질성을 고양시켜주는 장점도 많았지만 오늘의 한국사회에 이 연고주의를 조명하여 볼 때 어두운 면이 너무 많았다.

이 연(緣)에 의해 규정되는 모든 인간관계는 가족적인 정을 나누는 인간관계로서 전통사회의 한국인들은 일상생활에서 만나는 모든 사람들이 친(親), 의(義), 연(緣) 등으로 맺어진 사람들이기 때문에 그들은 서로 '정(情)'을 나누어야 할 대상이며, 따라서 모두가 한 '누리'이고 한 '겨레'였다고 할 수 있다.

이와 같은 한국인의 정의 문화는 불교의 보편적인 인연의식과 유교적인 가족주의 의식이 독특하게 결합된 '연(緣)'을 기초로 한 '가족적 정(情)'을 매개로 하는 적극적인 '사랑의 사회윤리'로서 특징지어지는 문화인 것이다. 이러한 한국인의 정의 문화는 더 나아가 한국인의 자연주의(자연과의 조화사상), 인본주의(인륜을 인간의 도리로서 규정하는 인본사상), 그리고 평화주의 등의 기반을 이루는 것이기도 하다.

이러한 한국의 전통문화는 60년대 이후 산업화, 민주화의 길을 걸으면서 변화를 가속화하기 시작하였다. 60년대 이후 '힘의 성장'을 향해 줄달음쳐온 '힘의 이데올로기'와 '힘의 문화'는 이제 서서히 '성장의 신화'와 '출세주의', '물질주의' 등의 가치지향으로부터 탈피하고 새로운 산업사회의 사회윤리와 국민정신을 확립해 나가야 할 단계로 접어들고 있다. 80년대 이후의 한국사회는 성장과 분배의 균형, 관주도에서 민간주도로 성장, 타율에서 자율과 참여로, 양적 팽창에서 질적 내실화로, 권위주의에서 합리주의에로의 변화가 일어나고 있는 것이다. 그러나 그 속도가 너무 느려 계층간·지역간 갈등의 골이 깊어져 사회불안의 큰 요인으로 작용하고 있다.

한국 전통문화의 뿌리 깊은 연고주의는 합리성과 힘의 문화로의 변화를 가져오긴 하였지만 오늘의 한국사회의 모습은 바람직한 사회라 할 수 없다. 이 연고주의로 인하여 한국사회는 권력의 편재, 부의 편재, 인재의 편재현상이 두드러져 공동체문화가 파괴되고 민족과 국론이 분열되는 현상으로까지 이르고 있다. 단적인 예가 한국에서 벌어지고 있는 웃지 못할 선거풍토이다. 또한, 정부가 바뀔 때마다 특정지역 출신들이 국가의 주요 자리를 독차지하는 현상은 비합리적인 정(情)의 문화(文化)가 보여주는 잘못된 모습이라 할 수 있다.

5. 새로운 한국문화 창조를 위한 길

1) 정(情)의 문화에서 이성의 문화로

위에서 동서양의 전통문화를 비교하고 한국의 「情」의 문화의 근본을 살펴보았다. 한국의 달을 중심으로 한 정(情)의 문화는 장단점이 있지만 단점을 보완하고 장점을 살려 21세기 한국 민족의 의식구조를 개혁할 바람직한 문화로 변환시켜야 할 것이다.

우리가 희망을 가질 수 있는 것은 문화란 영원불멸한 것이 아니고 시대의 변화와 환경의 변화에 따라 변동한다는 것이다. 따라서 한국인의 의식구조도 서구의 그것을 받아들이면서 태양의 문화로 바꾸어가고 있다고 본다.

여기에서 우리들의 제일의 과제는 정(情)의 문화에서 이성(理性)의 문화로 일대 혁명적 변화를 가져와야 한다. 우리나라의 고질적인 문제인 지역 간 갈등 문제, 선거 때의 지역을 기반으로 한 정당의 출현, 모든 조직, 모든 대학 선거에서의 연고주의 만연, 이런 것들은 모두 情의 文化의 소산이다. 일대 국민운동을 통한 문화혁신 운동이 필요하다고 본다. 또한, 3김 시대의 지역할거주의 역시 정의 문화의 결과라 볼 수 있는데 당시 국회의원 선거 시 영남은 H당, 호남은 M당 출마자 거의 모두가 국회의원에 당선되었다. 이러한 현상은 그 이후의 정부 때도 마찬가지였다. 이러한 情의 文化에서 탈피하는 것이 미래를 위한 한국의 화두이다. 이러한 정의 문화의 병폐는 개선되어 가고 있지만 그 속도가 너무 느리다.

2) 힘의 문화에서 합리의 문화로

우리나라는 독재정치의 계속으로 정에 힘을 플러스(+)한 문화가 지배하였다. 불행한 일이었다. 情+힘의 문화는 너무나 많은 부조리와 부정과 소외를 가져왔다. 우리는 이른바 민주정부를 원하고 그 민주정부하에서 우리는 자유를 누리고 있다. 그런데 아직도 인사문제, 자원배분문제 등에서 편견을 벗어나지 못하고 있다.

3) 수동적 문화에서 창조적 문화로

지식사회, 경쟁사회인 21세기는 생존경쟁이 더욱 심화되고 있는 사회이다. 21세기에 세계 선진국의 대열에 서기 위해서는 창조적 문화 창달이 선행되어야 한다. 예를 들면 세계시장에 내놓을 세계적인 제품과 대학의 경쟁력이 일본·중국보다 훨씬 낙후되어 있다. 복사기술·조립공장에서 벗어나 기술과 지식을 수출하는 문화창조만이 21세기를 기대할 수 있을 것이다. 우리는 IT의 강국이 되었다. 미래의 영토전쟁은 땅을 빼앗는 것이 아니라 지식과 상품의 영토를 넓히는 것이라 하겠다.

4) 형식주의에서 실질주의로

우리나라에서 새로운 문화를 창조하는 데 가장 중요한 문제는 무엇인가. 그것은 실질주의 문화 창조이다. 우리민족의 문화의식 곳곳에는 체면문화와 형식주의가 많이 배어 있다. 형식보다 내면의 실질을 중시하는 문화의 창조가 요청된다.

5) 전통문화와 새로운 문화의 접목

우리는 수천년 동안 유·불·선(儒·佛·仙)의 영향을 받으며 전통문화를 형성해 왔다. 앞으로 전통문화에 뿌리를 둔 인공지능시대를 선도할 수 있는 새로운 문화창조를 열어가야 한다.

Ⅲ 문화의 창조

1. 문화의 창조자

1) 창 업 자

현대 조직사회에서 유·불·선·기독교·이슬람교 등 창시자들은 인간의 삶에 가장 큰 영향을 주는 문화 창조의 원조들이라 할 수 있다. 조직문화의 창조자 중 가장 핵심적인 역할은 창업자 자신이라 할 수 있다. 조지 워싱턴은 미국 제1대 대통령으로서 두 번의 임기를 마치고 여러 번 출마할 수 있는데도 고향에 계신 어머니한테로 돌아갔다. 그는 미국 건국의 아버지로서 미국의 정치문화 발전에 큰 역할을 하였다. 기업에서나 대학에서나 창업자의 역할은 지대하다. 듀퐁, 松下, 이병철, 정주영은 조직문화 창조의 창조자들이다.

2) 최고경영자

오늘날은 CEO의 시대이다. GE의 잭 웰치는 GE의 문화창조를 통해서 GE가 세계 초일류기업으로 성장하는 데 결정적인 역할을 하였다. 한국의 S기업 등 여러 조직체에서도 최고경영자에 의해서 새로운 조직문화가 창조되고 있다.

3) 핵심구성원

조직문화는 창업자나 최고경영자에 의해서 창조되기도 하지만 그들이 그들의 역할을 다하지 못할 때 핵심구성원, 때로는 일반구성원들에 의해서 새로운 조직문화가 창조되기도 한다.

4) 국가사회 문화

그 조직이 존립하고 있는 국가사회의 문화가 조직문화에 영향을 주는 경우이다. IMF 이후 우리나라는 큰 변화를 겪었다. 모든 조직에 구조조정의 바람이 불 때 조직문화도 재정립되지 않을 수 없다. 한국의 많은 조직과 많은 기업의 문화가 변화되고 재형성되었다고 할 수 있다.

2. 인류 문화 창조의 시조들

1) 기독교 문화

기독교 문화를 전세계적으로 전파하여 지구 곳곳에 수십억명의 신자를 두고 인간의 문화생활에 지대한 영향을 행사하고 있다.

2) 이슬람 문화

마호메트가 시조인 이슬람교는 이슬람 문화를 형성하여 그 교리가 중동일대와 동남아를 비롯하여 전 세계적으로 확산되고 있다. 세계역사를 바꾼 사람 100명이라는 서양학자가 쓴 책에 마호메트는 100명 중 첫번째를 차지하고 있고 이슬람교인은 13억이라고 한다. 이슬람 문명과 문화는 중동일대를 비롯하여 세계 문화변동에 큰 영향을 주고 있다.

3) 불교 문화

인도의 석가모니가 시조인 불교는 동양뿐만 아니라 서양에까지 전파되어 세계 곳곳에 불교문화를 전파하고 있다. 세계가 물질문명의 포로가 되어 경쟁사회가 되고, 인간성을 잃어버린 불안의 시대가 되니 이를 탈출하고자 정신문화를 찾아 불교가 날로 팽창하고 있다.

우리나라 숭산(崇山)스님의 외국인 제자스님과 불자가 5만명을 넘는다고 하니 불교의 위력을 짐작할 수 있다.

4) 유교 문화

仁·義·禮·智·信의 공자의 가르침의 유교는 동양의 전통 문화와 사상을 형성하였다. 아시아의 후진국들이 4마리 용이라고까지 호칭되며 발전한 것은 유교 문화의 영향이 아닌가 하여 한때 유교 문화의 연구가 활발히 전개된 적이 있었다. 대만의 한 철학자는 현대 인간의 위기를 구제할 수 있는 길은 유교라고 강력히 주장한 바 있다.

Ⅳ　지식경영시대, 인공지능시대의 조직문화 ― 밥상문화 퇴출

━━━━ **청나라 문화축제**

　　중국 심양은 옛 청나라의 수도이다. 심양에서는 청나라 문화축제가 열린다. 몇 년 전 4회째 청나라 문화축제에 참관한 적이 있다. 공연인원 2,000명, 세계 20개국의 VIP들이 초청받은 대규모 축제였다. 그 행사에서 한국에서는 상상할 수도 없는 현상을 보고 크게 놀란 일이 있다.

　　초청받은 VIP인사들을 모두 소개하였다. 그중에는 심양시장과 요녕성 성장도 참석하였다. 초대한 인사들의 소개가 끝나자 바로 행사에 들어갔다. 나의 뒷자리에 앉아 있는 조선족 안내인에게(심양관광국에서는 조선족 여성을 나의 안내인으로 배치하였다) 왜 축사가 없느냐고 물어보았다. '시간을 절약하기 위해서 축사가 없답니다'라고 대답하였다. 나는 크게 놀랐다. 한국 같으면 몇 사람이 축사를 하였을까? 한국은 축사의 나라다. 그 후 한국에 돌아와 K시에서 큰 행사도 아니고 무슨 대회가 열렸는데 축사를 한 인사가 8명이었다. 거기 참석한 높은 사람들은 모두 한 말씀씩 하였다(길게 한 사람도 있었지만…).

　　한국은 몇 년 단위로 정치행사가 이어지고 축제가 열리고 있다. 한국에 열리고 있는 행사는 흡사 축사를 위한 행사장 같다. 적어도 7~10명씩 축사를 한다. 한국의 이런 축사문화가 형식의 문화가 아니고 무엇이겠는가. 중국의 행사에서 실사구시(實事求是)의 문화를 배워야 한다고 생각하였다.

1. 인공지능시대의 특징

1) 시·공의 초월시대

　　지식혁명의 결과 인류사회에 엄청난 변화의 물결을 가져왔다. 과거에는 과거, 현재, 미래라는 경계가 있었고 시간과 공간을 구별하는 확실한 선과 개념이 있었다. 오늘의 인간은 시간과 공간을 초월하며 삶을 유지한다. 그 사례를 보자. 미국의 CNN은 24시간 뉴스를 방영한다. 세계의 구석구석을 찾아 생방송으로 뉴스를 전달한다. 이는 시간과 공간을 초월한 단적인 예이다.

다른 예를 보자. 우리는 핸드폰(Hand phone)으로 때와 장소를 가리지 않고 원하는 곳, 원하는 사람에게 전화를 한다. 지리산 산 속에서도, 백두산에 올라서도 소식을 전한다. 미국의 통신위성은 하늘을 날며 24시간 전파를 송출하고 군사위성은 24시간 지구의 곳곳을 감시한다. 과거의 시간과 공간을 초월하고 시간과 공간을 압축한 시간에 살고 있다.

화상전화를 통하여 지리산 천왕봉에 올라 한라산 백록담에 올라있는 친구의 얼굴을 보면서 통화할 수 있다.

2) 커뮤니케이션(Communication)의 혁명

시간과 공간의 초월시대는 통신혁명의 시대를 가져왔다. 달이나 화성에 가서도 지구로 자료를 전송하는 시대가 왔다. 인터넷이라는 괴물을 통하여 소식을 전하고 쇼핑을 즐기고 전자상거래를 하고 게임을 하고 조직체를 만들고 동호인을 구하고 가히 무소불위(無所不爲)의 인간의 삶을 누리고 있다.

사이버대학이 유행처럼 설립되어 운영되고 있다. 미국 애리조나주의 사이버대학은 학생수가 4,000명인데 학교에는 한 번도 나오지 않고 모두 자기 나라, 자기 집에 앉아서 학사, 석사, 박사 공부를 하고 있다. 이 학교의 학생들은 모두가 사이버대학에서 공부하는 것에 대하여 만족한다고 한다.

놀랄 만한 예를 더 들어보자. 동독이 서독에 흡수 통합되어 역사적인 독일 통일을 가져왔는데 고르바초프의 개방정책의 힘도 컸지만 중요한 원인은 TV의 개방 때문이었다고 한다. 동독사람들이 서독 TV를 보자 28년 동안 지속되었던 베를린 장벽은 28시간 만에 무너지고 말았다. TV 한 대가 동독의 문을 열게 하였다. 통신혁명은 정보의 혁명을 가져왔다.

스마트폰의 시대가 와서 시·공을 초월하여 소통하고 대화하는 communication의 혁명의 시대에 살고 있다.

3) 생명주기(Life Cycle)의 단축

지식혁명은 지식과 제품의 생명주기의 단축을 가져왔다. 자동차의 왕 Ford는 T형 자동차(형을 바꾸지 않고 동일한 차종)를 30년 동안 생산하였는데, 이 T형 자동차는 미국의 중산층이 선호했던 자동차였다. 오늘의 자동차를 보라. 자동차의 생명주기는 2~3년 만에 바뀌고 있다. 우리나라 H자동차의 Model 변화를 보자. 더욱 놀라운 것은 자율주행자동차가 등장해서 몇 년 내에 상용화하게 되었고 하늘을 나는 자동차까지 등장하였다.

지식도 마찬가지다. 오늘의 지식은 내일이면 낡은 지식이 되고 만다. 불행한 일이지만 현실이다.

4) 문화이동 — 문화전쟁의 시대

통신수단의 발달로 정보의 혁명을 가져왔고 수송수단의 발달로 인구의 대이동이 일어나고 있다. 소득수준의 향상으로 관광객의 이동이 급증하고 있다. 매년 20억의 인구가 세계 여러 나라로 이동하고 있다. 인구의 이동은 문화의 대이동을 의미한다. 인구가 이동하면서 자기 고유의 문화를 가지고 이동하기 때문에 21세기는 문화의 대이동, 문화전쟁의 시대이다. 한류라는 문화가 세계를 누비고 있다. 세계를 누비고 있는 방탄 소년단은 문화전쟁의 한 단면이다. 문화전쟁, 문화 수출의 시대가 왔다.

5) 인공지능시대의 도래

인공지능시대가 돌아와 인공지능이 인류의 생활 곳곳에 침투하여 인공지능의 문화시대를 예고하고 있다. 구입비와 수리비 외에는 비용이 들어가지 않는 애인, 비서, 경호원을 둘 수 있는 시대가 왔다. 이러한 변화는 인간의 생활과 문화에 엄청난 파동을 예고하고 있다.

2. 지식경영시대(인공지능시대)의 조직문화 패러다임

예방경영문화의 정착을 위해서

미국에서 Ford자동차가 출발할 당시에는 미국의 자동차회사는 무려 200개 사가 난립하였다. 100년이 지난 현재 미국의 자동차회사는 Big3로 줄어들었다. 뿐만 아니라 미국의 대기업의 수명은 30년이요, 일본의 그것은 20년이요, 한국 대기업의 수명은 16년이라는 통계가 나와 있다.

수많은 중소기업은 밤하늘의 별처럼 명멸하고 있는 것이 기업의 현실이다. 현실적인 예를 들면 미국에서 100개의 중소기업을 설립하면 5년이 지나면 50%가 사라지고 10년이 지나면 잘해야 10개 정도가 살아남는다고 한다.

저자가 경영학의 길에 들어서서 화두로 삼았던 것은 기업도산이라는 불행을 예방할 수 없을까 하는 명제였다. 그래서 예방경영이라는 용어를 생각하기에 이르렀다. 기업뿐만 아니라 모든 조직이 계속해서 성장·발전할 수 있는 대전제로 예방경영문화라는 기본 철학이 필요하다고 생각한다.

그림 3-1 │ 지식경영시대의 조직문화 창조의 틀

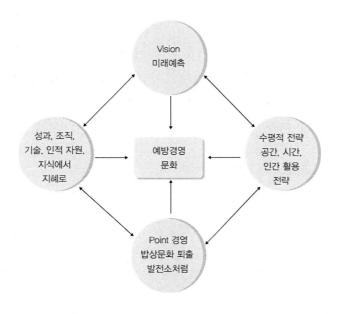

1) 비전(Vision)의 제시

문화 창조의 제1 과제는 그 조직의 미래에 대한 비전(vision) ― 즉 미래의 설계도를 제시하는 것이라 하겠다. 미래 학자들은 미래를 예측하지 말라는 역설을 설파하기도 하였지만 미래를 예측·분석하고 그 토대 위에서 미래의 청사진을 제시하고 그 청사진을 구현하기 위한 전략을 짜야 한다.

비전(vision)을 제시하고 그것을 실천한 예를 보자. 코카콜라는 출범시 「세계인이 coke를 마시도록 하겠다」는 비전을 제시하였는데 지금 세계 모든 사람들이 coke를 마시고 적대국에서까지 coke사업이 잘 되고 있다.

빌 게이츠는 10대 때「세계 모든 사람들의 책상 위에 PC 한 대를!」이라는 꿈을 꿨는데 그 꿈은 지금 현실화되어 세계 최고의 부자가 되어 있으며 컴퓨터의 황제로 군림하고 있다. 비전을 제시하고 그 비전을 실현하기 위하여 끊임없이 경영혁신을 계속하면 듀퐁과 같은 장수 기업으로 살아남을 수 있지 않을까 생각한다. 그는 PC지갑을 예언하기도 하였는데 스마트폰이라는 백과사전이 출현하였다. 앞으로 스마트폰에 인공지능 기능을 첨부하면 엄청난 기능을 발휘할 수 있을 것이다. 4차 산업혁명을 맞이하여 세계 여러 나라 기업들이 비전을 제시하고 그 실현을 위해서 노력하고 있다.

삼성에서 새로운 비전을 내 놓았다. 3년간 180조원을 투자하여 인공지능, 바이오, 5G(5세대 이동통신), 차량용 전자장비 등에 투자하겠다는 야심찬 미래 청사진을 발표하였다. 고용효과는 45,000명에 이를 것이라는 것이다. 비전이 비전으로 끝나면 공상이요, 비전이 아니다. 비전은 전략과 실천이 수반되어야 한다.

2) 수평적 전략(인간·시간·공간 차원)

전쟁의 3요소는 영토, 살상, 속도라고 한다. 현대 조직사회에서도 총소리 없는 전쟁은 계속되고 있다. 현대 조직사회에서 승자가 되기 위해서는 이 인간, 시간, 공간이라는 삼간(三間)의 활용을 전략을 잘 짜서 수행해야 한다.

| 그림 3-2 | 三間의 활용 |

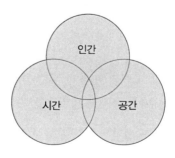

3) 밥상문화 퇴출

한국의 기업경영을 가리켜 복사공장에 문어발식 경영이라고 비판에 비판을 거듭하여 왔다. 그러나 경제발전을 거듭하면서 세계적인 기업경영을 향해서 도약의 길을 걸어 온 것도 사실이나 아직도 한국사회의 곳곳엔 특색 없는 나열문화의 병폐가 살아 있다. 이런 풍토는 기업경영뿐만 아니라 정부·대학·다른 조직 등 모든 조직체에 만연되어 있다. 그 원인은 한국의 밥상문화에서 왔다. 한국의 한정식은 반찬이 너무 많다. 한 예를 들어 보자. 얼마 전 지리산 화엄사 아래 어떤 한식집에서 한정식으로 점심식사를 하는데 반찬이 무려 40가지였다. 그중 적어도 80%는 그대로 남겼다. 그 식사는 종류는 많았지만 특색이 없었다. 이것이 한국의 밥상문화다. 한국의 정부, 대학, 기업은 밥상의 반찬처럼 그 조직과 제품과 학과가 많지만 특색이 거의 없다. 소위 한국의 인류대학들이 몸부림치며 추구하는 목표는 세계 100대 대학에 들어가는 것이다. 최근에는 몇 몇 대학들이 100위권에 들어가 우리의 자존심을 높여주고 있다. 그러나 홍콩, 싱가폴의 대학들보다 전체 위상이 떨어지고 있다. 아직도 길은 멀다.「밥상문화 퇴출하자.」이것이 저자의 구호다. 보잉은 비행기로, 듀퐁은 화학에서 생명공학으로, 빌 게이츠는 컴퓨터로 세계를 제패하고 있다. 밥상문화를 퇴출하고 상징적인 제품을 생산하고 그것에 핵심역량을 집중하는 창조적 경영문화의 정착이 미래 조직문화의 핵심요소이고 전략이라고 주장하는 바이다. 다행이 삼성전자가 세계최강의 스마트폰의 자리를 지키고 있다.

▨▨▨▨ 한 성자의 깨달음

인도에 한 성자가 있었다. 그는 20여년 동안 산속에서 수도를 한 후 고향에 와서 친척집에 들렀다. 그런데 그 집 아이가 울기 시작하니 그 아이의 엄마는 장난감을 주었다. 그 아이는 장난감을 가지고 놀다가 다시 울기 시작하였다. 그 아이의 어머니는 가짜 젖꼭지를 주었다. 아이는 가짜 젖꼭지를 빨며 놀다가 젖이 나오지 않자 대성통곡을 하였다. 그때서야 그 아이의 엄마는 진짜 엄마의 젖을 주었다. 성자는 그 모습을 보고 크게 깨달았다. 본인이 산속에서 20여년 수도한 것은 헛것이었다는 것을.

그는 눈감고 합장하고 있었지만 옛 애인을 생각하고, 맛있는 고기를 생각하고, 옛 친구를 생각하며 수도한 척 한 사이비 수도승이었다는 것을 깨달았다. 생각을 한 점에 모으는 기도가 진정 기도이다.

　전류는 세상 만물에 흐르고 있지만 한 점에 모이지 않으면 전깃불을 켤 수가 없다. 태양빛은 한 점에 모일 때 종이를 불태우고 태양열을 내뿜는다.

4) 예방경영문화 ― 지식에서 지혜로

　조직이 이룩한 성과는 공정성 원리에 의하여 공정하게 평가하고 그 평가의 결과는 반드시 보상으로 이어져야 한다. 조직관리의 원리는 기대를 주고 그 기대를 마음속에 그리면서 행동을 하고 그 결실이 자신에게 돌아올 때 다음의 일을 위해서 지혜를 모으고 충성을 하게 되는 것이다. 조직의 성과는 조직개발을 위해서, 기술개발을 위해서, 인간개발을 위해서 공정하게 쓰여야 한다. 그렇게 되면 지식에서 지혜를 발휘하는 기업으로 도약할 수 있을 것이다.

　지식이 지배하는 조직은 2류, 3류 조직이다. 지식은 남의 지식 복사지식이요 지혜는 자기만의 지식이다. 삼성전자는 지혜의 경영을 하기 때문에 일류 제품을 생산하여 세계적인 기업이 된 것이다. 지혜가 지배하는 조직은 1류 조직이다. 그 조직은 창조적인 조직이기 때문이다. 지혜가 지배하는 조직은 무너지지 않는다. 경쟁에서 이기기 때문이다. 이것이 곧 예방경영인 것이다. 한국에는 왜 노벨상 수상자가 한 사람도 없을까? 학문에서 지혜의 성을 쌓지 못하기 때문이다. 4차 산업혁명시대 미래사회는 새로운 문화창조가 요청되는 시대이다. 예방경영문화의 창조를 통해서 시행착오를 줄이고 개인과 조직이 함께 발전해나가야 한다.

3. 인공지능시대의 문화변동

　현대사회의 인간관계와 조직문화는 일터를 통해서 이루어진다. 과거의 인간관계와 조직문화는 인간들만으로 구성된 일터에서 이루어졌다. 최근에 와서는 인공지능과 인간이 함께 일하는 일터가 조성되었다. 시간이 갈수록 인간의 일을 인공지능이 대신하는 시대가 왔다.

　몇 가지 사례를 들어 보자.

　LG 전자에서는 영업, 마케팅, 회계, 인사 등 12개 직군 총 120개 업무에 인공지능을 투입시켰다. 이는 직원 19명이 3,040시간에 걸쳐서 할 업무를 인공지능 로봇이 처리하고 있다. 반응이 좋아지자 앞으로 100개 이상의 업무를 인공지능 로봇에게 맡길 계획이라고 한다.

한 회사에서는 과거에는 디자이너가 스케치하고 색을 칠한 뒤 원하는 소재를 붙인 작업지시서를 샘플실에 보내 실제 옷을 만들어 보고, 이를 수정하는 복잡한 과정을 거쳐야 했다. 그런데 인공지능은 3분 만에 사진을 분석하고 새로운 지시에 따른 결과물도 수 분 만에 내놔 업무과정이 크게 간소화되었다고 한다.

대기업에서 신입사원 채용작업을 하는 인사팀은 인공지능에게 돌아갔다고 한다. 신입사원의 자기소개서 1만 장을 보려면 인사팀직원 10명이 하루 8시간씩 7일간 매달렸어야 했는데 인공지능은 8시간이면 완료하였다고 한다. 자기소개서 한 장을 보는데 AI는 불과 3초 걸렸다. KB국민은행과 오리온도 AI 면접관을 활용하고 있다. 지원자가 카메라 앞에 앉아 60분간 질문에 답하면 지원자의 가치관과 특징, 장단점, 적합한 직군까지 파악해 낸다(조선일보 참조).

이러한 추세로 가면 모든 조직체에서 인공지능의 활용빈도는 기하급수적으로 증가할 것이다. 앞으로 머지않아 직장에서 인공지능이 45%의 일을 담당하리라는 예측이 나온 상태이다. 이 세상의 모든 일터는 사람 반 인공지능 반으로 형성될 것이다. 인공지능과의 동거, 공생하는 시대가 다가왔다. 인공지능시대의 문화변동에 어떻게 대처해 나가야 할 것인가? 우리의 과제이다.

앞으로 인공지능은 인류를 위한 인공지능으로 개발해 나가야 할 것이다. 그러기 위해서는 첫째, 어느 수준까지 어떤 일을 담당하게 할 것인가를 결정해야 하고 둘째, 해킹과 버그(bug), 컴퓨터의 오작동을 막는 것에서부터 시작해 인공지능이 인류에게 해를 끼치지 않도록 안전성을 강화해야 한다. 셋째, AI로 인해 발생하는 수많은 실업사태를 어떻게 해결하고 창의적인 새로운 일터를 마련할 것인가, 빈부의 격차와 사회불안은 어떻게 해결할 것인가를 고민하고 AI헌장을 UN 등 공인된 기관에서 공포해야 한다고 믿는다.

미래의 인공지능은 인간에게 독이 될 수도 있고 약이 될 수도 있다. 어떻게 할 것인가. 그 해답은 인간에게 있다.

제2부

인간의 삶과
인간관계

신념의 얼굴은 거울에 투영된다.

신념의 마술

「신념의 마술」이라는 책을 쓴 브리스톨이라는 사람은 과거에 평범한 기자였다. 어느 날 죠라는 건축업자의 초대를 받았다. 50명 정도의 손님이 모였다. 파티가 한창 진행 중이었는데 집 주인인 죠는 만취가 되어 몸을 가누지 못하고 있는 것이 아닌가. 브리스톨은 기자의 본능이 발동하여 그의 취한 모습을 지켜보고 있었다. 그런데 죠 사장은 자신의 안방으로 들어갔다. 브리스톨은 안방까지 가만히 따라가 보았다. 죠는 거울 앞에 섰다. "이봐, 죠! 모두네가 술이 취했다고 비웃고 있는데 뭐 하느냐? 깨어나라, 깨어나라"라고 스스로에게 계속 말을 하는 것이 아닌가. 5분 후쯤 죠는 술이 완전히 깬 상태에서 다시 손님들 앞에 나타나서 자기의 사업계획을 일목요연하게 설명하였다. 모두들 깜짝 놀랐고, 죠는 열렬한 박수를 받았다. 브리스톨은 '인간이 어떻게 저럴 수가 있는가' 의아해하며, 그 길로 회사에 사표를 낸 후 연구를 하였는데, 그가 쓴 책이 바로 「신념의 마술」이라는 책이다.

제4장

동기부여와 자기실현
(Self – actualization)

내가 무엇을 원하는지 찾아내라.
왜 원하는지도 알아내라.
재능을 발견하라.
매일 그것을 이용하라.
열심히 노력하라.
현명하게 일하라.
목적을 찾아라.
목적대로 살아라.
— 잭 캔필드의 '인생의 맥을 짚어라'

애절양(哀絶陽)

갈밭 마을 젊은 여인 울음도 서러워라.
고을 문 내달으며 하늘 보고 통곡하네
남편 군역 징발은 오히려 참으련만
자고로 남절양(男絶陽)은 들어 보지 못했노라.
　　(중략)
낳고 사는 법칙은 자연의 이치이고
아들 낳고 딸 낳는 건 사람 사는 도릴 텐데
말 돼지 거세함도 오히려 가엾거든
하물며 후손 있는 사람에 있어서랴.
　　(후략)
— 다산 —

지방관리의 횡포에 못 이겨 자신의 남근(男根)을 잘라버린 비극적 사건을 듣고 다산이 1803년 가을에 강진에서 지은 시조이다. 갈밭 마을에 사는 백성이 아이를 낳은 지 3일 만에 군포(軍布)에 올라 있어 이정이 군포 대신 소를 빼앗아 가니 남편은 칼을 뽑아 자신의 남근(男根)을 잘라 버리면서 "나는 이 물건 때문에 이런 곤욕을 받는구나"라고 했다. 그 아내는 피가 뚝뚝 떨어지는 남근을 가지고 관청에 가서 억울함을 호소했으나 아전(조선시대의 하급 경비원같은 직책)이 막아버렸다는 이야기를 듣고 이 시를 지었다고 목민심서에서 밝히고 있다.

I   모티베이션(Motivation)의 기본모형

1. 모티베이션(motivation)의 본질은 무엇인가?

인간은 과거와 현재, 그리고 미래에 다리를 놓고 살아간다. 인간의 일생이라는 것은 과거·현재·미래를 통한 자기실현(self-actualization)의 과정이라 할 수 있다. 자기실현이라는 꿈을 향해 가면서 인간은 그 꿈을 달성하기 위한 욕구를 가지고 그 욕구를 충족시키기 위하여 행동한다.

불교에서는 탐욕을 버리라고 한다. 무소유의 소유를 부르짖는다. 그러나 역설적으로 인간 사회는 탐욕과 끝없는 도전이 있었기에 오늘의 문명사회를 건설하였다. 인간에게는 자기실현을 위한 꿈이 필요하고 또 그 꿈을 실현하고자 하는 행동이 필요하다. 학자에 따라서는 인간의 모든 행동은 사리(私利)에서 출발한다고 한다. 그러나 사리(私利)와 이타행(利他行)이 조화를 이룰 때 인간의 자기실현은 가치가 있는 것이다.

2. 모티베이션(motivation)의 기본모형

위에서 이야기한 바와 같이 살아 있는 인간은 목표지향적인 행동을 한다. 인간 행동의 밑바닥에는 모티베이션이 자리 잡고 있다. 모티베이션의 기본모형을 [그림 4-1]을 통해서 간추려 설명하고자 한다.

대부분의 인간은 [그림 4-1]과 같은 모형에 따라 행동한다. 악마와 성인의 두 얼굴을 가졌던 Karl Max를 예로 들어보자. 그는 20대에 박사학위를 받고 교수가 되고자 하였으나 교수가 되는 데 실패하고 영국으로 건너가 주로 도서관에서 공부를 하였다. 당시 영국은 산업혁명이 일어나 자본가들에 의하여 노동자들의 착취가 극심하였다. 심지어 런던거리의 청소년들을 강제로 납치해 쇠사슬로 묶고 노동을 시키는 경우까지 있었다. 막스는 그렇게 고통 받는 노동자들을 해방시켜야 되겠다는 결심을 하고 공산주의 이론을 연구하기 시작했다. 그에게 동기를 부여한 요인은

고통 받는 근로자들이었다. 그는 인간적사회주의 건설이라는 목표를 정하고 연구를
계속하여 「자본론」이라는 대작을 쓰고 자본주의에서는 악마로, 공산주의에서는 성
인으로 평가받았다. 그러나 그의 제자들에 의해 실행되었던 공산주의는 우리세대에
그 막을 내리고 말았다. 막스뿐만 아니라 모든 인간은 모티베이션의 기본모형에 따
라 일생을 살아간다고 할 수 있다.

그림 4-1 │ 모티베이션의 기본모형

3. 욕구의 강도

위에서 칼 막스의 예를 들었지만 여기에서는 인간의 보편적인 욕구로 돌아가
보자. 인간이 목표(goals)를 달성하는 데는 욕구의 강도에 따라 목표달성활동이 다
르게 나타난다. 사람들은 누구나 수많은 욕구를 가지고 있고, 이들 모든 욕구들이
사람을 행동하게 하려고 경합하고 있다. 그러면 도대체 이러한 욕구 가운데 어떤
것이 행동을 일으키는 것일까? 다시 말해서 이들 욕구 중의 어떤 욕구를 만족시키
려고 사람이 행동하는 것일까?

이는 [그림 4-2]로 설명할 수 있는데, 간단히 결론부터 말하면 어느 특정한
시점에서 가장 강한 욕구가 행동을 일으키게 하며, 일단 만족된 욕구는 그 힘이 약
화되어 버린다. 그리하여 일반적으로 일단 만족된 욕구는 그 욕구충족을 위한 목표

를 추구하도록 동기부여하기 어렵다. 다시 말해서 일단 만족된 욕구는 행동을 유발 시키는 욕구로서 힘이 약화된다는 것이다. [그림 4-2]에서는 욕구 B가 가장 강하 며, 따라서 행동을 결정하는 것도 바로 이 욕구 B가 된다.

인간의 욕구는 [그림 4-2]에서처럼 여러 가지 형태로 나타난다. 배고픈 사람 은 먹을 것을 찾고, 실업자는 구직이 가장 강한 욕구가 되며, 결혼하지 못한 노총 각은 짝을 찾는 것이 일차적 욕구가 될 것이다. 그리고 이 일차적 욕구가 성취된 후에야 인간은 다른 욕구를 찾아 나선다는 것이다.

그림 4-2 │ 욕구의 강도

---

4. 복합적인 욕구

인간의 욕구는 욕구의 강도에서와 같이 한 욕구가 끝나면 다음 욕구로 단계적 으로 이루어지는 것일까? 여기에 대한 반론으로 여러 가지 욕구가 동시에 이루어질 수도 있다는 것을 제시하고 있다. [그림 4-3]은 배고픔 욕구와 목마른 욕구와 수 면욕구가 동시에 일어날 수 있다는 것을 그림으로 표시한 것이다. 우리는 일상생활 에서 여러 가지 욕구가 동시에 일어나는 현상을 가끔 경험할 수 있다.

그림 4-3 │ 복합적인 욕구

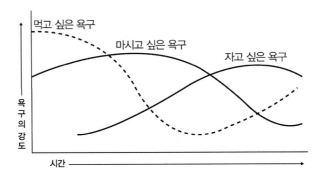

5. 욕구장애의 극복

[그림 4-4]에서와 같이 시도하는 욕구가 1단계에서 이루어지는 경우도 있지만 2단계, 3단계의 시도를 하여 성공하는 경우가 있다. 어떤 사람은 대통령선거에서 처음 입후보하여 당선되기도 하지만 선거에서 1, 2차 도전하였으나 실패한 사람은 다른 대안(예: 국회의원)을 찾아 욕구를 채우기도 한다. 어떤 학생은 일류대학을 목표로 삼았다가 3류대학에 가는 사람도 있다.

그림 4-4 │ 욕구장애의 극복과정

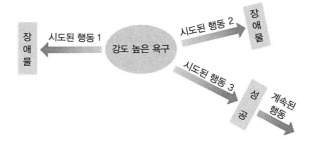

수도승과 창녀

옛날에 수도승과 창녀가 창을 마주하고 살고 있었다. 그들은 창문을 통하여 서로 사는 모습을 보고 대강 짐작할 수 있었다.

수도승은 창녀 집 창문을 보며 "더러운 것! 오늘은 벌써 몇 놈째냐?" 하며 매일 혀를 차고 깨끗한 자기와 비교하면서 살고 있었다.

반면 창녀는 창문을 통해 수도승의 사는 모습을 보면서 죄의식을 느끼고 "나는 하얀 가운을 입은 수도승처럼 깨끗하게 살 수는 없을까?" 하고 죄인처럼 살고 있었다. 그들도 운명의 부름에 생을 마감하게 되었다. 그 둘은 신의 심판을 받게 되었는데 의외의 판결이 나왔다.

수도승은 연옥(煉獄)으로.

창녀는 천당으로.

Ⅱ 어떻게 인간의 동기를 부여할 것인가?

동기부여에 대한 이론적인 학습을 하기 전에 인생에 대한 경험을 통해서 위대한 학자의 길을 간 한 사람의 사례를 든다면 독자들이 의미 있는 인생을 사는 데 큰 동기부여가 되리라 생각한다.

모티베이션을 효과적으로 공부하기 위해서 Drucker 교수의 인생에 대한 경험을 살펴보자.

첫째, 목표와 비전을 가져라.

그는 18세 때 베르디의 작품, Falstaff를 보고 감동하여 목표와 비전을 가진 인생을 살기로 결심하였다고 한다. Falstaff는 베르디가 80세에 작곡한 최후의 오페라였다. 베르디에게 기자들이 물었다. "당신은 이미 유명인이 되어 있는데 그 나이에 왜 굳이 힘든 오페라 작곡을 계속 하는가?"라고, 베르디는 그 질문을 받고 "음악가로서 나는 일생동안 완벽을 추구해 왔는데, 완벽하게 작곡하려고 애썼지만 하나의 작품이 완성될 때마다 늘 아쉬움이 남곤 하였다. 때문에 나에게는 분명 한 번 더 도전해 볼 의무가 있다고 생각한다"라고 말했다. 베르디의 완벽을 추구하는 삶의 자세, 이것이 Drucker의 교훈이 되었다. Drucker는 기자들이 "선생님이 쓴 책 중에 어느 책이 제일 좋습니까?"라고 물으면 "다음에 나올 책이네"라고 답했다고 한다. 필자는 2007년 여름에 비엔나에서 베르디의 작품 '오델로'를 관람하였는데 무대에 올리기까지 7년을 준비하였다고 하였다. 베르디의 완벽을 추구하는 정신에 놀라지 않을 수 없었다.

Drucker 박사는 18세에 비엔나에서 금융회사에 다니다가 오페라계의 세계적인 거장 베르디가 80세의 나이에도 불구하고 완벽한 작품을 위해서 노력하는 사실을 알고 회사에 사표를 내고 인생의 방향을 바꾸었다고 한다. 베르디는 Drucker에게 인생을 바꾼 동기를 준 첫 번째 스승이었다.

둘째, 신들이 보고 있다.

그리스 아테네에 가면 아테네시 아크로폴리스의 언덕 위에 파르테논 신전이 2400년의 역사를 자랑하며 서 있다. 이 신전은 서구 미술 역사상 최고의 걸작품으로 위대한 조각가, 페이디아스(Pheidias)의 작품이다. 페이디아스는 파르테논 신전 건축의 총감독이었다. 페이디아스는 신전을 완성하고 시청에 파르테논 신전의 조각 작품료를 신청하였다. 그런데 시의 재무관은 작품료를 반으로 잘랐다. 신전은 언덕 위에 서 있고 뒷면의 조각은 사람들이 볼 수 없다는 것이 이유였다. 페이디아스는 "당신은 틀렸어. 뒷면은 신이 보고 있다"라는 유명한 반론을 폈다.

우리는 신이 보지 않기를 바라면서 신을 피하며 일하는 경우가 많다. Drucker는 페이디아스를 스승으로 삼고 일생을 살았다. 필자는 2007년 여름, 그리스에 가서 신전들이 즐비한 아테네 언덕에 올라 페이디아스를 생각하면서 파르테논 신전 앞에 서 보았다. 때마침 수리중이어서 그 걸작품을 제대로 감상하지 못하고 아쉬움을 간직하고 뒤돌아서고 만 아픈 기억이 지금도 남아있다. 우리는 신이 보고 있다는 생각을 가지고 인생을 살고 있는가? 페이디아스는 Drucker의 두 번째 스승이었다.

셋째, 끊임없이 새로운 주제를 공부하라.

Drucker의 책을 보면 그는 너무도 박학한 석학이다. 그는 60여 년 동안 3, 4년 주기로 주제를 바꾸어 평생을 공부했다고 한다. 그 결과 그는 근대 경영학의 아버지라는 평가를 받았고 경영학의 바이블로 알려진 많은 저서를 남겼다.

넷째, 새로운 일을 개발하고 추진하라.

그는 증권회사의 수석 비서관 시절 시행착오 없이 주어진 일을 열심히 하고 있었는데 어느 날 사장이 불러서 "너는 일을 잘한다. 그런데, 왜 현실에 안주하고 있느냐, 현실에 만족하는 자는 발전이 없다. 새로운 일에 도전하라"라는 호된 질책을 받고 새로운 일에 도전하면서 평생을 살았다. 그는 95세에 세상을 떠날 때까지 수십 권의 명저를 남겼다.

다섯째, Feedback을 하라.

근대 유럽을 지배했던 두 세력이 있었다. 하나는 카톨릭이고 다른 하나는 프로테스탄트였는데 두 세력은 똑같은 방법으로 성공을 거두고 있었다. 둘 다 초창기부터 똑같은 학습 원리를 채택하고 있었다. 신부나 목사나 어떤 중요한 의사결정을 할 때마다 자신들이 예상하는 결과를 기록해 두었다. 그리고 9개월 후에는 실제 결과와 자신이 예상했던 결과를 비교해 보는 Feedback 활동을 하였다. 그것은 그들이 한 일의 결과와 성과를 올바르게 평가하고 새로운 일을 하는 데 중요한 참고가 되었다.

Drucker는 이 방법을 50여 년 동안 실행해 왔다고 한다. 이 방법을 통해서 자신의 강점을 발견하고 시행착오를 줄이고 새로운 과업을 효과적으로 실천에 옮길 수 있었다고 한다.

여섯째, 어떤 사람으로 기억되기 바라는가를 생각하라.

Drucker는 뉴욕대학 젊은 교수시절 부친을 따라 유명한 경제학자인 슘페터(Schumpeter, 1883~1950)의 집을 1950년 1월에 방문하였는데 대화 중 Drucker의 부친이 슘페터에게 물었다. "자네는 자네가 죽은 후 어떤 사람으로 기억되길 바라는가?" 슘페터는 "나는 대여섯 명의 우수한 학생을 일류 경제학자로 키운 교사로 기억되길 바란다네"라고 말했다. 30대의 젊은 학자시절에 슘페터는 자신을 '유럽 미녀들의 최고연인', '유럽의 최고 승마인', '세계최고의 경제학자'로 기억되길 바란다고 말하였다가 교만한 자로 비난을 받은 바 있었기 때문에 의외의 답변에 내심 놀랐다고 하였다. Drucker 박사는 인생말년의 세계적 경제학자인 슘페터 교수의 겸손한 자세에 깊은 감명을 받았다. Drucker 박사가 슘페터의 집을 방문하였을 때는 슘페터는 병중에 있었으며 66세로 죽기 3개월 전이었다고 한다.

Drucker 박사는 중학교 3학년 때 윤리선생님으로부터 50이 넘도록 죽어서 어떤 사람으로 기억되기를 바라는지 그 해답을 내리지 못하는 사람은 인생에서 실패한 사람이라는 말을 들었는데 50이 넘고 60이 되어서야 그 말의 참뜻을 이해하게 되었다고 그의 자전적 글에 썼다. 중학교 때 선생님과 슘페터는 Drucker의 세 번째 스승이었다고 할 수 있다.

우리들은 인생을 살면서 늘

첫째, 우리는 인생의 후반부에, 세상을 떠나고 나서 자신이 어떤 사람으로 기억되기를 바라는지 스스로 질문해야 한다.

둘째, 그 대답은 세월과 함께 성숙해 가면서 바뀌어야 한다.

셋째, 꼭 기억될 만한 가치가 있는 것 한 가지는, 사는 동안 다른 사람의 삶에 변화를 일으킬 수 있어야 한다는 것이다(Drucker, 「프로페셔널의 조건」 참조. Drucker (1909~2006); 미국의 세계적인 경영학자, 현대 경영학의 아버지로 불려지고 있음).

그의 깨달음은 필자가 늘 주장한 삶의 3가지 덕목인 수기(修己), 치인(治人), 치세(治世)에 상응하는 것이라 하겠다.

인간은 내외부의 자극을 받고 보람 있는 인생을 살기 위하여 일을 한다. 이론의 터득도 중요하지만 실천은 더욱 중요하다. Drucker는 외부의 자극을 내면화하여 위대한 학자가 된 사람이다.

다음에서 모티베이션의 몇 가지 이론들에 대해서 설명하겠지만 이 살아있는 모티베이션을 위한 교훈을 읽고 실천하기 바란다.

모티베이션 이론은 내용이론과 과정이론으로 나눌 수 있다. 여기에서는 대표적인 이론들만 사례중심으로 설명하고자 한다. 먼저 내용이론부터 살펴보도록 하자.

1. 내용이론

내용이론이란 인간의 모티베이션을 연구하는 데 있어서 동기를 불러일으키는 요인이 무엇인가에 대한 연구를 말한다. 즉, 인간을 모티베이션시키기 위해서 작용하는 욕구란 무엇이며 어떠한 욕구들이 존재하는가 등에 관한 연구가 이에 해당된다. 여기에서는 내용이론의 기초를 제공한 마슬로우의 욕구단계설과 맥클레란드의 삼동기이론을 중심으로 살펴보고자 한다.

1) 마슬로우의 욕구단계설

인간의 욕구이론에 대해서는 많은 연구와 업적이 있지만 여기에서는 가장 대표적인 연구의 하나인 마슬로우(A. Maslow)의 욕구단계설을 살펴보기로 한다.

마슬로우는 인간의 내부에는 단계를 이루는 다섯 가지의 욕구계층이 존재한다는 논리를 세우고 있다. 이러한 욕구단계설을 설명하고 증명하는 데 앞서서 다음과 같은 가설을 세우고 욕구단계설의 모형을 설명하고 있다.

| 그림 4-5 | 마슬로우의 욕구 5단계 |

(1) 욕구단계의 가설

① 일단 만족된 욕구는 더 이상 동기부여 요인이 될 수 없다. 취한 후에 권하는 술잔은 없는 것만 못하다(醉後添盃不如無)는 경구와 같이 이미 충분히 충족된 욕구는 더 이상 욕구의 대상이 되지 않는다는 것이다.

② 인간의 욕구체계(Need network)는 매우 다양하고 복잡하다. 현재 지구상의 76억의 인간의 모습이 서로 다른 것과 같이 인간의 욕구도 그만큼 다양하다.

③ 하위수준의 욕구가 충족된 후에야 상위수준의 욕구에 영향을 미친다. 의·식·주 등 인간의 기본적인 욕구가 충족된 후에야 인간은 보다 고차원적인 목표를 향한 욕구가 발생한다.

④ 욕구충족의 방법에 있어서 하위수준의 욕구보다는 상위수준의 욕구를 충족시키는 데 보다 많은 방법이 있다. 특히 오늘날처럼 직업이 다양한 사회에서의 인간은 상위수준의 욕구도 그만큼 다양하게 추구하게 된다.

(2) 욕구단계설의 내용

이상과 같은 가정하에 마슬로우가 주장하는 욕구단계는 [그림 4-5]에 나타나 있으며, 각각의 욕구를 살펴보면 다음과 같다.

① 생리적 욕구(physiological needs)　　이는 인간의 삶 자체를 유지하려는 기초적인 욕구이다. 식욕·성욕·주거욕구 등 모든 육체적인 욕구를 포함한다.

② 안전욕구(safety needs)　　이는 신체적 및 감정적인 위해로부터 보호되고 안전해지기를 바라는 욕구이다.

③ 소속 및 애정의 욕구(belongingness and love needs)　　이는 어떤 집단에 소속하거나 또는 자신이 그 집단에게 받아들여지기를 원하는 욕구 및 다른 사람들과 사랑하고 친교를 유지하고 싶어하는 욕구로서 귀속욕구(affiliation needs) 또는 사회적 욕구라고 할 수 있다.

④ 존경욕구(esteem needs)　　이는 내적으로 자존·자율·성취하려는 욕구(내적 존경욕구) 및 외적으로 타인으로부터 주의를 받고 인정을 받으며 집단 내에서 어떤 지위를 확보하려는 욕구(외적 존경욕구)이다.

⑤ 자아실현욕구(self-actualization needs)　　자신이 이룰 수 있는 것 혹은 될 수 있는 것을 성취하려는 욕구이다. 즉 계속적인 자기발전을 통하여 성장하고 자신의 잠재력을 극대화하여 자아를 완성시키려는 욕구이다.

마슬로우는 이러한 욕구들이 단계를 이루고 있어서 첫째, 하위의 욕구가 충족되지 않은 한 그 상위의 욕구는 발생하지 않기 때문에 개인은 자신이 현재 충족시키고자 하는 한 단계의 욕구에 의해서만 동기부여되며, 둘째는 사람들은 이미 충족되어버린 단계의 욕구에 의해서는 더 이상 동기부여되지 않는다고 주장한다.

여기에서 부연하여 설명하고자 하는 것은 인간의 일생은 자아실현(self-actualization)의 과정이라 할 수 있는데, 자기실현의 목표가 어디에 있는가에 따라 욕구순위가 달라질 수 있다는 것이다. 이것을 그림으로 나타내보면 [그림 4-6]과 같다.

그림에서 보는 바와 같이 인간은 자기실현의 과정에서 만족수준을 스스로 설정하고 그 수준에 도달하면 자족하면서 사는 사람들도 있다.

마슬로우는 인간의 최고의 욕구충족은 자아실현을 완성하는 것이라고 주장하고 자아실현의 최고의 경지에 도달한 사람들로 간디, 슈바이처, 링컨 등 세계의 위인 14명을 예로 들고 있다. 그러나 사람들 중 자기실현에 인생을 건 사람들은 많다.

즉 독신을 고집하면서 하느님의 종이 된 신부, 수녀, 심산유곡 깊은 산속에서 수행하는 스님, 나라의 독립을 위해 목숨을 바친 김구 선생과 같은 사람들은 자기실현을 위해서 하위단계를 무시한 사람들이다.

그러나 그 외 수많은 사람들은 자기실현을 이룩한 위인들을 자기의 영웅으로 받들 뿐 5단계의 욕구 중 어느 단계에 머무르다가 삶의 문을 닫게 된다.

그런가 하면 [그림 4-6(b)]와 같이 소속 및 애정욕구와 같은 사회적 욕구가 충족되면 그에 만족하고 사는 사람들도 많다.

그래서 욕구단계를 위의 그림에서처럼 세 가지 유형으로 나누어 생각해 보면 인생 각자의 삶을 찾아가는 모습을 볼 수 있다.

인생의 진실한 삶이란 사는 과정 하루하루를 값있게 보내면서 최고의 선(최고수준의 욕구)을 향해서 정진해 나가는 것이라 할 수 있다. 또 노력을 하면 하늘은 응답한다는 신념이 필요하다. 인간은 평등하고 위대하게 될 잠재능력을 가지고 있다고 믿는 것이 저자의 신조이기도 하다. 이는 잠재능력 강화에서 자세히 다루기로 한다.

그림 4-6 a │ 생리적·안전 욕구를 최우선으로 하는 욕구단계

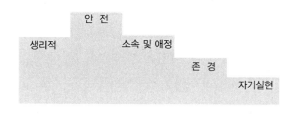

그림 4-6 b │ 소속 및 애정의 욕구를 최우선으로 하는 욕구단계

그림 4-6 c │ 존경 · 자기실현의 욕구를 최우선으로 하는 욕구단계

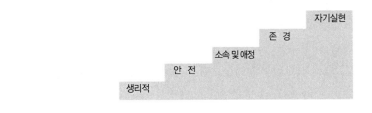

(3) 마슬로우의 욕구단계설의 비판

마슬로우 자신도 인정한 바와 같이 그의 욕구단계설은 실증적인 조사의 결과들과 불일치하는 점이 많다.

우선 하위단계의 욕구가 완전히 충족되어야만 다음 단계의 욕구가 나타난다는 것은 우리 자신의 경우만을 살펴보더라도 받아들이기가 어렵다. 대부분의 경우 우리는 둘 이상의 단계의 욕구를 동시에 느끼며 심지어 다섯 가지 단계의 욕구를 함께 느끼기도 하는 것이다. 마슬로우는 이러한 사실을 인정하면서도 이런 경우에 하위단계 욕구일수록 행위에 가장 강력한 영향을 미칠 뿐만 아니라 사람에 따라 정도의 차이는 있지만 하위단계 욕구가 어느 정도 충족되어야만 다음 단계의 욕구가 나타나는 것이라고 주장하고 있다. 예컨대 생리적 욕구는 85%, 안전욕구는 70%, 귀속욕구는 50%, 존경욕구는 40% 이상 충족되어야만 그 다음 단계의 욕구가 나타나게 된다는 것이다.

둘째, 사회에 따라서는 욕구단계들의 순서가 바뀌기도 한다는 점을 지적할 수 있다. 즉 인간의 욕구는 동태적이라는 것이다. 안중근 의사나 윤봉길 의사는 오직 민족의 독립이 이들이 추구하는 최고의 선으로 믿고 안전의 욕구나 귀속의 욕구보다는 자아실현의 욕구를 실현하기 위해 인생을 바쳤다고 할 수 있다.

셋째, 마슬로우의 욕구이론에는 돈이면 모든 것을 해결할 수 있다는 논리가 깔려 있다. 욕구단계 가운데 1 · 2 · 3단계는 돈이면 모두 해결되고, 4단계에 있어서도 현대사회에서 사회적 지위와 성취욕구의 충족 척도가 돈이라는 점을 들 수 있다. 또 5단계는 직접 돈이 중요한 역할을 하는 것이 아니지만 최소한 장애물은 제거해 줄 수 있다는 것이다. 그러나 이러한 내용은 미국이라는 자본주의 사회를 주요 대상으로 하였기 때문에 이론을 다른 사회에 적용한다면 문화적 차이에 따라 다른 현상이 나타날 것은 당연하다.

이러한 사실들은 마슬로우의 욕구단계설의 보편타당성을 의심스럽게 하는 것들이지만, 현실적으로, 그의 이론에 입각한 경영전략이 그간 상당한 효과를 거두어 왔음을 볼 때, 그의 이론을 사회·문화적 환경에 따라 수정되어야 할 것으로 보는 것이 타당할 것이다.

2) 맥클레란드의 삼동기이론

맥클레란드(David C. McClelland)는 조직 내 개인의 모티베이션과 관련하여 성취동기·권력동기·귀속동기의 세 가지 동기(또는 욕구)가 매우 중요한 역할을 한다고 주장한다. 이들은 다음과 같이 정의된다.

(1) 성취욕구(Need for achievement)　　무엇인가를 이루어내고 싶은 욕구로서, 실험실에서 실험하는 학자, 돈을 추구하는 기업인, 국회의원이 되고자 하는 정치인은 자기의 욕구가 실현되면 다른 사람이 느낄 수 없는 성취감에 젖게 된다. 이를 위하여 인간은 자기가 설정한 목표를 달성하고 나아가서 목표를 능가하려는 욕구 또는 성공을 추구하려는 욕구를 가지고 있다.

(2) 권력욕구(Need for power)　　타인에게 영향력을 미치고 영향력을 행사하여 타인을 통제하고자 하는 욕구, 즉 권력을 추구하는 욕구를 말한다.

(3) 귀속욕구(Need for affiliation)　　친교욕구라고도 하며 다른 사람들과 친근하고 밀접한 관계를 맺으려는 욕구를 의미한다.

맥클레란드에 의하면 이러한 욕구들 각각의 강도는 개인에 따라 크게 차이가 나며, 그 결과 개인들이 하고자 하는 일이 달라지고 일의 수행을 통해 얻고자 하는 것도 달라지기 때문에, 조직구성원을 동기부여시키기 위해서는 먼저 그들의 각 욕구의 강도를 파악해야 한다고 한다.

즉, 우선 성취욕구가 강한 사람들은 성공에 따르는 보상 그 자체보다는 개인적인 성취를 추구한다. 그들은 어떤 일을 전보다 낫게 또는 보다 효율적으로 수행하려고 시도한다. 그들은 자신의 책임하에서 문제의 해결책을 찾아낼 수 있고, 자신의 성과가 개선되었는지를 쉽게 판단할 수 있도록 성과에 대한 신속한 피드백(feedback)이 주어지며, 또한 어느 정도 도전적인 목표를 세울 수 있는 상황에서 일하고자 한다. 그러나 그들이 결코 도박적인 성향을 갖는 것은 아니다. 그들은 도전감을 갖고 대할 수 있는 문제를 좋아하기는 하지만, 그 일의 수행결과에 대해서는 자신이 직접 책임을 지고자 하며, 결코 그 결과를 운(chance)이나 타인의 행동 탓으로 돌리려고 하지 않는다. 또 그들은 자신에게 너무 쉽게 생각되는 일뿐만이 아니라 너무 어렵게 생각되는 일도 회피하려고 한다.

강한 성취욕구를 가진 사람은 자신이 성공할 확률이 0.5라고 추정될 때 가장 높은 성과를 올릴 수 있다. 그들은 자신의 능력을 약간 능가하는 일을 좋아하는데, 이는 성취감 및 노력에 따르는 만족감을 맛볼 수 있는 가능성이 성공할 확률과 실패할 확률이 비슷한 경우에 가장 커지기 때문이다.

권력욕구가 강한 사람들은 타인에게 영향력을 행사하고 통제하고자 하는 충동이 강하다. 그들은 책임이 막중하며 경쟁적이고 지위(status) 지향적인 상황에서 일하고자 하며, 효과적인 성과보다는 타인에 대한 영향력이나 권위(prestige)를 획득하려는 경향이 있다.

귀속욕구가 강한 사람은 다른 사람들과 친교를 맺고 싶어하며 경쟁적인 상황보다는 협동적인 상황을 좋아할 뿐만 아니라 상호간에 높은 이해도를 가질 수 있는 관계를 형성하고자 한다.

맥클레란드의 연구는 조직구성원의 선발에 있어서 이러한 욕구들을 신중하게 고려해야 할 필요가 있음을 시사해 준다. 귀속욕구가 강하고 권력욕구는 약한 사람에게 강한 권력욕구를 가져야만 효과적으로 수행할 수 있는 일을 맡기면, 그는 동기부여되지 못하여 그 일을 성공적으로 수행해내기 어렵다는 것을 그의 연구결과로부터 유추해낼 수 있는 것이다. 맥클레란드는 귀속욕구 및 권력욕구가 경영자의 성과와 밀접한 관련이 있다고 주장한다. 즉 성공적인 경영자일수록 권력욕구는 강하고 귀속욕구는 약하다는 것이다.

이러한 맥클레란드의 주장을 뒷받침해주는 연구결과는 상당히 많다. 그러나 실천적인 관점에서 가장 주의를 끄는 것은 성취욕구와 관련된 주장이다. 만약 성취욕구가 강한 사람들의 행동이 물질적 보상과 같이 외부로부터 주어지는 요인보다는 내부심리로부터 유발된 자극에 의해 동기부여된다는 주장이 사실이라면, 다음과 같은 결론을 끌어낼 수 있을 것이다.

첫째, 성취욕구는 깨우칠 수 있는 것이며 높은 직무성과와 정의 관계를 맺으므로, 종업원들의 성취욕구를 자극시키는 성취욕구 훈련을 시도할 수 있다.

둘째, 경영자가 개인의 성취욕구의 강도를 결정하는 요인과 강한 성취욕구를 가진 개인이 원하는 직무의 특성에 대해 이해하고 있다면, 종업원의 행동을 설명·예측하기가 보다 쉬울 것이다.

3) 모티베이션(motivation) 내용이론들의 공통적 욕구분류

모티베이션 내용이론에는 앞에서 설명한 마슬로우의 욕구단계설과 맥클레란드의 삼동기이론 이 외에도 허즈버그(F. Herzberg)의 이요인이론, 알더퍼(C. P. Alderfer)의 ERG(Existence needs, Relatedness needs, Growth needs)이론 등이 있다. [그림 4-7]은 각 모티베이션 내용이론들의 공통적 욕구를 분류해 놓은 것이다.

그림 4-7 │ 모티베이션 내용이론들의 공통적 욕구분류

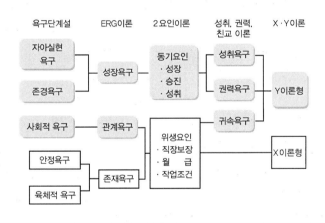

2. 과정이론

위에서 말한 바와 같이 모티베이션이론은 연구의 초점에 따라 내용이론과 과정이론으로 구분할 수 있다. 내용이론이 인간동기를 불러일으키는 원인이 무엇인가에 초점을 두고 있다면, 과정이론은 인간의 행동이 어떻게 유도되고 어떠한 단계를 거쳐서 진행되는지가 연구의 초점이 된다. 즉, 과정이론이란 인간의 동기가 어떤 과정을 거쳐서 발생하는가에 대한 연구이다. 대표적인 과정이론에는

- 공정성이론(equity theory)
- 목표설정이론(goal setting theory)

　－ 강화이론(reinforcement theory)

　－ 기대이론(expectancy theory)

등의 이론들이 있다.

1) 공정성이론

균형은 이상이요, 불균형은 현실이다.

그림 4-8 ┃ 공정성의 판단

(1) 공정성이론의 의의

인간사회의 갈등과 소외의 대부분은 불공정성에서 일어난다고 할 수 있다. 가정에서 가족간의 불공정에서, 기업에서 종업원들과 상하간의 불공정에서, 국가경영에 있어서 지역간·계층간의 불공정에서 우리는 수많은 갈등과 불안과 분쟁을 보고 겪게 된다.

한국사회의 오늘을 진단해보면 정치·경제·교육·문화 등에서의 불공정의 결과가 얼마나 심각한 사회의 불안과 갈등을 불러일으키고 있는가를 잘 알 수 있다.

조직생활에서 종업원들은 자신의 직무에 대한 투입과 산출을 타인의 그것과 비교하게 된다. 비교의 결과 자신의 출입과 산출의 비율이 다른 사람의 그것과 동일하다면 공정성이 유지되고 그렇지 않을 경우에는 불공정성이 유발된다. 이런 경우다른 사람보다 과대보상을 받으면 죄책감을 느끼고, 과소보상을 받으면 긴장하게된다고 한다. 특히 불공정성에 대한 관심은 대단하며 인간은 불공정성을 인식하면이를 수정하려고 노력하는 소위 공정성 회복과정을 일으키게 되는데 이를 공정성

이론이라 한다.[1]

(2) 불공정의 결과

조직생활에서 조직의 종사자들이 불공정을 느끼면 그 결과는 다음과 같은 현상으로 나타난다.

① 자신의 투입수준을 변경시킨다. 이는 조직을 위한 노력 수준을 변경하는 것이다. 즉, 최선의 노력을 하지 않고 자기능력의 발휘수준을 낮추게 된다.
② 자신의 산출기준을 변경시킨다. 갈등을 줄이기 위해서 적은 봉급수준에 만족하려고 한다.
③ 자신의 비교집단을 변경하다.
④ 그 조직을 떠나 다른 조직을 선택한다.

현대 조직사회의 해결해야 할 가장 중요한 과제는 불공정의 문제를 해결하는데 있다. 특히 한국사회의 지역간·계층간의 불균형의 문제는 심각한 국면에 와 있다. 균형성장, 균형분배, 균형발전이라는 삼균(三均)의 길이야말로 한국사회에 공정한 풍토를 조성하고 국민의 화합과 통일에 대한 대비를 가능케 하는 가장 중요한요인일 것이다. 조직에서도 공정성의 규범이 확립될 때 불공정성으로 야기되는 부작용을 막을 수 있는 것이다.

2) 목표설정이론

(1) 목표설정이론의 응용 — 목표에 의한 관리

목표에 의한 관리(Management by Objectives: MBO)라는 개념은 드러커(P. Drucker)와 맥그리거(D. McGregor)에 의해 제창된 개념으로 알려져 있는데, 목표 설정시 하위자를 참여시켜 그들의 자주성과 창의성을 반영한 새로운 관리기법이라고 정의할수 있다. 드러커는 조직의 계획수립형태의 개선에 역점을 두고 계획수립의 한 방법으로 MBO를 제창하였는데, 그는 과거와 같은 중앙집권적인 목표수립방식은 일시적으로는 성과를 거둘 수 있지만 장기적으로 아주 비효율적인 방법이라고 비난하

---

1) J. S. Adams, "Inequity in Social Exchange," in L. Berkowitz(ed.), *Advances in Experimental Social Psychology*(New York: Academic Press, 1965), pp. 267~300.

였다. 그리고 MBO는 개인과 조직의 목표를 명확히 규정함으로써 구성원의 목표를
상급자 및 조직 전체의 목표와 일치하도록 하기 때문에 모든 관리 활동이 나아가
야 할 합일점을 제공하며 결과적으로 조직목표달성에 효과적으로 기여할 수 있다
고 보았다. 이를 간단히 나타내면 [그림 4-9]와 같다.

그림 4-9 | 목표관리의 과정

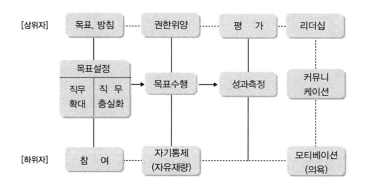

결과적으로 이와 같은 MBO는 동기부여의 목표관리이론을 실제적인 상황에 적
응시키는 수단이라 할 수 있는데, MBO를 형성하는 중요한 구성요소로는 다음과
같은 세 가지를 들 수 있다.

① 목표의 설정(goal setting) MBO의 과정에 있어서 목표는 측정가능하고
비교적 단기적인 성격을 지니고 있어야 하며, 조직의 장기적, 일반적 목표와 관련
되어 설정되어야 한다. 구체적이고 검증 가능한 목표의 설정은 구성원 각자의 책임
영역을 분명하게 하여 역할갈등과 역할모호성을 최소화시켜 주고 보다 효과적인
관리를 가능하도록 하기 때문이다.

② 참여(participation) 조직을 운영하는 데 있어서 구성원들에게 조직의 경
영에 참여케 하는 것은 민주주의의 기본원리라고 할 수 있다. MBO과정에 있어서
상위자는 개방성을 지니고 하위자들 각자가 충분히 자신들의 목표를 설정하고 자
신의 책임하에 실행 및 통제할 수 있는 능력과 자주성이 있다고 믿어야 한다. 그리
하여 하위자를 목표설정에 참여시켜 하위자가 수행할 목표를 상위자와의 협의를

거쳐 설정하게 되면, 그 목표는 보다 현실적인 것이 되고 목표설정에 참여한 사람은 그 목표를 보다 쉽게 수용하게 되고, 직무수행상의 만족과 성과의 향상을 기할 수 있게 된다.

③ 피드백(feedback)　　　MBO과정에 있어서 피드백은 쌍방적으로 이루어질 수 있도록 제도적인 장치가 마련되어야 한다. 구체적으로는 목표설정시 하위자의 의견이 상위자에게 반영될 수 있도록 하여야 하며, 상위자와 하위자가 각각의 목표 추구과정과 달성정도를 정기적으로 함께 검토, 측정, 평가할 수 있어야 한다. 이는 최초에 수립된 목표를 기준으로 이루어져야 하는데 그러한 과정에서 목표추구과정 상의 새로운 문제점을 찾아내고 그 문제점들을 해결할 수 있는 대책을 수립하거나 필요에 따라서는 목표 자체에 대한 수정을 가할 수도 있다.

빈대의 교훈 — 정주영

풍상은 자연을 아름답게 하고
시련은 인간을 아름답게 한다.

정주영 회장은 북한 송전의 아산이라는 가난한 농촌에서 태어나 네 번의 가출 끝에 도시에 정착하여 갖은 고생 끝에 기적을 이룬 영웅적인 기업인이다.

그가 네 번째 가출하여 인천에서 노동일을 할 때 빈대 때문에 잠을 잘 수가 없었다. 노동자 숙소는 빈대의 천국이었다. 고된 노동일이라 잠자리에 들면 골아떨어지는데 빈대의 공격 때문에 잠을 잘 수가 없었다. 빈대의 공격을 피하기 위해 지혜를 짜내서 밥상 위에서 잠을 청했다. 잠시 잠잠하더니 빈대의 공격은 다시 시작되었다. 이번에는 밥상 네 다리를 양푼에 물을 담아 담궈놓고 잠을 청했다. 2~3일은 빈대에 물리지 않고 편안하게 잤는데 2~3일이 지나니까 다시 빈대의 공격이 시작되었다.

불을 켜고 도대체 빈대들이 어떻게 해서 양푼의 물을 피해 몸의 피를 빨아 먹는지 보니 기절초풍할 일이 벌어지고 있었다. 빈대들은 벽을 타고 천정으로 올라가 밑에서 자고 있는 사람 몸을 향해서 떨어져서 자고 있는 사람의 피를 빨아 먹고 있는 것이 아닌가.

미물인 곤충, 빈대도 살기 위해서 장애물인 양푼의 물을 피해 우회해서 벽을 타고 그 높은 천정까지 필사적으로 기어올라가 그들의 목적 달성을 하고 있었다.

정주영은 빈대를 보고 크게 깨달았다. '미물 빈대도 목적을 달성하기 위해서 끝까지 싸우는데 하물며 인간이 빈대만도 못하게 중간에 포기하면 되겠느냐' 하고.

그의 사전엔 일단 시작한 사업에는 포기는 없었다. 그는 하다가 중간에 포기하는 사람을 보면 빈대만도 못한 놈이라고 핀잔을 주곤 하였다. 세계적인 기업가 정주영은 빈대한테 배워서 포기하지 않고 기적을 이루어낸 위대한 경영자가 되었다.

명심하라. 포기하는 자에게 미래는 없다. 정주영은 큰 꿈을 꾸었다. 그의 꿈을 향한 끈질긴 도전은 빈대한테 배운 교훈에서 시작되었을 것이다.

"시련은 있어도 실패는 없다."

3) 기대이론 — 포괄적인 모델

(1) 기대이론이란?

기대이론은 의미 그대로 인간이 어떤 일(work)을 할 때에는 기대를 전제로 한다는 데서 출발한다. 인간은 누구나 보상심리가 있으며, 보상을 원하는 동물이다. 그러므로 인간은 보상을 기대하면서 일을 한다. 우리들이 매일 접하는 인간관계의 기본은 인간의 보상심리를 최대한 활용하여야 한다는 데서 출발하여야 한다.

인간은 개인생활이든 조직생활이든 기대감을 가지고 일을 한다. 화가는 왜 그림을 그리는가. 조직에서는 왜 열심히 일을 하는가. 미래에 대한 기대 때문이다. 빌 게이츠는 10대 때에 이미 세계 모든 사람의 책상 위에 PC를 놓을 수 없을까?라는 기대를 가지고 PC를 개발한 결과, 미국에서 대통령 다음으로 영향력 있는 컴퓨터 황제가 되었다.

정주영 회장은 조선강국의 기대를 안고 울산 모래밭 사진과 거북선이 그려진 한국의 화폐를 들고 영국 은행을 찾아갔다. 그는 그의 기대를 이루었다.

한 시각 장애인이 역사상 처음으로 사법 연수원생이 되었다. 그는 시각장애인이지만 인간으로서 가치 있는 삶을 살기 위하여 법조인의 기대를 안고 노력하여 그의 기대를 이루었다.

기대이론을 간단히 도식화하여 보면 [그림 4-10]과 같다.

그림 4-10 │ 간단한 기대모델

개인의 노력 → 개인의 성과 → 조직체로부터 주어지는 보상 → 개인의 목표

(2) 기대이론의 시사점

기대이론의 시사점은 앞의 도표에서 제시한 바와 같이 세 가지로 요약할 수 있다. 기대, 보상, 유의성이다. 기대하는 일을 하고 그 일에 적합한 보상을 하고 그 일과 보상에 가치를 부여하는 것이다.

이상에서 모티베이션에 대한 여러 이론들을 살펴보았으나 모든 인간이 이러한 이론들에 입각하여 행동하고 있는지는 결코 속단할 수 없다. 따라서 모티베이션 이론들의 모순을 제거하고 보다 포괄적인 이론을 개발할 목적으로 제시된 기대이론도 방법론의 문제가 너무 어렵고 복잡하기 때문에 그 실용성에 있어서는 문제가 있다. 다만 여기에서 이 이론을 소개하는 것은 인간은 보상을 기대하면서 행동한다는 기본생각이 경영실무에서 시사하는 바가 크며, 성공적인 인간관계를 수행하기 위해서는 이 기대이론의 원리를 이용할 필요가 있다고 보기 때문이다.

운명의 만남(에바 페론)

만일 비천한 사생아인 에비타라는 여인이 페론이라는 한 인간을 만나지 않았더라면 그녀의 운명은 어떻게 되었을까. 아마 무명의 이류 배우로 생을 마감했을는지 모를 일이다. 페론을 만남으로써 인생역전이 되어 하층민에서 대통령 부인이라는 최고의 자리에까지 올랐다.

에비타는 사생아였다. 그녀의 아버지는 부유한 유부남으로 다른 도시에 정실 가정을 두고 있었다. 목장을 경영하는 아버지에게 다섯 형제가 있었다. 목장을 경영할 때는 여유 있게 살았는데 어느 날 정실부인이 나타났다. 정실부인 앞에서 그의 어머니는 가정부 취급을 받았고, 그 후 그의 아버지는 정실부인에게 돌아가 버렸고

에바 페론

목장에서 쫓겨나는 신세가 되었다. 그때부터 그의 가족은 천민이 되어 호구를 해결하기 위하여 그의 어머니는 온갖 궂은일을 다하였다. 나중에 겨우 집을 마련하여 독신자들을 하숙쳐서 생계를 유지하였는데 그녀의 어머니는 하숙치는 일에 더해 남자들을 접대한다는 소문까지 돌아 그 소문이 그녀를 가장 비참하고 부끄럽게 하였다고 훗날 술회하였다. 그녀는 이렇게 살아서는 평생 천민의 신세를 면치 못한다고 생각하고 탈출을 시도했다. 어렸지만 그녀는 영특한 데가 있었던 모양이다.

에바는 15세에 부에노스아이레스로 탈출하는 데 성공했다. 어떻게 어떻게 하여 그녀가 얻은 배우 자리는 단역이며 대화가 거의 없는 연극무대였다.

그녀는 남성 중심의 사회에서 성공하기 위하여 성적 매력을 이용했다. 한 연인은 그녀를 연극에 캐스팅했고 다른 연인은 잡지 모델로 일할 수 있도록 도왔다. 그런가하면 라디오 출연할 기회를 만들어 준 연인도 있었다. 이렇게 어렵게 해서 그녀는 부에노스아이레스의 2류 라디오 스타로 부상했다. 그녀의 원대한 꿈이 보이는 듯했다. 상류층 사람들은 그녀의 촌스런 사투리를 비웃었지만 노동자들은 에비타를 좋아했다. 그러던 중 1944년 한 카페에서 노동부장관으로 임명된 페론을 만났다. 나이가 그녀보다 배가 많았다. 그들은 육체보다 정신적 애인이며 동지였다. 페론을 만나고 그녀의 인생은 하늘과 땅 차이만큼 변화가 일어났다. 페론은 노동부 장관으로 노조 편에 선다고 투옥되기도 하였다. 에비타는 페론이 투옥되어 있는 동안 노조를 이끌고 페론 석방을 위한 데모의 선봉에 섰다. 페론은 석방되어 가난한 노동자들의 지지를 받아 대통령이 되었다. 가난한 사생아 소녀 에비타는 꿈속에서도 생각 못했던 아르헨티나의 영부인이 되었던 것이다. 만일 어느 날 카페에서의 만남이 없었더라면 그녀의 운명은 어떻게 되었을까.

인간의 역사는 만남으로부터 시작된다. 일생을 살면서 우연이든 필연이든 누구를 만나느냐가 정말 중요하다. 좋은 친구, 좋은 연인을 만나면 의미 있고 행복한 인생을 살 수 있지만 그 반대의 경우에는 어두운 인생을 살 수 있다. 에바는 영부인으로 노동자를 위한 정책을 펴 대통령보다 영향력 있고 추앙받는 여인이 되었다. 그녀는 남편의 정치고문, 매력적인 국제스타, 요부, 국민의 어머니, 가난한 사람들의 옹호자, 그리고 빈민층을 보호하고 여권을 증진시키기 위하여 지칠 줄 모르고 뛰어다녔던 살아 있는 성인이었다. 이렇게 에비타는 영부인으로 있는 동안 다양한 역할을 담당하였다. 7년의 영부인 생활 중 에비타 페론은 1952년 7월 26일 암으로 32세를 일기로 그 꽃다운 나이에 파란만장한 삶에 종지부를 찍게 된다. 인간의 운명은 인간의 것이 아니다. 어떤 보이지 않는 신이 명줄을 쥐고 있는 모양이다. '너는 젊은 나이에 영부인 생활을 7년이나 하였으니 그만하고 세상을 떠나라'고 명줄을 끊어버린 모양이다. 에바의 공식적인 추모의 날이 선포되었다. 영부인의 죽음을 추모하기 위해 전국에서 몰려온 사람들이 거리를 가득 메우는 바람에 부에노스아이레스가 폐쇄되었다. 조문객들의 행렬이 수 킬로미터에 걸쳐 도시 전역에 이어졌다. 그녀가 간 후 1955년 쿠데타가 일어나 페론 정부가 전복되었다. 국민들의 그녀에 대한 지지가 두려웠기 때문에 그녀의 시신은 군사정부에 의해서 비밀리에 스페인의 공동묘지로 이장되었다. 그 후 26년이 지나 그녀는 다시 조국으로 돌아왔다.

인간은 인간을 필요로 한다. 톨스토이의 말대로 인간은 어떤 사람을 만나느냐에 따라 운명이 좌우될 때가 많다. 에비타는 아르헨티나 노동자들의 우상이었고 어머니였고 최고의 선(善)이었다. 에비타도 하층민 사생아였지만 열정과 꿈이 있었고 불타는 신념과 능력이 잠재되어 있는 카리스마가 있었다. 그녀보다 나이가 배가 많은 페론 부인이 됨으로써 꿈을 실현하고 한을 풀었던 것이다. 에비타는 32세라는 젊은 나이로 불꽃 같은 삶을 살다간 아르헨티나 노동자의 여신이었다.

인간의 역사는 만남으로 이루어진다. 사람들의 삶은 누구를 만나느냐, 어디를 가느냐, 어떤 인간관계를 유지하느냐, 그리고 운명에 따라 결정된다. 에바는 네 가지 것이 들어맞았던 운명의 여인이었다. 그녀는 그 자리에 머물지 않고 인생을 스스로 개척하기로 결심했다. 그리고 아르헨티나의 영부인이 되어서도 자신의 출신을 결코 잊지 않으며 하류층을 돕는 일을 최우선으로 삼았다(「사생아 그 위대한 반전의 역사」에서 참조).

그녀가 영부인이 되어 가난하고 병든 자들을 위로하기 위해서 병원을 방문하여 행한 한 일화를 들어보자. 그녀는 만나는 환자들마다(그중에는 나병환자와 매독환자도 있었다) 볼에 입을 맞추었다. 한번은 환자들에게 입을 맞추는 에비타의 모습에 깜짝 놀라 수행원이 그녀의 입술을 소독하기 위해 알코올을 발라 주려고 한 적도 있었다. 하지만 그녀는 알코올 병을 잡아채 벽에 던져 깨뜨려 버렸다. 에바는 말 그대로 성녀였다. 그녀는 살아 있는 마돈나였다. 그녀의 모습을 보는 것만으로도 환자들의 병이 나을 정도였다.

Ⅲ 인간행동의 수정 — 벌의 효과적인 관리

1. 벌의 효과적 적용조건

행위형성전략으로는 벌이나 소거보다 적극적 강화나 부정적 강화가 훨씬 효과적인 것은 사실이지만, 벌도 효과적으로 관리되면, 다시 말해서 어떤 조건하에서는 매우 효과적인 행동형성도구가 될 수 있다는 증거가 상당히 있다. 다음의 조건들이 그러한 것들이다.

− 벌은 바람직스럽지 못한 행동이 미처 강력해지기 전에 적용되면 보다 효과적이다. 바람직스럽지 못한 행동이 너무 오래 방치되면 어떤 행동형성수단도 무용지책이 되기 십상이므로 경영자는 실기(失機)하기 전에 어떤 조치를 취해야 하는데, 이때 벌이 효과적인 것이다. 우리는 흔히 일벌백계(一罰百戒)라는 말을 자주 사용한다. 예방유지를 하는 데 벌의 궁극적인 목적이 있는 것이다.

− 다른 조건이 같으면, 벌은 바람직스럽지 못한 행동이 나타난 직후에 신속하고 비교적 강도 높게 부과하는 것이 효과적이다. 벌의 강도를 점차로 높여가는 방식은 벌에 대한 적응력을 길러주게 되어 비효과적이다. 이는 즉각성의 원칙을 말한다.

− 벌은 특정 개인이나 그의 일반적인 행동패턴 전반에 대하여 부과되어서는 안 되고, 구체적이고 개별적인 행동에 대하여 부과되어야 효과적이다. 특히 벌은 개인적 감정이 개입되지 않은 형태로 사용되어야 하는 것이어서, 개인적인 앙갚음이나 자신의 좌절을 발산하는 수단으로 사용되어서는 안 된다. 벌은 공평성이 있어야 효과를 발휘할 수 있다.

− 벌의 적용은 그 적용대상에 있어서 또한 적용시기에 있어서 일관성이 유지되어야 한다. 즉 벌은 모든 사람에게 공평하게 적용되어야 하며 시간적으로도 항상 같은 행동에 대해서 같은 정도의 벌이 적용되어야 효과적인 것이다.

− 벌은 교육적인 가치를 가지고 있어야 한다. 다시 말해서 벌에는 왜 그 행위가 바람직스럽지 못한가, 어떻게 고칠 수 있는가, 그 행동을 계속하면 어떤 결과가

초래되는가에 관한 설명이 수반되어야 하는 동시에, 따뜻하고 교육적인 차원에서 부과되어야 효과적인 것이다.

— 벌에 대하여 결속관계가 없는 보상(noncontingent rewards)이 뒤따라서는 안 된다. 벌에 대하여 이러한 보상이 따르게 되면 약화시키려고 했던 바로 그 행동을 강화시켜주는 꼴이 되어버리는 것이다. 예를 들어 부모가 자식의 못된 버릇을 고쳐 준다고 매를 때려 놓고서는 아이가 울면 가슴이 아파서 과자를 사주게 되면 오히려 고치려던 못된 버릇이 강화되는 것이다. 또 암울했던 한국의 정치사를 볼 때 벌 받을 자가 오히려 영웅이 된 때가 있었다. 감옥에 가는 것이 영웅대접을 받는 것이 된다면 이는 벌이 역효과를 낳는 결과가 되고 만 것이다. 이러한 현상은 벌 받는 자가 벌 주는 자를 오히려 죄인으로 생각하기 때문이다.

이상의 조건들을 요약하면 벌이 효과적인 행동형성수단이 되기 위해서는 감소 또는 소멸시키려는 구체적인 행동과 관련하여 감정의 개입 없이 적용되어야 한다는 것으로서 이는 다음과 같은 세 요소로 구성되는 맥그리거(D. McGregor)의 '뜨거운 난로의 규칙(hot stove rule)'과 합치된다.

1) 즉각성(immediateness)   뜨거운 난로에 손을 대면 곧 뜨거움을 느낄 수 있듯이, 감소시키고자 하는 행동이 나타난 즉시 벌이 부과되어야 한다. 너무 늦은 벌은 반발을 가져온다. 예컨대, 1980년 5·18때 신군부는 민주화를 위한 데모를 몇 개월 하여도 가만히 있다가 뒤늦게 비상계엄령을 선포하였다. 이에 광주시민들은 갑작스런 강경대응과 폭력진압에 반발하여 많은 시민들이 시위에 가담하고 급기야 5월 항쟁을 촉발하게 되었다.

2) 사전경고(advance warning)   벌겋게 달아오른 난로에 손을 대면 뜨겁다는 것은 누구나 알고 있으므로, 손을 댈 생각을 안 하듯이, 감소시키고자 하는 행동에 벌이 따르게 된다는 것을 미리 알려야만 그 행동을 하지 않게 된다. 뿐만 아니라 벌이 감정을 악화시키지 않고 받아들여지기 위해서는 벌을 받는 사람이나 그의 동료들에게 벌의 적용이 공평한 것으로 판단되어야 하는데, 예상하지 못한 벌은 언제나 부당한 것으로 받아들여진다. 따라서 어떤 행동에 대해서 일정한 양의 벌이 주어진다는 분명한 사전경고가 벌에 선행되어야 한다.

3) 비인격성(impersonality)   난로는 사람에 따라 차별적으로 뜨거움을 주지도 않고 난로 자신의 감정을 개입시켜서 뜨거움을 주지도 않기 때문에, 사람들은

난로에 손을 대어도 난로를 원망하지 않는다. 이와 마찬가지로 벌을 받는 사람의 감정을 악화시키지 않기 위해서는 벌은 누구에게나 또한 항상 일관성 있게 부과되어야 하고 또한 벌을 주는 사람의 감정개입이 없이 부과되어야 한다. 우리나라는 정(情)의 문화의 사회이기 때문에 벌주는 데 감정이 개입되는 경우가 많다. 흔히 이야기되는 괘씸죄는 정의 문화의 결과이다.

2. 벌의 대안

한편 벌이 행동형성방식으로 결코 바람직스러운 것이 아니라는 입장을 취하는 사람들은 바람직스럽지 못한 행동을 감소 내지 소멸시키기 위해서 벌 대신 다음과 같은 방법들을 사용하도록 권고한다.

소 거

바람직스럽지 못한 행동을 강화시켜주는 요인을 찾아내어 이를 제거하는 방법이다. 작업규칙을 위반하는 종업원이 동료들로부터 칭찬과 인정을 받는 수가 있는데, 이때 동료들과 협동하여 그의 규칙위반행위를 무시하면 그 행동은 점차 감소된다.

환경공학적 방법

어떤 바람직스럽지 못한 행동을 일으키는 자극은 환경으로부터 주어지는 것이 일반적이므로, 환경특성을 재구성하여 자극상황이 바람직스럽지 못한 행동 대신 다른 행동을 유발하도록 하는 방법이다. 수업이 끝나자마자 학생들이 일시에 복도에 쏟아져 나와 급히 계단을 내려가려고 하여 사고가 발생할 위험이 높은 경우에, 복도나 계단에 벽거울을 장치함으로써 보다 질서 있는 행동을 유도할 수 있는 것이다.

바람직스럽거나 중립적인 행동에 대하여 보상하는 방법

바람직스럽지 못한 행동에 대하여 벌을 주는 대신에 바람직한 행동이나 중립적인 행동을 취하는 경우에 보상을 주는 방법이다. 체육시간에 교실에 남아 있는 학생들에게 벌을 주는 대신에 운동장에 나와 체조하는 학생들에게 운동모자를 주는 방법이 그 한 예이다.

자연스러운 조정기간의 허용

새로 들어온 경험이 없는 종업원은 아무래도 실수가 많게 마련이다. 그러나 어느 정도의 시간이 지나면 실수하지 않는 방법을 자연스럽게 배울 수 있다. 이 경우 이러한 조정기간 중에 벌을 준다고 해서 그 기간이 단축된다고 볼 수 없으며, 오히려 불안감이 조성되어 그 기간을 연장시킬 가능성마저 있는 것이다.

3. 자기실현(Self-actualization)을 위한 덕목

인생의 궁극적 목적은 자기실현에 있다. 자기실현을 통해서, 인간의 사회화(社會化)를 이룩하는 것이다. 동양사상에 입각하여 자기실현의 과정을 살펴보기로 하자.

자기실현의 과정은 수기(修己), 치인(治人), 치세(治世)라 할 수 있다.

1) 수기(修己) — 공자와 이율곡의 좌우명은 수기·치인이었다

인간을 동기유발시키는 데 있어서 첫 번째 덕목은 수기(修己: self-motivation)로서 자기 자신을 개발하는 일이다. 공자와 이율곡의 기본 덕목은 수기(修己)였다. 보람있게 사는 사람들은 자기 자신의 인생의 목표를 정하고 그 목표를 달성하기 위하여 분투하는 사람들이다. 추사(秋史) 김정희 선생은 서예 연습을 하면서 벼루 열 개가 구멍이 나고, 천 자루의 붓이 마모되었다고 한다. 공자는 주역을 공부할 때 위편삼절(韋編三絶) 즉, 가죽 끈이 세 번이나 끊어질 때까지 공부를 하였다고 한다. 이들은 타고난 천재가 아니고 고난의 학습을 통해서 천재 이상의 위인이 된 사람들이다. 이들의 이런 정진의 모습이 자신을 연마하는 모습이다.

수기(修己)의 길을 가는 사람들은

첫째, 학습하고,

둘째, 실천하고,

셋째, 수기를 통해서 치인 치세의 꿈을 꾸는 사람들이다.

수기(修己)에 성공한 사람들은 신념(信念)이 투철한 사람들이었다.

잭 캔필드는 신념에 대해 다음과 같이 이야기하고 있다.

(전략)

신념은 벌어진 틈 사이를 도약하는 것이다.

당신이 있는 곳과 갈 곳 사이에는

늘 갈라진 틈이 있게 마련이다.

신념을 가지고 미래를 향해 도약하라.

그 곳에 무엇이 놓여 있는가?

내일? 다음주? 다음달? 다음해? 다음 생애?

신념을 믿어라! 신을 믿어라!

내일을 믿어라! 그리고 신념으로 도약하라![2]

2) 치인(治人)

인생에서 중요한 것은 첫째, 수기, 자기의 인생을 바꾸는 것이요, 둘째는 다른 사람의 인생을 바꿔주는 것이다. 위대한 학자나 종교인이나 정치인들은 자기 인생의 변화를 통해서 다른 사람의 인생을 변화시켰다. '남이 변하기를 원하거든 먼저 자신이 변하라!'라는 간디의 충언은 우리에게 큰 교훈을 주고 있다.

3) 치세(治世)

치세는 수기·치인을 넘어 세상을 바꾸는 것이다. 인간으로 태어나서 보다 나은 세상을 위해서 헌신할 수 있다면 의미 있는 인생을 사는 것이다. 인류는 이런 치세의 인생을 사는 사람들의 노력으로 희망을 갖고 살아간다.

수기·치인·치세의 삶을 살고 역사에 영원한 발자국을 남긴 한 위인의 인생을 살펴보자.

茶山의 위대한 삶

다산은 이조 말 실력자로 전라도 강진에서 18년 동안 유배생활을 한 대학자였다. 그는 세월이 갈수록 더 빛나는 삶을 산 사람이었다. 다산의 삶을 통해 배울 수 있는 점들을 생각해 보자.

첫째, 18년 동안 학문을 연마하여 500권의 책을 저술한 세계에서 가장 많은 책을 쓴 사람이다. 그의 저술들은 한결같이 가난한 백성들을 위하고 정부정책을 개혁하는 내용들이었다. 오늘날 한국에서 다산을 연구하며 사는 학자들이 300명에 이른다고 한다.

둘째, 민폐를 끼치지 않았다. 옛날 한양에서 귀향 살이 온 양반들은 향리에 와서 군림하는 경우가 많았다. "내가 복권되어 중앙으로 가게 되면 어쩌고 저쩌고…" 하며 시골의 백성들을 괴롭힌 사람들이 많았다. 전라도로 귀양 온 누구누구는 지금

---

2) 잭 캔필드 외, 「인생의 맥을 짚어라」(서울: 창작시대, 2000), p. 201.

도 사람들의 입에 오르내리고 있다. 그들이 못된 짓을 너무 많이 하였기 때문이다. 하 많은 세월이 흘러간 지금까지도 문중 간에 반목의 갈등이 계속되는 집안들이 있다. 이러한 이들에 비해 다산은 누구도 괴롭히지 않고 소박한 삶을 실천하였다. 백성들을 위한 불후의 저술을 하였다.

셋째, 그는 홀로 18년을 버티며 저술활동을 통해 인생을 승화시키고 주색을 멀리 하였다는 점이다. 다른 귀양 온 사람들은 시와 가무를 읊으며 2-3명의 첩을 두고 지방 백성들을 동원하여 누각을 짓고 호사스럽게 사는 것이 다반사였다. 그들의 후손들이 지금도 살고 있는데 다산의 후손들은 전라도에 없다. 훌륭한 모습 아닌가

넷째, 그는 깨달음을 교훈삼아 백성을 위한 연구에 몰두하여 대작을 남겼다.

그는 가난한 시절에 세금에 못 이겨 잘라낸 남편의 성기를 들고 고을원님을 찾아갔다가 아전한테 발길질당하고 돌아오며 흐느끼는 여인의 한 맺힌 절규를 전해 듣고 크게 깨달아 백성을 위한 불후의 저서를 남긴 위대한 사람이다.

다섯째, 유배에서 풀려난 사연이다. 그가 유배에서 풀려난 사연을 보면 정말 멋있는 분이라는 것을 알 수 있다. 강진에서 18년 유배생활의 고초는 말과 글로 다 표현할 수 있었겠는가? 기나긴 유배생활에 지쳐 있는 다산에게 그와 절친한 친구가 찾아왔었다. 그의 친구는 다산에게 오랜 유배생활에 얼마나 고생이 많으냐고 위로하였다. 그는 한참 말이 없다가 그 친구의 부채를 달라고 청하여 그 부채에

대나무 몇 가닥에
새벽달 걸릴 적에
고향이 그리워서
눈물이 줄줄 맺히오

라고 시를 써서 말없이 그의 친구에게 건네주었다.

다산의 친구의 숙부는 조대감이라는 당시의 실세였다. 그 친구가 서울에 가서 자신의 숙부 조대감을 찾아가 할랑할랑 부채질을 하는데, 조대감이 보니 그 부채에 무슨 시가 써 있었다. 그 부채 좀 보자 하여 그 부채의 시를 보니 기막힌 사연이 있는 시였다. 대감이 "이 시가 누구의 시인고?"라고 묻자 친구는 "전라도 강진 땅에서 18년 유배생활하고 있는 다산의 시입니다"라고 대답하였다.

조대감이 감동하여 그길로 유배에서 풀어 주었다는 일화가 전해져오고 있다.

강진에서의 다산의 유배생활을 웅변적으로 대변해 주는 시 한 편을 보자.

날씨는 춥고 바람은 세차게 불어
대나무 밭에 나는 소리 슬프기도 하여라
유배객에게 식구하나 늘었으나
내 지혜로는 배고픔을 구제할 길 없노라
손잡고 산에 올랐으나
너와 나 어디로 가야 하는가
기구하게 산사에 이르러
거지처럼 구걸하는 안색
비굴하기만 하네
요행이 작은방 하나 빌려서
아들과 함께 예불을 알리는
종소리를 들었노라

아들이 먼 길을 찾아왔으나 끼니를 해결할 수 없는 비참한 생활이 다산의 강진의 유배생활이었다. 그는 그 처참한 유배생활을 하면서 500권의 명작을 남겼다.

▬▬▬ 마틴루터 킹의 스승 '로라 팍스'

평범한 목사에게 깨달음을 준 로라 팍스(Laura Parks) 여사.

1951년 12월 31일 중년의 흑인 여인이 버스에 올라서 백인자리에 앉았다. 그때만 하더라도 미국의 버스에는 백인자리와 흑인자리가 분리되어 있었다. 만일 흑인이 백인자리에 앉으면 경고를 하고, 몇 번 경고 후에도 그 자리를 옮기지 않으면 경찰에 신고하고, 체포까지 하였던 인종차별이 심했던 때였다. 백인자리에 앉아 있는 흑인여인에게 버스운전사는 자리를 옮기라고 몇 번이나 경고를 했다. 그러나 그 흑인여인은 꼼짝도 하지 않고 백인자리에 앉아 있었다. 결국 운전사는 경찰에 신고하고, 그 여인은 경찰에 체포되어 구금되는 신세가 되었다. 그러나 이 어인 일인가?

이 흑인여인의 돌출사건이 미국 민권운동의 기수를 탄생시키게 될 줄이야!

이 흑인여인의 소식이 곳곳으로 전해지자 미국 흑인들이 버스 안타기 운동을 시작하였고, 마침내 버스 안타기 운동이 전국으로 확산되어 미국사회에 큰 파장을 일으켰다. 킹이라는 젊고 평범한 목사에게 이 사실이 알려지게 되고, 그는 드디어 자기의 사명을 깨닫게 되었다.

저렇게 평범한 여자도 민권을 위해서 투쟁을 하는데 목사라는 사람이 입으로만 하나님을 찾고 있으면 되겠느냐 하고 일어섰다. 킹 목사와 같은 위대한 민권지도자가 있었기에 라이스와 같은 흑인 여성도 미국의 국무장관을 지냈으며, 백인의 미국사회에서 노예의 후손인 흑인이 대통령이 되는 기적이 일어났다.

미국의 민권운동에 불을 붙인 숨어 있는 스승은 이름도 없었던 한 흑인여성이라 할 수 있다. 그 흑인여성에게 사람들이 물었다고 한다. 왜 그렇게 구타당하고 체포까지 당하면서 흑인 자리로 가지 않았느냐고.

그녀의 대답은 "다리가 아파서"였다고 한다.

2005년 11월 워싱턴에 로라 팍스의 동상이 세워졌다.

제5장

인간의 삶과 가치관

선(善)이 침묵하면 악(惡)이 승리한다.

드골 장군과 패탕 원수

2차 대전 때 독일군은 마지노선을 뚫고 프랑스를 점령하였다. 드골은 이름 없는 국방성 차관보였고 패탕 원수는 1차 대전의 영웅이었다. 독일군이 파리에 입성하자 드골은 영국으로 망명하여 자유 프랑스 방송을 하며 독일과 싸웠고, 패탕은 독일 괴뢰정부의 총리가 되었다. 종전 후 드골은 영웅이 되어 조국 프랑스의 대통령이 되었고 패탕은 금고형을 받고 감옥에서 옥사하였다.

동물에서 배운다 — 누에고치 이야기

누에는 애벌레 때부터 뽕잎을 먹기 시작하여 먹고 자고, 먹고 자고 하다 보면 하얀 실이 나와서 자신의 몸을 칭칭 감아 감옥을 만든다. 눈을 떠서 나갈 구멍을 찾으면 이미 때는 늦었다. 그는 자신이 먹고 뽑아 낸 실의 감옥에서 죽고 만다. 누에는 짧은 일생 동안 주는 법은 모르고 받아 먹기만 하다가 자신이 만든 감옥에 갇혀 죽고 만다.

인간의 진정한 삶은 주고받음의 삶인데 인간사에도 평생 받기만 하다가 죽는 사람들이 많다.

I 가치관과 인간관계

1. 가치관이란 무엇인가?

인간은 삶을 누리면서 자기가 가고자 하는 길을 가며 살아간다. 어떤 사람은 권력을 추구하면서 살고 어떤 사람은 부를 추구하면서, 어떤 이는 지식을 추구하면서 천차만별의 모습으로 살아간다.

미국에서 연구생활을 할 때 Chammah 교수라는 분이 있었는데 이 분은 그야말로 책 속에 묻혀 사는 교수였다. 이 교수의 형은 백만장자였다. 어느 날 그 백만장자인 형은 자기 동생인 Chammah 교수에게 "너는 반쯤 미친 사람과 같다. 왜 그 가난한 교수생활을 하느냐"라고 공박하면서 같이 사업을 할 것을 권했다고 한다. 그러나 그 교수는 단연코 거부하였다. 그는 거부의 이유를 다음과 같이 말하였다. "형은 돈이 좋으니까 돈 속에서 살고, 나는 책이 좋으니까 책 속에서 산다"라고, 그는 그의 말 그대로 책 속에 묻혀 사는 연구밖에 모르는 교수였고 아주 검소한 생활을 하고 있었다. 그는 그가 지닌 조그마한 흑백 TV 한 대로 세계의 정보를 얻고 있었다. 그가 책 속에서 사는 모습은 저자에게 큰 감명을 주었다. 그의 형은 그 자신의 가치관에 따라, 그 교수는 그의 가치관에 따라 자기의 인생을 살고 있는 것이다.

가치관이란 인생을 살아가는 삶의 척도라 할 수 있다. 가치관은 거울에 비교할 수 있다. 굴절된 가치관을 가진 사람은 굴절된 거울을 보고 사는 사람이다. 이런 사람들은 잔물결을 들여다보는 것처럼 얼굴이 흔들리고 인생이 흔들린다. 세상을 보는 눈이 흔들린다. 안중근 의사처럼 일본을 멸망시키고 조선을 해방시키고 동양 평화를 이룩해야 한다는 가치관은 부동심의 가치관·생사를 초월한 가치관이다. 그는 사형선고를 받고 최후의 진술에서 「사형보다 더 무거운 벌은 없느냐?」라고 진술하였다.

한 개인이 어떠한 가치관에 입각하여 개인생활과 조직생활을 영위해 가느냐에 따라 그 개인과 조직의 운명에 중대한 영향을 미친다. 가치관의 중요성은 바로 여기에 있다 하겠다. 인간의 바람직한 삶의 태도란 무엇 때문에, 무엇을 위해서 인생을 살아가느냐 하는 명제에 대한 해답을 필요로 한다. 이러한 명제에 대한 해답은 그가 어떠한 가치관에 따라 행동하느냐의 문제와 직결된다. 따라서 가치관은 개인의 태도나 지각, 성격, 동기부여를 이해하기 위한 기초를 제공하기 때문에 인간관계 연구에 그 중요성이 매우 높다고 하지 않을 수 없다.

한국사회의 여러 가지 갈등문제, 작게는 가족의 문제로부터 직장에서의 지위확보를 위한 갈등, 권력과 부를 획득하기 위한 싸움 등의 여러 가지 문제는 모두 가치관 때문에 파생되는 문제라는 것을 상기할 필요가 있는 것이다.

인생을 살면서 하나의 가치관을 정립하고 그 가치관을 위해서 인생을 바친 사람들이 있다.

춘원 이광수는 "붓 한 자루 너와 일생을 함께하련다"라고 하였으며, 니체는 "나는 피로써 쓴 글을 좋아한다"라고 하였다. 동학 혁명때 녹두장군 전봉준은 일경의 회유를 거절하면서 "정부의 명이라면 기꺼이 목숨을 바치지만 바른길을 걸었던 자에게 대역죄를 적용한다니 천고의 유감이다. 내가 죽거든 내 목을 베어 종로 네거리에서 오가는 사람에게 피를 뿌려 달라"라는 유언을 남기고 떠났다.

또한 영국의 변호사가 되어 일등기차표를 가지고도 유색인종이라는 것 때문에 카이로역의 열차에서 쫓겨났던 인도의 위대한 지도자 간디는 카이로 역전에서 크게 깨달았다. 단지 유색인종이라는 이유로 이렇게 차별을 받느냐? "유색인의 권익을 위해서 일생을 바치겠다"고 결심하고 그 가치를 위해서 평생 투쟁하였다.

2. 가치관은 어떻게 형성하는가?

가치관은 어떻게 형성되는가? 우리가 어렸을 때 왜 어머니께서 항상 장자의 '남녀칠세부동석(男女七歲不同席)'을 이야기하시면서 남녀관계를 설명하셨을까? 장자의 교훈은 2500년 전 먼지낀 이야기가 되었다. 시대의 변천에 따라 가치관도 변하기 때문이다. 가치관은 어떤 문화권에 사는 사람들이 오랜 세월을 통해 시대의 변화를 겪으면서 어떻게 살 것인가의 삶의 척도를 생각하는 결과로 형성되는 것이다.

우리들이 가지고 있는 가치관은 우리의 부모, 스승 및 친구로부터 배운 것이거나, 대중매체(TV, 라디오, 신문 등)가 취하는 견해로부터 배운 것이며, 혹은 우리들이 존경하고 모방하고자 하는 개인들 —연예계, 체육계, 재계, 정계 등의 명사들— 로부터 배운 것이다. 즉 이러한 것들이 모두 가치관의 형성원천인 것이다.

개인의 어린 시절의 가치관의 대부분은 자신의 부모들의 견해로부터 형성되었을 것이다. 교육, 성, 정치 등의 영역에 속하는 문제들에 대한 어린 시절의 견해들을 돌이켜보면, 그 대부분이 자신의 부모들이 취한 견해와 동일한 것이었음을 알 수 있다. 그러나 점차 성장해 가면서 다른 가치관과 접촉하게 되면서 사람들은 자신의 가치관을 변경하게 된다. 저자의 옛 친구의 부모는 친구에게 법률을 공부하기를 원하였으나, 아버지가 돌아가신 후 물리학의 길에 들어서 결국 물리학 박사와 컴퓨터에 관한 박사학위까지 받았다. 어렸을 때에는 부모의 영향에 의해 어떤 가치관을 형성하였다가도 성장하면서 많은 변화를 가져오게 되는 것이다.

한편 형성된 가치관은 안정적이고 지속적인 경향이 지배적이지만 어떤 사회환경의 자극 때문에 변하는 경우도 있다. 미국의 어느 학자는 병든 사회를 보고 대학의 연구실에서 논문 쓸 시간에 사회로 나와 사회의 병을 치료하여야겠다고 결심하고 사회에 나와 사회운동을 하고 있다.

우리나라의 어떤 대통령도 평범한 변호사에서 우연히 시국사건의 변호인이 되었다가 인권변호사로, 그리고 정계로 마침내 대통령까지 하게 되었다. 그러나 대부분의 사람들은 기업인으로, 정치인으로, 학자로 일생을 사는 경우가 많다.

3. 현대사회의 가치관 형성의 영향요인

현대인을 가리켜 「부유한 노예」라고 한다. 현대인은 가진 것이 많다. 무엇보다 현대문명의 이기 덕으로 편리의 문명을 누리고 산다. 좋은 집, 좋은 차, 각종 전자제품, 그리고 무엇보다 자유를 누리고 산다. 풍요 속에 사는 우리는 행복한가? 흔들림 없는 가치관을 확립하고 사는가? 그 물음에 긍정적으로 대답할 사람이 몇이나 될까? 왜 그럴까? 현대인의 가치관 형성에 영향을 주는 것은 다음 두 가지 요인이라 할 수 있다.

1) 잃어버린 세계

우리는 오늘의 부유한 사회를 건설하기까지 피나는 노력을 하였다. 그 결과 얻은 것도 많겠지만, 우리는 돈, 권력, 기계문명의 노예로 살게 되고 말았다. 진정한 인간을 잃어버린 것이다. 인간의 기본가치인 사랑·윤리·사회규범, 휴머니즘(Humanism)

을 잃어버렸다. 전통적 가치관이 붕괴한 자리에 새로운 가치관을 세워야 하는데 현 대문명의 마술 앞에서 우리는 방황하고 있다. 여기에서 우리는 가치관의 혼란에 빠 지게 되었다. 제4차 산업혁명의 시대가 도래하였다고 세상이 들떠 있다. 인간을 위 한 4차 산업혁명이 되어야 하는데 역설의 징후들이 나타나고 있다. AI라는 인공지 능이 나타나 인간의 영역을 침범하여 변호사·의사·소설가·연인 등의 역할을 하 게 되었다. 인간을 위한 인공지능의 시대를 창조해야 한다. 그렇지 않으면 인류문 명에 대재앙이 찾아올 것이다.

2) 경쟁의 세계

현대사회는 날이 갈수록 무한 경쟁의 사회가 되어 가고 있다. 삶은 황량한 전쟁 터로 변하고 말았다. 경쟁의 결과 승자는 계속 자리를 지키려 하고 패자는 좌절 속 에 실패를 회복하려고 노력하게 된다. 우리는 과거의 인간관계, 도덕, 종교, 사회규 범을 파괴하면서 경쟁의 싸움을 계속하고 있다. 수단과 방법을 가리지 말고 이겨야 한다는 그릇된 가치관의 포로가 되어 있다.

미국 GE의 회장이 된 잭 웰치의 일성은 "1등이 아닌 것은 모두 버려라"였다. 한국의 S기업의 광고는 "2등은 아무도 기억하지 않는다"였다. 이러한 경쟁의 강박 관념 속에서 1등의 가치관의 포로가 되어 있다. 1등도 꼴등도 함께 사는 공동체의 가치관을 확립하고 함께 사는 세계를 만들어야 한다. 어려운 과제다.

4. 동·서양의 가치관 비교

| 표 5-1 | 동·서양의 가치관 비교

항 목	서 양	동 양
문 화	태양 중심	달 중심
인간의 본성	X, Y	善, 惡
인간과 자연과의 관계	자연정복	天人合一, 大宇宙 小宇宙
인간관계	개인주의	집단주의
인간의 행동양식	동 적	정 적
시간관념	미래 중심	과거 중심
공간관념	사적 독점	공적 공유

앞서 가치관의 유형을 다루면서 가치관의 변화를 사회문화적 환경의 차원에서 살펴본 바 있다. 따라서 가치의 사회문화적 특성으로 인하여 사회가치는 사회의 여건이 변화함에 따라 변화한다. [표 5-1]에서 동서양의 가치관을 요약·비교해 보기로 한다.

5. 올바른 가치관 정립을 위한 기준

1) 도 덕 성

올바른 가치관 형성을 위한 최우선의 기준은 도덕성이라고 생각한다. 한국사회는 특히 그렇다. 어느 변호사 사무소의 사무장이 낮에는 변호사 사무소에서 열심히 일한 성실한 사람이었는데 밤에는 도둑으로 변해 있었다. 놀라운 일이 아닐 수 없다. 낮과 밤이 다른 사람들이 얼마나 많은가. 아무리 훌륭한 사람이라도 그 사회의 도덕규범에 위배되는 행동을 해서는 안 된다. 우리나라 역사상 최초로 대법원장이 피의자 신분으로 검찰에 소환되어 조사를 받고 있다. 사법부는 정의사회의 최후의 보루이다. 지도자들이 도덕을 지키고 법을 지킬 때 일반 국민도 지키게 된다. 대중은 모방심리가 강하다.

2) 인간의 사회화

인간의 진정한 삶이란 무엇인가. 그것은 주는 삶이다. 인간사회에서 보람 있게 살고 존경을 받고 빛을 남긴 사람들은 모두 주는 삶을 산 사람들이었다. 테레사 수녀는 살아 있는 성녀로 추앙받았다. 슈바이처 박사는 20세기의 아프리카 밀림의 성자로 칭송을 받았었다. 자기희생과 주는 삶을 살았기 때문이었다. 10대 후반에 소록도에 들어와 평생 나병환자들을 간호했던 두 수녀님은 자기희생의 본보기였다.

3) 창 조 성

인간의 역사는 창조의 역사다. 인간으로 태어나서 역사의 창조에 일익을 담당할 수 있다면 그는 가치 있는 삶을 산 사람이다. 인공지능시대의 인간의 창조물을 보라. 신(神)도 놀랄 창조의 변화가 일어나고 있다. 자율주행자동차가 등장했고 하늘을 나는 자동차가 출현하였다.

퀴리 부인의 라듐의 발견, 아인슈타인의 상대성 원리 등 새로운 창조를 통하여 인류사회에 기여하는 것이 가치 창조적 삶을 사는 것이다. 우리 모두 아인슈타인이 되고 퀴리 부인이 될 수는 없다. 자기가 살고 있는 세계를 창조하며 인생을 산다면 그는 의미 있는 인생을 사는 것이다.

4) 공동선(共同善)

이 세상에 홀로 존재하는 것은 없다. 자연과 인간, 인간과 인간은 연결고리를 형성하여 함께 살아간다. 공동선을 추구하는 가치관이야말로 진정한 가치관이라 할 수 있다.

소에서 나오는 우유는 소와 땅과 풀과 물 그리고 공기와 기후와 연결되어 있다. 사람의 존재도 이와 마찬가지이다. 자연과 인간 인간과 인간이 함께 살아가는 세계, 이 세계가 바로 공동선의 세계다.

5) 믿음(信)

가치관 정립의 중요한 요소는 믿음이다.

조선조는 4大門을 세우고 종로에 보신각(普信閣)을 세웠다. 매년 제야에는 보신각 종을 친다. 믿음을 널리 펴자는 뜻이다. 어느 사이 한국사회는 불신의 사회로 전락하고 말았다. 새로운 공동선의 사회를 만들기 위해서는 국민 80%가 서로 믿지 못하는 사회 풍토를 혁명적으로 변화시켜야 한다. 한 조사에 의하면 OECD국가 중 한국사회가 서로를 불신하는 제일 앞에 서 있는 국가라고 한다.

세계적인 품질운동의 창시자 에드워드 데밍(W. Edward Deming)은 가치관이 없는 기업은 성공할 수 없다고 말했다. 어떤 시스템을 최적화하는 데는 신뢰가 필수적이다. 신뢰가 없으면 사람들과 팀, 부서 그리고 사업부 사이에 협력이란 있을 수 없다. 신뢰가 없으면 각 부서의 장기적인 이익과 시스템 전체의 이익을 해치며 단기적 이익만을 추구한다고 하였다. 인간관계에 가장 중요한 기본은 믿음의 가치관을 세우는 것이다.

가치관이 확고하게 확립된 사람은 방황하지 않고 자기 길을 간다. 얼마나 많은 사람들이 자기 길을 찾지 못하고 방랑하다가 생을 마감하게 되는가?

죽음에 임하여 후회하여도 삶의 기회는 오직 한번 뿐이며 아무리 신에게 애걸하여도 신은 두 번의 기회를 줄 만큼 그렇게 너그러운 분이 아니다.

메이 사턴이라는 시인은 오랜 가짜의 삶 끝에 진짜 자기 얼굴을 찾은 일을 이렇게 시로 표현하고 있다.

나 이제 내가 되었네

나 이제 내가 되었네
여러 해 여러 곳을 돌아다니느라
시간이 많이 걸렸네
나는 이리저리 흔들리고 녹아 없어져
다른 사람의 얼굴을 하고 있었네
나 이제 내가 되었네
— 류시화 시집에서 —

어떻게 살아야 하는 것이 올바른 삶인가 그 해답을 찾는 것은 자기의 가치관을 확립하는 길이다. 인생에서 세 가지 중요한 일은 첫째, 원하는 직업을 갖는 일이요. 둘째, 원하는 사람과 결혼하는 일이요. 셋째, 올바른 가치관을 갖는 일이라 할 수 있다.

가치관에 관한 불후의 이야기: 톨스토이의 부활과 가치관

부활은 톨스토이 말년의 불후의 명작이다.

톨스토이도 한 인간의 한계를 넘지 못하고 도덕적 죄를 지었기 때문에 부활에는 톨스토이 자신의 이야기도 들어있다고 한다. 카츄사라는 처녀가 법정에 섰다. 그녀의 죄명은 살인과 강도혐의였다. 한 사람이 배심원으로 참여했는데 그는 귀족청년 네프류도프였다. 그는 깜짝 놀랐다. 법정에 선 죄인 카츄사는 과거에 그가 성 노리개 감으로 삼았던 바로 그 처녀였다. 그는 자신의 죄를 뉘우치고 그 처녀에게 함께 살아줄 것을 간청하였다. 당시 러시아에는 귀족들의 청원권이 있어서 황제에게 청원하면 한 사람의 죄인을 석방시킬 수 있었다. 카츄사는 그 청년에게 시간을 달라고 청하였다. 3일이 지난 후 그들은 다시 만났다. 카츄사는 그 귀족 청년의 청혼을 거절하며 오히려 용서를 빌었다. "용서하세요. 나는 당신에게 돌아갈 수 없습니다"라고 용서를 구하고 시몬손이라는 혁명가와 함께 시베리아로 유배 길을 떠난다. 시몬손은 제정러시아 말기의 타락과 부패를 개혁하고자 하는 혁명대열에 참여한 혁명가로 시베리아로 유배를 가게 되어 있었다. 그녀는 부와 안락함보다는 이념과 진실한 사랑을 선택하였다. 타락에서의 진정한 인간성의 부활이었다. 그 네프류도프라는 귀족도 잘못을 반성하고 부활하였다.

우리 사회는 부활의 노래를 언제 부를 수 있을까? 혼란에 빠진 가치관의 시대에 살고 있는 우리들도 선(善)을 추구하는 가치관의 부활을 노래할 수 있기를! 인간은 실수하고 잘못을 저지를 수 있는 동물이다. 개과천선(改過遷善). 진정으로 반성하면 부활할 수 있다.

6. 가치관의 유형

베이어(K. Baier)와 레쉬(N. Rescher)는 가치를 개인지향적 가치, 집단지향적 가치, 사회지향적 가치, 국가지향적 가치, 인류지향적 가치 및 환경지향적 가치 등으로 구분하고 이들 각각의 가치에 대해 하위가치를 열거하고 있는데[1] 상당히 포괄적인 분류라 할 수 있다. 여기에서는 Douglas의 경력단계 모델만 설명하려고 한다.

Douglas의 경력단계모델(career stage model)

Douglas T. Hall은 인간의 평생경력단계를 [그림 5−1]에서와 같이 4단계로 구분하여 설명하고 있다.

첫 번째 단계는 자아발견의 단계로서 15세~25세로 이 단계에서는 주체성과 자아발견을 위해서 탐험하고 탐구하는 단계라고 할 수 있다. 이 단계에서는 학습하는 단계로 인생을 어떻게 살아야 할 것인가를 탐구하고 살아갈 무기를 개발하는 단계라 하겠다.

두 번째 단계는 친교와 준비의 단계로서 25세~30대 후반으로 설정하고 있다. 이 단계는 20대에 준비한 것을 기반으로 조직사회의 일원이 되어 성공적인 인생을 위해서 인적 네트워크를 만들고 본격적인 준비를 하는 시기이다.

세 번째 단계는 활동의 단계로 30대 후반에서 40대를 거쳐 50대 후반까지를 범위에 넣고 있다. 이 단계는 인생에 있어서 활동의 꽃이라 할 수 있다. 70~80세까지 왕성한 활동을 하는 사람들도 있지만 통계를 보면 대부분의 사람들이 이 시기에 가장 활발한 사회활동을 한다. 미국의 클린턴 대통령은 40대에 대통령이 되었고, 미국의 부시 대통령과 노무현 대통령은 50대에 대통령이 되었다.

---

1) Kurt Baier and Nicholas Rescher, *Values and the Future: The Impact of Technological Change on American Values*(New York: The Free Press, 1969).

| 그림 5-1 | Douglas T. Hall의 경력단계모델 |

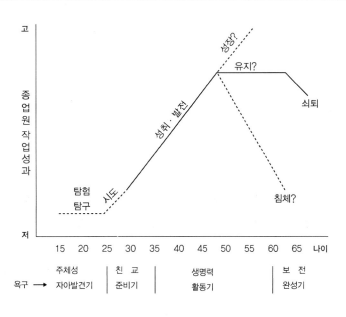

그러나 [그림 5-1]에서 표시된 바와 같이 어떤 사람들은 50대 전후에서 침체기에 들어선다. IMF 이후 우리나라에는 50대 전후의 한창 일할 나이에 직업을 잃고 방황하는 사람들이 너무 많았다. 개인적으로나 사회적으로나 불행한 일이다. 인생에 있어서 경력관리의 새로운 접근법을 찾아야 한다. 일과 사랑은 인생을 살아가는 생명이다. 인생을 걸고 죽을 때까지 일할 수 있는 환경이 마련되어야 한다.

네 번째 단계는 보전과 완성의 단계로서 이는 60대 이후를 들고 있다. 영국의 드스렐리라는 수상은 "청년은 준비의 시대요, 중년은 활동의 시대요, 노년은 추수의 시대다"라고 말한 바 있다. 60대 이후는 인생을 정리하고 추수하여 아름다운 인생을 마감할 준비를 해야 한다. 생명공학이 발달하여 100세까지 청춘을 노래할 시대가 도래하고 있다고 한다. 그러나 자연의 가을과 함께 인생의 가을도 찾아오는 것이 자연의 섭리이다. 인생의 아름다운 가을을 가꾸기 위해서는 각자의 가치관을 확립하고, 보람 있는 삶을 살아야 할 것이다.

> ══════ **가치관의 위력: 부모의 반대를 무릅쓰고 자기의 가치관에 따라 산 사람들**
>
> - **뉴턴**의 어머니는 뉴턴이 가족 농장 일을 돌보기를 원했다.
> - **나이팅게일**은 가족들이 간호사가 되는 것을 반대하고 평범한 주부로 살기를 바랬다.
> - **세잔느**는 아버지가 사업가가 되기를 원했었다.
> - **괴테**의 아버지는 법률가가 되기를 간절히 바랬었다. 괴테의 아버지는 대문쪽으로 다락방을 만들어 놓고 괴테의 출입을 감시하면서까지 법률가가 되기를 소망하였다. 그는 법원 서기 였다.

Ⅱ 한국 사회의 가치관의 문제

산업사회로 접어들면서 어느 사이, 인간사의 가장 중요한 문제가 먹고사는 문제로 귀결되었다. 극단적으로 말해서 현대사회의 신은 돈이 되어 버렸다. 그러나 인간은 먹고사는 것 이상의 그 어떤 것을 지향하는 동물이기 때문에 만물의 영장이라고 한다. 불행하게도 현대사회는 돈이 삶의 무기가 되어 버렸다. 이것이 현실이다. 빵문제와 정신의 문제를 동시에 추구하는 사회시스템을 만들어야 한다.

사회 현실을 보면 대통령 선거나, 각종 선거철이 되면 후보자들의 공약의 최대 이슈가 경제문제로 대두되었다. 인간은 '빵'만으로 살 수 없다는 것은 우리들 모두가 너무나도 잘 아는 사실임에도 불구하고 현대인이 가치기준을 일차적으로 '빵'에 두고 있다는 사실은 현대인의 비극이요, 인간성 소외의 근원이 되고 있다.

우리나라의 경우 경제성장을 통하여 중진국의 선두를 달리고 있지만 이에 비례하여 부정부패의 만연, 지역·계층 간의 격차로 인한 갈등, 각종 사회악의 격증 등 양심의 마비시대라고까지 우려되는 사회현상이 나타나고 있다. 이러한 사회현상은 가치관의 문제에 큰 원인이 있다. 오늘의 한국사회를 진단하건데, 건전한 가치관보다는 배금사조(拜金思潮)에 사로잡혀 잘못된 가치관이 형성되어가고 있는 것이다.

특히 해방 후 반세기 동안 군부권력에 의한 장기집권은 군사문화와 군의 관리체계를 사회에 전파시켜 한국인의 가치관 형성에 큰 영향을 주었다고 할 수 있다. 이러한 면에서 올바른 가치관의 확립이 우리 한국인에게 주어진 가장 중요한 과제 중 하나라 하겠다.

여기에서 한국사회가 경험하고 있는 가치관의 혼란을 극복할 수 있는 방안을 보다 구체적으로 생각해보기로 하자.[2] 산업사회를 발전시킨 가장 중요한 요인은 철저한 합리주의라고 할 수 있다. 서구인의 가치관은 이 합리주의를 근본으로 하고 있다. 간단한 예로 하나의 상품을 보면 완제품이 나오기까지 철저한 작업공정을 거쳐 생산된다. 또 사회의 일상생활에서 서구인들의 '줄 서기'는 정평이 나 있다. 지루하리만큼 철저하게 줄을 서는 질서의식을 보면 저들의 합리주의가 시민생활의 구석구석까지 뿌리를 내리고 있다는 것을 알 수 있다.

그런데 첫째로 생각해 볼 수 있는 것은 우리나라의 현실을 보면 적당주의가 아직도 만연되고 있다는 것이다. 오래된 사건이 되었지만 삼풍백화점의 붕괴, 성수대교의 붕괴, 최근에 일어난 열차 사고, 강원도에서 일어난 학생들의 가스흡입으로 인한 사고 등 모두 적당주의가 빚은 비극이었다. 우리나라 속담에 '소 잃고 외양간 고친다'라는 격언이 있다. 이 첨단 과학 시대에 이러한 사건을 예방할 수 없었을까 하는 아쉬움이 가슴을 때린다.

둘째로, 연고주의(緣故主義, nepotism)에서 벗어나야 한다. 한국사회의 가장 고질적이고 망국적인 문제 중의 하나가 이 연고주의라고 할 수 있다. 연고주의는 어느 나라의 조직에서나 발견할 수 있는 문제이지만, 한국사회의 연고주의는 조직체에 있어서나 국가경영에 있어서 치유할 수 없을 정도로 심각하다. 인맥, 지맥, 혈맥에 의해서 움직여지는 사회가 한국사회다. 연고주의의 가장 무서운 병폐는 감정의 논리가 지배하는 사회분위기에 있다. 이성의 논리가 지배하는 사회는 합리적인 사회요, 감정의 논리가 지배하는 사회는 비합리적인 사회다. 비합리성이 지배하게 되면 병든 사회가 된다. 한국회사의 노사분쟁에서, 대학사회에서, 중대한 국정의 운영에서 감정의 논리가 지배하고 있음을 본다. 특히 선거에서 지역감정이 표출되어 이성을 잃고 어떤 사람이 어떤 정책을 표방하느냐가 아니라 어느 지역 사람이냐에 따라 투표를 한다. 이것은 감정의 논리가 극치에 이른 현상이라 할 수 있다. 이런 모습이야말로 인간이 사물을 판단하는 데 기준이 없고 중심을 잃은 비이성적인 모습

---

2) 임희섭, 「사회변동과 가치관」(서울: 정음사, 1987), pp. 54~55.

이다. 이러한 모습은 가치관의 혼란이 아니라 가치관의 부재를 의미한다고 할 수 있다. 이런 사회에서 기대할 수 있는 것이 무엇이겠는가. 집단의 이기주의, 지역의 패권주의가 나라 전체를 풍미할 때 국민의 가치관과 도덕성은 어떻게 되겠는가?

셋째, 전통문화의 계승과 새로운 문화의 창조가 병행하여야 한다. 한국사회에서 일어나고 있는 가치관의 혼란의 또 다른 측면은 전통문화의 단절과 외래문화의 무비판적 수용에서 온 것이라고 볼 수 있다. 한국의 사회구조는 그동안 급속하게 변화해왔기 때문에 당연히 전통적 가치관도 변화되어야 하겠지만, 문제는 그와 같은 가치관의 변화가 주체적으로, 또 점진적으로 이루어지지 못하고 비주체적, 단절적으로 진행되어졌다는 데 있다.[3]

전통사회에서 지배적이었던 가족주의·권위주의·특수주의 등의 가치관이 산업사회에서는 적합성을 잃게 되는 것이지만 그와 같은 전통적 가치관이 사회변화에 따라 그때그때 재규정되고 재해석되는 과정을 주체적으로 계속해왔다면 오늘날 우리가 경험하는 가치관의 혼란은 훨씬 그 정도가 낮은 것이었을 것이다. 그러나 유감스럽게도 한국사회는 일제의 침략을 받아 36년 동안 독립을 잃었고, 그와 같은 단절이 오늘날의 더욱 심한 가치관의 혼란을 초래하게 된 것이다.

전통문화를 근간으로 전통문화를 현대문명에 접목시켜 새로운 문화를 창조하여야 그 문화는 생명력이 있고 우리 고유의 문화로 발전하여 우리의 민족정기와 민족문화를 되살리고 민족의 생명력을 유지시킬 수 있다.

넷째, 가산주의, 물질주의의 가치관의 반성이 앞서야 한다. 원래 물질주의의 가치관은 서구의 산업사회에서 형성되었지만 한국사회도 1960년대 이후 산업사회가 형성되면서 전통적인 인본주의 가치관이 무너지고 물질만능의 풍토가 만연하여 그 결과 각종 사회악이 범람하는 바람직스럽지 못한 사회가 되어가고 있다. 그런데 문제는 우리나라에 있어서의 산업화 과정은 그와 같은 물질주의 가치관을 통제하고 규제할 만한 강력한 윤리적·도덕적 기반을 지니지 못한 채 진행됨으로써 물질주의는 황금만능사상으로까지 번지게 된 것이다.[4] 이와 같은 물질주의의 만연과 물신화(物神化)의 현상은 더 이상 방치해둘 수 없을 정도로 사회의 기강을 흐리게 하고 사회질서의 도덕적 기반을 크게 약화시키고 있으므로 우리는 이를 극복하지 않으면 안 된다. 이미 서구산업사회에 있어서도 인간성 회복운동으로 이러한 물질주

---

3) 위의 책, pp. 55~56.
4) 위의 책, p. 57.

의의 풍조를 극복하려는 시도가 하나의 문화의식으로 형성되어가고 있으며, 우리나라에 있어서도 전통적인 인본주의를 창조적으로 계승하면서 현대적인 인간주의를 새롭게 수용하지 않으면 안 될 것이다.

다섯째, 공동체이념의 회복이 선행되어야 한다. 조직문화의 결론에서 공동문화와 공동선을 강조한 바 있다. 공동문화와 공동선의 구축은 공동체이념의 회복으로부터 출발하여야 한다. 우리의 전통문화는 유(儒), 불(佛), 선(仙)에 기초하여 그 어느 나라의 문화보다 공동체문화의 뿌리가 깊은데도 서구문화의 무비판적인 도입의 결과 이기주의가 만연하게 된 것이다. 우리의 가치관은 우리의 고유의 공동체이념에 뿌리를 둔 '더불어 사는' 가치관의 확립이 가장 절실하다 하겠다.

서구자본주의는 자본주의 자체가 지닌 모순의 수정, 보완, 그리고 협동과 공정한 질서 속에서의 자유, 책임이 뒤따르는 시민적 자유의 개념으로 발전해오면서 자본주의국가의 문화도 발전적 변화의 길을 걸어왔다 하겠다. 그러나 세계 많은 자본주의 나라의 병든 모습을 보고 인류의 미래를 우려의 눈으로 바라보는 사람들도 많다.

결국 한국사회의 구성원이 건전한 가치관을 확립하고 정의사회를 구현하면서 함께 사는 문화를 조성하는 길은 '공동문화(共同文化)', '공동선(共同善)'의 가치관의 확립이 선행요건이라는 것을 강조하지 않을 수 없다.

똥개(Yes-men)와 사냥개(No-men)

개 중에는 똥개와 사냥개라는 두 가지 종류가 있다. 똥개는 주인이 따로 없다. 먹을 것만 주면 주인을 하루에 몇 번씩 바꿀 수 있는 놈이다. 이웃집 아주머니의 고구마 하나에 지조를 팔고 넘어가는 놈이 똥개이다. 이런 사람을 똥개(Yes-men)라 할 수 있다.

대통령선거를 전후하여 철새 정치인들이 등장하였다. 이런 정치인들은 똥개정치인이라 할 수 있다.

사냥개는 주인을 섬기는 개다. 이런 종류의 개는 절개에 살고 절개에 죽는다. 얼마 전 충청도에 홍수가 나서 도로와 하천이 모두 유실되어 폐허가 되어버린 적이 있는데 홍수에 떠내려간 개가 만신창이가 되어 주인을 찾아온 놀라운 일이 있었다. 만일 이 개를 사람과 비교한다면 이런 사람은 지조가 있는 사람이요, 소신이 있는 사람이다. 역사는 이런 사람들에 의해서 창조되는 것이다.

똥개와 사냥개는 그 종류에 따라 산다. 똥개는 영원한 똥개요, 사냥개는 영원한 사냥개다. 그러나 사람은 교육과 환경에 따라 똥개가 사냥개가 되고 사냥개가 똥개도 될 수 있다.

Ⅲ 인간의 삶과 태도

1. 태도의 의미에 대하여

우리는 인생을 살면서 매일 수많은 사람들과 대화하고, 수많은 사물을 대하면서 살아간다. 이와 같이 만나고 접하는 사람과 사물을 대하다 보면 그에 대해 좋아하거나 싫어하는 느낌이 생기는데, 이를 태도라 할 수 있다. 그런데 태도(attitude)는 가치관보다는 범위가 좁고 덜 포괄적인 개념으로서 가치관과는 달리 도덕적인 판단을 포함하지는 않는다는 데서 가치관과 차이가 있다. 즉, 태도는 한 개인이 어떤 대상에 대하여 특정한 방향이나 방법으로 감정을 갖거나 행동하게 되는 지속적인 경향이라고 정의할 수 있으며, 이 정의에 따르면 다음과 같은 두 가지 특징을 지적할 수 있다.

첫째, 태도는 지속적(持續的)이라는 점이다. 즉 어떤 대상에 대한 개인의 태도는 이를 변화시키는 요인이 작용하지 않는 한, 같은 상태로 계속된다는 점이다. 물론 개인적 요인이나 환경요인이 바뀌면 그 사람의 태도도 변화되기 마련이다. 그러나 우리들이 관심을 가지고 있는 태도는 일반적으로 개인들에게 매우 중요한 것이어서 지속적일 뿐만 아니라 변화에 저항하기까지 하는 것이다.

둘째, 개인의 태도는 특정대상지향적(特定對象指向的)이며 개인이 어떤 대상에 대하여 가지는 감정이나 신념과 관련되어 있다는 점이다. 예를 들어 종업원이 직장에 대해 나쁜 태도를 갖고 있다는 것은, 그가 임금·작업조건·감독자·직장동료 또는 주어진 업무 등과 같은 특정대상에 대하여 부정적인 감정이나 신념을 지니고 있음을 시사한다는 것이다.

2. 태도의 구성요소

태도는 상호 관련을 가지는 서로 다른 세 가지의 심리적 경향들로 나누어 볼 수 있는바, 감정적(emotional) 경향, 정보적(informational) 경향 및 행동적(behavioral)

경향 등이 바로 그러한 세 가지 요소이다.

이상의 세 가지 요소경향과 관련하여 주목하여야 할 점은 우리가 다른 사람의 행동적 경향만을 직접 지각할 수 있다는 점이다. 우리들은 다른 사람이 어떤 대상을 좋아하는지의 여부와 어떻게 인지하고 있는지를 직접 관찰할 수 없으며, 다만 그의 얼굴 표정이나 발언 내용 및 기피·접근 등의 행동을 통해서 이것들을 추론할 수 있을 뿐인 것이다. 이는, 인간이 천의 베일을 쓰고 사는 동물임을 말해주는 것이다. 즉, 인간을 알되 그 얼굴을 알지만 그 마음은 알기 어렵다(知人知面不知心)는 명심보감의 잠언이 말해주듯이 인간의 마음속을 알기는 어렵기 때문에 밖으로 나타나는 행동적 경향만이 뚜렷이 인식되는 것이다.

만일 심리학이 발달하여 인간의 마음속을 100% 인지하는 도구가 발명된다면 인간사회는 너무도 기계적이고 삭막한 사회가 되고 말 것이다. 신은 인간의 월권을 허용하지도 않을 것이며 또한 그런 사회가 오지도 않으리라!

그러나 과학의 발달로 4차 산업혁명의 시대가 와서 인간 사회에 새로운 변화의 물결이 일어나고 있다. 인공지능의 시대가 되어 학습하고 생각하는 기계가 출현하고 인간의 모든 행동을 예측하고 대행하려 시도하는 시대가 왔다. 인공지능이 입사시 자기소개서를 분석하고 면접을 하는 놀라운 시대가 왔다. 인간은 영적인 동물이다. 학습하고 생각하는 인공지능시대라 하더라도 면접시 호 불호의 감정은 통계가 아닌 영적인 영역에까지 미칠 수 있다. 앞으로 인공지능을 어떻게 우리 인간에게 유익한 방향으로 사용할 것인가의 문제가 최대의 과제이다.

3. 태도형성의 원천

태도는 학습을 통해 형성되는 것이지 결코 타고나는 것이 아니다. 인간은 살아가면서 경험을 통해 태도를 형성하며, 이러한 태도를 강화할 때 이들은 계속 유지되는 것이다. 태도를 형성하는 방법에는 다음과 같이 여러 가지 방법이 있다.

1) 대상에 대한 직접경험

태도는 어떤 대상과 관련하여 개인적으로 겪는 보상 또는 처벌의 경험으로부터 형성될 수 있다. 백 번 듣는 것이 한 번 보는 것만 못하다(百聞而 不如一見)는 속담과도 같이 어떤 대상에 대한 직접경험이 태도 형성의 가장 강한 원천이 된다. 이러한 예는 우리의 인간 생활에서 수없이 찾아볼 수 있다. 일제시대 만주의 731부대는 생체실험으로 악명이 높았다. 그 현장을 직접 관찰함으로써 일본사람들의 잔악상을 더욱 잘 느끼게 되고 일본인에 대한 태도가 형성된다.

2) 연상(association)

어떤 대상에 대한 태도는 그 대상을 개인이 이미 태도를 형성하고 있는 다른 대상과 관련지음으로써 형성될 수도 있다. 어느 지역을 여행하면서 우연히 만난 그 지역 사람에게 친절한 대접을 받게 되면 그 지역에 대한 이미지(image)를 그 사람의 친절과 결부시켜 인심이 후한 지역이라고 생각하게 될 것임은 분명하다. 이처럼 우리는 연상을 통해서 대상에 대한 이미지를 형성하고 그에 대처하는 생활을 하게 된다.

3) 타인으로부터의 학습

태도는 어떤 대상에 대하여 다른 사람으로부터 들은 바에 의해서도 형성될 수 있다. 역사공부를 통해서, 저작물을 통해서 특정인에 대하여 특정지역에 호·불호의 태도가 형성된다.

4. 태도의 기능

사람들은 어떤 태도가 자신에게 무엇인가 도움이 되기 때문에 그 태도를 유지한다. 태도의 기능주의적 이론[5]에 따르면 태도는 개인에게 다음과 같은 네 가지 기능을 수행해준다고 한다.

1) 탐구적 기능(knowledge function)

태도는 개인이 자신의 지식·경험·신념을 체계화하고 이해하는 데 도움을 준다. 즉 태도는 개인이 지각을 하는 과정에서 표준(standard)이나 표준의 틀(frame of reference)의 역할을 해 줌으로써 지각의 명확성과 안정성을 제공하는 것이다. 5·16이나 5·18이라는 상황을 개인이 적절하게 취급하고 이해할 수 있도록 해주는 것

---

5) Daniel Katz, "The Functional Approach to the Study of Attitude Change," *Public Opinion Quarterly*, vol. 24(1960), pp. 163~204.

은 정치에 대한 그 자신의 태도에 기인한 것이다. 즉, 5·16이나 5·18에 대하여 부정적인 태도를 갖는 정치인이 있는가 하면, 반대로 긍정적인 태도를 갖는 정치인도 있다. 따라서 새롭고 변화하는 상황을 지각하는 데에 적합한 태도는 계속 유지되나, 이에 부적합한 태도는 일관성을 상실하게 되어 없어지는 것이다.

2) 적응도구기능(instrument function)

인간은 양면성을 가지고 있다. 뚜렷하게 성향이 나타나지 않는 사람들은 민주당 쪽에 가면 민주당의 주장에 긍정적인 태도를 보이고, 한국당에 가면 한국당의 주장에 동조를 보인다. 양쪽에서 소외를 당하기 싫기 때문에 그런 이중적 태도를 보인다. 이런 성향의 사람들은 이쪽에 가면 이쪽의 주장에 저쪽에 가면 저쪽의 주장에 동조하는 척한다. 인간은 정말 어려운 동물이다.

3) 가치표현적 태도(value—expressive function)

태도는 개인이 가진 중심적 가치관 또는 자아 이미지(self—image)를 명확하게 표현하도록 해준다. 개인의 자유 신장에 큰 비중을 두는 사람은 조직 내의 권한위양, 제복기준의 완화, 융통성 있는 작업계획 등에 대해 긍정적인 태도를 표할 것이다. 또한 양심범은 육체적 고난을 무릅쓰고 자기의 신념을 표현하여 정신적 자유와 만족을 누리고자 할 것이다. 도산 안창호 선생은 한국의 청년들에게 '거짓말하지 말아라: 죽어도 거짓말하지 말아라' 하고 충고하였다.

일제 식민지시대 독립운동을 하면서 해방 후 민주화 운동을 하면서 수많은 양심범들이 감옥생활을 하였다. 적응도구적 기능과는 반대로 자기의 가치를 적극적으로 표현한 것이다.

4) 자아방어적 기능(ego—defensive function)

인간은 어떤 문제에 봉착하게 되면 자기방어의 태도나 행동을 취하게 된다. 케네디 대통령은 각료회의에서 유명한 말을 남겼다. "어떤 전략이 성공하면 아버지가 많이 생기고, 실패하면 고아가 된다"라고.

신화를 창조한 흑인여성 오프라 윈프리(Oprah Winfrey)

2008년 미국에서 세계를 움직인 10인 중 1위를 차지한 흑인여성, 옆에 같이 앉기를 원하는 사람 1위로 선정된 인물은 미국 토크쇼의 주인공 오프라 윈프리였다. 그녀가 이렇게 신화를 만들어 낸 힘의 원천은 어디에서 왔을까?

어린 시절, 그녀는 사생아로 어머니와 함께 살았다. 9세쯤에 친척에 의해서 성폭행을 당했고 14세에는 조산아를 낳았다. 또 어머니의 돈을 훔쳐 집을 나온 후 연상의 아이들과 성 놀이를 즐겼다. 그들을 즐겁게 하기 위해서 마약을 복용했던 타락한 여성이었다. 그의 어머니가 윈프리를 기르는 데 자신이 없어서 전 남편에게 윈프리의 양육을 부탁하여 그녀는 그녀의 아버지와 같이 살게 되었다. 그녀의 양어머니도 자식이 없어서 그녀를 친딸처럼 길렀다. 윈프리의 아버지는 그녀를 엄하게 길렀다. 윈프리는 아버지가 인생의 스승이라고 늘 말하곤 하였다. 아버지를 만난 후 그녀의 인생은 변하기 시작하여 전 세계에서 가장 성공한 여성이 되었다. 그녀는 명예와 부를 누리게 되었고 윈프리 토크쇼에 참석한 270명의 참가자에게 자동차를 한 대씩 선물할 정도로 통이 큰 자산 15억 달러의 부자가 되었다.

흑인에다 뚱뚱했고, 가난하고 불행했던 그녀의 불가사의한 성공비결은 무엇일까?

첫째, 끝없는 지적탐구였다. 그의 아버지는 일주일에 적어도 한 권의 책을 읽게 했다. 그녀는 독서가 내 인생을 바꿨다고 말하였다.

둘째, 책임감이었다.

셋째, 목표와 열정이었다.

이런 이야기들은 누구나 다 할 수 있지만 실천이 문제이다. 오프라 윈프리의 십계명을 보자.

1. 남들의 호감을 얻으려 애쓰지 말라.
2. 앞으로 나아가기 위해 외적인 것에 의존하지 말라.
3. 일과 삶이 최대한 조화를 이루도록 노력하라.
4. 주변에 험담하는 사람들을 멀리하라.
5. 다른 사람들에게 친절하라.
6. 중독된 것들을 끊어라.
7. 당신에 버금가는 혹은 당신보다 나은 사람들로 주위를 채워라.
8. 돈 때문에 하는 일이 아니라면 돈 생각은 아예 잊어라.
9. 당신의 권한을 다른 사람에게 넘겨주지 말라.
10. 포기하지 말라.

5. 태도의 변화

1) 태도변화의 원인에 관한 이론

개인은 어떤 대상에 대한 자신의 태도의 구성요소들 간의 사이 또는 그 대상에 대한 태도와 행위 사이의 일관성을 유지하려고 애쓰지만, 가끔 이들 사이에 뚜렷한 모순 내지는 불일치가 발생하게 된다. 사람들은 이러한 불일치에 불편함을 느끼게 되므로 불일치를 조정하여 일관성을 회복하려고 하는데, 그러한 노력의 결과 태도가 변화하게 된다.

따라서 태도변화의 원인을 이해하기 위해서는 우선 태도의 일관성 및 '태도·행위'의 일관성을 이해할 필요가 있는 것이다.

태도변화의 원인에 관한 이론에는 균형이론(balance theory), 조합이론(congruity theory), 인지부조화이론(cognitive dissonance theory) 등이 있는데, 여기에서는 현대 사회에서 제일 중요시되는 인지부조화이론에 대하여 설명하고자 한다.

2) 인지부조화이론

인지부조화이론(cognitive dissonance theory)은 페스팅거(L. Festinger)에 의해 제시된 것으로 사람들의 태도변화의 원인을 설명해주는 가장 설득력 있는 이론으로 받아들여지고 있다. 인지부조화란 「두 가지 대안 중에서 하나를 선택할 때 일어나는 심리적 불안상태」라고 할 수 있다. 인지부조화가 나타나는 대표적인 예로 남녀 간의 삼각관계를 들 수 있으나, 이 외에도 인생의 길 자체가 여러 가지 대안 중에서 하나의 대안을 선택하는 삶이기 때문에 우리는 일상생활에서 많은 인지부조화로 고민하게 된다. 사람들이 이러한 심리적 불안상태에 빠지게 되면 그러한 불안에서 탈피하고자 하는 인지적 부조화의 증상을 보이게 되는데, 대표적인 증상으로는 공격(aggression), 합리화(rationalization), 퇴행(regression), 고착(fixation), 체념(resignation) 등이 있다.

다음에서 인지부조화의 결과로 나타나는 증상의 개념을 설명하여 보자.

공격(aggression): 이는 욕구 불만이 공격적인 형태로 나타나는 것을 말한다. 공격에는 직접 공격과 간접 공격이 있다. 직접 공격은 회사나 조직에서 상사로부터 주의를 받고 상대방과 분쟁이 일어나면 직접 공격하고 항명하고 싸우는 것과 같은 방법을 말한다.

간접공격은 위와 같이 동일한 사건이 발생할 때 집에 들어와 죄 없는 강아지에게 발길질을 하고 현관문을 부수고 바가지를 깨는 스타일이다. 간접공격형은 비굴형이다.

건전한 공격형이 있다. 이는 건전한 운동을 하여 스트레스와 갈등을 해소하고 건전한 방법으로 인지부조화를 해결하는 방법이다. 옛날 자유당 시절 이승만 대통령은 인지부조화 현상이 일어나면 뒤뜰에 나가서 장작을 팼다고 한다. 경무대 뒤뜰에는 항상 도끼와 장작이 마련되어 있었다고 한다. 탁구·등산 등 운동을 하는 방법은 건전한 간접공격의 방법이 될 수 있다.

합리화(rationalization): 인간은 핑계의 동물이다. 인간관계에서 일어나는 사건에 대하여 갖가지 핑계를 대고 책임을 회피하려는 태도이다.

퇴행(regression): 욕구불만이 일어나면 청개구리식 행동을 하는 것을 말한다. 가정, 친구관계, 직장에서 욕구가 해소되지 않으면 반항적 행위를 하기도 한다. 이러한 사람은 문제아이다.

고착(fixation): 인지부조화 현상이 일어났을 때 스스로 감옥을 만들어 융통성이 없이 동일한 욕구를 계속해서 고집하는 것을 말한다. 이런 사람은 청개구리형이다.

체념(resignation): 모든 것을 포기하고 될 대로 되라는 식으로 사는 태도를 말한다. 인생을 포기한 유형의 사람으로 바람직스럽지 않은 형태이다.

(1) 인지적 부조화의 회피와 경감

인지적 불협화를 회피하거나 완화하려는 동기의 강도는 불협화의 크기가 커질수록 강해진다. 그런데 인지적 불협화의 크기는 주로 그와 관련된 협화적 인지요소의 수와 불협화적 인지요소의 수의 비율 및 인지요소가 개인에게 얼마나 중요한 것이냐 하는 두 가지 점에 의해 결정된다. 즉,

$$인지적\ 불협화의\ 크기 = \frac{불협화관계의\ 인지요소\ 수\ \times\ 중요도}{협화관계의\ 인지요소\ 수\ \times\ 중요도}$$

라고 할 수 있다. 담배를 많이 피운다는 인지요소와, 담배는 폐암의 원인이 된다는 인지요소 사이의 불협화의 크기는, 흡연한다는 요소와 협화적인 인지요소(담배를 피

우면 기분전환이 된다, 담배를 안 피우면 속이 거북하다)의 수와 불협화적인 요소(폐암에 걸리면 죽는다, 담배를 안 피우는 사람이 많다)의 수 중 어느 편이 더 마음에 걸리느냐 하는 점이 문제가 되는 것이다. 그리하여 불협화가 커지면 우리는 그것을 경감하려고 하고 불협화가 커질 듯하면 그것을 회피하려고 한다. 이러한 방식은 구체적인 경우에 따라 다소 다르기는 하지만 기본적으로는 다음의 네 가지 사항이 고려된다.

① 서로 불협화인 인지요소의 한쪽을 바꾸어 다른 쪽과 협화시키는 방법, 담배를 예로 든다면, 흡연을 중지하고 금연을 함으로써 나는 흡연가라는 인지요소를 비흡연가라는 요소로 바꾸어버리는 것이다.

② 기존의 요소와 불협화가 될 듯한 새로운 정보를 회피하거나 왜곡 이해를 하는 방법, 즉 담배는 폐암의 원인이라는 기사를 읽지 않는다든지, 담배와 암과의 관계에 관한 연구결과는 과학적인 근거가 없다고 독단적으로 생각해버리는 것이다.

③ 새로운 협화적 요소를 추가한다. 요즘의 담배는 니코틴이나 타르의 함유량이 극히 미소하더라는 정보를 좋아한다.

④ 불협화적인 요소의 중요도를 과소평가해 버린다. 즉 폐암도 조기에 발견하면 쉽게 고칠 수 있으며 폐암 정도는 큰 문제가 아니라고 생각하는 경우를 그 예로 들 수 있다.

그림 5-2 │ 인지부조화 해결과정[6]

---

[6] 임창희, 「조직행동」(2판), p. 127.

(2) 의사결정과 관련된 인지부조화

인간은 자기가 선택한 행위에 대하여 후회하는 경우가 가끔 있다. 대학 진학 후, 결혼 후, 직장에 간 후, 어떤 사업을 시작한 후, 때때로 후회하며 선택하지 않은 대안에 대하여 미련을 갖는 경우가 있다. 이처럼 여러 대안들 중에서 하나를 택한 경우에 선택되지 못한 대안들에도 좋은 측면이 있을 뿐만 아니라 선택이 잘못되었을 수도 있기 때문에 갈등들이 발생하는 것이다. 이러한 갈등은 그 의사결정이 개인에게 중요할수록 또한 선택하지 않은(못한) 대안들의 매력이 크면 클수록 커지기 마련이다. 개인은 이러한 부조화를 줄이기 위해서, 선택된 대안의 매력에 대한 인지를 늘리거나 기각된 대안의 매력에 대한 인지를 줄임으로써 자신의 결정을 심리적으로 정당화시키는데, 의사결정 전에 의사결정상의 어려움이 크면 클수록 이러한 정당화노력은 커진다.

████████ 사물에 대한 태도의 경험: 옛 조상을 팔아먹고 사는 이집트의 모습

2007년 6월, 머나먼 하늘 길을 날아 이집트 여행길에 올랐다. 피라미드와 스핑크스의 나라를 보기 위하여 얼마나 벼르던 여행이었던가.

피라미드, 스핑크스, 나일 강, 룩소르 등 이집트는 전 국토가 박물관이었다. 카이로에 있는 이집트 박물관에 전시되어 있는 투탄가문이라는 3,700년 전 18세에 죽은 어린왕의 무덤에서 나온 유물은 목록 작성에만 10년이 걸렸다고 한다. 이집트의 대부분의 왕들의 무덤은 도굴당하였는데 이 왕의 무덤만은 원형 그대로 발견되었기 때문에 유물이 많았다. 특히 왕의 황금 마스크는 살아 있는 모습을 보는 듯하여 눈을 뗄 수 없었다.

상상을 초월하는 이집트 박물관의 유물들 중 특이한 전시물이 있었다. 그것은 로세타(Rosetta)라는 모조품 돌비석이었다. 1799년 보우카르드라는 프랑스 대장이 로세타 도시에서 4km 떨어진 곳에 줄리안이라는 요새성을 쌓는 중 문자가 쓰여진 돌을 발견하였는데 그 돌에는 상형문자와 그리스문자, 그리고 민용문자(민간에서 쓰는 문자) 세 가지가 새겨져 있었다. 원석은 영국의 대영박물관에 있다고 한다. 그 당시 영국이 이집트의 지배세력이었기에 영국군에 의해서 영국으로 반출되었다고 한다. 그런데 왜 3~4천년 전의 유물들 속에 왜 그 모조품이 전시되어 있을까? 그 돌비석에 새겨져 있는 상형문자의 해석을 통해서 이집트의 고대 역사와 왕들의 무덤에서 나오는 문자들을 해석하여 이집트의 역사를 정리할 수 있었기 때문이라고 한다.

그 돌비석에 한 학자의 상이 조각되어 있다. 그 학자는 프랑스 학자 프랑코스 켐폴리언으로 다른 영국학자와 함께 20여 년 동안 200명의 연구원을 동원하여 상형문자를 해석해낸 위대한 학자였기 때문이라고 안내인은 설명하였다. 그는 위대한 학자였다. 필자도 책 속에 사는 사람인데 그는 진정 위대한 학자라는 감탄사가 나왔다. 3~4천년 전의 유물들 속에 현대적인 것은 오직 그 학자의 흉상뿐이었다.

그 화려하고 장엄하고 불가사의한 이집트를 찾아갔는데 공항에서부터 긴장하기 시작하였다. 우리는 가족 일행 다섯 명이었는데 여행을 안내하겠다는 사람들이 4, 5명, 화장실에는 20대 건장하고 잘생긴 청년들이 2, 3명, 호텔에 가면 입구에 경찰이 경비를 하고 있는 나라였다. 호텔도, 여행지의 식당, 화장실도 불편하고 짜증의 연속이었다. 거리에는 적선을 부탁하는 사람들, 교통 신호등 없는 카이로. 그 거대하고 위대한 나라의 오늘의 모습은 왜 이렇게 되었을까? 무슨 인과응보의 법칙이 작용한 것일까?

이집트 사람들은 옛 조상들을 팔아먹고 살고 있었다. 이집트에 대한 나의 태도와 견해에 많은 혼란이 밀려왔다. 어떤 대상에 대한 태도에는 보고 접촉하고 느끼는 것이 중요한 듯싶다.

3, 4, 5천년 전에 건설한 불가사의한 피라미드·스핑크스·룩소르의 거대한 지하 왕들의 상상할 수 없는 사후의 궁전. 도굴당한 왕들의 텅 빈 무덤들 등 이집트 전 국토는 문자 그대로 고대 유물의 창고였다. 현대과학으로도 설명하기 어려운 위대한 건축술은 경이, 경이 그것이었다. 룩소르의 화려한 여왕의 장제전(왕들의 장례식장) 옆 바위 속에서는 29구의 왕들의 관이 묻혀 있었다고 한다. 도굴꾼들이 귀중품은 가져가고 텅 비어 있는 관만 버려 놓았다는 안내인의 설명을 듣고 인생무상을 가슴으로 느꼈다.

이집트 여행에서

위대한 문명도 영원할 수 없다는 것을, 인류의 역사는 상형문자를 해독하는 데 인생을 바친 위대한 학자들이 있었기에 발전하고 있다는 것을,

영원한 삶을 위해서 권력과 부를 이용하여 불가사의한 사후의 궁전을 쌓았던 절대 권력자들도 흔적조차 사라지고 없는 무상의 인생을 깨달았다.

이집트인들에게 외치고 싶었다. 이집트인들이여! 조상을 욕되게 하지 말라! 악취가 코를 찌르는 화장실에서 나오라! 분발하라! 현대판 피라미드와 스핑크스를 건설하라!

라고…

이집트 여행길에서 인생에 대해서, 불가사의한 이집트의 고대문명에 대해서, 국민소득 1,400불을 맴돌고 있는 가난한 나라 이집트의 오늘에 대해서 결론 없는 많은 생각을 하였다.

이집트의 오늘은 우리의 반면교사(反面教師)다.

독자들이여! 인간은 자기 인생의 조각가이고 화가이다. 자기의 인생을 아름답게 그리고 조각하라.

제6장

인간의 상호작용과 인간관계

인간은 시간을 만들지는 못하지만
시간을 활용하는 지혜를 타고났다.

위대한 경영자 마쓰시다

오늘날 수많은 전자제품에 둘러싸여 사는 우리 가운데 파나소닉(Panasonic)이라는 상표를 모르는 사람은 거의 없을 것이다. 파니소닉의 상표로 유명한 松下電氣會社는 회사의 창업자인 松下辛之助의 이름을 따서 붙인 것이다.

마쓰시다는 국민학교 4학년을 중퇴하고 자전거 판매점에서 자전거 수리기술을 익히며 어린시절을 보냈다. 두 개의 소켓이 달린 전등으로 출발한 마쓰시다 전기회사의 창업이념은 바로 '고객에게 만족과 기쁨을 주는 봉사'라는 것이다.

그러한 창업이념을 토대로 마쓰시다 전기회사는 계속기업으로 성장해 왔다. 마쓰시다는 공원의 수도꼭지에서 흘러나오는 물을 보면서 전국민에게 혜택을 줄 수 있는 대량생산의 원리, 즉 수돗물철학을 생각해냈으며, SONY의 Betamax비디오가 1970년대에 먼저 출시되기 시작했음에도 고객을 먼저 생각하는 松下는 목전의 이익은 제쳐두고 하드웨어보다는 소프트웨어의 개발에 보다 힘써 VHS의 보급에 힘썼다.

마쓰시다의 전 사원들은 오늘날 松下가 사망한 뒤에도 마쓰시다 전기회사의 이념을 조회 때마다 암송하며 하루를 시작한다.

마쓰시다, 그는 한 사람의 기업인이기에 앞서 위대한 사상가였던 것이다.

평생 동안 단 한명의 직원도 해고시키지 않은 것으로 유명한 그는 그가 성공한 창업자가 될 수 있었던 비결을 3가지로 말했다.

"나는 하느님이 주신 3가지 은혜 덕분에 크게 성공할 수 있었다. 첫째, 집이 몹시 가난해 어릴 적부터 구두닦이, 신문팔이 같은 고생을 통해, 세상을 살아가는데 필요한 많은 경험을 쌓을 수 있었고, 둘째, 태어났을 때부터 몸이 몹시 약해, 항상 운동에 힘써 왔기 때문에 건강을 유지할 수 있었으며, 셋째, 초등학교도 못 다녔기 때문에 모든 사람을 다 나의 스승으로 여기고 누구에게나 물어가며 배우는 일에 게을리 하지 않았다."

자신에게 불리한 환경을 오히려 강점이 되도록 만들 수 있었던 그의 가치관이야말로 나약한 현대인에게 큰 교훈을 주고 있다.

일본 천년의 역사에서 松下는 가장 존경받는 인물로 평가받고 있다.

그는 신문 기자와의 회견에서, '당신의 성공비결이 무엇이라고 생각하십니까?'라는 질문에

"몸이 약했기 때문"이라고 대답하여 유명한 일화를 남겼다.

I   퍼스낼리티(Personality)와 인간관계

1. 퍼스낼리티(Personality)란?

지구상에 살고 있는 모든 사람들은 각자 자신의 특성을 가지고 살아간다. 어떤 사람은 성격이 급하고, 어떤 사람은 느긋하는 등 천차만별들의 성격을 지니고 있다. 왜 그럴까? 어떤 사람들은 조용하고 수동적인 데 반하여 어떤 사람들은 떠들썩하고 적극적일까? 이러한 개인 간의 차이를 설명해줄 수 있는 요인은 무엇일까? 이상과 같은 물음에 대하여 심리학자들은 가치관이나 태도와 같은 개념만으로는 파악할 수 없는 개인의 특성이 존재하며, 이러한 특성은 한 개인을 전인적으로 파악함으로써만 이해가 가능하다고 생각하게 되었다.

퍼스낼리티(personality)란 바로 이러한 개인의 차이를 전인적인 관점에서 파악하기 위해 개발된 개념이다. 인간은 성숙해감에 따라 여러 가지 자극에 대해 습관적인 행동패턴과 조건반사의 경향을 스스로 형성해간다. 그런데 다른 사람들의 눈에 비친 습관적인 행동패턴의 총합이 그 사람의 퍼스낼리티를 결정하게 된다. 즉 인간의 퍼스낼리티는 아래와 같이 나타낼 수 있는 것이다.

퍼스낼리티(personality) = 습관 a, 습관 b, 습관 c, ⋯, 습관 n

여기에서 퍼스낼리티에 대해 종합적인 정의를 내려보면, 퍼스낼리티란 한 사람의 심리과정의 어떤 단면을 나타내는 개념이 아니라 각 단면들의 포괄적인 총체(aggregate whole)를 의미하는 개념이다. 흔히 퍼스낼리티와 가치관, 태도, 지각, 학습 등과 같은 단면적 심리상태 혹은 과정의 관계는 어린아이들이 가지고 노는 맞추기용 조각그림에 비유된다. 즉 하나하나의 심리적 과정을 조각그림이라고 한다면, 퍼스낼리티는 조각그림들로 맞추어놓은 완전한 그림이라는 것이다.

인간은 어떤 퍼스낼리티를 가지고 있느냐에 따라 그의 행동에 영향을 받는다. 따라서 어떤 사람이 동일한 상황하에서 동일한 행동을 하게 되면 그 사람의 행동을 보고 그 사람을 알게 되는데, 그것을 통해 우리는 그 사람의 퍼스낼리티를 알 수 있으며, 결과적으로 그 사람의 퍼스낼리티를 알고 있으면 그 사람에게서 어떤 종류의 행동을 기대할 수 있고, 또 그러한 행동을 예측하는 것까지도 가능하다.

2. 퍼스낼리티(Personality)의 결정요인

퍼스낼리티에 대한 초기의 연구들은 퍼스낼리티가 유전에 의한 것인지 아니면 환경에 의해 결정되는 것인지에 대해서 갑론을박(甲論乙駁)을 거듭하였다. 그러나 퍼스낼리티가 출생 이전에 이미 결정되어 있는 것인지 아니면 개인이 자신의 환경과 끊임없는 상호작용을 통해 형성해 나가는 것인지에 대한 명쾌한 해답을 아직까지 내리지 못하고 있어서 퍼스낼리티는 이들 양 요인에 의해 결정되는 것으로 보인다. 이에 덧붙여서 최근에는 퍼스낼리티의 제3의 결정요소로서 상황(situation)에 대한 관심이 점차 증대되고 있다. 따라서 최근에는 퍼스낼리티란 [그림 6-1]과 같이 유전적 요인(heredity factors) 및 환경적 요인(environmental factor)에 의해 형성되며, 상황적 표준(situational conditions)에 의해 수정되는 것이라는 견해가 일반적으로 받아들여지고 있다. 그러나 여기에서는 상황적 요인을 경험과 학습으로 대체하여 설명하고자 하는데, 이는 경험과 학습이 인간의 퍼스낼리티를 형성하는 데 후천적인 면에서 중요한 요인으로 인식되기 때문이다.

그림 6-1 | 인간의 퍼스낼리티

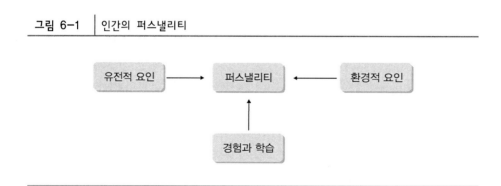

1) 유전적 요인

인간은 어머니의 태내에서 부모로부터의 유전형질을 받게 된다. 이 유전은 인간의 모든 행동 및 발달의 잠재력을 지니고 있다고 할 수 있다. 즉, 유전적 요인이란 잉태의 순간에 이미 결정되는 제 요인을 가리킨다. 한 개인의 신장, 용모, 성, 체질(temperament), 근육의 구성성분과 반사작용의 정도, 정력(energy)의 크기 및 생물학적 리듬(biological rhythms) 등은 자기 부모의 생물학적, 생리학적 및 고유한 심리학적 성질에 의해 완전하게 혹은 실질적으로 결정되는 특성들이다.

그런데 만약 인간의 퍼스낼리티가 유전적인 것이라면, 우리 모두의 퍼스낼리티는 태어날 때부터 고정화되어 아무리 많은 경험을 쌓아도 변경되지 않을 것이다. 매우 느긋하고 안이한 성품을 가지고 있는 사람은 이러한 성품이 자신의 유전자에서 비롯된 것이므로 이를 변경시키는 것이 불가능하다는 것이다. 따라서 이 접근방법은 가문이나 혈통을 중요시하는 외고집쟁이들에게는 매우 호소력 있는 것일지 몰라도 퍼스낼리티를 설명하는 적절한 접근방법은 되지 못한다. 그래서 다음에서 설명하는 환경과 학습의 요인이 필요한 것이다.

2) 환경적 요인

인간의 성격은 인간이 살고 있는 환경의 영향을 받는다. 맹모삼천지교(孟母三遷之敎)에서와 같이 인간은 환경의 영향을 받으면서 성장한다. 즉, 인간은 환경의 아들인 것이다. 개인의 퍼스낼리티를 형성하는 데 영향을 미치는 환경요인(environmental factors)으로는 성장배경이 되었던 문화, 과거의 생활여건, 가족이나 친구 및 사회적 집단들의 규범 및 과거에 경험한 사건 등을 들 수 있다. 즉 개인이 접해온 모든 환경요인들이 자신의 퍼스낼리티를 형성하는 데 있어서 매우 중요한 영향을 미치게 되는 것이다.

문화(culture)를 예로 들어보자. 문화는 한 세대에서 다음 세대로 이어져 내려가면서 시간의 경과를 초월하여 일관성을 유지하게 되는 규범이나 태도 및 가치관 등을 확립한다. 따라서 어떤 문화에서는 장려되는 이상(ideology)이 다른 문화에서는 별로 중요시되지 않기도 한다. 즉 우리나라 사람들은 인화(人和)와 협동(協同)을 중시하고 개인보다는 가족을 중시해야 한다는 것을 집에서, 학교에서, 선배나 친구들에게서 또는 책을 통해서 꾸준히 배워 왔다. 그 결과 우리나라 사람들은 매사에 수동적이며 자신의 개성을 강하게 표현하지 않는 경향을 갖게 되었다. 반면에 근면, 성공, 경쟁, 독립심 및 프로테스탄트 윤리 등을 권장하는 문화 속에서 성장한 미국인들은 우리나라 사람들보다 적극적이고 자신의 개성을 강조하는 성향을 갖고 있는 것이다.

최근에 와서 우리나라의 공동체적 전통문화도 서구의 개인주의 문화가 유입되어 우리나라의 청년층, 중장년층들도 서구화, 세계화가 되어가고 있어 퍼스낼리티 형성에 많은 영향을 받고 있다.

퍼스낼리티를 결정하는 주요 요인이 유전적이라는 주장과 환경요인이라는 주장 모두를 주의 깊게 검토해보면, 양 요인이 모두 중요하다는 결론을 내릴 수밖에 없다. 즉, 유전적 요인이 기본적 성향(parameters) 내지는 신체적인 성향(outer limits)을 결정하지만, 그 한계 내에서 개인이 구체적으로 어떠한 퍼스낼리티를 갖게 될 것인지는 그 사람이 자신의 환경이 요구하는 바에 어떻게 적응하느냐에 따라 달라지게 된다고 결론지을 수 있는 것이다.

3) 경험과 학습

미국의 Dunlop이라는 유명한 학자는 어렸을 때 너무 가난하여 빈민촌에서 살았다. 어느 날 부잣집 친구의 집에 놀러 갔었는데 그 친구의 어머니가 그 친구에게 '저 애하고 놀지 마라. 저애는 저 앞 달동네 아이 아니니?'라는 이야기를 들었다. 그 친구 어머니의 말이 평생 그의 가슴에 남아 있었다고 한다. 이것이 경험과 학습이다.

환경은 자신이 살고 있는 곳이고, 경험은 자신의 주변에서 자신과 관련해서 발생하는 일이다. 사람마다 다르겠지만, 자신의 일상적인 경험에 의하여 성격과 인생관이 형성된다.[1]

인간은 자신이 갖게 되는 경험을 마음속에 축적한다. 그리고 그러한 경험에 대한 반응은 인간이 나중에 어떻게 앞으로의 일을 대처할 것인가를 결정하는 데 도움이 된다. 인간은 자신의 경험을 타인도 알고 있는 객관적 사실로 인정하고, 타인들도 자신과 동일한 사실적 경험을 할 것이라고 기대하며, 더 나아가 어떤 일이나 사물을 "자기 방식대로" 보는 경향이 있다.

경험과 더불어 인간은 어떤 학습을 받았는가가 중요하다. 우리는 유치원부터

---

1) Ann Ellenson, 「교양인간관계론」, 주삼환·명제창(역)(서울: 法文社, 1987), p. 31.

대학에 이르기까지 학습을 계속하고, 또 독서와 견문을 통해서도 학습을 하며, 그 학습을 통해서 퍼스낼리티의 결정에 영향을 받는다. 인간의 성격과 인생관을 형성하는 데 학습은 중요한 역할을 한다. 앞서 이야기하였지만, 플라톤(Plato)은 인생에 있어서 4가지 것을 감사했는데, 첫째는 희랍인으로 태어난 점, 둘째는 자유인으로 태어난 점, 셋째는 남자로 태어난 점, 마지막으로는 소크라테스(Socrates)의 제자로 태어난 점을 감사하였다. 만일 플라톤이 소크라테스 같은 스승을 만나지 못했더라면 그의 할아버지처럼 정치인이 되었을는지도 모른다.

3. 퍼스낼리티(Personality)의 이론

1) 유형이론

유형이론(type theories)은 특성이론을 확장시킨 이론으로서, 특정 특성을 찾아내려고 하기보다는 범주 내에 포함되는 특성들을 집단화하려고 시도하는 이론들이다. 패기(ambition)와 적극성(aggression)이라는 두 특성은 상관관계가 매우 높기 때문에 이들을 같은 범주에 속하는 성질들로 보고, 이들을 포함하는 범주(category) 또는 집단(group)을 다른 범주와 구분해줄 수 있는 기준들을 찾아내려고 하는 이론들이다. 이와 같은 유형이론에도 여러 가지 이론들이 있으나 여기에서는 셸든의 이론만을 설명하기로 한다.

셸든(William H. Sheldon)의 신체유형이론은 유전형질이론에서 발전되어 나온 이론으로서, 셸든은 신체유형은 체격에 따라 다음과 같이 세 가지로 분류하고 각 신체유형에 상응하는 퍼스낼리티를 파악하고 있다.[2]

- (1) 내배엽형(endomorphic): 살이 많고 비만형이 되기 쉬운 체형
- (2) 중배엽형(mesomorphic): 건장하고 근육형이 되기 쉬운 체형
- (3) 외배엽형(ectogmorphic): 홀쭉하며 뼈대가 가늘고 허약해지기 쉬운 체형

---

2) Wiliam H. Sheldon, *The Varieties of Temperament*(New York: Harper & Row, 1942).

그림 6-2 | 셸든의 신체유형과 대표적인 퍼스낼리티 속성

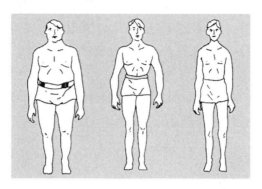

내배엽형	중배엽형	외배엽형
친절하고 타인지향적이며, 문제가 발생하면 타인의 도움을 구하고, 반응이 둔하고 먹는 것을 즐김.	신체적인 모험을 찾고, 운동을 필요하다고 생각하며 즐기고, 쉬지 않는 편이며 적극적이고, 위험이나 찬스를 좋아하며, 경쟁적임.	개인적인 비밀을 갖는 것을 좋아하고, 사회적인 접촉을 피하며, 반응이 신속하고, 고통에 과도하게 예민함.

셸든의 세 가지 신체유형과 그에 상응하는 퍼스낼리티 특성은 [그림 6-2]에 나타나 있다. 우리들 대부분이 때때로 "뚱뚱한 사람은 명랑하다"든가 "연약하고 창백한 사람은 깔끔하다"고 말하고 있는 것만 보더라도 셸든의 분류와 같이 체형에 따른 퍼스낼리티 특성을 파악하려는 시도는 직관적인 호소력을 가지고 있음을 알수 있다. 종업원을 채용하기 위한 면접고사의 담당자가 "키가 크고 근육형인 사람이 보다 적극적이어서 우수한 판매원이 되기 쉽다"는 등의 전제하에서 면접을 한다면, 그 면접자는 이와 동일한 논리를 따르고 있는 것이다.

그러나 셸든이 행한 초기의 연구에서는 신체 유형과 퍼스낼리티 특성 사이의 상관관계가 매우 높은 것으로 나타났지만, 이 연구결과의 검증을 시도한 후기의 연구들에서는 양자 사이의 상관관계가 매우 낮거나 무시해도 좋을 정도밖에 안 된다는 결과가 나왔다. 오늘날에는 유사한 신체유형을 가진 사람들이 반드시 유사한 퍼스낼리티를 갖게 된다고 믿는 사람들이 거의 없지만, 개인의 신체적 외관, 그중에서도 특히 어린시절의 신체적 외관이 개인의 자기이미지에 영향을 미치게 되고 그결과 그 사람의 퍼스낼리티의 발전에 영향을 미치게 된다는 것은 무시할 수 없는

사실이다. 예를 들어 여러분이 건장하고 훌륭한 근육을 가지고 있으면 다른 사람들은 여러분에게 적극적인 태도를 기대할 것이고 사람의 이러한 기대는 여러분에게 어느 정도 영향을 미치게 되어 여러분은 실제로 적극적인 사람이 될 것이 아닌가.

그러나 명심하라. 여기에 소개한 것은 참고 사항일 뿐이다. 간디의 몸무게는 불과 40kg이었다. 간디는 그 연약한 40kg으로 세계의 스승이 되었다.

2) 퍼스낼리티(Personality)와 개인차에 대한 사례

퍼스낼리티의 형성에 있어서 이론적으로는 영향요인과 몇 가지 이론들이 있지만 실제 인생에 있어서는 이론과 현상 사이에 괴리가 큰 경우들이 있다.

2008년 당시 44대 미국 대통령 후보들을 보면 민주당의 오바마 후보는 47세, 공화당의 맥케인 후보는 72세였다. 그들은 예상보다 빨리, 예상보다 늦게 인생의 정점에 선 사람들이다.

아인슈타인은 40대에 상대성원리를 발견하고 그 후로는 위대한 업적을 남긴 적이 없다. 그러나 베르디는 80세에 Falstaff라는 유명한 오페라를 작곡하였으며 화가 모네는 100세가 다 되어서야 화가로서의 정점에 섰다. 모네의 걸작 수련이 2008년 봄에 미국의 한 경매장에서 한화로 830억원에 팔렸다고 한다. 공자는 50세까지 현실정치에 참여하기 위하여 전국을 방황하다가 51세부터 10년 동안 노나라에서 현실정치에 참여하였다. 60세에 고향에 돌아와 70대 초에 세상을 하직할 때까지 제자 3,000명을 가르쳤고 거기에서 공문(孔門)10철(哲)이라는 10인의 제자가 나왔고 또, 거기에서 안연, 자공, 증자, 3인의 수제자가 출현하였다.

빌게이츠는 하버드를 중퇴하고 19세부터 컴퓨터 산업에 진출하여 세계정상에 섰는데 자선사업에 몰두하기 위하여 50대에 은퇴를 선언하였다.

켄터키 후라이드 치킨의 창업자는 육군대령 출신으로 투자자를 찾아 헤매다가 64세에 닭구이 사업을 시작하였다. 다른 사람들은 인생을 마감할 나이였다. 이처럼 퍼스낼리티를 형성하고 인생의 성공의 언덕에 서는 것은 개인차가 있다. 독자들은 이들의 삶의 여정에서 인생의 교훈을 얻기를 바란다.

인생은 숨 쉬는 것만으로 살아있는 것을 의미하는 것이 아니다. 살아있는 한 장애물을 넘고 넘어 희망을 잃지 않고 의미 있는 삶을 추구할 때 살아있는 가치가 있다고 생각한다.

4. 퍼스낼리티(Personality)의 변화

많은 심리학자들은, 기본적인 퍼스낼리티의 구조는 인생의 초기에 형성된다고 주장하고 있다. 그리고 7~8세가 지나면 퍼스낼리티는 거의 변화하지 않는다고 주장하는 학자들도 있다. [그림 6-3]과 같은 비슷한 모델을 사용하면 사람이 나이가 들어감에 따라서 그의 퍼스낼리티를 바꾸기가 더욱더 어려워지게 되는 이유를 이해할 수 있을 것이다. 이 모델에서는 '기대'란 말 대신에 '과거경험의 총합'이란 말로 바꾸어 사용하고 있는 것에 주목하여야 한다. 과거의 경험은 퍼스낼리티 형성에 중요한 하나의 요인이 되며, 또한 이들 두 가지 용어는 상호 교환적으로 사용될 수 있다.

그림 6-3 │ 퍼스낼리티의 변화모델

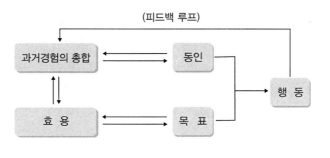

개인이 어떤 행동을 할 때, [그림 6-3]의 '피드백 루프'가 나타내고 있는 바와 같이, 그 행동은 하나의 새로운 투입(input)으로서 그 사람의 과거의 많은 경험으로 이루어진 '경험의 창고' 속에 부가된다.

그런데 이 '투입'은 인생의 초기에 발생하면 할수록 그만큼 더 그 후의 행동에 영향을 미치는 잠재력이 크다. 왜냐하면 인생의 초기에 있었던 행동의 경험이 인생의 후기에 있었던 행동보다 그 사람의 과거의 총체적인 경험 내에서 차지하고 있는 비율이 크기 때문이다. 더욱이 행동의 강화기간이 길면 길수록 그 행동은 더욱더 고정화되고 변화시키기가 어려워진다. 바로 이것이 젊은 시기일수록 퍼스낼리티를 변화시키기가 더 쉽다는 이유이고 또 나이가 들수록 퍼스낼리티를 변화시키는

데 시간도 걸리고, 행동을 변화시키기 위해서 새로운 경험이 필요하게 되는 이유이다.

나이를 먹은 사람의 경우도 그 사람의 행동을 변화시키는 것은 가능한 것이지만 행동변화에 도움이 되는 어떤 조건하에서 장기간에 걸친 노력이 없이는 이룩하기 어려운 작업이 될 것이다. 그런데 여기에서 또 하나 문제가 되는 것은 경험적인 문제 —무한한 인간의 욕망에 대한 유한의 자원의 배분— 로서 행동변화를 위한 작업을 계획대로 실천하는 데 얼마만큼의 투자를 할 것인가 하는 문제이다. 젊은 사람의 경우에는 훈련에 필요한 시간이 적을 뿐만 아니라 행동을 변화시키는 데 필요한 투자의 잠재적인 회수율도 나이 먹은 사람의 경우에 비해 훨씬 높다.

우리가 퍼스낼리티를 공부하는 중요한 부분은 퍼스낼리티는 고정화된 것이 아니라 변화될 수 있다는 것이다. 그러나 더욱 중요한 것은 사람은 좋은 사람을 만남으로 해서, 한 권의 책을 통해서도, 한 마디의 말씀을 통해서도 변화될 수 있는 것이다. 또한 환경이 퍼스낼리티의 변화에 중요한 요인임을 상기해보아야 할 것이다. 또 한편 우리가 퍼스낼리티를 공부하는 중요한 목적은 퍼스낼리티를 이해함으로써 다른 사람의 행동을 설명하고 예측할 수 있다는 것이다.

Venus

인간은 누구나 아름다움(美)을 추구한다.

희랍신화에 나오는 가장 아름다운 미인은 미의 여신 Venus다. 전해오는 이야기에 의하면 Venus는 희랍에서 가장 예쁜 여인 600여명을 모아놓고, 그중에서 가장 아름다운 곳만을 떼어다가 모자이크한 조각이라고 한다. 그래서 Venus는 아름다운 여인의 상징이요 대명사다. 모든 여인은 Venus를 닮기를 원한다. 그리고 매일 거울 앞에서 美를 가꾼다.

그러나, 여기에서 잠깐 생각해보자. 600여명의 여인의 예쁜면만을 모자이크해놓은 Venus는 생명력이 있을까? Venus만의 개성이 있을까?

Venus는 아름답지만 생명이 없다. 개성이 없다. 인간은 생명력 있고 개성이 있어야 한다.

아름다움은 넘치는 생명력과 개성에서 묻어나오는 것이 아닐까!

어리석은 인간들은 미의 여신의 모습을 그려보려고 애를 썼다. 비너스상의 기원은 약 6,000년 전으로 거슬러 올라간다. Molta에 5,600년 전의 석고상이 있다. 리비아의 수도 트리폴리에도 Venus는 서 있다. 루브르 박물관에는 팔 없는 걸작품이 전시되어 있다.

Molta의 Vinus와 루브르 박물관의 Vinus

Ⅱ 지각과 인간관계

이집트 카이로 가자지구에 가면 대평원 위에 위풍을 자랑하는 피라미드만이 하늘 높이 솟아 있다. 4,000년 전에 건설되었다는 이 불가사의하고 거대한 건축물의 건설과 관련하여 전설과 가설만 난무한데 그 상상을 초월한 위용에 입이 다물어지지 않는다. 이집트의 피라미드는 지금도 나의 머릿속에 남아 있다.

세계를 여행하다 보면 세계 주요도시 거의 대부분의 번화가에 삼성, LG 광고판들을 볼 수 있다. 가는 곳마다 반복되는 광고를 보다보니 한국기업의 위상을 새삼 느끼게 된다. '아! 한국의 기업이 세계를 주름잡는구나' 하고 감탄하게 되고 애국심이 발동하여 기억 속에 오래 남는다.

죽음의 수용소로 악명이 높았던 폴란드 아우슈비츠 수용소는 밀려오는 소련군 때문에 독일군이 미처 폭파하지 못하고 후퇴하여 수용소 건물이 비교적 원형을 보존하고 있다고 한다. 그 처참했던 수용인들의 모습이 기억에서 지워지지 않는다.

스페인 바로셀로나의 람브라스 거리는 세계 여러 나라에서 몰려든 관광객들로 물결을 이루고 있다. 정열과 낭만이 출렁거리는 거리였다. 그 거리의 낭만적인 풍경이 마음속에서 지워지지 않는다.

중국 만주 용정의 비암산 일송정(一松亭)에 오르니 한 조선족 처녀가 초라한 모습으로 '일제하 만주에서의 독립운동사'라는 조그만 책자를 팔고 있었다. 그때 마주쳤던 조선족 처녀의 애절하고 무엇인가 이야기하고자 하는 눈빛이 오래도록 지워지지 않는다. 몇 년 전에 그 가난한 처녀를 만나기 위하여 다시 일송정을 찾았으나 그 처녀 대신 한 남자가 책을 팔고 있었다. 그 처녀의 모습이 오랫동안 나의 가슴에 남아 있었다. 이런 현상이 인생에서 경험한 지각현상이라 할 수 있다.

1. 지각이란 ─ 세상을 보는 눈

인간은 지각을 통해서 사물이나 사람을 파악하고 관계를 맺고 관리한다. 효과적인 관리를 하기 위해서는 상대방이 누구인가 파악해야 한다. 모택동은 사열대에 서서 사열대 앞을 지나가는 병사들을 세 부류로 분류하였다.

하나는 죽어도 모택동주의자, 둘은 남이 하니까 따라서 하는 모택동주의자, 셋은 몸은 모택동주의자지만 반 모주의자.

이것은 모택동의 병사를 보는 눈이다. 이런 지각을 통해서 모택동은 13억 중국을 통치하여 지금도 천안문 앞에 서 있다. 이 말은 중국이 죽의 장막으로 평가 받던 시절 모택동이 사열대에 서서 사열대 앞을 지나가는 병사들을 보고 서양과의 유일한 창문역할을 했던 미국인 교수에게 한 말이다.

지각이란 개인이 외부자극에 대해서 의미를 부여하고 심리적인 형상을 형성하기 위해서, 투입된 자극들을 선별(selection), 조직화(organization), 해석(interpretation)하는 과정이다.[3] 인간은 외부로부터 주어지는 자극을 감각기관을 통해 받아들이게 되는데, 이 과정에서 주어지는 자극들을 모두 받아들이는 것이 아니라 그중

---

3) B. Berelson and G. A. Steiner, *Human Behavior*(Englewood Cliffs, N.J.: Prentice ─ Hall, 1983), p. 109.

일부만을 수용한다.[4] 이렇게 선별적으로 수용한 자극들 중에서 중요하다고 판단되는 것을 다시 선별하여 이 자극들과 이미 자신이 가지고 있는 지각구조(perceptual structure)간을 연결시킴으로써 하나의 상, 내지 의미를 부여하는 과정이 곧 지각인 것이다. 즉, 어떤 사람을 보고 또 어떤 지역을 여행하면서, 그 사람에 대해, 또 그 지역에 대해 자기 나름대로의 이미지(image)를 형성하는 것이다.

이와 같이 어떤 자극의 지각된 결과, 즉 그 자극에 부여되는 의미는 개인이 이미 가지고 있는 지각구조 또는 지각영역에 의해 결정되는 까닭에 지각은 실재의 물리적 세계를 진실되게 반영하는 것이 아니라 개인의 편견에 의해 재구성된 세계를 반영하게 되는 것이며, 또한 각 개인의 지각영역은 서로 다르기 때문에 모든 사람들이 동일한 자극을 동일한 방식으로 지각하지는 않기 마련이다.

지각에 관한 기존의 연구결과들을 검토해보면 다음과 같은 네 가지 원리를 도출해낼 수 있다.[5]

① 지각은 자극의 특성에 따라 달라진다.
② 지각은 지각자의 특성에 따라 달라진다.
③ 지각은 선별적이다.
④ 지각은 조직화되어 일정한 구조를 갖는다. 이 구조를 지각구조라 한다.

지각 현상을 상징적으로 표현하고 있는 시를 음미해 보자.

저녁에

저렇게 많은 별들 중에서
별 하나가 나를 내려 본다
이렇게 많은 사람 중에서
그 별 하나를 쳐다 본다

---

4) 이를 심리적으로 選別的 注目(selective attention)이라고 한다.
5) M. Wayne DeLozier, *The Marketing Communications Press*(Tokyo: McGraw-Hill Inc., 1976), p. 44.

밤이 깊을수록

별은 밝음 속에 사라지고

나는 어둠 속에 사라진다

이렇게 정다운

너하나 나하나는 어디서 무엇이 되어 다시 만나랴

너를 생각하면 떠오르는 꽃 한송이

꽃 잎에 숨어서 기다리리

이렇게 정다운 너하나 나하나는

나비와 꽃송이 되어 다시 만나랴

— 김광섭 —

김광섭의 시는 지각의 원리를 말해준다. 그 많은 별들 중에서 그 별과 인연이 되어 내려 보고 쳐다본다. 그 많은 사람들 중에 그들의 특성이 양자의 눈에 들어왔기 때문에 지각이라는 매체를 통해서 인연을 맺고 선택한다. 인간사는 지각을 통해 선택할 수 있다.

2. 지각의 영향요인

1) 지각선택의 원리

(1) 외부적 요인(external attention factors)[6]

① 강도(intensity)　　　외부의 자극이 강하면 강할수록 지각이 더욱 잘 되는 현상을 말한다. 예를 들면 많은 인생의 경험 중에서 특별한 기억에 남는 경험(생일날, 8·15, 첫사랑과 이별 등), 상사의 부하에 대한 강도 높은 명령, 큰 소리, 특별히 밝은 조명 등을 들 수 있는데, 텔레비전의 상업광고 등이 이러한 현상을 이용한 것이다.

② 규격(size)　　　객체가 크면 클수록 지각이 잘 되는 현상을 말한다. 키 큰 감독자, 텔레비전의 전면광고, 서울의 63빌딩 등을 예를 들 수 있다. 소형의 물건이 고가인 경우도 있지만 객체가 시각적으로 현상효과를 낼 때 규격이 큰 영향을 준다. 이집트 가자지구의 불가사의한 피라미드와 체코의 천년의 역사를 자랑하는

---

6) F. Luthans, *Organizational Behavior*(New York: McGraw–Hill, 1989), pp. 145~148.

성당의 위용은 아직도 마음속에 남아 있다.

③ 비교(contrast)　　　[그림 6-4]에서 보면 똑같은 크기의 검은색 동그라미가 있을 때 왼쪽의 것보다 오른쪽의 것이 더 크게 보이는 것은 주변환경과의 대조 때문이다. 노랑 바탕의 검은 글씨나 붉은 바탕의 흰 글씨가 눈에 잘 띄는 이유도 같은 이유에서이다. 중국 사람들은 좋아하는 빨강색과 노란색의 지각효과가 크다.

④ 반복(repetition)　　　외적 자극을 반복할 때 지각이 더욱 잘 된다. 종업원의 반복훈련, 텔레비전의 반복광고, 영어회화, 반복되는 종교의 기도생활, 개인우상화의 반복되는 세뇌공작 등은 모두 반복의 원리에 속한다. 독재자들이나 특정 종교에서 반복하여 세뇌를 시키면 그 대상은 우상화된다.

⑤ 운동(motion)　　　객체가 정지하고 있을 때보다 움직이고 있을 때 더욱 지각이 잘 된다. 광고에서 정지된 간판보다는 여러 가지 모양으로 움직이는 네온사인의 경우 지각이 더욱 잘 되는 것은 이 때문이다.

⑥ 진기와 친근(novelty and familiarity)　　　외부상황이 진기하거나 친근할수록 주의를 더 받을 수 있는 것을 말한다. 눈에 친숙한 물체 가운데 새로운 물건, 새로운 물건 가운데 진기하고 친근한 물체가 지각자의 관심을 더 많이 끈다. 이 원리를 이용한 것이 직무순환(job rotation) 제도라 할 수 있다. 여행에서 여러 가지 진기한 것을 보고 느끼면 강한 지각이 형성된다.

(2) 내부적 요인(internal set factors)

① 동기와 지각(motivation and perception)　　　인간의 욕구가 지각에 있어서

| 그림 6-4 | 지각상의 비교 |

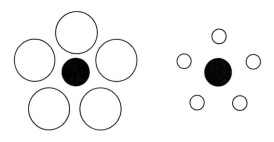

중요한 역할을 한다. 특히 기근과 성(sex)은 내면적으로 방향을 주는 일차적 동기의 예라고 할 수 있다. 배고픔과 성은 인간의 기본적인 욕구이다. 이러한 욕구가 더욱 진전되면 권력욕, 성취욕 등의 사회적 동기로 진일보하게 된다. 그러나 동기와 지각간의 관계는 사물에 대한 지각시의 지각자와 상황에 따라 다르게 지각된다.

② 성격과 지각(personality and perception)　　성격도 타인을 지각하는 데 영향을 미친다. 낙관적인 사람은 사물을 긍정적인 관점에서 보고, 비관적인 사람은 부정적인 면에서 파악한다. 사물이나 사람을 객관적으로 정확하게 볼 수 있는 사람은 양극단이 아닌 중용을 취하는 사람일 것이다. 즉 지각선택은 개인의 성격의 특성에 따라 달라진다.

③ 과거의 경험과 학습(past experience and learning)　　과거의 경험이나 학습의 내용에 따라 지각현상이 다르게 나타난다. 과거의 경험은 피지각자가 어떤 특성에 주의를 하게끔 가르침으로써 지각자는 피지각자를 마주칠 때마다 이러한 내용을 기억하게 되는 것이다.

즉 어떤 대상물의 긍정적인 면이나 부정적인 면을 집중적으로 경험하고 학습하였을 때 그 집중적인 면이 지각으로 나타나게 된다.

정순왕후 간택의 일화

조선왕 21대 영조는 66세 때 본처인 정승왕후가 세상을 떠나고 새 왕비를 간택하게 되었다. 추천받은 양가집 규수를 궁궐로 초대하여 왕실에서 면접을 실시하는 것이 당시의 왕비 간택의 관행이었다.

정순왕후가 될 15세 소녀가 면접을 보게 되었다. 면접을 보게 되는 처녀들은 자기 아버지 이름을 써놓은 방석 위에 앉게 되었는데 그 정순왕후는 방석에 앉지 않고 맨바닥에 앉았다. 그 이유를 물으니, '어찌 아버지의 함자 위에 앉을 수 있습니까'라고 대답하였다. 다음 질문이 이어졌다. '세상에서 가장 좋아하는 꽃이 무슨 꽃인고?', '목화입니다', '왜 목화 꽃을 좋아하는고?', '옷을 만들어 주기 때문입니다' 마지막 질문은 '세상에서 가장 깊은 것은 무엇이라 생각하는가?', '인간의 마음입니다', '왜 인고?', '그 깊이가 끝이 없기 때문입니다.' 그녀는 이처럼 기발한 답을 하여 면접에 통과되어 왕비로 선발되었다고 한다.

그리고 혼례복을 짓기 위해서 상궁과 함께 옷을 맞추러 갔다. 옷의 치수를 잴 때 상궁이 '돌아 서십시오' 하니까 '네가 돌아서라. 감히 왕비가 될 사람한테 돌아서라고 하느냐'라고 호통을 쳤다고 한다.

꽤 영민한 처녀였는데 왕비가 되어서는 바른길을 가지 않았다. 후손이 없는 그녀는 투기심이 많아 영빈 이씨가 낳은 사도세자를 미워하여 친정아버지의 사주를 받아 사도세자를 폐위시키고 뒤주 속에 가두어 죽게 하는 데 지대한 역할을 하였다. 그녀는 영조가 죽고 11세에 등극한 어린 왕 순종을 대신하여 수렴청정을 하게 되었는데 천주교를 박해하여 많은 신자들을 죽이고 귀양을 보냈다. 귀양 보낸 사람 중에 그 유명한 정약전, 정약용 형제가 있었다.

왕비를 간택하면서 15세 소녀의 영민한 외면만 보았지 숨겨진 내면은 보지 못했던 것이다.

2) 지각에 영향을 미치는 요인

여러 사람이 동일한 대상을 서로 다르게 지각하거나 동일한 사람이 동일한 대상을 경우에 따라 달리 지각하는 까닭은 수많은 요인들이 지각에 영향을 미치는데, 이들이 모든 사람에게 언제나 똑같지는 않기 때문이다. 지각에 영향을 미치는 요인들은 크게 지각자와 관련된 요인, 지각대상과 관련된 요인, 지각상황과 관련된 요인으로 나누어볼 수 있다.

(1) 지각자와 관련된 요인

동일한 상황하의 동일한 지각대상에 대해서조차도 사람들마다 달리 지각할 수 있으며, 동일한 사람도 시점에 따라 이를 달리 지각할 수 있다. 지각상의 이러한 주관성(subjectivity) —같은 상황하에서 같은 지각대상을 사람마다 달리 지각할 수 있음— 및 가능성 —같은 사람이 같은 상황하에서 같은 지각대상을 언제나 동일하게 지각하지 않을 수 있음— 은 대부분 인간의 지각성향(human perceptual tendencies)과 개인별 특성차(individual differences)에서 비롯되는 것이다. 한 여인을 보고도 보는 사람에 따라 평가가 다르며, 시골사람들이 서울을 보는 눈은 사람에 따라 다르게 지각된다.

인간은 지각을 하는 데 어떤 성향이 있는가.

인간의 지각과정에 관한 연구들로부터 모든 사람들이 공통적으로 가지고 있는 몇몇 지각성향들이 밝혀졌다. 이들은 특별히 지각준비(perceptual readiness), 현혹효과(halo effect), 막연한 퍼스낼리티이론(implicit personality theory), 주관의 객관화(projection), 첫인상(first impressions), 상동적 태도(stereotyping), 귀속화(歸屬化: attribution) 등으로 불리는 성향들로서 지각상의 오류를 유발하는 것들이다.

① 경험과 필요의 영향 — 지각준비 또는 선택적 지각   사람들은 감각기관을 통해 받아들인 모든 것들을 융합해서 소화할 수 없기 때문에 자극의 일부만을 선택하여 대상을 지각하게 된다. 이러한 선택은 무조건적으로 이루어지는 것이 아니라 과거의 경험·배경·태도·관심 등에 의해 이루어지며, 이것들에 의해 뚜렷한 특성으로 생각되는 것들만을 선택하여 지각하게 된다. 따라서 사람들은 일반적으로 자신이 지각하고자 기대하거나(expect) 원하는(want) 것만을 지각하는 경향을 갖게 된다.

첫째, 사람들이 스스로 지각하고자 기대하는(expect) 것을 지각하게 된다는 것은, 다시 말해서 그들의 과거의 경험이 현재의 지각과정에 영향을 미친다는 것이다. 한 사람의 과거의 경험은 그 사람으로 하여금 다른 사람이 주의를 기울이는 지각대상의 특성과는 다른 특성에 주의를 기울이도록 한다. 교육이나 직업이 사람들의 문제를 보는 시각에 영향을 미친다.

둘째, 사람들이 지각하기를 원하는 것을 지각한다는 것은, 다시 말해서 모티베이션 수준이 지각에 영향을 미친다는 것이다. 배가 고픈 사람은 음식을 그린 그림이나 요리하는 냄새, 음식과 관련된 이야기와 같은 먹는 것과 관련된 자극에 훨씬 더 민감하다. 뿐만 아니라 배고픈 사람은 방금 양껏 먹은 사람에 비해 불명확한 자극을 음식과 관련되어 있는 것으로 해석할 가능성이 더욱 높다.[7] 이와 마찬가지로 권력욕구에 의해 동기부여된 사람은 어떤 상황을 권력관계적인 것으로 지각하거나 해석할 가능성이 더욱 높다.

이상에서 살펴본 바와 같이 인간은 지각과정에서 단순히 수동적인 역할만을 수행하는 것이 아니라, 자신이 가지고 있는 과거의 지각상 또는 강화상의 경험과 현재의 모티베이션 수준에 기초를 두고서 자극을 능동적으로 선택하고 해석한다. 이와 같이 어떤 지각대상을 자신의 과거경험이나 현재의 모티베이션 수준에 따라 자신이 지각하고자 하는 방향으로 지각하는 인간의 지각성향을 가리켜 지각준비(perceptual readiness) 혹은 선택적 지각(selective perception)이라 한다.

② 전체적인 인상의 영향 — 현혹효과   앞에서 살펴본 지각준비과정의 일부로 볼 수 있는 여러 가지 특수한 지각성향이 있는데, 현혹효과(halo effect)도 그

---

7) L. Levine, Isidor Chein, and Cardner Murphy, "The Relation of the Intensity of a Need to the Amount of Perceptual Distortion," *Journal of Psychology*, vol. 13(1942), pp. 283~293.

중의 하나이다. 현혹효과란 하나의 특성을 보고 전체를 평가하는 것을 말한다. 매력적인 여비서는 타자도 잘 치고 매일 목욕하고 깨끗한 생활습관을 가지고 있을 것이라고 생각한다. 현혹효과는 우리의 일상생활에서 흔히 발견하는 인간의 오류이다.

백인은 흑인보다 깨끗하고 머리가 좋을 것이다. 일류 대학 학생을 만나면 공부도 잘하고 정직하고 장래가 유망할 것이라고 생각한다.

③ 퍼스낼리티에 대한 신념의 영향 — 막연한 퍼스낼리티이론   당구를 잘 치는 사람은 물리를 잘한다거나 바둑을 잘 두는 사람은 머리가 좋다고 생각하는 성향이 그 좋은 예이다. 사람들은 물리성적이나 IQ 등에 관한 일체의 정보가 없음에도 불구하고, 다만 당구를 잘 친다거나 바둑을 잘 둔다는 사실만으로 물리를 잘할 것이라거나 머리가 좋을 것이라고 생각하는 것이다.

④ 지각자 특성의 영향 — 주관의 객관화   어떤 조건하에서 사람들은 다른 사람 역시 자신이 가지고 있는 특성을 가지고 있는 것으로 지각하는 경향이 있다. 이와 같이 자신의 감정(feelings), 성향(tendencies) 또는 동기(motives) 등을 타인에 대한 평가에 이입 내지 투입하는 성향을 가리켜 주관의 객관화(projection)라 한다. 예컨대 정직하지 못한 사람일수록 타인을 의심하고 실제로 그런 의도를 갖고 있지 않은 사람에 대해서조차 불량한 의도를 갖고 있다고 생각한다. 또 불안을 느끼는 사람은 타인의 모든 행위를 자신에게 겁을 주거나 걱정을 안겨주려 하는 것으로 지각한다.

⑤ 첫인상의 영향   첫인상(first impressions)이 실제로 지속적인 것일까? 많은 실험결과들이 첫인상 자체를 부정할 수 없다면 이는 지속적인 것일 수밖에 없다고 결론을 내리고 있다. 타인에 대한 인상을 형성하는 초기단계에서 획득한 정보는 그 사람에 대한 후속적인 정보들을 지각하고 체계화하는 방향을 결정하는 중요한 요인이다. 이러한 성향은 보다 일찍 얻은 정보는 더욱 중요시하고 보다 나중에 얻은 정보는 덜 중요시하게 만드는데, 특히 앞서 얻은 정보와 나중에 얻은 정보가 모순될 때는 그 정도가 심해진다. 이와 같은 현상은 지각자가 타인에 대해 갖게 되는 첫인상이 지각자로 하여금 그 타인에 대해 일정한 방향으로 지각하도록 지각을 준비시키기 때문에 나타난다.

⑥ 사회적 집단의 영향   한 집단의 구성원들이 공통적으로 갖고 있다고 믿고 있는 특성을 상동적 태도(stereotypes)라 하는데, 이것의 예로는, 미국인의 물질만능주의, 일본인의 국수주의, 독일인의 근면함, 중국인의 인색함, 운전사의 대중가

요선호, 정치인의 권모술수성향, 교직자의 정직함, 성직자의 고결함 등 수없이 많은 것들을 들 수 있다.

⑦ 인과관계에 대한 신념의 영향 — 귀속화   귀속화(attribution)란 지각대상인 어떤 행위나 사건이 발생하게 된 원인(causes)에 대해 지각자가 자기 나름대로 상정하는 과정을 가리킨다.

예컨대 간호사가 환자에게 투여할 주사를 가지고 가다가 장애물에 걸려 넘어졌다면 간호사 자신은 넘어진 이유가 장애물 때문이었다고 하고 관찰자(병원관계자)는 주의를 소홀히 한 성격 탓으로 돌리려 할 것이다.

어떤 사람이 국회의원에 출마하여 낙선하면 본인은 정당이나 선거구민이 본인의 능력을 알아주지 않았다고 불만을 토로하고 선거구민은 당사자가 무능하고 선거운동을 잘못하였다고 생각한다. 이러한 현상이 귀속화이다.

(2) 지각대상과 관련된 요인

지각대상이 되는 사물·사람 혹은 사건에 따라 지각이 영향을 받는 것은 분명하다. 이 페이지에 대한 여러분의 지각은 부분적으로나마 종이의 질이나 활자의 배열 등에 의해 영향을 받게 되며 어떤 사람의 칭찬에 대한 당신의 지각은 사용된 단어나 억양에 의해 달라지기 마련이다.

지각이 이루어지는 과정에 영향을 미치는 많은 지각대상의 특성들이 밝혀져 왔는데,[8] 이들은 다시 선별과정과 관련을 갖고 있는 것과 조직화 과정과 관련을 갖고 있는 것으로 구분할 수 있다.

① 선별과정에 영향을 미치는 요인   어떤 대상이나 사건을 두드러진 것으로 만드는 특성들은 그 대상이나 사건이 지각될 수 있는 가능성을 높여준다.[9]

② 조직화 과정에 영향을 미치는 요인   대상이나 사건이 갖는 어떤 특성들은 지각과정상의 조직화 방식에 영향을 미치게 된다. 이에는 주제·배경(figure—background) 구분의 용이성, 근접성(proximity), 유사성(similarity) 및 자기완성화(closure) 등이 포함된다. 여기에서는 주제·배경에 대해서 이야기해보려 한다.[10]

---

8) David Krech, R. S. Crutchfield, and E. L. Ballachey, *Individual in Society*(New York: McGraw—Hill Book Co., 1962), pp. 20~34.
9) 이에 대해서는 지각선택의 원리를 참고하기 바람.
10) 이 주제들에 대해서는 김종재, 「인간관계론」(박영사)을 참조해 주기 바람.

주제·배경의 구분용이성

우리가 보는 것은 주제(figure)와 배경(back-ground)을 어떻게 나누느냐에 따라 달라진다. 지금 여러분이 읽고 있는 문장은 하얀 종이 위에 인쇄된 검정글씨이다. 여러분은 이 글자의 모양들을 알아볼 수 있고, 또한 각 글자들을 조직화할 수 있기 때문에 결코 이 페이지를 검고 흰 반점이 찍힌 한 장의 종이 조각으로 보지는 않을 것이다. [그림 6-5]를 보면 이 효과를 바로 알 수 있다. 왼쪽에 있는 그림은 처음에는 하얀 꽃병으로 보인다. 그러나 흰 부분을 배경이라고 보면, 우리는 두 사람의 옆 얼굴을 볼 수 있다. 오른쪽에 있는 그림도 처음에는 무슨 기계의 부속품들로 보이지만, 어두운 부분을 배경으로 보면 'FLY'라는 단어가 보인다.

| 그림 6-5 | 주제·배경 구분의 예 |

알래스카는 원래 러시아의 영토였다. 러시아가 프랑스와의 전쟁 때문에 재정난으로 어려움을 겪게 되자 미국에게 알래스카를 사줄 것을 제의하였다. 이와 관련하여 당시 국무장관과 의회는 의견이 상충하여 정면으로 대치하였다. 국무장관은 미래에 미국의 국익에 큰 도움이 될 것이라고 확신하였다. 알래스카를 미래의 주제로 알래스카의 넓은 주변을 배경으로 보았다. 미국의회는 미국본토를 주제로 알래스카는 별 볼일 없는 주변 배경인 얼음 땅으로 보았다. 매국노라는 지탄을 받으면서도 국무장관은 매입을 주장하여 의회에서 1표 차이로 가까스로 가결시켰다. 오늘날 미

국에 있어서 알래스카의 위치는 너무도 중요하다. 이 그림은 단순한 그림이 아니고 인생을 사는 지혜의 샘물을 얻을 수 있는 그림이다. 미국의 9·11테러의 대처법, 한국의 4대강 문제, 남북문제는 주제와 배경을 어떻게 보느냐에 따라 어리석은 정책과 현명한 정책이 나올 수 있다.

명심할지어다. 개인 생활도 마찬가지라는 사실을!!

3. 타인에 대한 지각의 어려움(역사적 사례)

타인지각의 어려움의 역사적인 예를 들어보자. 지각은 사람을 보고 누구인가를 점치는 것이다. 고전에 '사람을 알되 얼굴을 알고 그 마음을 알지 못하며 호랑이를 그리되 피부를 그리고 그 뼈는 그리기 어렵다'는 경구가 있다[지인지면 불지심(知人知面 不知心), 환호환피 난환골(環虎環皮難環骨)].

위에서 저자는 지각이론에 입각하여 타인을 지각하는 여러 가지 요인들을 설명하였다. 그러나 고전의 경구처럼 인간을 안다는 것은 어렵고 어려운 일이다. 인간은 천의 얼굴을 가지고 살아가기 때문이다. 그 천의 얼굴들과 함께 우리도 천의 얼굴을 가지고 살아간다. 신은 인간의 마음을 보는데 인간은 인간의 얼굴을 본다. 인간은 인간에 대하여 너무도 아는 것이 없어서 마음을 읽기는 어렵다. 그래서 인간은 매일 만나는 사람들을 평가하지만 수많은 오류를 범하고 배신을 당했다, 사기를 당했다라고 한탄하면서 산다. 인간이 인간을 안다는 것이 얼마나 어려운 일인가? 인간사의 비극은 왜 오는가? 인간은 인간에 대해서 너무도 무지하기 때문이다.

역사에서 18세기 오스트리아의 재상 메테르니히는 때로는 천진한 얼굴로, 때로는 바보 같은 얼굴로, 때로는 명청한 귀족청년의 얼굴을 하고 러시아의 챠르로부터, 천하의 명장 나폴레옹으로부터 나라를 지켰다. 나폴레옹에게는 황제의 딸과 결혼까지 시키면서 갖은 아첨을 다 떨고 그늘에서는 나라를 지킬 준비를 하였다. 러시아의 황제에게는 유럽의 지도자로 내세우며 오스트리아의 빈회의에 화려하게 등장시키고 그를 조종하여 러시아군을 발칸반도에 파병하지 않도록 하여 조국 오스트리아를 지켜 냈다. 인생은 전쟁이요, 전쟁은 속임수다. 위대한 장군들은 기습과 속임수의 천재들이었다.

중국의 속담에 돌을 주고 비취를 받는다는 말이 있다. 메테르니히는 잡석을 주고 비취를 손에 넣었던 속임수의 명장이었다. 오스트리아에서 정략결혼에 의해서 태어난 나폴레옹의 아들은 나폴레옹 몰락 후 오스트리아, 프랑스 모두에게서 소외당하고 쓸쓸히 살다가 폐병에 걸려 이승을 떠났다고 한다.

개인 생활은 어떤가?

칠레의 육군 참모총장은 사랑하는 애인에 의하여 침실에서 무참히 살해당하였다. 그의 애인은 공산 게릴라의 첩자였다. 공산혁명에 성공한 후 그녀는 주미대사로 지명 받았으나 미국정부에 의해서 거절당하였다.

스탈린과 레닌의 후계자 싸움에서 패배한 트로츠키는 멀리 멕시코로 망명을 갔다. 레닌은 스탈린의 성격이 너무 과격하고 잔인한 것을 알고 스탈린을 경계하라고 유서를 남겼는데 스탈린이 그 유서를 변조하였다는 설이 파다하였다. 스탈린은 도망친 트로츠키를 그냥 두기에는 너무 불안한 나머지 미남청년을 멕시코에 보내 트로츠키를 살해하도록 지령을 내렸다. 그 청년은 트로츠키의 여비서의 애인이 되는 데 성공하였다. 트로츠키는 잘생기고 겸손한 여비서의 애인을 어느 날부터 신뢰하게 되었다. 그녀의 애인은 마음대로 트로츠키의 집을 드나들었다. 그렇게 지내던 어느 날 서재에서 집필중인 트로츠키의 머리를 망치로 강타하여 살해한 사건이 발생하였는데 범인은 바로 여비서의 애인이었다. 여비서는 외출하고 없었다.

일반 사람들 중에서도 티끌만 한 이기심에 때문에 얼마나 많은 사람들이 배신과 거짓을 거듭하며 살고 있는가? 더욱이 천민자본주의가 만연한 오늘의 기만의 인간관계에서는 실망스러운 인간의 모습들이 너무 많다. 역사적인 사건이야 나라를 위해서 그런다 하더라도 개인생활에서 신의가 쉽게 깨어진 것은 우리를 슬프게 할 때가 많다. 섣달 그믐날 제야에 보신각 종소리를 울리는 것은 믿음을 널리 펴자는 뜻이 서려 있는데 얼마의 사람들이 그 종소리의 뜻을 헤아리며 제야를 보낼까?

이렇게 인간은 가면의 천재들이지만 사랑과 평화와 정직한 인생을 살고 있고 그렇게 살기를 원하는 사람들이 많기에 오늘도 우리는 희망속에 살고 있다. 희망을 가지고 믿음과 사랑과 공생의 인간관계를 위해서 노력하는 삶이 진정한 삶이다.

타인에 대한 지각의 연구는 크게 세 분야로 나누어 수행되어 왔다.

첫째는 우리가 일반적으로 다른 사람을 '어떻게' 알게 되는가 하는 타인행위의 평가기준에 관한 것이고,

둘째는 이 과정에서 평가의 정확성에 영향을 미치는 요인이 무엇인가에 관한 것이며,

셋째는 우리가 타인을 평가할 때 흔히 저지르기 쉬운 오류는 어떤 것들인가에

관한 것이다.

앞에서 이야기하였지만 인간을 지각한다는 것은 신의 영역이요 인간이 완전히 지각한다는 것은 불가능한 일이며 오류가 많다. 여기에서는 지각연구의 세 분야 중 타인을 지각할 때 저지르기 쉬운 오류에 대하여 이야기해 보기로 한다.

1) 타인의 성과평가에 영향을 미치는 지각형성

성과평가는 때때로 조직구성원의 직속상관 한 사람이 수행하거나 혹은 몇 사람이 함께 수행한다. 한 예를 들면 대학원 학생의 성과평가는 수강과목의 담당교수가 개별적으로 하기도 하지만, 전체적인 성과평가는 학과의 교수회의나 위원회에서 공동적으로 수행한다. 그런데 성과평가 과정상에서 개인의 지각성향 및 집단적 평가시에 발생하는 특별한 문제 —평가자 집단의 일반적인 평가경향(general evaluation) 등— 에 의해 지각자의 부정확성이 유발될 수 있다.

(1) 개인의 지각성향에 의한 오차

① 현혹효과(halo effect)　　　어떤 사람이나 어떤 조직, 어떤 나라에 대해서 하나의 특성을 보고 전체를 평가하는 경향을 말한다. 한 가지 분야에서 높은 평가를 받은 사람이 모든 분야에서 높은 평가를 받게 되는 경향이 있다. 많은 사람들로부터 호감을 얻고 있거나 혹은 열심히 일을 하는 사람은 직무를 다른 분야에서도 과대하게 높은 평가를 받기 쉬운데, 이러한 경향은 특히 평가 측면이 첫째, 성실성·충성도·협동심·학습의욕·친근감과 같이 약간 애매모호한 것일 때 현저하게 나타난다.[11] 이와 같이 한 개인은 현혹효과 때문에 모든 측면에서 동일한 평점을 받게 되는 것이 일반적이어서, 평가를 위해 여러 가지 기준을 사용하는 것은 무의미해지기 쉽다.

예를 들면 어떤 여자의 얼굴이 예쁘다는 정보를 얻었다면, 그녀의 마음씨도, 지능도 모두 긍정적으로 지각한다. 그녀의 얼굴에 현혹되어 다른 부분 평가에 영향을 미쳤다고 볼 수 있다.

또 고객이 제품이나 서비스를 평가할 때도 마찬가지이다. 고객만족에 대한 많은 사항 중에 하나라도 불만이 있게 되면, 고객들은 그 제품 전체에 대한 평가를

---

11) J. S. Bruner and R. Tagiuri, "The Perception of People," in E. Lindzey(ed.), *Handbook of Social Psychology*(Cambridge, Mass.: Addison–Wesley, 1956), p. 64.

부정적으로 할 수 있다.

② 시간의 경과　여러 가지 방법으로 정확한 성과평가를 어렵게 만드는 요인이 시간(time)이다. 시간이 성과평가를 부정확하게 만드는 첫번째 방법은 첫인상(first impression)이다. 경영자들이 종업원에 대한 첫인상을 단기간 내에 파악하기는 어렵기 때문에, 종업원들은 직무를 맡기 시작한 처음 몇 개월 동안 정확한 성과평가를 받기가 어렵다.

두 번째 방법은 지각준비인데, 함께 일한 기간이 길어지면 경영자는 종업원에 대한 일련의 지각을 형성하게 되어 그 종업원은 항상 우수하다거나 항상 평균적이라고 판단하게 되는 것이다.

마지막 방법은 망각이다. 인간은 망각의 동물이다. 어떤 경영자가 1년마다 100여 명의 종업원들의 성과를 평가해야 한다면, 각 종업원의 정확한 성과를 기억해내기란 거의 불가능할 것이다.

③ 귀 속 화　귀속화와 관련된 지각성향도 정확한 성과평가를 어렵게 한다. 사람들, 특히 성취욕구가 강한 사람들은 성공은 내부요인으로 귀속화하고 실패는 외부요인으로 귀속화하는 경향이 있다.[12)] 그들은 조직체의 성공은 자기의 공으로 돌리고 조직체의 실패는 다른 요인의 탓으로 돌리는 경향이 있는 것이다. 이러한 경향 때문에 종업원들의 성과는 낮게 평가되기 쉽다.

(2) 일반적인 평가경향(중심화 경향)

일반적으로 인간은 타인을 평가할 때 높고 낮음의 중간 정도에 맞추어 평가하는 경향이 있는데 이를 중심화 경향이라고 한다. 이러한 중심화 경향은 인간생활 곳곳에서 찾아볼 수 있다. 한편 관대화 경향은 인간이 타인을 평가할 때 평균 이상으로 높게 평가하는 것을 말한다. 이러한 현상은 상사가 인사고과에서 부하를 평가할 때 흔히 일어나는 현상이다.

중심화 경향의 사례: 삼등열차 타는 법

인간은 길을 갈 때도 중간을 선호하고 강의를 들을 때도 중간에 앉는 경우가 많다. 인간이 인간을 평가할 때도 B학점을 주는 경향이 많다. 중심화 경향의 사례

---

12) Berndard Weiner and Andy Kulka, "An Attributional Analysis Achievement Motivation," *Journal of Personality and Social Psychology*, vol. 15(1970), pp. 1~20.

는 삼등열차를 탈 때 대표적으로 나타난다. 삼등열차에는 자리가 없다. 그래서 3등표를 산 사람들이 개찰구 문이 열리면 뛰기 시작한다. 대부분 사람들이 열차의 중심을 향해서 뛰어간다. 앞사람이 뛰어가면 뒷사람은 모방심리에서 맹목적으로 앞사람을 따라 뛰어간다. 그러나 중간 자리는 늦게 따라온 사람을 기다려 주지 않는다. 자리를 잡고 싶으면 탈중심화 사고, 수평적 사고를 해야 한다. 맨 앞으로 아니면 맨 뒤로 뛰어가야 한다. 거기에는 빈자리가 있다. 인생사에는 틈새전략을 구사하면 빈자리를 찾을 수 있는데 인파가 북적대는 곳만 찾아다니는 사람들이 많다. 인간의 역사는 창조의 역사요 창조의 역사를 창조한 사람들은 남이 가는 길을 따라 중심으로 모여들지 않는다. 그들은 남이 가지 않는 새로운 길을 간다(창의력개발에서 상술).

이러한 평가방법은 전통적인 방법에 의한 지각과 평가방법이다. 새로운 평가방법이 도입되고 있다. 모든 조직체에서 전반적으로 시행되고 있는 것은 아니지만 앞으로는 인공지능에 의한 평가 시스템이 확산되리라 생각한다. 이미 여러 회사에서 시행되고 있다.

4. 지각의 오류로 일어난 역사적 사건

1) 타인지각에 대한 오류 ― 케네디와 후루시쵸프의 만남

1968년 비엔나에서 미국의 젊은 대통령 케네디와 소련의 노회한 늙은 수상 후루시쵸프가 회담을 하였다. 케네디는 당시 나이 42세에 대통령이 된 미국 역사상 가장 젊은 대통령이었고 후루시쵸프는 철의 장막 공산주의 나라에서 말단 공장 근로자에서 시작하여 수상이라는 정상에 올라간 백전노장이었다.

후루시쵸프는 케네디를 만나보고 케네디를 위약한 애송이로 보았다. 하지만 이러한 후루시쵸프의 케네디에 대한 지각의 오류는 얼마 뒤에 나타난다. 그는 소련으로 돌아가 미국의 코밑에 있는 쿠바에 미사일 기지를 설치하기로 하고 쿠바로 떠나는 함대에 미사일을 실었다. 쿠바에 미사일을 설치한다는 것은 미국의 목 밑에 칼을 들이대는 것이나 다름이 없었다. 케네디는 미사일을 적재한 소련의 함정 몇 척이 쿠바를 향해서 항진하고 있다는 정보를 입수하였다. 그는 고심 끝에 쿠바 봉쇄령을 내렸다. 미국의 함정들이 출동하여 쿠바로 향하고 있던 소련 함정들의 항로를 차단하였다.

일촉즉발의 위기였다. 후루시쵸프는 기로에 섰다. 전쟁을 일으킬 것인가 회항할 것인가. 케네디의 강경한 전략에 그는 무릎을 꿇고 말았다. 미사일을 실은 소련의 함정들은 소련으로 회항하고 쿠바 봉쇄전략으로 인한 전쟁의 위기는 막을 내렸다.

그 결과는 어떻게 되었을까. 케네디는 결단력 있는 위대한 대통령으로 국민의 존경을 받게 되었고 후루시쵸프는 그 실책이 빌미가 되어 흑해의 별장에서 휴식을 취하고 있는 동안에 정변이 일어나 그는 목숨을 구했지만 죽는 날까지 연금당하여 세상으로부터 고립되어 살다가 생을 마감하였다.

후루시쵸프는 케네디에 대해서 지각의 오류를 범했던 것이다. 타인 지각의 오류는 이렇게 개인과 국가의 운명과 역사를 바꾸어 놓기도 한다. 우리는 매일 매일 많은 사람들과 교류하면서 살아간다. 얼마나 많은 지각의 오류를 범하고 인생의 시행착오를 겪는가.

2) 징기스칸의 눈(내면의 눈 – 지각) — 밖으로 나가자

12세기 징기스칸이 몽골제국을 통일하기 전 몽골은 부족단위로 뭉쳐 살고 있었다. 그들은 밤이면 다른 부족을 습격하고 말과 식량과 여자들을 빼앗아 왔다. 빼앗긴 부족은 당하고만 살겠는가! 그들도 기회를 노리다가 똑같은 방법으로 복수를 하였다. 뺏고 빼앗기고의 반복. 이것이 몽골 부족 국가의 모습이었다. 징기스칸의 아버지도 적에게 납치당하여 살해당했고, 징기스칸도 아내와 함께 납치당하였다가 본인은 구사일생으로 탈출에 성공하였으나 아내는 적의 포로가 된 신세였다. 그는 아내를 빼앗아 오기 위하여 두 사람의 동지를 규합하여 일년 동안 준비를 하고 힘을 길렀다. 그리고 마침내 아내를 적에게서 빼앗아 왔다. 그런데 어인 일인가 아내는 적장의 아이를 잉태하고 있는 것이 아닌가. 아내는 아들을 낳았고 징기스칸은 적장의 아이를 자기의 아들로 삼았다. 아내가 적의 아이를 가진 것은 아내의 불륜이 아니라 아내를 지키지 못한 자신에게 책임이 있다는 자책감에서였다. 그 후 그 아들을 직계 후계자로 삼지는 않았지만 중앙아시아 칸 제국을 건설하도록 하였다.

여기서 이야기하고자 하는 바는 징기스칸의 아내 이야기가 아니고 징기스칸의 뛰어난 세상을 보는 눈을 이야기하려고 한다. 징기스칸은 아내도 찾아오고 몽골부족을 통일하여 통일부족국가의 칸의 지위에 오르게 되었다. 명실상부한 통일국가의 왕이 된 것이다.

어느 날 저녁 칸이 된 징기스칸은 자신과 몽골의 장래에 대하여 생각해 보았다.

보복의 역사를 지닌 몽골인데 다른 사람과, 다른 부족이 자신에게 반기를 들어 목을 베지 않으리라 장담할 수 있겠는가?

그는 같은 종족끼리 살육과 보복의 악순환에서 탈피하여 함께 살 방법을 생각해 냈다. 그 방법과 전략이 밖으로 나가자였다. 밖으로 나가자는 간단한 아이디어로 징기스칸과 몽골은 12세기에 인류역사상 유례없는 영토를 확장하고 제주도에서 폴란드, 스페인까지 150여 년 동안 넓은 영토를 지배했던 기적의 역사를 남겼다.

3) 임진왜란 때 일본에 간 두 통신사의 눈(지각)

조선시대에 임진왜란이 나기 직전, 1589년 11월경에 일본의 실정과 도요토미의 저의를 동시에 파악하기 위해 통신사를 보내기로 결정했다. 통신정사는 황윤길, 부사는 김성일, 서장관에는 허성으로 결정되었다. 통신사 일행은 1590년 3월에 일본으로 떠나 이듬해 3월에 한양으로 돌아왔다. 그런데 통신사로 갔다 온 황윤길과 김성일의 일본 정세에 대한 견해 차이로 조정은 한동안 동인과 서인 사이에 논박을 벌여야 했다. 서인인 통신정사 황윤길은 일본이 많은 병선을 준비하고 있어 반드시 침략할 것이라고 주장한 데 반해 동인인 김성일은 침입할 조짐이 없었을 뿐 아니라 도요토미는 두려워할 만한 인물이 못 된다고 하였다.

이들의 상반된 보고를 접한 조관들은 동인과 서인으로 갈라져 자당의 인물을 비호하기 시작했다. 그런데 요행을 바라던 조정은 반신반의하면서도 결국은 전쟁설을 퍼뜨려 민심을 혼란스럽게 할 필요가 없다는 판단에 따라 김성일의 주장을 받아들이게 된다. 그래서 성을 쌓는 등 전쟁에 대한 방비를 하던 것마저 각 도에 명을 내려 중단시켰다. 이 후 선위사 오억령은 '일본이 다음 해에 조선의 땅을 빌려 명나라를 정복하려 한다'는 보고를 하기도 했지만 묵살당하고 도리어 파직을 당하기도 하였다. 그 후 왜관에 머무르고 있던 왜인들이 점차 본국으로 소환되어 왜관이 텅 비게 되자 그때서야 조선 조정은 일본의 대대적인 침략을 감지하였지만 이 것은 때늦은 조치였다. 같은 상황을 두고 두 통신사는 정반대의 눈으로 보았다.

III 인간의 상호작용

가치, 태도, 지각, 퍼스낼리티는 개인행동에 있어서 매우 중요한 요소임이 분명하다. 그러나 인간은 그 누구도 진공 속에서 살 수가 없다. 인간은 다른 사람들과 상호작용하면서 살아간다. 즉, 인간이 혼자 살 수 없다는 것은 만고(萬古)의 진리가 아닌가. 인간은 인간을 필요로 한다.

이러한 현상 때문에 우리는 앞 장과 본 장에서 가치관과 태도 및 퍼스낼리티와 지각에 대하여 인간의 행동과 인간관계의 측면에서 고찰하였다. 인간이 어떤 문제에 봉착하였을 때 지각과정을 거쳐서 행동에 이르는 의사결정을 내릴 때까지는 위에서 공부한 요소들의 종합적인 영향을 받게 된다. 여기에서는 위의 네 가지 요소에 영향을 받는 인간의 행동이 어떤 방향으로 전개되며, 바람직한 인간의 생활태도는 어떤 것인가에 대해 살펴보고자 한다.

1. 인간의 특징 — 동물과 다른 점

인간만이 가지고 있는 특징은 무엇일까. 동물과 비교하여 간단한 특징을 정리해 보자.

1) 이성의 소유자

인간이 삶을 영위하면서 지각해야 할 첫째의 중요한 것은 이성의 소유자라는 사실이다. 동물은 본능에 따라 살지만 인간은 감정과 이성의 양면 속에서 살며 인간에게 이성이 있기에 만물의 영장이 된 것이다. 인간은 이성의 소유자이기 때문에 ① 시간과, ② 죽음과, ③ 고독을 알고 이의 극복을 위해서 노력하는 존재인 것이다. 인간의 일생은 감정과 이성의 싸움이라 할 수 있다. 돈의 유혹, 이성의 유혹, 마약 같은 각종 유혹은 감정이지만 이를 극복하는 것은 이성의 힘이다. 1,003명의 여자를 농락한 돈판의 유혹이 언제나 따라다니지만 이를 극복하고 한 사람을 사랑하며 사는 것은 절제된 이성이다.

2) 시   간

시간의 흐름을 알고 있는 인간은 현재를 맞이하고, 다가올 미래를 상상하고, 과거를 회상한다. 이러한 시간의 흐름을 통해서 인간은 고민한다. 그 고민은 긴박한 전쟁이나 수소폭탄의 위협보다 더 심각한 어떤 것에서 나온 것이다. 인간에게 시간이 흐른다는 것은 두려운 것이다.

개는 '달'이 지고 '해(時)'가 진다는 사실을 느끼지 못하지만 인간은 달이 가고 해가 감을 느낄 때 두려움에 사로잡힌다. 무상(無常)의 진리를 깨닫고 있기 때문이다. 인간은 시간의 두려움을 극복하기 위하여 창조적인 생활을 한다. 인간의 창조적 행위는 생명의 연장선상에 있는 것이다. 창조적 인생을 사는 사람들은 죽음 뒤에도 창조적 유물이 남아 그의 생명을 이어주기 때문이다. 인간의 소망은 영원히 사는 것이다. 공자, 아인슈타인, 퀴리부인 등은 육신은 떠났지만 그들이 창조적인 인생을 살았기에 우리 가슴 속에 살아 있다. 인간은 시간 관리를 잘해야 한다. 시간은 대처할 수도 없고 저축할 수도 없지만 필수불가결한 것이다.

3) 죽   음

시간의 흐름 뒤에 오는 것은 죽음이다. 생명이 있는 모든 것은 죽는다. 생자필멸(生者必滅)은 만고(萬古)의 진리이다. 인간은 생명이 있는 다른 모든 것과 마찬가지로 죽는다. 그러나 인간은 자신의 죽음을 알고, 죽음을 내다볼 수 있는 동물이다.

청산의 저 분묘(墳墓)가
나의 청춘 아니런가
묻노라 백골이여
주인공은 어디멘고
인생백년 먼 듯하나
삼사 초를 못 넘느니
— 어느 스님의 죽음에 대한 노래에서 —

이처럼 인간만이 죽음의 허무와 슬픔을 노래할 줄 안다. 죽는다는 사실을 아는 것도 이성이 있기 때문이다. 인간은 죽는다는 사실을 알고부터 오래 살 수 있는 방법, 영원히 살 수 있는 방법을 찾아 방황을 계속해 왔다. 죽음의 극복을 위해서 인간은 창조와 종교를 터득하였다.

4) 고독(나태)

인간은 시간이 가는 것을 두려워한다. 죽음은 인간에게 찾아온 최대의 공포이다. 시간이 가면 황혼이 오고 황혼이 오면 죽음이 오기 때문이다. 황혼을 맞이한 인간의 모습에서 우리는 인생의 무상을 느낀다. 이런 인간의 고독은 싫증과 지루함을 가져온다. 프롬은 인간만이 싫증과 지루함을 느낄 줄 아는 유일의 동물이라고 말하고 있다. 이와 같은 프롬의 말은 중요한 뜻이 내포되어 있다. 인간이 지루할 때 동물처럼 잠을 자는 것을 당연하게 받아들인다면 그것은 우리의 의식을 죽이고 생명을 포기하는 것이다. 고독과 나태는 새로운 창조활동을 낳게 되며 이 창조활동이 문명의 발달을 가져오고 죽되 죽지 않는 생명의 계속성을 가져오게 된다.

하나의 예를 들면 제3의 물결의 시대의 산물인 최근 자동화(automation)는 나태의 산물이다. TV의 원격조절기도 나태의 산물이다. 나태는 창조를 낳고, 창조는 나태를 낳으면서 인간의 생명의 순환이 계속된다. 오늘날 유행하고 있는 손 전화는 나태와 편리의 대명사라고 할 수 있다. 더욱이 학습하는 인공지능이 나타나 기계가 할 수 없는 인간의 일까지 대신하는 시대가 되었다. 이는 인간고독이 낳은 창조의 산물이다.

인간의 죽음을 극복하려는 노력은 인간의 역사를 창조의 역사로 만들었고 창조의 역사는 지혜의 축적을 가져왔다. 지혜의 축적은 드디어 4차 산업혁명의 시대를 가져와 인공지능이라는 인간 아닌 인간이 등장하는 경이로운 새로운 세계를 살게 되었다.

2. 인생에 있어서 가장 중요한 요소

1) 사랑(生命): 위대한 불꽃 ― 괴테

이 부분에 대해서는 제13장 인간의 정서와 인간관계에서 다루게 되므로 차후에 설명하기로 한다.

2) 일(work)

일찍이 프롬은 인생에 있어서 가장 중요한 요소는 사랑하는 것(to love)과 일하는 것(to work)이라고 피력하였다. 사랑과 일이 없는 인간은 생존의 가치를 상실한 인간이다. 인간은 창조적인 일(work)을 통해서 오늘의 문명사회를 건설하였다. 우리들이 추구해야 할 일은 창조적인 일, 가치 있는 일, 사랑하는 일이 되어야 할 것이다.

일은 보람이 되기도 하지만 고통이 되기도 하기 때문에 보람된 일을 추구하는 것이 인간의 도리다. 최근에 유행하는 3D(Difficult, Dirty, Dangerous)를 기피하는 현상은 그러한 일이 보람과 대가를 얻지 못하는 사회 환경 때문이다.

인간은 똑같은 일을 하면서도 그 일에 대하여 어떤 가치를 부여하느냐에 따라 일에서 느끼는 모습이 달라진다. 이솝의 우화에 나오는 세 사람의 석공의 예를 보자.

너희는 무엇 때문에 석공의 일을 하느냐는 물음에 대하여,
한 사람의 석공은 돈을 벌기 위해서,
또 한 사람의 석공은 죽지 못해서,
다른 한 사람의 석공은 신의 영광을 위해서 석공 일을 한다고 대답하였다.

똑같은 일을 하지만 일하는 사람의 인생관과 가치관에 따라 일에서 얻는 결과의 평가가 달라지는 것이다. 그러므로 조직사회를 살아가는 현대인, 특히 직업을 새로이 얻고자 하는 사람들은 보람된 일을 찾고 그 일을 통해서 자기실현의 꿈을 이룩하고 인류사회를 더욱 발전시켜야 할 것이다.

현대사회에서는 일 없는 인간은 문자 그대로 실업자로 삶의 의미가 없는 사람들이다. 일은 인간의 생명이다. 생명을 바쳐 노력할 수 있는 일이 있는 사람은 행복하고 보람 있는 인생을 사는 사람들이다.

이러한 보람 있는 일을 함으로써 ① 부(富), ② 행복(幸福), ③ 명성(名聲), ④ 안정(安定), ⑤ 삶의 의미(意味), 그리고 ⑥ 삶의 가장 값진 무기인 두터운 인간관계를 형성할 수 있는 것이다.

인간의 최고의 선은 자기실현에 있는바, 이 자기실현은 일(work)을 통해서 이룩하는 것이다. 일을 하되 일에 인생을 걸어야 한다. 진정한 일의 의미는 자기실현의 일에 있다고 믿는다. 한국사회의 가장 큰 문제는 청년들이 일자리를 찾지 못하고 방황하는 것이다.

헤밍웨이의 킬리만자로의 눈(The Snow of Kilimanjaro)

한 유능한 작가가 부유한 여자와 결혼하여 아프리카에서 사파리 여행을 하던 중 괴저병에 걸려 전신 마비증세가 일어나 아름다운 킬리만자로의 산 아래에서 서서히 죽어간다. 온몸에 퍼진 병균이 그의 다리를 조금씩 마비시키고 고통은 없었지만 그의 몸에서 썩는 냄새가 난다.

그는 쾌락과 안락에 안주한 채 더 이상 작가로서의 재능을 사용하지 않았다. 그는 작가라는 명성으로 부유한 여자와 결혼하고 상류사회에 진입하였지만 바로 그것 때문에 정신과 육체가 함께 죽어가고 있었다.

그는 글을 쓰고 싶었다. 과거로 돌아가고 싶었다. 그러나 때는 이미 늦고 말았다.

헤밍웨이는 그가 쾌락에 젖어 생명의 불꽃이 꺼져가는 장면을 이렇게 묘사하고 있다. 글을 쓰지 않은 안락의 나날들, 그가 멸시했던 나날들은 그의 능력을 무디게 했으며, 글을 쓰려는 그의 의지를 약화시켜 마침내 전혀 글을 쓰지 않게 되었다. 이제 그는 선택의 여지가 없다. 그가 비록 육체적인 고통 없이 죽어가고 있지만, 정작 그를 고통으로 몰아가는 것은 자신의 잃어버린 과거에 대한 후회와 이제 다시는 자신의 재능을 꽃피울 기회가 없다는 사실이었다.

인생을 통해 무언가를 성취하고자 한다면, 먼저 편안함과 안락함이라는 침대에 누워 움직이기를 싫어하는 우리의 본성을 극복해야 한다. 나태를 몰아내야 한다.

링컨이 말한 대로 일과 사랑, 이것이 우리 인간의 생명줄이라는 것을 깨달아야 한다.

— 「너만의 명작을 그려라」 참조

몬트리올 세인트로렌스 강 어느 섬의 인디언

캐나다 몬트리올에 가면 몬트리올 시가를 가로지르는 세인트로렌스 강이 있고 그 강 가운데에는 조그마한 섬 하나가 있다. 그 섬에 우리에게 교훈을 주는 한 사건이 있다.

영국인들이 캐나다를 점령하고 인디언들을 제거할 전략으로 인디언들을 그 섬으로 모이게 하였다. 영국인들은 인디언들을 모아놓고 그 섬으로 들어가면 술, 여자, 담배, 마약 등 원하는 것을 모두 주겠다고 약속하였다. 인디언들은 놀고 먹으라는 속임수에 빠져 앞다투어 그 섬으로 들어갔다. 섬으로 들어간 인디언들에게 영국인들은 약속대로 술, 여자, 담배, 마약 등 원하는 것을 모두 주었다. 얼마의 시간이 지난 후 인디언들은 병에 걸려 한 사람 두 사람 죽어갔다. 영국인들에게 속았다고 깨달은 인디언들은 섬을 탈출하기로 결의하고 육지를 향하여 헤엄쳐 나왔다. 그들은 육지 상륙에 성공하였을까?

그들은 섬 건너편 강가 초소를 지키고 있던 영국 수병들의 총알 세례를 받고 모두 수장되고 말았다고 한다.

3) 현재(time)

인간을 가리켜서 만물의 영장이라고 하는 것은 인간은 만물 중에서 과거, 현재, 미래를 아는 유일의 동물이기 때문이다. 과거, 현재, 미래 중 가장 중요한 때는 현재이다. 가버린 과거에 집착하고 현재를 허송하면서 미래만 바라보는 것은 가장 바람직스럽지 못한 행동이다. 과거의 시행착오를 반성하고 그것을 현재에 접목시켜 현재를 최대한 활용하면서 미래에 연결하여 미래에 기대를 거는 것이 최선의 길이다.

시간을 건전하게 취급하기 위해서는 우선 현순간이라는 현실에서 사는 방법을 배우는 것이 필요하다.[13) 이 순간은 인간이 가지는 시간의 모든 것이라 한다. 과거와 미래는 현재의 일부이기 때문에 의미가 있으며, 또한 과거는 현재에 인간이 생각하기 때문에 존재가치가 있고, 또한 현재에 생존하는 인간에게 영향을 미침으로써 존재한다. 미래 역시 현재 속에서 인간이 생각할 수 있기 때문에 현실성을 갖는다. 과거란 한때에는 현재였고, 미래도 다가오는 어떤 순간의 현재가 될 것이다. 과거의 '그때'라든가 미래의 '언제' 속에서 살려는 것은 어색하고 현실에서 자아를 분리시키는 것이다. 왜냐하면 인간은 실제로 현실 속에서 존재하기 때문이다. 과거란 현재를 밝히게 할 때 의미가 있고, 미래도 현재를 기름지게 할 때 의미를 지닌다.

인간은 시간을 만들어내지는 못하지만 시간을 활용하는 지혜를 신(神)으로부터 부여받았다. 또 신(神)으로부터 받은 것 중 가장 공평한 것은 시간이다. 신(神)은 만인에게 하루 24시간이라는 1분 1초도 틀리지 않는 시간이라는 선물을 주었다. 그러나 24시간의 활용 여하에 따라 인생의 성패가 결정된다. 과거의 집착을 버리고 미래의 기대에 매달리지 않고 현재를 최대한 활용하는 인간의 삶이 중요하다고 본다.

우리에게 과거는 가버리고 미래는 오지 않았다. 엄밀한 의미에서 과거도 없고 미래도 없다. 오직 현재 이 순간만 있을 뿐이다. 어리석은 사람들은 현재의 시간을 낭비하면서 과거 속에 살고 미래를 기대하며 산다. 한 조사에 의하면 인간의 50%는 과거를, 40%는 미래를 생각하며 살고, 10%만이 현재에 충실하며 산다고 한다. 깨어나야 한다. 순간의 삶을 위해서!

---

13) Rollo May, *op. cit.*, p. 244.

현재에 최선을 다하라는 불교의 시 한 수와 성경의 가르침으로 현재의 중요함
을 다시 한 번 강조하고자 한다.[14]

(전략)
지나가 버린 것을 슬퍼하지 않고
오지 않은 것을 동경하지 않으며
현재에 충실히 살고 있을 때
그 안색은 생기에 넘쳐 맑아진다.
오지 않은 것을 탐내어 구하고
지나간 과거사를 슬퍼할 때
어리석은 사람은 그 때문에
꺾인 갈대처럼 시든다.
— 불경 —

지나간 일을 생각하지 말라.
흘러간 일에 마음을 묶어 두지 말라.
보아라 내가 이제 새 일을 시작하였다.
이미 싹이 돋았는데 그것이 보이지 않느냐.
내가 사막에 큰길을 내리라.
광야에 한길들을 트리라.
— 이사야서 43장 —

그대 성공하기를 원하는가.
지금 이 순간을 잡아라.

---

14) 법정, 「말과 침묵」(서울: 샘터, 1982), pp. 235~237.

3. 현대인의 인간관계

1) 스침의 인간관계

현대인의 인간관계란 거의 모두가 가면관계(假面關係)에 불과한 것이라고 오베니언과 오커넬(T. O'Banion and A. Oconnell)은 말하고 있다.[15]

가면의 인간관계란, 우리는 너나 할 것 없이 두 가지 측면의 자기를 가지고 있으면서 타인들로부터 칭찬이나 인정을 받기 위하여 있는 그대로의 나의 느낌이나 욕구를 억제 또는 은폐하고, 오히려 참 나의 것들이 아닌 것을 나의 것인 양 가장하고 있는 것이다. 그 결과 우리는 있는 그대로의 느낌과 생각을 나누어 가질 수 없게 되므로 상호간에 거리감을 느끼게 되고 군중 속의 외로움을 경험하게 되는 것이다.

우리들이 이와 같이 참 만남의 관계를 발달시키지 못하고 스침의 관계에서 머무르게 되는 이유로는 ① 자기노출(自己露出)의 기피, ② 자기이해(自己理解)의 부족 두 가지를 들 수 있으며, ③ 종교와, ④ 현대사회의 모순에서도 찾을 수 있을 것이다.[16]

(1) 자기노출의 기피

포웰(J. Powell)은 우리들이 이와 같은 스침의 관계, 즉 가면관계 또는 역할관계를 발달시키게 된 이유에 대하여 "만약 내가 누구인지에 대하여 있는 그대로 이야기할 경우, 상대방이 나를 싫어하고 배척할까 두려워하기 때문"이라고 설명하고 있다. 그에 의하면, 우리는 상호간에 신뢰하지 못하기 때문에 우리 자신을 더 이상 상처받지 않도록 보호하기 위하여 여러 가지 방어기제를 쓰고 있는 것이다.

사실 우리들 모두가 진정으로 바라고 있는 것은 이와 같은 가면관계나 역할관계에서 벗어나서, 보다 깊이 있고 진실된 만남의 관계를 발달시키는 일이다. 하지만 정직한 자기노출이 당면하게 될 위험이 너무도 강력하리라는 우려 때문에 우리는 역할놀이를 통한 가면관계를 그대로 지속시키게 되는 것이다.

이 때문에 우리는 성장, 통합, 사랑을 경험케 하는 인간관계, 즉 생산적인 참 만남의 관계를 발달시키지 못하고 있는 것이며, 그 결과 우리는 우리 스스로의 인간 성장에도 지장을 받을 뿐 아니라, 가정, 학교, 교회, 직장 또는 기타 여러 종류의

---

15) 위의 책, p. 20.
16) 위의 책, p. 21.

모임에서도 귀중한 시간과 심적 에너지를 낭비하므로 생산적이 되지 못하는 것이다.

인간이 화장을 하고 각양각색의 옷을 입는 것으로부터 원초적 자기노출의 기피가 시작된다. 마음의 화장, 마음의 옷을 벗어 버릴 때 인간의 진실한 모습이 노출될 수 있다. 노출의 두려움 때문에 가면의 감옥에서 살아가게 된다.

(2) 자기이해의 부족

우리들이 타인과의 참 만남의 차원에서 인간관계를 발전시키지 못하는 다른 또 하나의 이유는 내가 나 자신에 대하여 오해하고 있으므로 진정한 나를 상대에게 보여주지 못하기 때문이다. 예를 들면 실제적으로는 나 자신이 그렇게 현명하지 못함에도 불구하고 자기 스스로 현명한 줄 알고 행동하거나 자신의 언행이 상대방에게 싫증을 주는 것임에도 불구하고 이를 전혀 깨닫지 못한 채 오히려 그가 자기를 좋게 보고 있는 것처럼 그릇 판단하고 행동하는 경우를 들 수 있다.

이와 같은 경우는 주로 자기이해가 부족한 사람들에게서 흔히 볼 수 있다. 우리는 유치원에서부터 대학원에 이르기까지 지나치게 객관적인 지식위주의 교육을 받아왔기 때문에, 아프리카에서 어떤 일이 일어나고 있는지, 마슬로우가 말하는 인간의 욕구 5단계이론이 어떤 것인지 등과 같은 자기 아닌 타(他)에 대해서는 상당히 많은 지식을 가지고 있다.

그러나 자기자신에 대해서는 학습할 기회를 거의 갖지 못했기 때문에 막상 '나는 어떤 사람인가?', '나의 장점과 단점은 무엇들인가?' 등에 관한 물음에 직면할 때는 망설이게 된다. 그 결과로 우리는 대인관계에서 말하거나 행동할 때 나는 무엇을, 왜 그러한 방법으로 행동하고 있는지에 대하여 잘 모르고 있다. 즉 나는 지금 상대방에게 화를 내고 있는지, 불안이나 긴장감을 느끼고 있는지, 나는 지금 상대방에게 무엇을 바라고 있는지, 나는 지금 상대방의 기대에 응하기 위하여 말하며 행동하고 있는지, 아니면 그의 요구에 반대하기 위하여 특정한 말과 행동을 하고 있는지, 그리고 이와 같은 나의 언행이 상대방에게 어떤 영향을 미치고 어떤 반응을 불러일으키고 있는지 등에 대하여 잘 모르고 있는 것이다. 이러한 요인 때문에 우리는 본의 아니게 상대방에게 오해를 사거나 싫증을 느끼게 하여 효과적인 관계 발달을 그르치게 하는 것이다.

이와 같은 인간의 모습을 보면 인간은 자기 자신에 대하여 정말 무지한 동물이라 할 수 있다. 이러한 인간의 가면과 무지에서 오는 인간관계는 자기소외를 가져오는데, 이러한 현대인의 '자기소외'의 현상에 대하여 Bonhoeffer는 다음과 같이 웅변적으로 표현하고 있다.[17]

나는 무엇?
남들은 가끔 나더러 말하기를
감방에서 나오는 나의 모습이
어찌 침착하고 명랑, 확고한지
마치 자기 성(城)에서 나오는 영주 같다는데

나는 무엇?
남들은 가끔 나더러 말하기를
감시원과 말하는 나의 모습이
어찌 자유롭고 친절, 분명한지
마치 내가 그들의 상전 같다는데

나는 무엇?
남들은 또 나에게 말하기를
불행한 하루를 지내는 나의 모습이
어찌 평온하며, 웃으며, 당당한지
마치 승리만을 아는 투사 같다는데
남의 말의 내가 참 나냐?
나 스스로 아는 내가 참 나냐?
새장에 든 새처럼 불안하고, 그립고, 약한 나.
목을 졸린 사람처럼 살고 싶어 몸부림치는 나.
색과 꽃과 새소리에 주리고
좋은 말, 따뜻한 말동무에 목말라 하고
방종과 사소한 굴욕에도 떨며 참지 못하고
석방의 날을 안타깝게 기다리다 지친 나

---

17) 허 담(譯), 「나를 따르라」(서울: 대한기독교서회, 1965), pp. 5~6.

친구의 신변을 염려하다 지쳤다.

이제는 기도에도, 생각과 일에도 지쳐 공허하게 된 나.

이별에도 지쳤다. 이것이 내가 아닌가?

나는 무엇?

이 둘 중 어느 것이 나냐?

오늘은 이 사람이고 내일은 저 사람인가?

이 둘이 동시에 나냐?

불쌍하고 약한 난가?

이미 결정된 승리 앞에서

떠는 패잔병에 비교할 것인가?

나는 무엇?

이 적막한 물음은 나를 끝없이 희롱한다.

내가 누구이든 나를 아는 이는 오직 당신뿐

나는 당신의 것이외다.

오! 하느님

불교에서 수행의 길은 잃어버린 나를 찾아가는 여행이다. 불교수행의 마지막 목표는 참 나(眞我)를 찾는 것이라 할 수 있다. 그러나 참 나가 누구인지, 온 곳도 모르는 나는 어디서 왔는지, 이 순간의 나는 누구인지, 나는 갈 것인데 어디로 갈 것인지? 아는 자 그 누구일까? 참 나를 찾으면 가면의 인간관계는 벗어날 수 있을까? 神은 아마 허락하지 않을 것이다.

2) 만남(진실)의 인간관계[18]

위에서 살펴본 스침의 인간관계가 나 자신의 가면과 너의 가면이 만나서 무의미하게 시간과 정력을 낭비하는 피상적인 관계를 말하는 것이라면, 만남의 인간관계는 있는 그대로의 나와 있는 그대로의 너가 서로 만나서 상호작용을 하는 관계

---

18) 李炳得, 앞의 책, pp. 15~17.

를 의미한다.

우리들이 일상의 생활에서 경험하고 있는 스침의 관계에서는 다른 사람들이 당하는 고통을 듣고 보는 경우라 할지라도 이에 대하여 별다른 감정이나 동정을 느끼지 못한 채 건성으로 대하게 된다. 그렇지만 우리가 참 만남의 관계를 경험한 멀리 있는 한 친구에게서 온 편지를 통해 그 친구가 고통을 당하고 있거나 병중에 있다는 사실을 알았을 때, 우리는 당장에 그 친구의 고통에 무조건 동참하는 경험을 하게 되는 것이다.

이처럼 있는 그대로의 내가, 다른 있는 그대로의 한 인간실존과 만남의 관계를 경험하게 될 때, 그는 이 이상 나의 이기적인 목적에 봉사하는 수단적인 존재가 아니라, 무엇인가 신비스럽고 만족스러운 친교 또는 동참의 경험을 같이 나누어 가지는 인간인 것이다. 이와 같은 만남의 인간관계를 우리는 효과적이고 생산적인 인간관계라고 부르는 것이며, 이러한 관계의 경험을 통하여 우리들은 보다 자기실현을 할 수 있는 인간으로 변화해 가는 것이다. 우리는 본래 만남의 인간관계를 형성, 발달시킬 수 있는 가능성을 가지고 태어났다. 그래서 우리는 어렸을 때 있는 그대로의 자기로서 행동할 수 있었다. 울고 싶을 때, 있는 그대로 울 수 있었고, 웃고 싶을 때도 있는 그대로 웃을 수 있었다. 그러나 이와 같은 있는 그대로의 언행이 때때로 무시 또는 질책이라는 불쾌한 반응을 초래케 한 나머지 강화의 법칙에 따라 어느덧 자신도 모르게 있는 그대로의 나의 느낌이나 생각을 은폐하고 남들에게 보이기 위하여, 인정받기 위하여 가식적인 자기를 형성, 발전시키기에 이르렀다. 그래서 우리는 울고 싶어도 슬프지 않은 척, 두려워하면서도 태연한 척하게 된 것이다. 그리고 성장함에 따라 주객이 바뀌어 드디어는 양자 중 어느 것이 참 자기인지조차 구별하기가 힘들게 된 것이다.

3) 조하리(Johari)의 창문

위에서 우리는 스침의 인간관계와 만남의 인간관계에 대하여 논의하였다. 여기에서는 이 두 가지 요소에 대한 이해를 돕기 위하여 조하리의 마음의 창문이라고 하는 그림을 이용하여 설명하여 보기로 하자.19)

[그림 6-6]과 같이 사분정방형(四分正方形)으로 도식화된 이 모형을 살펴보기

---

19) 위의 책, p. 23.

그림 6-6 │ 조하리의 창

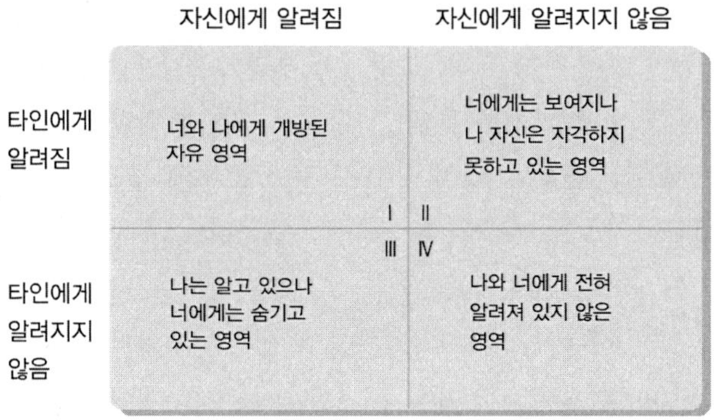

	자신에게 알려짐	자신에게 알려지지 않음
타인에게 알려짐	너와 나에게 개방된 자유 영역 (Ⅰ)	너에게는 보여지나 나 자신은 자각하지 못하고 있는 영역 (Ⅱ)
타인에게 알려지지 않음	나는 알고 있으나 너에게는 숨기고 있는 영역 (Ⅲ)	나와 너에게 전혀 알려져 있지 않은 영역 (Ⅳ)

로 하자.

(1) 개방형(사각형 Ⅰ)   느낌, 생각, 행동 등이 자신과 타인에게 함께 알려져
있는 개방된 부분
(2) 자기도취형(사각형 Ⅱ)   타인에게는 알려져 있어도 자신은 자각하지 못
하고 있는 영역
(3) 은폐형(사각형 Ⅲ)   자신은 알고 있지만 타인에게는 은폐된 영역
(4) 우둔형(사각형 Ⅳ)   타인과 자기 자신에게도 전혀 알려지지 않고 있는
영역

[그림 6-7(a)]는 만남의 관계를 나타내고 [그림 6-7(b)]는 스침의 관계를 나
타낸다. 이 모형들에 따르면, 효과적인 인간관계의 발달이란 Ⅱ, Ⅲ, Ⅳ의 영역을
줄이므로 Ⅰ(개방형)의 영역을 넓히는 것을 의미한다.

그림 6-7(a) │ 만남의 관계

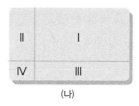 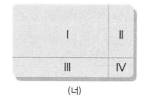

(나) (너)

그림 6-7(b) │ 스침의 관계

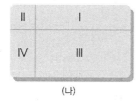 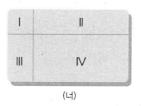

(나) (너)

우리들 중에서 눈치가 없고 둔한 사람으로 이해되는 사람들은 Ⅱ(자기도취형)의 영역이 넓어서 타인들 보기에는 개선해야 할 점들이 많으나 자기 자신은 그와 같은 것을 깨닫지 못하고 스스로 잘난 체하거나 문제가 없는 체하는 등으로 자기도 취적이 되어 있다. 그렇지만 어쩐지 남들과는 생산적인 관계를 발전시키지 못하는 사람이다. 자기이해가 부족한 사람의 경우에 해당한다고 볼 수 있다. 그리고 일반 적으로 자기표현을 못하기 때문에 그 속에 어떠한 느낌이나 생각을 하고 있는지 알 수가 없어서 쉽사리 접근하기에 힘든 사람은 Ⅲ(은폐형)의 영역을 넓게 소유하 고 있는 사람이라고 말할 수 있겠다. 그는 민감하여 자기 자신을 비교적 정확히 이 해하는 편이다. 그러나 스스로 이해하는 자기 자신을 수용하지 못하므로, 남에게 있는 그대로 내어놓기를 싫어하고 주저하기 때문에 자기를 은폐하고 있는 편이다. 그 때문에 타인과의 생산적인 관계를 맺는 데 지장을 받을 뿐만 아니라 일반적으 로 불안해하고 긴장하며 자기은폐에 지나친 신경을 쓰기 때문에 자기의 기능을 충 분히 발휘하여 생산적인 삶을 사는 데 방해를 받기 쉽다. 이와 같은 사람들에게 특별히 자기노출의 용기와 훈련이 필요한 것이다.

결국 우리는 인간관계훈련을 통하여 Ⅰ(개방형)의 영역을 넓히고, Ⅱ(자아도취형), Ⅲ(은폐형), Ⅳ(우둔형)의 영역을 축소함으로써 자기성장은 물론 타인과의 효과적인 관계를 형성, 발전시키는 데 힘써야 할 것이다.

4) 조하리의 창문에 대한 견해

* 조하리의 창문은 인간관계 훈련을 통하여 개방형의 영역을 넓이는 것이 이상적인 인간관계의 형태라고 이야기한다. 그러나 가면의 인간관계가 지배하고 있는 현대사회에서 그것이 가능할까? 몇 가지 견해를 밝히고자 한다.

첫째, 자기를 개발하고 자기를 아는 것. 인간의 육체는 바늘 하나로도 충분히 죽일 수 있지만 인간의 정신의 영역은 우주처럼 무한하고 끝이 없다. 무한한 정신의 영역을 개발하라. 나는 누구인가, 나의 장단점은 무엇인가, 무엇을 할 수 있는가를 알기 위하여 꾸준히 자기개발을 하여 자기에 대한 영역을 넓히는 일이다. 그렇게 되면 자기도취에서 벗어날 수 있고 타인은 당신을 보고 알고 있는 영역을 자신은 알지 못하는 은폐된 영역도 알 수 있다. 나아가 남에게도 자기에게도 알려지지 않는 저 깊은 곳까지도 파악해야 한다.

손자병법에 '나를 알고 타인을 알면 백전백승'이라는 말이 있다. 인간사의 실패는 자기를 알지 못하는 데에서 주로 기인한다.

둘째, 잠수함의 원리를 이용하라. 호랑이나 사자 같은 맹수도 숲 속에 몸을 숨기고 적을 공격할 기회를 노린다. 잠수함은 물속에 잠겨 있다가 공격대상이 발견되면 공격하고 사라진다.

인간관계에 있어서도 마찬가지다. 나의 모든 것, 대인관계의 전술이 모두 노출되면 안 된다. 자기를 개발하여 자기를 알고 상대방에 따라 전술을 바꾸면서 조하리의 창문을 적당히 활용하는 것이 인간관계의 실전이라고 생각한다. 이것이 필자가 늘 주장하는 잠수함의 원리이다.

그리고 상대방을 최대한 연구하라. 자신과 상대방에 대하여 안다는 것은 전투에 나선 장군이 산의 정상에서 내려다보며 전략을 펼치는 것과 같다. 산의 정상에서 보면 아래의 전장까지 모든 것이 희뿌옇고 혼란스럽다. 적군과 아군을 구분하는 것, 누가 이기고 있는지, 적이 어떻게 움직일지 예측하는 것 모두가 알기 힘들다.

장군은 전투 현장을 넘어 모든 것이 선명하고 중심이 보이는 정상에 도달한다. 그곳에서 장군은 전장 너머를 볼 수 있다. 예비군의 움직임, 적군의 진영, 전투의 향후 상황을 본다. 정상에 올라가야 장군은 전장에 대한 지시를 내릴 수 있는 것이다. 조하리의 창문을 인간관계의 전략으로 활용해보자.

4. 바람직한 생활자세

위에서 현대의 인간관계에 대한 여러 가지 측면을 고찰하였다. 그러나 인간관계에 있어서 가장 중요한 것은 상호작용하는 당사자가 인간관계에 접하는 자세라 하겠다. 이런 뜻에서 여기에서는 인간의 바람직한 생활 자세를 살펴보고자 한다.

1) 건전한 퍼스낼리티(Personality)

인간은 [그림 6-8]과 같은 세 가지의 특성으로 형성되었다고 주장하는 학자가 있다.[20]

그림 6-8 │ 어버이, 어른 및 어린이(P-A-C)

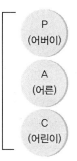

어버이의 자아상태(the parent ego stage)는 자기의 어린 시절의 부모와 형제, 주일학교 교사들로부터 영향을 받은 상태로 그때 받은 영향을 기준으로 어른이 되어서 당면한 문제들을 판단하고 처리하는 것을 말한다. 여기에는 양육적인 어버이

---

20) E. Berne, *Principle of Group Treatment*(New York: Oxford University Press, 1964), p. 281.

(nurturing parent) 자아상태와 비판적인 어버이(critical parent) 자아상태가 있다.

어린이 자아상태(the child ego stage)는 사람이 감정적으로 반응할 때 나타나는 행동과 관련된 상태이다. 사람의 어린이 자아상태는 선천적인 충동과 어린시절의 경험에서 배운 태도 등이 포함되어 있다. 어린이 자아상태는 어린 시절의 부모와 환경의 영향에 따라 행복한 어린이(happy child) 자아상태와 파괴적인 어린이(destructive child) 자아상태로 분류할 수 있다. 파괴적인 자아상태는 어렸을 때 어린이의 무기인 울음과 투정을 많이 부려서 어머니의 젖을 듬뿍 먹고 사랑을 받은 형으로 이러한 형은 어른이 되어 직장생활을 할 때도 자신의 뜻대로 되지 않으면 싸움을 걸고 감정적인 처리를 하게 된다.

인간이 모여 사는 조직사회는 이 세 가지 형의 균형이 필요하다. 너희는 내가 양육한다는 직장의 장, 부하의 모든 일을 이성적으로 따지고만 드는 상사, 매사를 감정적으로 처리하는 경영자는 바람직한 경영의 참모습이라고 할 수 없다.

조직을 건전하게 운영하기 위해서는 이 삼자의 균형이 필요함은 물론이다. 중요한 일을 할 때에는 이성적인 판단을 내리고, 어버이의 모습도 보이며, 일이 성공적으로 끝났을 때는 '야! 한잔 하자'라고 하며 부하들을 정으로 격려하는 모습도 필요하지 않을까?

2) 건전한 인간의 성격특성

우리 모든 사람들은 때에 따라서 이 같은 세 가지 자아상태에서 행동하게 된다. 건전한 성격의 소유자는 이와 같은 세 가지 자아상태의 균형을 유지하는 퍼스낼리티를 가지고 있는 사람이다. 특히 와그너(A. Wagner)에 의하면 '양육하는 어버이 자아'와 '어른 자아', 그리고 '행복한 어린이 자아'의 균형을 유지하는 성격을 가지고 있는 사람이 건전한 성격의 소유자라는 것이다. 이와 같은 사람은 때로는 '어른 자아상태'로 하여금 합리적으로 사고하게 하고, 문제 해결에 열중하게 된다. 그리고 이 같은 사람은 '어린이 자아'를 자유롭게 만들어 속을 털어놓게 만들고, 즐기며 자발적이고 정서적이 되게 한다. 그리고 또 세 가지 자아상태의 균형을 유지하는 건전한 성격의 사람들은 어버이 자아상태의 의견에 따를 줄 알며, 경험을 통해서 배워간다. 그리고 그들은 항상 빠르며 유효한 의사결정에 도움이 되는 가치관을 개발한다.

이와 같은 세 가지 자아상태간에 균형을 유지하는 것이 매우 건전한 것이기는 하지만, 때로는 어떤 사람들은 하나 혹은 두 가지의 자아상태에 의해 지배되고 있는 것처럼 보이는 경우가 있다. 이와 같은 경우가 특히 문제가 되는 것은 최고경영층에 있는 관리자에게 '어른 자아'가 없는 경우이다. 그리고 또 문제가 되는 경우는 그 사람의 성격이 '비판적인 어버이 자아'와 '파괴적인 어린이 자아'에 의해 지배되고 있는 경우이다. 다른 사람들과 함께 업무를 수행해야 하는 관리자에게는 이와 같은 문제는 매우 큰 문제점으로 등장하게 된다.

보다 구체적으로 말하면, 주로 파괴적인 어린이 자아에 의해 지배되고 있는 사람은 많은 합리적인 문제해결의 활동에 가담하지 않는다. 이 같은 사람은 고함치며 투덜대고 또 감정적인 방법에 의해 얻고 싶은 것을 얻어낼 수 있다는 것을 배웠기 때문에, 많은 경우에 있어서 그 같은 사람들과 이성적으로 논의하기가 매우 어렵다. 그리고 이들은 자신의 문제를 자기들 스스로 해결하려고 하지 않고, 관리자 혹은 다른 사람들이 무엇을 어떻게, 언제, 어디에서 하라고 지시해주기를 바라며, 무엇이 옳고 무엇이 그른 것인가를 판단해주기를 원한다.

어버이 자아가 지배하는 사람들의 경우, 특히 '비판적인 어버이 자아상태'에 있는 사람들도 많은 합리적인 문제해결 활동에 가담하지 않는다. 왜냐하면 무엇이 옳고 무엇이 그른지를 그들은 이미 알고 있는 것처럼 보인다. 우리는 이와 같은 사람들의 특성을 다음과 같은 말로 표현할 수 있을 것이다. 즉, '보시오. 그 같은 사실(문제)을 가지고 나를 혼란에 빠뜨리지 마시오. 나는 이미 결심된 바가 있소' 하는 식으로 모든 문제를 처리한다. 누군가에 의해서 그에게 제공된 정보가 어느 정도 진실성이 있는가에 대해서는 상관하지 않는다. 그들은 '그것은 좋고', '그것은 나쁘며', '그렇게 해야 하고', '그렇게 해서는 안 되고' 하는 식으로 이미 결정을 내리고 있다.

어른 자아상태가 지배하는 사람들까지도 골치 아픈 존재들이 될 수 있다. 왜냐하면 그들은 함께 일하는 사람들을 매우 따분하게 할 수 있기 때문이다. 그리고 그들은 가끔 마치 일에 중독된 사람처럼 행동할 때가 있기 때문이다. 그들은 결코 '자기의 흉금을 털어놓지 않고' 또 다른 사람과 재미있게 놀지 않는다. 그러므로 이 세 가지 자아상태의 균형은 함께 일하는 사람들을 건전한 사람으로 만들어준다.

3) 바람직한 생활 자세

사람은 성장하는 과정에서 각기 자기의 생활환경 속에서 자기자신의 가치나 다른 사람의 가치에 대하여 자기 나름대로 어떤 가정을 하는데, 그러한 가정은 나중에 일반화되지 않을 수도 있다. 해리스는 자신이나 타인에 대한 여러 가지 가정의 결합을 생활자세(life position)라고 부르고 있는데 이와 같은 생활자세는 자아상태보다 더 오래 지속되는 경향이 있다. 그리고 이 생활자세는 생을 통하여 욕구의 표현이나 표현된 욕구의 반응에 의해 얻게 되는 여러 가지 강화(reinforcement)의 결과로 얻어진 것이다. 그리고 이 생활자세의 기본이 되는 자기나 타인에 대한 가정들은 긍정성(okayness)이란 말로 표현된다. 그래서 사람들은 자기에 대한 긍정적 가정, 즉 자기는 옳다고 생각한다든지, 혹은 자기에 대한 비긍정적 가정, 즉 자기는 옳지 않다고 생각하든지 이 둘 중의 어느 하나이다.

다시 말해서 사람은 자기자신에 대하여 생각하기를, 자기는 가치가 있고 쓸모 있는 사람이라고 생각하든지, 혹은 자기는 가치 없고 쓸모없는 사람이라고 생각하기도 한다. 그리고 타인에 대해서도 똑같은 생각을 하게 되어 다른 사람이 옳다든지 옳지 않다든지 하는 생각을 하게 된다. 이렇게 해서 네 가지의 생활자세가 생기게 되는데, 그 네 가지 생활자세는 다음과 같다.

① 자기부정 – 타인부정(I'm Not OK – You're Not OK)
② 자기부정 – 타인긍정(I'm Not OK – You're OK)
③ 자기긍정 – 타인부정(I'm OK – You're Not OK)
④ 자기긍정 – 타인긍정(I'm OK – You're OK)

위의 네 가지 생활자세 중 가장 바람직한 자세는 네 번째 자기긍정 – 타인긍정(I'm OK – You're OK)의 자세이다. 자기긍정 – 타인긍정의 생활자세는 이상적이고 건전한 생활자세라고 제창되고 있다. 이러한 생활자세를 가진 사람들은 자기들의 주위에 있는 사람들을 신임하고 신뢰할 뿐만 아니라, 자기 자신에 대해서도 자신감을 가지고 있다. 그리고 이들의 행동은 양육하는 어버이, 어른 자아, 행복한 어린이 자아 상태나 비판적인 어버이 자아 상태에서 유발되지 않는다.

위의 네 가지 생활 자세를 통해서 우리는 민주사회에서, 그리고 민주사회로 나아가는 때에는 자기긍정, 타인긍정의 생활자세를 갖는 것이 필요하며, 이것이 조직사회에서 성공적인 인간관계를 유지하기 위한 기본적인 자세라 하겠다.

훌륭한 인재를 찾는 것은 시장학보다 더욱 중요하다. — 빌게이츠 —

오드리 햅번과 그레타 가르보의 삶

오드리 햅번   그레타 가르보

20세기에 살다 간 전설적인 두 미녀 스타가 있었다. 두 여인은 서로 상이한 인생을 살다 갔는데, 한 사람은 오드리 햅번이고, 한 사람은 그레타 가르보이다.

로마의 휴일에 나오는 햅번은 전 세계 남성들을 뇌쇄시킬 정도로 은막의 세계를 주름 잡았으나, 그녀도 세월의 흐름을 거역할 수 없었는지 세월과 함께 늙어가면서 20대의 청순한 모습은 간 곳 없고 60여년이 흘러간 나이테가 그녀의 얼굴을 수놓고 있었다. 쓸쓸해 보이고 추하게 보였다. 세월과 인생의 무상함에 슬프기까지 하였다. 설상가상으로 햅번은 위암까지 걸렸다. 그러니 그 마른 육신이 어떤 모습이었겠는가! 그런데 그녀는 20대의 모습보다 더 아름다운 모습으로 나타났다. 위암 걸린 몸으로 아프리카에서 빈민구제사업을 하고 병들고 굶주리고 있는 어린이 구제사업을 하였다. 죽을 때까지 빈민구제 사업을 멈추지 않았다. 나에게 햅번의 두 장의 사진이 있다. 너무도 예쁘고 화려했던 20대 때의 모습과 위암 투병을 하면서 아프리카에서 굶주린 어린이를 안고 있는 뼈와 가죽만 남은 60대의 늙은 모습의 사진이다. 어느 때의 모습이 더 아름답겠는가!

암 환자가 아프리카의 굶주린 어린이를 안고 있는 그 모습! 그 모습은 천사의 모습이었다. 진정으로 아름다운 모습이 무엇인지를 깨닫게 되었다.

그레타 가르보는 헐리웃의 전설적인 여배우이다. 그가 미모에 대해 얼마나 자신감이 넘쳤으면 다음과 같은 일화를 남겼다. 당시 천재적인 극작가 영국의 서머스트 모옴이라는 사람이 있었는데, 가르보는 모옴에게 대담하게 청혼을 하였다. 우리 결혼합시다. 나의 미모와 당신의 머리를 닮은 아들을 낳고 싶소. 그러나 돌아온 답은 '노'였다. '나의 못생긴 모습과 당신의 돌 같은 머리를 닮은 아이가 나올까 걱정되어 청혼을 거절합니다'라는 멋진 답이 돌아왔다. 그렇게도 그녀는 자기의 미모에 대해 자부심을 가지고 살았었다. 그러나 가는 세월을 그녀라고 잡을 수 있겠는가. 세월이 흘러감에 따라 그녀의 모습은 젊었을 때의 아름다움은 간데없고 단풍진 가을나무마냥 앙상하게 되어 갔다. 세기의 미녀가 이 무슨 모습인가. 그녀는 숨어 살기 시작했다. 자기를 스스로 은폐시키고 외출할 때는 차양이 긴 모자를 쓰고 다녔다. 자기 스스로 감옥을 만들어 살다가 그렇게 85세의 생을 마감하였다.

세계의 은막을 누볐던 두 여인! 누구의 인생이 아름다운 인생일까!!

제7장

집단에서의 인간행동

대중은 바람이다.

아프리카 평원에는 누떼와 사자 무리들이 생존 싸움을 하며 살고 있다. 누떼들은 평원의 초원을 찾아 수천마리씩 떼지어 이동한다. 때를 놓치지 않고 사자 가족들이 그들의 뒤를 쫓는다. 사자들은 누의 무리 중 약하고 어린놈을 찾아 공격한다. 누떼들은 사자의 공격에 사력을 다해 달아난다. 달아나다 사자의 추격이 근접하여 생명의 위협을 느끼면 누떼는 원을 만들어 사자에 대항한다. 지루하고 긴장된 대치가 계속된다. 사자는 누떼의 원을 빙빙돌면서 약자에게 위협을 가한다. 인내에 지친 자가 패배한다. 지루함을 느낀 사자가 포기하고 돌아서거나 감시자의 빈틈을 타서 누떼는 다시 도망을 시도한다. 그야말로 생명을 건 게임이다. 사자 가족은 그중 뒤쳐지고 약한 자를 공격하여 포식한다. 사자의 공격과 누떼의 방어 전략은 인간사회라고 예외가 아니다.

명심하라! 뭉치면 살고 흩어지면 죽는다!

세 마리의 소와 사자

늘 붙어 다니는 세 마리 황소가 있었다.
사자는 소들을 잡아먹고 싶어 기회를 엿봤지만 세 마리가 항상 함께 있었기 때문에 한 마리도 잡아먹을 수가 없었다.
그래서 사자는 모함하는 말로 그들을 서로 이간질해 간신히 그들을 떨어뜨려 놓을 수 있었다.
결국 그들은 분열했고
사자는 차례로 그들을 잡아먹었다.
— 이솝우화 —

I 집단의 형성과 발전

1. 집단(Group)이란 무엇인가?

집단이란 어떤 목적을 달성하기 위하여 2명 이상의 개인들로 구성된 모임을 말한다.

인간은 사회적 동물이라는 만고의 진리를 운운할 필요도 없이 인간은 살아 있는 동안 남과 더불어 사는 존재다. 앞에서 말한 바와 같이 인간이라는 한문의 '人'자는 '二', 즉 두 사람을 의미하며 간(間)자 역시 間의 모양이 말해주듯이 두 사람을 뜻한다. 이것은 인간은 혼자이면서 둘이요, 둘이면서 혼자라는 것을 의미한다. 인간은 혼자 태어나는 것 같지만 아버지, 어머니의 분신으로 태어나며, 혼자 사는 것 같지만 누군가와 더불어 살고, 죽을 때에도 누군가의 손을 잡고 죽는다.

혼자 살 수 없는 인간이 함께 살기 위하여 모이는 것이 집단이요, 모여 사는 곳이 사회라는 곳이다. 소외 속의 현대사회는 집단과 그 집단 속의 생활이 더욱 중요하다.

하이든(Haydn)의 '고별교향곡'은 그 곡을 작곡하게 된 배경이 있다. 그가 지휘자로 있던 악단의 단장인 에스터하치 후작이 한때 기분이 틀어져 악단을 해산하려 한다는 소식을 듣고 급히 작곡하였다고 한다. 그 곡은 연주가가 자기 곡을 연주한 뒤에 차례차례 안으로 사라져 나중에는 한 사람만이 남아서 최후의 연극을 하는 것으로 되어 있다.

이 곡이 연주된 후 후작은 생각을 바꾸게 되었다. 그러자 하이든은 또 한 번의 교향곡을 작곡했다. 그것은 앞의 것과는 반대되는 내용이었다. 연주자들은 각각 자기가 연주를 시작할 때 비로소 자기 앞의 불을 켠다. 그리하여 마침내 오케스트라 전체는 다시금 환한 조명 아래 우렁찬 소리를 내기 시작하는 것이다.

이것은 일군의 집단을 형성하는 연주자들이 화음을 내는 아름다운 모습이다. 이런 모습이 이상적인 집단의 모습이지만 현실의 집단은 불협화음과 갈등도 많다. 다음에서 이런 집단의 모습을 그려보기로 하자.

집단(Group)이란 어떤 목적을 달성하기 위하여 2명 이상의 개인들로 구성된 모

임을 말한다. 개인은 자기가 소속된 집단 내에서 구성원들과 상호작용을 하고 상호
의존적 관계를 가지면서 여러 가지 활동을 하기 때문에 개인에게 있어서 집단은
매우 중요한 환경요인이라 할 수 있다. 이러한 집단의 의미를 좀 더 자세히 살펴보
면 다음과 같은 여러 가지의 개념들이 포함되어 있다.

첫째, 구성원들의 수에 있어서 집단은 둘 이상의 사람으로부터 위로는 너무 많
지 않은 사람들의 집합체를 의미한다.

둘째, 집단은 조직과 마찬가지로 어떤 공통된 목적을 달성하기 위한 사람들의
모임을 말한다.[1] 즉 집단의 목적을 강조하고 있다. 집단의 목표는 조직의 목표보다
도 더욱 구체적이고 실현적이며 명확해야 한다는 점에 그 특징이 있다.

셋째, 집단이란 상호관계를 통하여 사회적 또는 경제적 욕구 등 자기의 어떤 욕
구동기를 만족시키려는 사람들로 구성된 모임을 말한다.[2] 즉 집단구성원의 동기와
욕구만족을 강조하고 있다.

넷째, 집단이란 어떤 공통된 목적을 중심으로 상호의존관계에서 구두(口頭)나
서신(書信) 또는 직접적인 접촉을 통하여 상호작용을 하는 사람들을 의미한다. 즉
집단구성원간의 상호의존관계를 강조하고 있다.

한편 호맨스(George C. Homans)는 여러 학자들의 조사자료를 통해 집단의 개념
을 [그림 7-1]과 같이 도식화하고 있다.

호맨스에 의하면 이들 세 가지는 각각 별개의 것이지만 서로 밀접한 관계를 맺
고 있다고 한다. 사실 이들은 [그림 7-1]과 같이 서로 의존관계에 있으며, 세 가
지 중 어느 하나가 변화하면 다른 두 개도 어떠한 변화를 하게 한다. 조직이 존속
하기 위해서는 조직 내에서 이러한 활동, 상호작용 및 감정이 필요불가결한 것이
다. 그리고 또한 이는 성원들에 의하여 행하여져야만 하며, 또 이들 직무는 사람들
이 계속하여 그 직무를 행할 수 있도록 사람들로 하여금 충분한 만족(감정)을 주는
것이어야만 한다. 그리고 직무상 사람들의 상호작용에 의해 상호간에 대한 감정이
생기는 것이다.

일반적으로 사람들 간에 상호작용이 증가함에 따라 더욱 긍정적인 감정이 상호

---

1) T. Mills, *The Sociology of Small Group*(Englewood Cliffs, N.J.: Prentice-Hall, Inc., 1967), p. 2.
2) R. B. Cattell, "New Concepts for Measuring Leadership in Terms of Group Syntality," *Human Relations*(1951), p. 167.

간에 생기는 경향이 있고, 한편 감정이 긍정적이 되면 될수록 더욱더 사람들의 상호작용이 증가되는 경향이 있다.

이처럼 집단은 목적동기와 욕구만족, 상호작용과 상호의존성 등의 개념을 포함하는 의미로 설명될 수 있다.

| 그림 7-1 | 활동, 상호작용 및 감정의 상호의존성 |

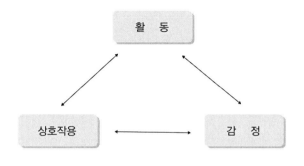

2. 집단형성의 이유

사람들은 여러 형태의 집단을 형성하고 있다. 그 집단들이 형성되는 이유를 보면 모든 집단은 그 구성원들에게 각기 다른 어떤 이점을 제공하고 있기 때문이다. 집단을 형성하는 중요한 이유로는 다음과 같은 것들을 들 수 있다.

1) 안전의 욕구

사람들은 집단을 형성함으로써 안전감을 느끼게 된다. 사회에서도 여러 조직에 가입하는 것은 인간의 안전의 욕구에서 그 취지를 찾을 수 있다. 특히 한국사람들은 모임이 많은 편인데, 이는 어느 집단에 들어가 소속감을 느끼고 안전의 욕구를 찾고자 하는 욕망 때문이다. 한국사람들에게 12월은 송년회의 달이다. 한국사람들은 소외를 극복하고자 향우회, 친목회, 동창회 등 여러 집단에 가입하고 이러한 활동을 하느라 바쁘다.

이런 현상에 비해 일본인의 집단참여 성향은 다르다는 것을 여러 연구를 통해

알 수 있다. 일본사회는 '단일사회(單一社會)'로 표현될 만큼 직장 이외에 가입해 있는 소속단체나 친목단체가 적다. 집단가입이 적은 일본인은 고유 소속집단에 소속감이 강하다. 해외에 거주하는 사람 중 일본사람들이 고국으로 편지를 가장 많이 한다고 한다. 집단 소속의 끈을 놓지 않기 위해서이다. 대부분 한국사람들이 직장 이외의 친목단체에 최소 2, 3개 이상 속해 있는 것과 비교하면 양 국가 간의 큰 차이점이라고 할 수 있다.

2) 존경·자아실현 및 지위에 대한 욕구

사람들은 사회적 위신이나 사회적 명성을 갖고 있는 집단에 참여함으로써 자신의 여러 가지 사회·심리적 욕구를 충족시키기도 한다. 골프 클럽 회원이 됨으로써 자신의 사회·심리적 욕구를 충족시키는 경우 등을 말한다. 그 대표적인 예로써 사람들이 상류사회에 있음을 과시하거나 그 사회에 편승하고자 하는 욕구 때문에 몇천만 원대에 이르는 골프 회원권을 구입하여 골프 클럽에 가입하고, 자신들만의 상류사회 클럽을 형성하는 것을 들 수 있다.

3) 목표의 달성

인생에 성공하기 위해서는 인간은 목표를 가지고 살아가는 것이 필요하다. 그러나 이러한 목표를 달성하는 데는 혼자의 힘보다는 여러 사람의 힘의 합이 필요하기 때문에 사람들은 집단을 만들고 이에 가입한다. 특히 정(情)의 사회인 우리사회에서는 연결고리인 집단이 필요하다. 사람들이 목표달성을 위해 집단을 형성하는 대표적인 예로 정치집단과 사회집단을 들 수 있다.

4) 가까움과 매력

유유상종(類類相從)이라는 말이 있다. 사람들은 비슷한 특성을 가졌거나 서로 가깝고 편리한 거리에 있어서 자주 만나게 되면, 그리고 이러한 관계가 득이 있다고 생각되면 함께 모이게 된다. 종교, 나이, 취미, 전공, 고향이 같다는 이유로 모임을 만드는 것도 이 때문이다.

사람들이 집단을 형성하는 이유는 이외에도 여러 가지가 있을 수 있으며 이것들은 상호 중첩되어 있다. 요컨대 집단형성의 이유는 목표의 달성이라는 집단의 목적과 욕구충족이라는 개인의 목표 때문이라고 할 수 있다.

3. 집단의 유형

1) 공식집단과 비공식집단

대표적인 집단으로는 공식집단과 비공식집단이 있다. 이를 도표로 나타내면 [표 7-1]과 같다. 비공식집단은 각종 친목단체, 동호회와 같은 자연발생적 집단으로서 자신의 필요에 의해 가입한다. 또한 집단의 구조도 쉽게 변할 수 있는 성격을 띠며, 이러한 집단의 리더는 자연스럽게 형성된다. 비공식집단의 존속기간은 구성원들의 의도에 달려 있다고 볼 수 있으며, 이 집단에서 통용되는 규범 또한 구성원들의 성향에 따라 그들의 감정의 법칙에 적용을 받는다고 할 수 있다. 이것은 비공식집단이 자연발생적이며, 스스로의 기호나 선호에 따라 만들어진 집단이기 때문이다.

한편, 공식집단은 인위적인 집단이라고도 한다. 구성원들이 이러한 공식집단에 소속되는 이유는 주로 지명되거나 선발되는 경우이다. 공식집단은 구조상 안정적이라고 볼 수 있으며, 집단지도자는 공식적으로 지명되거나 투표에 의해서 결정된다. 또한 공식집단은 과업이 중요시되는 집단이며, 범위와 정도가 정해져 있고 집단의 규범은 구성원의 감정에 의해서라기보다는 집단의 능률에 의해 적용된다. 대표적인 예로는 회사, 학교, 병원, 정부기관을 들 수 있다.

| 표 7-1 | 공식집단과 비공식집단의 구분[3]

구 분	비공식(자연적)집단	공식(인위적)집단
가입동기	자연적 또는 자의적	지명 또는 선발
구 조	가변적임	안정적임
지도·통제	자연적 지도자가 형성됨	투표 혹은 공식지명
과 업	상황에 따라 변하며 다양함	범위가 정해졌음
존속기간	구성원들 의도에 달려 있음	미리 정해짐
규 범	감정의 법칙	능률의 법칙

---

3) 임창희, 「조직행동」(서울: 학현사, 2001), p. 189.

2) 중요한 집단의 분류

(1) 소속집단(membership group)

소속집단이란 가족이나 정치집단·종교집단 등과 같이 현재 한 개인이 실제로 소속되어 있는 집단을 말한다. 예를 들면 현재 어느 교회에 다니는 K라는 대학생이 컴퓨터 게임동호회 회원으로 활동하고 있다면, K는 가족집단과 대학교 집단, 교회집단, 컴퓨터 게임동호회 집단에 소속되어 있다고 할 수 있다. 이렇듯 개인이 직접 소속되어 있는 실제집단을 소속집단이라고 한다.

(2) 준거집단(reference group)

준거집단은 다양하고 여러 계층으로 형성되어 있으며 현대사회에서 가장 널리 적용되는 개념이다.

① 준거집단의 의의   준거집단이라는 용어는 1942년에 하이맨(H. Hyman)[4]에 의해 창안된 이래로 여러 행동과학분야에서 가장 널리 사용되는 개념의 하나가 되었다. 이 준거집단은 개념상 두 가지의 다른 의미로 사용되고 있는데, 첫째는 한 개인이 소속되고자 하는 집단, 즉 한 개인의 마음속에 있는 집단을 말한다. 마음속에 있는 집단이란 B라는 집단에 실제로는 소속되어 있는데 마음속에는 A라는 집단에 가입해 있는 경우를 말한다. 예컨대 2류 계층의 사교 클럽에 가입해 있는 사람은 1류 계층의 사교 클럽이 마음속에 자리잡고 있는 것이다. 세칭 2류대학에 다니는 학생은 몸은 이류대학에 다니지만 마음속에는 일류대학이라는 M대학이 있는 경우이다.

둘째는 한 개인이 어떤 판단이나 평가를 할 때 기준으로 삼는 집단을 의미한다. 켈리(H. Kelly)는 준거집단의 두 가지 기능을 지적하고 있는데, 준거집단이 위의 두 의미 중 첫 번째 의미로 사용될 때 주로 규범적 기능(normative function)이 강조되는 반면에, 두 번째의 의미로 사용되는 준거집단에서는 비교적 기능(comparative function)이 사용된다고 하였다.

② 준거집단의 유형   하이맨은 사회계층에 대한 한 연구에서 대부분의 사회성원들은 자기가 소속되어 있는 계층집단이 가지고 있는 가치관에 준해서 사회

---

4) H. H. Hyman, "The Psychology of Status," *Arch. Psychol.*(1942), p. 259.

생활을 하고 또 장래를 설계하지만 하위계층에 속하는 사람들 중에는 그들이 소속되어 있는 계층의 생활양식과 가치관과는 엉뚱하게 다른 가치관에 입각하여 생활하는 사람들이 있음을 발견하고 이러한 예들을 준거집단이라는 개념으로 설명하였다.

즉, 실제로 하위계층에 속해 있는 사람들이라도 심리적으로는 상위계층에 소속되기를 열망하거나 상위계층과 자신의 사회적 존재를 동일시하는 사람들에게는 곧 상위계층집단이 그들의 준거집단이 되기 때문에, 그들의 실제 행동에 영향을 주는 것은 실제로 소속된 집단이 아니라 상위계층집단이라는 것이다. 이류대학(二流大學) 학생들은 일류대학(一流大學) 학생들의 행동패턴을 기준으로 삼고, 삼류기업체(三流 企業體)의 구성원의 마음속에는 언제나 일류기업체의 규범이 자리잡고 있는 것이다.

뉴컴(T. M. Newcomb)은 준거집단을 긍정적 준거집단(positive reference group)과 부정적 준거집단(negative reference group)으로 구분하였는데, 긍정적 준거집단이란 지금까지 살펴본 의미로서의 준거집단을 말하는 것이지만 부정적인 준거집단은 특정 개개인이 그 규범을 반대하는 집단이다. 자본주의자에게는 공산당이 부정적 준거집단이 되는 것은 이러한 의미이다. 여당에게는 야당이 야당에게는 여당이 부정적 준거집단이 된다. 그런데, 때로는 한 개의 집단이 특정 개인에게 긍정적 준거집단이면서 부정적 준거집단이 될 수도 있다. 대개의 경우 청소년은 부모의 가치관을 이어받아서 행동하지만 이따금씩 청개구리 기질을 발휘해서 부모가 바라는 바와는 어긋나게 행동하는 경향이 그 좋은 예라고 뉴컴은 들고 있다.

4. 집단의 발전

1) 집단의 발전단계

개인이 학습하여 성장하는 것처럼 집단도 배우며 발전하여 간다. 집단의 성과는 구성원들의 학습정도와 그들이 상호협력하여 업무를 수행하는 데 얼마나 학습되어 있느냐에 따라 결정되는 것이다. 여기에서는 집단이 발전하는 일반적인 단계, 즉 일련의 발달과정을 살펴보고자 한다.

집단의 발전단계는 여러 가지 단계로 나누어 설명할 수 있지만 여기에서는 여섯 가지의 단계로 나누어 설명하려고 한다.

(1) 오리엔테이션 단계

이 단계에서는 집단을 구성하기 위하여 책임자를 정하고 집단구성의 절차와 방향을 논의하는 단계이다.

(2) 갈등과 도전(conflict and challenge)의 단계

집단이 구성되고 1단계가 성공하여 조직이 가동하게 되면 갈등 없이 발전하는 집단도 있지만 많은 경우에 세력다툼(power game)이 시작되어 지도자에 대한 반항과 모반을 하게 된다. 가까운 역사적 사실을 예로 들면 5·16혁명 후의 반혁명사건을 들 수 있다.

(3) 응집력(cohesion)의 단계

2단계의 위기를 극복하면 구성원들은 집단의 힘(power)과 권한구조에 동의하고 전열을 가다듬고 목표를 향해 협력하게 된다. 5·16혁명 후 발생한 반혁명사건을 처리한 후 5·16 세력은 한 사람의 지도자를 구심점으로 뭉치게 되었다.

(4) 망상과 착각(delusion)의 단계

이 단계에서의 구성원들은 집단의 내부적인 문제는 모두 해결되었다고 자부하고 착각하게 된다. 사실은 집단의 관리에서 방심해서는 안 될 때가 이 단계이다. 방심하는 동안 모반이 꾀해지고, 쿠데타가 일어나고, 새로운 갈등이 발생하는 때가 많다.

(5) 각성(disillusion)의 단계

망상과 착각에서 깨어나게 하는 사건(예컨대 배반, 집단에 대한 부정·항의 등)들이 집단에서 일어나면 집단구성원들은 현실을 깨닫고 집단의 경영방침을 재검토하게 된다.

(6) 수용(acceptance)의 단계

집단발전의 마지막 단계인 수용의 단계의 집단은 집단의 운영에 대한 의견을 조정하고 집단과 집단위기를 상호 이해하는 단계로 진행된다. 이 단계는 어려운 단

계를 극복하고 집단구성원이 상호 이해하고 협조하여 안정을 이루는 단계라 할 수
있다.

〈집단형성의 사례〉 5·16 군사쿠데타

(1) 오리엔테이션단계: 쿠데타의 모의 작전성공

↓

(2) 갈등과 도전단계: 쿠데타성공에 대한 떡싸움. 쿠데타-반쿠데타 세력의 싸움.
반쿠데타세력 숙청. 쿠데타세력 주도권 확보집단

↓

(3) 응집단계: 권력분배성공. 주체세력 단결력 강화

↓

(4) 망상과 착각단계: 조국근대화의 구호 아래 개발독재, 유신체제 출범, 권위주의 시대.
맹목적 확신 추종시대

↓

(5) 각성단계: 반 유신운동, 민주화운동 확산. 부마사태. 10·26 정변. 신 군부 등장

↓

(6) 수용의 단계: 5·18민주화 운동, 6·10 사태 발생. 민주체제로 전환

---

2) 효과적인 집단의 특성

경쟁의 사회에서 생존하기 위해서는 효과적이고 성공적인 집단을 형성하여야 한
다. 여기에서는 효과적인 집단의 특성은 어떤 것인가에 대하여 설명하고자 한다.[5]

(1) 목표의 명확성

효과적인 집단은 집단의 존재목적을 명확히 이해한다. 신제품을 개발하기 위해

---

[5] R. E. Callahan and C. P. Fleenor, *Managing Human Relations*(Columbus, Ohio: Merrill
Publishing Co., 1988), pp. 178~180.

형성된 집단이라면 자신들의 집단이 어떠한 이유로 존재하는지, 또 무엇을 해야 하는지를 명확히 인식할 필요가 있으며, 이를 통해 집단구성원 각자의 역할, 목표의 설정, 목표달성방법의 구체화, 구성원에 대한 모티베이션 등이 가능해진다.

(2) 지원적 분위기의 조성

효과적인 집단은 구성원들에게 지원적 분위기를 제공한다. 지원적 분위기는 새로운 아이디어의 고무, 구성원들이 지닌 문제의 청취, 기술적 문제에 대한 청취 및 도움의 제공 등 다양한 형태로 나타날 수 있다. 집단 구성원들은 집단이 직면한 문제에 대해 자신들이 지닌 의견이나 제안, 정보 또는 비판들을 쏟아붓지만 이는 언제나 집단에 도움이 되는 방향에서 이루어진다. 즉 집단이 제공하는 자원이나, 구성원들이 집단에 제시하는 모든 사상들이 집단의 발전이라는 공통분모를 지니고 있는 것이다.

(3) 과업기능과 유지기능의 조화

집단의 행동은 과업지향적이고, 유지지향적인 것이라고 할 때, 효과적인 집단에 있어서는 '과업기능(task function)'과 '유지기능(maintenance function)'이 상호 밀접하게 결합되어 있음을 발견할 수 있다. 여기서 과업기능이란 집단의 목표를 설정하고 달성하는 것과 관련된 기능을 의미하며, 유지기능은 집단의 복지, 영속성, 발전과 관련된 기능을 의미한다.[6] 따라서 효과적인 집단에 있어서의 구성원들은 과업달성을 위해서는 통일적 행동이 필요하다는 것을 인식하게 되고 이에 필요한 행동과 태도를 개발하게 되므로 자연히 독립적인 두 가지의 기능이 서로 조화를 이룬 모습으로 나타나게 된다.

(4) 집단구성의 다양성

효과적인 집단의 또 하나의 특징은 집단구성원들이 지닌 속성이 매우 다양하다는 것이다. 집단구성원들이 지닌 기술적, 교육적, 문화적 배경이 다양함에도 효과적인 집단에서는 이러한 다양성이 갈등과 부조화보다 집단이 지닌 문제에 대해 창조적 사고와 새로운 시각을 제공하는 촉매제로 작용하게 됨을 발견할 수 있다. 그

---

6) L. R. Hoffmans, "Applying Experimented Research on Group Problems Solving to Organization," *Journal of Applied Behavioral Sciences*, vol. 15(1979), pp. 375~391.

리하여 이러한 다양한 특성을 가지고 있는 구성원들은 그들의 다양성을 기반으로 하여 집단의 목표달성을 위해 그 힘을 하나로 모으는 것이 효율적이라고 할 수 있다.

효과적인 집단관리의 사례를 보자.

12~13세기에 걸쳐 징기스칸은 100만~150만의 인구로 폴란드에서 중국, 한국의 제주도까지 광활한 영토와 1억5천~2억의 인구를 150년 동안 통치하였다. 그 비결은 무엇이었을까? 그 비결은 응집력에 있었는데 그 응집력은

첫째, 기동력과 우수한 무기

둘째, 능력에 따른 승진

셋째, 명장들의 등용

넷째, 전리품의 공정한 분배

다섯째, 신분에 관계없는 능력급 인사정책 시행 등이었다. 당시 몽골의 풍습으로는 혁명적인 시책이었다.

II 집단역학의 활용

1. 집단역학의 실전 — 위대한 장군들은 집단을 어떻게 관리하였는가?

앞 절에서는 주로 집단행위의 정태적인 측면을 살펴보았다. 이제 제2절에서는 집단 내에서 동태적으로 상호작용하는 요인들을 살펴보기로 한다.

집단역학(group dynamics)이란 일정한 사회적 상황에서 집단성원상호간에 존재하는 상호작용(interaction)과 제력(forces 상호 간에 영향을 주는 여러 가지 힘)을 의미한다. 집단역학은 집단의 구조와 기능을 위시하여 다이나믹하게 상호작용하는 집단의 특성과 집단성원들간의 동태적 분석 등을 연구하게 된다.

올바른 집단 역학을 구축하고 집단정신을 유지하는 이 능력을 군사용어로는 용병술이라고 한다. 알렉산드로스대왕, 한니발, 나폴레옹과 같은 위대한 장군들은 모

두 이 기술의 대가들이었다. 전투에서 이 기술은 생사가 걸린 결정적인 문제다. 나폴레옹은 전쟁 중 이런 말을 남겼다. 물량을 1이라고 한다면 정신은 3이다. 이는 곧 부대의 출정정신이 전투의 향방을 가른다는 의미이다. 군사들이 정신적으로 잘 무장되어 있으면 세 배 더 막강한 적군도 격파할 수 있다.

가장 훌륭한 집단역학을 창출하고 응집력이 강한 집단을 만들기 위해서 명장들의 실전경험과 저술에서 선별하여 압축, 정리하였다.

1단계: 특정 대의명분을 중심으로 군대를 통합시켜라.

병사들이 특정한 이상을 위해 싸우도록 하라. 사람들은 무언가를 믿고자 하는 열망이 강하다. 사람들은 혼자 남겨질 때마다 마약이나 유행하는 영적 활동으로 마음의 공허함을 달랜다. 당신은 바로 이 부분을 이용해야 한다. 싸울 가치가 있다고 납득시킬 수 있는 대의를 그들에게 불어넣는 것이다. 사람들은 대의를 중심으로 모여들 것이며 당신은 진취적인 부대를 만들 수 있다. 그 대의를 위해서 증오할 적을 만들어야 한다. 한때, 북한은 남한이 남한은 북한이 증오할 적이었다.

2단계: 병사들의 배를 든든히 채워주어라.

물질적 욕구의 충족과 함께 자신들이 가족처럼 따뜻한 배려를 받고 있다는 느낌, 당신이 그들의 편의를 생각해주고 있다는 느낌이 중요하다. 병사들의 물질적 욕구를 채워주면 필요할 때 더 많은 것을 부탁할 수 있다.

3단계: 병사들의 기(氣)를 집중시켜라.

우리 문화에는 기라는 개념이 있는데 이는 모든 생명체 있는 에너지이다. 집단도 물리적·심리적 면에서 기를 가지고 있다. 리더라면 반드시 이 에너지를 이해하고 그것을 적절하게 사용하는 방법을 알아야 한다. 목적을 향해서 계속 나아가게 하라. 공격 중간에 즉, 한참 일에 열중할 때 공간의 시간을 두지 말라.

4단계: 선두에서 이끌어라.

열정은 언젠가 시들어지게 마련이다. 당신은 병사들에게 전방에서 진두지휘하며 그들의 위험과 희생을 함께 나누는 모습을 보여주어야 한다.

5단계: 감정을 이용하라.

사람들에게 동기를 부여하는 가장 좋은 방법은 이성에 호소하는 것이 아니라, 감정에 호소하는 것이다. 마음을 움직여라. 가슴속에서 충성심이 우러나오도록 하라.

6단계: 질책과 호의를 함께 활용하라.

당근과 채찍을 균형있게 활용하라. 그리고 병사들이 당신을 기쁘게 하기 위하여 경쟁하도록 만들어라.

7단계: 전설을 만들어라.

가장 훌륭한 부대는 전투에서 시험을 거친 부대다. 여러 번의 전투를 통해 적과 싸우는 모습을 옆에서 지켜본 병사들은 과거의 승리를 바탕으로 전설을 만들어 낸다. 그리고 그러한 전통과 집단의 명성에 따라 살아가는 것을 자부심으로 삼는다.

8단계: 불평꾼을 방치하지 말라.

핵심멤버들을 만들어라. 이들이 최고의 병사들이다. 그들을 인정해주고 그들의 신의를 장려하고 그들을 타인의 모범으로 삼아라. 이들이 분란과 공포를 조성하고 불평하는 무리들의 힘을 약화시키는 조직의 핵심요원이 되도록 하여야 한다. 불평꾼들은 소외시키고 세력을 형성하기 전에 분쇄하라.

위에서 집단역학에 대하여 군사전략차원에서 핵심을 요약정리하였지만 사회조직에서나 기업조직에서나 오늘의 사회는 조직사회이기 때문에 조직이 있는 곳에는 집단이 존재한다. 위의 집단 활용 단계를 조직생활에 응용하면 효과적인 집단관리를 할 수 있으리라 믿는다(로버트 그린, 「전쟁의 기술」, 2006 참조).

다음에서 집단의 이론적인 면을 설명하려고 한다.

2. 집단의 역학을 분석하는 방법

집단관계구조를 분석한다는 것은 사실상 어려운 일이다. 집단 내의 관계 혹은 다른 측면에서의 집단구조를 분석하고, 집단행위를 예측·설명하는 방법들이 개발·연구되어 왔다. 여기에서는 소시오매트릭 연구와 상호작용분석방법에 대하여 기본적인 설명을 하고자 한다.

1) 소시오그램(sociogram) 연구

인간은 많은 사람들과 더불어 살면서 사랑하고, 미워하고, 좋아하고, 싫어하며 경쟁하며 협력하며 살아간다. 이러한 원리를 이용하여 인간관계를 규명하려고 시도한 것이 이 항목이다.

이 연구에서는 집단의 구조를 분석하기 위하여 소시오매트릭을 사용한다. 소시오매트릭은 집단 내에서 어떤 구성원이 누구를 좋아하거나 같이 일하기를 원하고,

누구를 싫어하거나 같이 일하기를 원하지 않는다는 선호분석(preference analysis)을 말한다. 이 방법은 집단 내의 구성원들간에 좋아하고 싫어하는 감정을 관찰·검사·면접 등의 방법을 통해 파악하여, 수집된 자료로부터 [그림 7-2]에서 보는 것처럼 소시오그램(sociogram)으로 분석하며 집단구성원간의 상호관계패턴과 집결패턴, 그리고 선호인물 등을 찾아볼 수 있다.

그림 7-2 │ 소시오그램

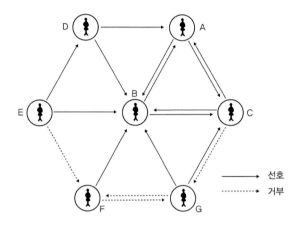

(1) 소시오그램(sociogram)

이는 간단한 집단 역학에 대한 연구이다. 그러나 인간관계는 이 원리에 의하여 끌어나갈 수 있다.

[그림 7-2]에서 보는 바와 같이 소시오그램은 집단구성원들간의 선호·무관심·거부관계를 나타낸 도표이다. 이 도표들로부터 집단구성원간의 전체적인 사회적 서열관계 패턴은 물론, 집단 내의 하위집단(sub-group), 그리고 하위집단 내에서 노력집단(in-group)과 비노력집단(out-group), 정규지위, 주변지위, 그리고 고립지위 등을 한눈에 볼 수 있다. 그리고 도표에 나타나는 정적 관계를 통하여 선호지위 또는 자생적 리더도 찾아볼 수 있다. 예컨대 [그림 7-2]에서는 A, B, C와 D, E의 두 하위집단이 존재하고 있고, 정규지위로서 A, B, C, 주변지위로서 D, E, 그리고 고립지위로서 F, G가 보이며 자생적 리더로서 B가 나타나고 있다. 따라서

B를 스타(star)라 할 수 있다. 우리는 어떠한 인간관계하에 있는가? 이 그림을 통하여 각자의 위상을 점검할 필요가 있다.

중심에 서라

대학 4학년이 되면 졸업 엘범을 만들기 위하여 개인 사진과 그룹사진을 찍는다. 그룹사진의 경우 4년 동안 맺은 학연에 따라 삼삼오오 짝을 지어 찍게 된다. 비공식 그룹의 조직을 만들어 친교를 쌓은 학생들. 그룹은 만들지 않았지만 가끔 어울리는 학생들. 이 부류의 학생들은 공식적으로 선출은 하지 않았지만 Boss가 자연스럽게 출현한다. 이런 학생은 위의 그림에서 B와 A에 속한 학생들이며 이들을 중심으로 사진을 찍는다.

그런데 4년 동안 혼자인 학생들이 있다. 학생 100명이라면 그중에 이런 학생들이 한 그룹 형성할 정도로 숨어 있다. 결국 이들끼리 모여서 어색한 분위기에서 사진을 찍게 된다. 이들은 D, E, F, G의 주변지위, 고립지위의 학생들이다. 이런 학생들은 졸업 후 주례를 서 보면 대학 시절 친구가 없거나 있어도 한두 명이다. 한 학생이 서울에서 결혼을 하게 되었는데 결혼식에 나타난 신랑의 대학 친구는 한명이었다. 그 학생과 점심을 함께 하면서 "너 마저 참석하지 않았더라면 누구와 점심을 먹을 수 있겠느냐"고 말하였던 기억이 떠오른다.

명심하라, 인간은 인간을 필요로 한다. 이 세상에 홀로 존재하는 것은 아무것도 없고 홀로 사는 사람도 없다. 함께 살아가는 공동체를 만들되 그 중심에 서라. 사회는 무서운 전쟁터. 학창시절에 고립된 사람이 사회에 나가 중심에 설 수 있을까.

3. 집단응집성

경쟁에서 승리하기 위한 전략: 철저하게 각개 격파하라

고대 전쟁에서 일반적인 전투방식은 육박전이었다. 이는 개개인이 항상 등 뒤와 양 측면, 사방으로 죽음에 노출되어 있는 끔찍한 극적 상황이었다. 군사 지도자들은 일찍이 사병들을 빈틈없고 결속력 있는 대열로 조직하는 방법을 배웠다. 양쪽에 있는 동료들이 후퇴하거나 자신을 혼자 두고 떠나지 않을 것이라 믿을 때 그들은 더 큰 기개와 자신감을 가지고 적과 맞서 싸울 수 있었다. 로마인들은 가장 젊고 가장 맹렬한 전사들을 전방에 세우고 가장 경험이 많고 뛰어난 전사들을 뒷줄에, 그 나머지를 중앙에 세움으로써 이 전략을 더욱 강화했다. 이로써 가장 약한, 즉 가장 겁먹기 쉬운 병사들은 용맹하고 침착한 이들에게 둘러싸여 두려움을 진정시킬 수 있었다. 로마군은 그 어떤 군대보다도 단결력이 강했고 상호신뢰를 가지고 전투에 임했다.

19세기의 위대한 군사 집필가였던 아르당 뒤 피크 대령은 고대 전투를 연구하며 기이한 현상에 주목했다. 가장 이름을 떨쳤던 전투들은(예를 들면 칸나이에서 로마군을 상대로 한 한니발의 승리와 파르살루스에서 폼페이우스를 상대로 한 카이사르의 승리 등) 대부분 두 군대의 손실규모에서 엄청난 차이가 났다. 승전한 쪽의 인명 피해는 수백명에 그쳤지만 패배한 쪽은 수천 수만 명의 피해를 입었다. 뒤 피크에 따르면 이런 결과는 승리한 군대가 책략을 통해 적을 당황하게 만들어 그들의 대열을 부분으로 쪼개는 데 성공했기 때문이다. 사병들은 대열이 무너지는 순간 결속감과 안정감을 잃고 고립되었다고 느껴 무기를 내던지고 도망갔다. 이렇게 적에게 등을 보인 군인을 해치우는 것은 어렵지 않았다. 수천 명이 이런 식으로 대량 살상 당했다. 그러고 보면 이런 대승은 근본적으로 심리적인 것이다.

이러한 현상은 시대를 초월한다. 주변인들의 지지를 잃고 있다고 느끼는 군인은 견딜 수 없는 원시적인 공포에 내던져진다. 그는 홀로 죽음을 맞게 될까 봐 두려워한다. 위대한 군사 지도자들은 이런 공포를 전략으로 이용했다. 징기스칸은 이에 통달한 인물이었다. 그는 몽골 기병대의 기동성을 이용해 적의 커뮤니케이션을 단절하면서 적군의 일부를 고립시켜 그들이 혼자이며 보호받지 못하고 있다고 느끼게 했다. 그는 공포감을 주입시키기 위해 의식적으로 노력했다. 나폴레옹과 마오쩌둥의 게릴라 부대 역시 분할 고립 전략을 효과적으로 사용했다.

인간 본성은 변하지 않았다. 우리들 가운데 가장 문명화된 이들에게도 혼자 되는 것, 지원받지 못하고 위험에 노출되는 것에 대한 원시적인 공포가 깊이 도사리고 있다. 오늘날 사람들은 점점 더 흩어지고 있으며 사회 결속력도 느슨해지고 있지만 이는 오히려 집단에 소속되고 강력한 동맹 네트워크를 갖는 것, 즉 사방에서 지원받고 보호받고자 하는 욕구를 불러일으킨다. 그것은 우리 자신의 연약함에 대한 원시적인 공포감과 다를 바 없다. 분할 정복 전략이 오늘날만큼 더 효과적인 때는 없었다. 사람들을 집단에서 단절시켜 그들을 고립되고 혼자이며 보호받지 못하고 있다고 느끼게 만든다면 당신은 그들의 힘을 엄청나게 약화시킬 수 있다(로버트 그린, 「전쟁의 기술」, 2006, pp. 321~322 참조).

1) 집단응집성이란?

어떤 집단은 분위기가 좋고 서로 협력하며 단결력이 있어서 목표를 효율적으로 달성하는가 하면, 또 어떤 집단은 구성원끼리 서로 동조하지 못하고 불화가 잦아 효율적이지 못한 경우가 있다. 즉 집단응집성이란 구성원들이 서로에게 매력적으로 끌리어 그 집단목표를 공유하는 정도라고 할 수 있다.

응집성은 집단이 개인에게 주는 매력의 소산, 개인이 이런 이유로 집단에 이끌리는 결과이기도 하다. 이렇게 보면 집단응집성의 정도는 집단의 사기, 팀 정신, 성원에게 주는 집단의 매력의 강도, 집단 과업에 대한 성원의 관심도를 나타내 주는 것이다. 따라서 응집성이 강한 집단이란 소속된 성원이 많은 매력을 갖고 있는 집단이며, 집단 내의 성원들이 성원자격에 대하여 호의적으로 느끼고 있는 집단이며, 나아가서는 성원들이 서로 오랫동안 같이 있고 싶어하는 집단[7]인 것이다.

▬▬▬▬▬ **집단 응집성의 파괴 전략 ─ 맥아더 장군의 인천 상륙작전과 아프리카 해안 상어의 정어리떼 공격**

맥아더 장군의 인천상륙작전

1950년 6월 25일 새벽 한국 전쟁이 발발하였다. 유비무환(有備無患)의 교훈을 잊어버린 한국은 파죽지세로 공격해오는 북한군에 낙동강까지 밀려서 고전하고 있었다. 대구와 부산의 함락도 시간문제로 생각되었다. 나라의 운명은 바람 앞에 깜박거리는 촛불신세였다. UN군 사령관인 맥아더 장군은 그해 9월 12일 인천상륙을 감행하였다. 그의 참모들, 미국의 정치인들도 모두 반대한 결단이었다. 인천은 조수간만의 차이가 9m이다. 그 간만의 차이 때문에 가장 위험한 작전이라고 반대하였다. 맥아더는 그 간만의 차이 때문에 적은 UN군의 상륙을 예상하지 못할 것이라고 판단했다. 그 역사적인 인천상륙작전은 성공하여 한국의 허리를 강타당한 적군은 대혼란에 빠지고 낙동강에 전선을 형성하고 공산통일을 눈앞에 둔 적군은 군대로서의 기능을 상실하고 뿔뿔이 분산되어 북으로 북으로 후퇴하기에 바빴다. UN군과 국군은 서울을 탈환하고 가을에 평양까지 진군하였다.

아프리카 상어의 정어리떼 공격

아프리카 해안에서는 봄이 되면 수만 마리의 정어리떼가 북상한다. 전력을 다하여 북상하

---

7) L. Festinger, S. Schachter, and K. Baek, *Social Pressures in Informal Groups*(New York: Harper and Row, 1950).

는 정어리떼의 모습은 정말 장관 중의 장관이다. 그런데 이 정어리떼를 노리는 악한이 있다. 그들은 상어떼다. 그들은 정어리떼보다 수는 적지만 무리를 지어 다닌다. 북상하는 정어리떼를 추격하는 상어떼는 전력을 다하여 추월하여 맥아더의 인천상륙 때처럼 정어리떼의 중심부를 가로질러 공격한다. 갑자기 기습을 당한 정어리떼는 당황하여 혼란에 빠지고 방향을 잃고 방황한다. 이때 상어들은 정신을 잃은 정어리떼를 마음껏 포식한다.

적의 중심을 공격하여 적의 응집성을 분열시켜라! 다음은 승리의 깃발을 꽂을 차례다. 큰 집단이나 작은 집단이나 원리는 같다.

2) 집단응집성의 결정요인

응집성이 높은 집단일수록 결근율과 이직률이 낮고, 구성원들이 함께 일하기를 원하며, 구성원 상호간에 친밀감과 일체감을 갖고, 집단목적을 달성하기 위해 적극적이고 협조적 태도를 보인다. 그러면 이러한 집단응집성을 결정하는 요인이 무엇인지 살펴보자. 이 요인에는 함께 보내는 시간, 집단가입의 난이도, 집단의 크기, 외부의 위협, 과거의 경험 등을 들 수 있는데, 그 내용을 설명하면 다음과 같다.

(1) 함께 보내는 시간

사람들은 함께 보내는 시간을 많이 가질수록 더욱 친하게 되고, 상호간의 이해와 매력이 증가된다. 어떤 집단에서 구성원들이 같이 지낼 수 있는 시간은 보통 그들의 근무위치에 따라 달라진다. 따라서 가까운 위치에서 근무하는 사람들끼리 더 친해지고자 노력하며, 상호작용의 수도 가장 많다.

(2) 집단가입의 난이도

집단에 가입하기가 어려운 집단일수록 그 집단의 응집성은 커진다. 입학하기 어려운 의과대학 1학년 학생들은 매우 응집성이 강하다. 일반인들이 모인 집단도 그 집단의 인적요인·성격·목표에 따라 응집성이 강하거나 약화될 수 있다.

(3) 집단의 크기

구성원들이 함께 하는 시간이 많을수록 응집성이 커진다면 집단의 크기, 즉 구성원의 수가 많을수록 응집성은 작아진다고 할 수 있다. 왜냐하면 구성원들이 많을수록 한 구성원들이 모든 구성원과 상호작용을 하기는 더욱 어렵기 때문이다. 만약 집단의 구성원들이 남·여로 구성되어 있을 때는 그 양상이 달라질 수도 있다. 리보(Libo)의 연구에 의하면[8] 4명의 집단과 16명의 집단에 대해 응집성을 조사한 결과, 같은 성으로만 구성된 집단에서는 소규모 집단의 응집성이 더 컸으나 남·여모두로 구성된 집단에서는 더 큰 규모의 집단의 응집성이 더 큰 것으로 나타났다. 이러한 연구결과를 일반화된 사실로 받아들이기는 곤란하다 할지라도, 최근 여성의 사회적 활동이 많아지고 있기 때문에 성이 응집성 관계에 미치는 영향은 더욱 연구되어야 한다고 생각한다.

(4) 외부의 위협

조직의 지도자들이 구성원의 단결을 강조하기 위해서 사용하는 전략이 외부의 위협이다. 경쟁업체의 위협, 이웃 국가의 위협을 강조하여 분열을 예방하려고 한다.

이렇게 집단구성원들은 외부압력으로부터 위협을 받는 경우 자신들을 보호하고 집단의 안전을 위하여 서로 단결함으로써 집단의 응집성을 강화시키는 경향이 있다. 그러나 외부의 위협이 너무 강할 때에는 집단의 응집력 여하에 따라서 구성원들간의 단합이 분열될 수도 있으나, 경우에 따라서는 특히 구성원 자신들의 근본생존이 영향을 받게 될 때에는 응집력이 극도로 강화될 수 있다. 이에 대한 예로 들 수 있는 것이 중일전쟁 당시의 국공합작(國共合作)이라 할 수 있다.

(5) 과거의 경험

과거의 성공 또는 실패가 집단응집성에 주는 효과는 다르다. 이긴 경험을 가진 집단은 자기집단을 새롭게 인식하고 집단구성원들도 그 집단에 소속된 것을 자부할 것이며, 실패한 경험을 가진 집단은 상당한 긴장과 분노를 집단 안에서나 집단 밖에서 느낄 것이다. 이처럼 성공한 집단은 계속 응집성을 강화할 수 있는 반면에, 실패한 집단은 응집성이 약화될 수도 있다.[9]

---

8) L. Libo, *Measuring Group Cohesiveness*(Ann Arbor, Mich.: Institute of Social Research, 1953).

9) Robert R. Blake and Jane Mouton, "Reactions to Intergroup Competition under Win-Lose Conditions," *Management Science*, vol. 6(1961), p. 432.

Ⅲ 효과적인 집단의사결정 방안

1. 집단의사결정의 합리적 대안

집단의사결정에도 장단점이 있고 오류를 범하는 경우가 있다. 다음에서 집단의사결정에 대해서 설명하고 합리적인 집단의사결정의 방안을 모색하려 한다.

1) 집단의사결정의 특징

집단의사결정은 개인의사결정과 비교해볼 때 더 효율적이고 정확하며 창의적이라는 장점을 갖고 있다. 그러나 반대로 집단 내에 지나친 지배적 인물이 있어서 의사결정이 합리적으로 이루어지기 어렵고, 위험을 서로 부담하려고 하지 않기 때문에 무책임한 결정을 할 수도 있다는 단점도 갖고 있다. 여기서는 집단의사결정의 특징을 정확성, 판단력과 문제해결, 창의성, 위험부담으로 나누어 살펴보겠다.

지배적 인물이란 6·25 때 맥아더의 북진전략을 미국 합참 참모들이 대부분 반대하였지만 인천상륙을 성공시킨 맥아더의 권위 앞에서 감히 반대의견을 내지 못하였다. 맥아더는 지배적 인물이었다. 지배적 인물에는 회사의 창업공신, 정당의 실세 등 여러 단체의 조직에서 찾아볼 수 있다.

(1) 집단의사결정의 장단점

장점은 크게 다섯 가지로 분류해 볼 수 있다.
① 개인들 각자가 가지고 있는 아이디어와 정보가 모아질 수 있다.
② 여러 관점에서 문제를 검토하고 비판할 수 있다.
③ 상호작용을 통하여 새로운 아이디어 개발의 자극이 되기도 하고 시너지 효과를 얻을 수도 있다.
④ 각 개인들의 특기와 능력대로 분담함으로써 정보수집 분석과 대안 선택과정을 전문화할 수 있다.
⑤ 의사결정에 참여함으로써 의사소통, 사기양양, 참여자의 지지를 얻어서 강

력히 실천할 수 있다.

집단의사결정은 이상과 같은 장점에도 불구하고 자칫하다가는 오히려 비능률적이 되기 쉽기 때문에 집단의사결정시의 함정, 단점에 대한 연구가 더욱 필요하다.

① 모이고 토론하는 시간의 낭비, 의견대립에서 오는 인간관계의 왜곡 등 비용이 많이 든다.

② 한 두 사람의 실권자가 전체 의견을 주도해 버릴 경우 개개인의 의견이 묵살되거나 편파적으로 변화된다. 그래서 관리자가 먼저 의견을 개진하는 것은 회의 효과를 반감시키는 행위이다.

③ 최적안을 알고도 상호 의견대립으로 보다 불리한 타협안을 선택할 수 있다.[10]

(2) 사례: 미국의 쿠바 침공

"미국은 쿠바를 침공해야 하는가?" 1961년 쿠바와 미국의 관계가 차가워졌을 때 Kennedy 대통령이 만든 특별자문위원회는 이 질문에 대하여 yes냐 no냐의 답을 CIA에게 넘겨줘야 했는데 불행하게도 "yes"라는 잘못된 답을 넘겨주고 말았다. 미국 CIA가 훈련시키고 미국 병기로 무장한 1,400명의 쿠바 망명인을 쿠바 땅에 상륙시키는 계획이었다. 자문위원회에서 쿠바 남쪽의 피그만(Bay of Pig)을 상륙지점으로 선정했고 군대는 재빨리 상륙지점을 만들고 쿠바의 비밀군사기지를 공략하기로 했다. 그러나 1961년 4월 17일 ―피그만 침공의 날― CIA의 계획은 완전히 빗나가고 말았다. 아주 무기력하다고 예측되었던 쿠바의 공군은 미국의 해상공격을 위한 탄약운송선을 물속에 가라앉히고 공중지원에 나선 여러 대의 폭격기들을 격추시켰다. 더욱이 그들은 미국의 상륙군들을 공격했다. 다음 날 200명의 상륙군이 죽고 잔여 병력 1,200명이 포로로 잡히게 되었다. 이번의 공격은 완전한 파멸이었다. 아마도 미군이 고의적으로 패전을 계획했다 하더라도 그런 식으로 패전하지는 않았을 것이다.

무엇이 틀렸었나? 특별자문회의 위원장인 Kennedy는 위원들 사이에서 완전하고 절대 부동인 위치에 있었다. 위원들은 다년간의 경험으로 의기양양한 사람들이었다. 그들은 CIA나 군 관계 업무에 전문가들이었다. 더욱이 위원들은 서로 잘 통하는 것처럼 보였고 비록 위원회가 새로 형성되었지만 상호 존경하는 마음이 집단

---

10) 임창희, 「조직행동」(2판), pp. 261~262 참조.

을 이미 응집력있는 모임으로 끌고 갔다. CIA와 군의 대표자들은 회의의 구심점에서 약간 제외되었고, 집단의 높은 긍정적인 사고는 자신들의 의사결정이 실패로 끝난다는 것을 생각할 수 없도록 유도했다. 또한 상대방의 비밀을 캐는 능력의 현저한 부족, 그리고 조그만 이웃국가를 침략하는 거대한 미국의 군대에 대한 도덕적 문제 등이 논의조차 없이 소홀히 취급되었다. 후에 위원회 기록은(Schlesinger, 1965) 집단에 스며들었던 상호신뢰감 그리고 다수가 원하는 것을 반대 없이 받아들여야 한다는 토의자들의 공감대를 서술하였다. 그래서 비록 어떤 위원이 쿠바의 공략에 대해서 의문을 가졌다 하더라도 공개적으로 발언하진 못했다. 대통령 자신은 침략을 선호하는 방향으로 토의를 계속해서 어떤 문제제기나 의심 등 일체를 무시했다. 결과적으로 위원회는 침략계획에 결정적인 타격을 줄 수 있는 세세한 사항을 간과해 버렸고 그래서 역사상 부끄러운 흔적을 남기게 되었다.[11]

2. 효율적 집단의사결정의 방법

1) 집단의사결정의 과정

집단의사결정의 과정도 일반적인 의사결정이나 개인의사결정의 과정과 유사하다. 즉, 문제의 정의와 정보의 탐색, 대안의 생성과 평가, 그리고 선택과 실행의 단계로 살펴볼 수 있다.

그러나 여기에서는 집단의사결정 과정을 집단구성원 사이의 토의과정을 중심으로 살펴보기로 하겠다. 집단토의는 개개인의 특성을 포함하는 집단 특유의 자원을 활용하게 되는데, 이들 자원은 다음과 같다.

(1) 정보의 공유   각 집단구성원은 의사결정에 관련된 여러 가지 정보나 자료를 가지고 있다. 이러한 다양하고 이질적인 정보가 의사결정에 이용되는 것이다.

(2) 경험의 공유   구성원들이 비슷한 상황에서 겪은 경험은 의사결정과정에 도움을 줄 수 있다. 위기상황을 겪어 본 집단은 위기상황에서는 리더를 따라야 한다는 것을 알게 되며, 어떤 의사결정이 이루어지기 전에는 모든 사람이 침묵을 지키고 있어야 된다는 것도 알게 된다.

(3) 아이디어 창출   구성원들의 다양하고 이질적인 정보와 경험은 아이디어

---

11) 위의 책, p. 267 참조.

를 창출해내는 데 매우 유용하다. 창출된 아이디어는 집단에 의해서 새로운 아이디
어로 다시 개발되는 것이다.

(4) 평   가   창출된 아이디어와, 집단의 일부 사람들에 의해 제시된 제안
은 집단의 다른 구성원들에 의해 평가된다. 흔히 개개인들은 자기본위나 권위욕 때
문에 자신들의 아이디어를 정확히 평가하기가 곤란하다. 집단의 각 구성원들은 집
단의 목표에 비추어 다른 사람들의 아이디어를 평가하는 잠재적인 비평가가 되는
것이다.

(5) 관련된 가치로의 유도   개개인의 가치는 의사결정문제와의 관련성, 상황
과의 관련성, 그리고 집단과 사회적 가치와의 일치성 면이 고려된다.

(6) 참여의식   개개인의 정보나 경험, 아이디어, 가치들을 집단구성원들이
함께 갖는 경우, 집단의사결정에 있어서 참여의식을 갖게 된다. 이러한 참여의식은
의사결정을 수행하려는 심리적 상태나 의욕면에서 매우 중요한 역할을 한다.

(7) 책임의 분담   집단의사결정에 의해 대안을 토의하고 관련 가치들을 공
유함으로써, 각 구성원들로 하여금 한 사람에 의해 의사결정이 이루어진 경우보다
책임감의 부담을 줄여서 함께 나누어 갖게 한다. 어떤 의사결정의 책임을 한 사람
에게만 부담시킬 경우 오히려 역효과를 가져오게 되는 것이다.

2) 집단직무수행과 의사결정

집단의사결정은 집단업무수행의 결과에 중요한 영향을 미친다. 집단업무로서의
집단의사결정에 영향을 미칠 수 있는 요소들은 다음과 같다.

(1) 리 더 십   집단에 의해 인정받는 리더는 집단의사결정에 많은 영향력을
행사할 수 있다. 심지어는 지배할 수도 있다. 그런데 리더의 영향력이 의사결정과
관련되는 영역에 있어서 전문적 지식보다는 권력이 그 바탕이 될 경우에는 보다
심각한 영향을 미치게 된다. 얼마나 강력한 힘을 가진 자가 사장인가, 총장인가에
따라 집단의사결정은 리더의 영향을 받게 된다.

(2) 집단압력   의사결정집단은 그 구성원들이 지켜야 할 행동 규범이 마련
되어야 하는데 이것이 집단에 대한 압력의 역할을 한다. 집단구성원들은 집단을 위
해 어떤 행위가 바람직하며 어떤 행위가 적절하지 않은가에 관한 공통된 의견을
가져야 한다는 것이다. 규범에 비추어 옳고 그른 행위를 구별할 수 있고 집단응집
력을 갖게 하기 위해서도 적절한 집단압력이 필요하다.

⑶ 지위의 차이   어떤 집단이나 사회든지 구성원들 사이에는 지위 차이가 있기 마련이다. 이러한 지위 차이는 집단의사결정의 내용이나 평가에 영향을 미치게 된다. 즉, 낮은 지위에 있는 사람보다는 높은 지위에 있는 사람의 주장이나 제안이 더 잘 받아들여지는 것이다. 한국사회처럼 아직도 가부장적인 요소가 많은 사회에서는 더욱 그렇다.

⑷ 집단 내의 경쟁   집단구성원들 사이의 경쟁은 그 구성원들이 서로 경쟁심을 갖기 때문에 발생한다. 선의의 경쟁은 개인과 조직의 발전을 위해 필요한 것이다. 운동선수들의 기록경쟁이나, 학생들의 성적향상을 위한 경쟁이 있기 때문에 자기만족과 방심에 빠지지 않고 발전하는 것이다. 경쟁자를 무시한 상태에서는 자신의 위치나 수준을 정확하게 설정하기 어렵다. 언제나 혼자만이 최고이기 때문이다.

아무튼 집단 내에서의 경쟁은 구성원들끼리의 토의과정이나 그 밖의 여러 과정에서 나타난다. 그런데 이를 적절하게 활용할 수가 있다. 즉 집단구성원이 이익이나 인정, 칭찬 등의 보상을 똑같이 받게 하는 것보다는 개인의 공헌도에 따라서 보상이 달라지면 전자가 후자보다 경쟁심이 덜하다는 것이다.

⑸ 집단의 규모   집단의 규모는 의사결정에 중요한 영향을 미친다. 집단의 규모가 증대할수록 의사결정체계는 더 복잡해지고 어려워진다. 또한 참여의 기회가 줄어들고 만족과 응집력 면에서도 감소하게 된다.

3. 지배적 인물과 집단의사결정의 함정

6·25 때 맥아더 장군의 북진전략

맥아더는 영감이 비범한 장군이었다. 한국전이 발발하자 그는 곧 바로 오산비행장으로 날아와 수원의 한 언덕에 올라서 한국의 지형을 살펴보고 전략을 짰다. 그때 그의 머릿속에는 인천상륙작전의 그림이 그려졌다고 한다. 그가 언덕에 올라 머무른 시간은 불과 20분이었다. 맥아더는 그의 참모와 미국의 합참의 반대에도 불구하고 끝까지 인천상륙만을 주장하여 인천상륙을 성공시켜 그는 신화를 창조한 위대한 장군이 되었다. 미국의 합참은 인천보다는 군산의 상륙을 대안으로 내놓았었다. 그러나 그는 끝까지 인천을 고집하고 주장하였다.

그러나 그의 위대한 승리 뒤편에는 최대의 실수가 기다리고 있었다. 그 실패의 상황을 보자. 인천상륙의 기세를 몰아 맥아더는 38선을 넘어 북진을 지휘한다. 북한군 병력을 제거하기 위한 가장 좋은 계획은 기동군을 서울 동북쪽에서부터 동해의 원산항까지 보내 38선 바로 위쪽의 한반도 중간에 위치한 철원과 김화 부근에 집결해 있는 북한군 잔여병력을 봉쇄하는 것이었다. 그 후 전 UN군이 평양으로 돌진하기 위해 집결할 수 있었다. 그러나 맥아더는 이미 서울에 집결해 있던 그의 유일한 신예부대인 제10군단을 철수시켜서 원산상륙작전을 위한 장거리 항해를 시켰으며, 반면에 낙동강 방어선에서부터 올라오느라 지쳐 있는 제8군단은 평양을 향해 공격하도록 지휘했다. 따라서 작전시간이 너무 길어서 도주한 북한군이 다시 모여 재편성할 기회를 주고 말았다. 그러한 졸전에도 불구하고 평양을 점령하고 압록강을 눈앞에 두고 있는데 중공군 수십만명이 압록강을 넘어왔다. 그는 중공군이 참전할 것이라는 정보를 무시하고 그들은 개입하지 않을 것이라고 주장하였다. 그의 실수는 엄청난 패배를 당하고 1·4후퇴라는 치욕을 당하였다. 당시 맥아더의 작전계획에 합동참모회의는 말 한마디 하지 못하고 이를 승인하였다. 그것은 인천상륙으로 맥아더의 명성이 하늘을 찌를 듯했기 때문이었다. 그는 한국전의 영웅으로 지배적 인물이 되어 있었기 때문에 집단의 의사는 통과 수단에 불과하였다.[12]

맥아더는 대중의 칭찬과 개인의 오만함으로 미국역사상 가장 혹독한 패배인 1·4후퇴를 가져왔던 것이다. 합참의장 브래들리는 맥아더의 계획은 육군지휘관 및 일반참모 학교의 교실에서도 웃음거리가 되었을 것이라고 말했다. 맥아더라는 지배적 인물이 집단의사결정을 실패하게 했고 한국전의 상황은 180도 달라지게 되었던 것이다.

---

12) 베빈 알렉산더, 함규진 역, 「위대한 장군들은 어떻게 승리하였는가」 참조.

제8장

효과적인 커뮤니케이션 (Communication)

知者不言, 言者不知 ―老子

죽음을 불러온 대화 단절의 이야기

월남전 때의 이야기이다. 갓 결혼한 한 청년이 임신한 아내를 홀로 남겨두고 군에 입대하고 젊은 아내는 남편이 군대에 입대한 후 아이를 낳아 기르면서 힘겹게 살았다. 그녀는 하루 종일 고달픈 일을 하고 집에 돌아와서는 호롱불에 비친 자신의 그림자를 남편삼아 살았다. 밤마다 그녀는 그날그날 일어난 일들을 그 그림자 남편에게 이야기하며 고독을 달래고 남편을 그리워하면서 기다리며 살았다.

그렇게 살아온 지 3년여 세월, 아이는 그런 엄마의 모습을 보면서 세월과 함께 자라고 있었다. 그러던 어느 날 남편이 돌아왔다. 그 여자에게 생애 그 이상 기쁜 순간이 있었겠는가? 그 어머니는 아이에게 너의 아버지가 돌아왔다고 이야기하고 그 길로 맛있는 음식을 장만하기 위하여 시장에 나갔다. 그 사이 그 아버지와 어린 아들 둘만이 남게 되었다. 그 어린 아들이 아버지에게 말했다. "아저씨! 아저씨는 우리 아버지가 아니에요. 우리 아버지는 밤마다 우리 집에 와서 우리 엄마와 밤 늦게까지 이야기해요. 그 아저씨가 진짜 우리 아버지예요"라고 그 아버지는 숨이 막혔다. 이 나쁜 여자가 남편이 군대 가서 고생하는 동안에 딴 남자와 놀아나다니. 그는 돌아온 아내를 냉대하고 침묵으로 일관하였다. 그는 조상에게 꽃과 과일과 향을 바치며 인사하고 아내에게는 조상에게 인사조차 못하게 하였다. 부정을 저지른 아내에게 조상 앞에 절을 하게 할 수 없다고 생각했다. 그리고 그 남편은 집을 나가 술로 나날을 보냈다. 아내는 아내대로 남편이 없는 동안에 혼자 애를 키우며 얼마나 고생 고생하고 살았는데 돌아와서 돌변한 남편의 태도를 생각하면 생각할수록 분하고 억울했다. 그녀는 울분을 참지 못하고 집을 나가 강물에 몸을 던지고 말았다. 아내의 장례를 마치고 밤이 되어 홀로된 남편이 석유등에 불을 붙였다. 그때 어린 아들이 소리쳤다. 아이가 벽에 비친 아빠의 그림자를 가리키며 말했다. "여기 아빠가 있어요! 아빠도 매일 밤 저 모습으로 왔어요."

때는 이미 늦고 말았다. 대화 한마디면 불행을 방지할 수 있었을 것인데… 가슴을 열어놓는 진정한 대화는 생명의 말씀이다.

— 틱낫한, 「마음에는 평화, 얼굴에는 미소」에서

I 커뮤니케이션(Communication)의 과정

1. 커뮤니케이션(Communication) — 인체의 혈관

파스칼은 '팡세'에서 "진정한 사랑은 사랑을 경멸하고, 진정한 철학은 철학을 경멸하고, 진정한 도덕은 도덕을 경멸한다"라는 명언을 남겼다. 필자는 여기에 더불어 "진정한 대화는 대화를 경멸한다"는 경구를 넣고 싶다. 진정한 대화를 찾기 어려운 현대사회에서 커뮤니케이션 공부를 통해서 진정한 대화를 찾아가는 길을 찾아보려고 한다.

1) 커뮤니케이션이란?

지상에서 숨을 쉬고 사는 동물들은 모두 나름대로의 의사소통의 수단이 있다. 동물의 울음소리에도, 지저귀는 새소리에도 그들만의 의사를 소통하고자 하는 신호가 담겨져 있다.

만물 중 인간의 의사소통 방법은 언어와 문자와 기호라는 수단에 주로 의존함으로써 동물과는 다른 특별한 방법을 사용하여 의사를 전달한다.

커뮤니케이션이란 두 사람 이상의 사람들 사이에 언어, 비언어 등의 수단을 통하여 자기들이 가지고 있는 의사, 감정, 정보를 전달하고 피드백을 받으면서 상호작용하는 과정이라 할 수 있다.[1] 인간관계 성공의 중요한 요소 중의 하나는 의사소통을 얼마나 원만하게, 그리고 정확하게 효과적으로 하느냐 하는 데 있다.

2) 커뮤니케이션: 인간관계의 시작

> ▬▬▬ **노인과 사슴**
>
> 2003년 1월 중국 하얼빈을 방문하였을 때 중국 교포신문에 김 모라는 조선족 노인의 사망 기사가 실렸다. 그 노인은 동물과 대화할 수 있는 마지막 사람이었다고 한다.(김노인은 사슴

---

1) 임창희, 「조직행동론」(서울: 학현사, 2001), p. 226.

과 대화를 통해서 감동적인 Communication의 사례를 남겨 놓고 갔다. 그 이야기를 여기에 간추려 소개하고자 한다.)

최근 중국 길림성 장백현에 살고 있던 조선족 김학천 노인이 사망하자 한국, 일본의 인류문화·역사학자와 전문가들이 크게 안타까워했다는 기사가 중국교포신문에 났다. 이 노인은 중국에서 짐승의 언어를 알아들을 줄 아는 마지막 짐승언어 계승자였기 때문이다. 더욱 놀라운 것은 김노인의 사망과 함께 항상 김 노인을 그림자처럼 따르던 매화꽃사슴 한 마리도 슬픔을 이기지 못해 김 노인의 뒤를 따라갔다는 것이다.

김 노인의 조상들은 대대로 장백산의 원시삼림에서 수렵생활을 하면서 얻은 경험과 기술을 바탕으로 각종 야수를 사냥할 때 사용하는 동물의 소리·동작·시간과 계절 색깔 등을 기록해 책으로 엮었다고 한다. 어릴 때부터 김 노인은 아버지와 할아버지로부터 책에 기록되어 있는 조류와 짐승의 언어를 배웠다. 불행하게도 이 책이 분실되면서 김 노인은 중국에서 조류와 짐승의 언어를 알아들을 수 있는 최후의 계승자가 된 것이다.

80년대 어느 하루 김 노인은 곰의 공격을 받고 있던 태어난 지 얼마 안 되는 새끼 사슴 한 마리를 구해 집으로 안고 와서 정성스럽게 치료해주고 자식처럼 키웠다. 3년 동안 김 노인을 떠나지 않았던 사슴이 어느 날 사라졌다가 며칠 만에 나타났다. 이미 '처녀'로 자란 사슴이 짝을 찾아 나섰다는 것을 안 김 노인은 사슴의 배필을 찾아주기 위해 백두산에 올라가 사슴이 발정할 때 내는 소리를 내서 마땅한 배필을 구해 결혼까지 시켜주었다. 시집을 간 사슴은 식구가 불어 김 노인은 사슴가족 모두를 산으로 보냈는데, 3년 후 매화꽃사슴이 다시 돌아와 그 이후 줄곧 김 노인과 함께 지냈다고 한다. 사슴과 김 노인의 부모자식간과 같은 이야기는 여러 가지가 있다. 사슴은 김 노인이 일하러 나갈 때는 따라다녔는데, 어느 날 노인과 함께 나갔던 사슴이 헐레벌떡 집으로 달려와 안노인의 치마를 물고 끌어 안노인이 따라가 보니 김노인이 논바닥에 쓰러져 있었다고 한다. 가까스로 노인을 집으로 모셔오고 그 사슴은 사라졌다가 다시 돌아왔는데 입에 홍경천과 불로초를 물고 나타나기도 했다고 한다. 2001년 봄 사람들이 김 노인에게 짐승언어를 한번 연기해 달라고 조르자 김 노인이 특유의 목소리로 사슴에게 무슨 말인가를 하였다. 그러자 사슴은 자손들을 모두 그 곳으로 모이게 하였는데 200여 마리에 달했다고 한다.

김 노인이 마침내 사망해 매장한 다음날 부인이 남편의 무덤을 찾았을 때 사슴이 김노인의 무덤 위에 엎드려 죽어 있었다.

우주의 역사는 말씀(communication)으로 시작하였다. 하느님은 400년 침묵하신 후 말씀으로 천지를 창조하였다. 빛이 있으라 하니, 빛이 있었다로 시작하여 6일 동안에 천지를 창조하였다고 성경에 나와 있다. 하느님이 말씀으로 천지를 창조하신 바와 같이 인간은 말씀으로 역사를 창조하고 인간관계를 형성해 나간다. 그래서 커뮤니케이션(communication)은 인간관계에서 가장 중요한 요소이다.

| 그림 8-1 | 커뮤니케이션의 경로 |

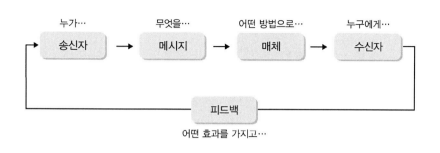

[그림 8-1]은 커뮤니케이션 경로의 간단한 구조이지만, 이 그림을 통해서 우리는 몇 가지 중요한 시사점을 발견할 수 있다. 첫째, 조직을 인체에 비유할 때, 커뮤니케이션 경로는 인체의 혈관에 비유할 수 있다. 혈관에 이상이 생기면 동맥경화증이 발생하여 성인병의 원인이 된다. 조직에서의 의사소통이 원활하지 못하여 상하간의 언로가 막히면 조직에 동맥경화증이 발생하여 결국 조직이 중병에 걸리게 된다.

둘째, 인체의 혈액순환은 맑은 피가 순환되어야 하는 것처럼 조직의 의사소통은 송신자와 수신자가 주고받고자 하는 전달사항이 깨끗하고 정확하게 전달되어야 한다. 정보가 잘못 전달되면 정보가 왜곡되어 커다란 시행착오를 가져오게 된다. 개인 간에도 잘못된 정보로 인하여 상대방의 이미지 형성에 역현상이 일어날 수 있으며, 기업의 경우에도 경영전략에 큰 문제가 발생할 수 있다. 우리는 조그마한 오해에서 인생의 대사를 그르치는 경우를 흔히 보고 있다.

셋째, 의사소통은 가정의 민주화, 조직의 민주화를 위해, 그리고 공동체를 형성하기 위해서 중요하다. 상호간의 대화, 즉 의사소통이 없는 가정과 조직은 독선적이고 경직되어 조직을 둘러싼 환경의 변화에 대한 대처능력이 떨어지게 되며, 조직구성원의 사고와 행동을 고착시킴으로써 더 큰 조직의 운영을 어렵게 할 수 있다.

인간, 만남(Communication)으로 역사를 창조한다

만남의 기본자세: 칭찬은 고래도 춤추게 한다. 인간의 역사는 만남의 대화(Communication)로 시작된다.

첫째, 첫 만남의 기본자세는 사랑, 믿음, 친절, 여운을 주고 좋은 이미지를 심도록 노력하는 것이다. 중요한 일, 역사의 성패도 첫 만남의 이미지 형성이 중요한 영향을 준다.

둘째, 거짓미소, 거짓칭찬을 삼가라. 인간은 영감의 동물이다. 상대방의 진실과 거짓을 감지할 수 있다.

셋째, 만남에서 칭찬할 곳을 찾아내어라. 인간은 누구에게나 장점이 있다. 장점을 찾아 칭찬해주면 상대방의 마음을 사로잡을 수 있다. 진정한 만남, 진정한 대화의 일화를 찾아보자.

러시아의 소설가 뚜루케네프가 어느 날 공원으로 산책을 나갔는데 거지가 손을 벌렸다. 뚜르게네프가 주머니를 뒤져보았으나 돈이 없었다. 뚜르게네프는 손을 내밀어 악수를 청하면서 "정말 미안하다. 오늘 옷을 갈아입고 나와서 돈이 없다. 다음에 꼭 적선하겠다"라고 말하니 거지가 대답하기를 "평생 거지생활을 하였지만 오늘같이 행복한 날은 없었습니다"라고 대답하였다고 한다.

조지 워싱턴 장군이 독립전쟁 때 지원군 불란서 장군과 이야기를 나누고 있었다. 그 순간 지나가던 노예가 "장군님 안녕하십니까" 하고 인사하니 워싱턴 장군이 모자를 벗고 노예와 똑같이 "안녕하세요?" 인사하는 것이 아닌가. 불란서 장군이 깜짝 놀라서 "장군! 노예에게까지 모자를 벗고 인사합니까?" 하고 물었다. 워싱턴 장군은 "그도 똑같은 인간 아닙니까" 하고 대답하였다.

남북전쟁 때 링컨 대통령이 부상병의 위문을 갔었다. 부상병에게 소망을 물으니 고향의 어머니에게 편지를 쓰고 싶은데 손이 부상을 당해서 편지를 쓸 수 없다고 하였다. 링컨은 병사 대신 편지를 썼다. 그리고 편지 끝에 '링컨이 대신 씁니다'라고 썼다.

기억하라! 진정성을 발휘하라!(비록 겉과 속이 다를지라도)

2. 커뮤니케이션(Communication)의 기능

[표 8-1]에서 Communication의 기능과 오리엔테이션, 목표, 그리고 각 분야의 이론과 연구분야로 나누어 정리하였다. 커뮤니케이션의 기능 중 첫번째 기능은 감정표현이다. 인간은 감정의 동물이며, 감정을 관리하기 위해서는 마음관리가 앞서야 한다. 일체유심조(一切唯心造)라는 불교의 가르침을 빌릴 필요도 없이 인간을

설득하기 위해서는 먼저 마음을 움직여야 한다. 여기에서 주목할 것은 한국사회는 정(情)의 문화(文化)이기 때문에 대화에서 먼저 감성에 호소하고 다음에 이성적 논리를 적용해야 한다. 어떤 주제로 대중을 상대로 연설할 때 모택동은 먼저 감성에 호소하여 대중의 지지를 이끌어 내었다. 인간의 마음을 관리하는 데 있어서는 다음과 같은 경구를 기억할 필요가 있다.

개한테 물린 상처는 쉽게 낫지만 사람한테 물린 상처는 오래 간다.
칼로 벤 상처는 쉽게 낫지만 혀로 벤 상처는 오래 간다.

혀로 벤 상처

2012년 올림픽은 런던에서 개최하게 되었다. 프랑스와 영국이 유치경쟁을 하였는데 프랑스가 영국에 2표차로 패했다. 그 이유를 알고 나면 혀로 벤 상처를 실감하게 될 것이다. 그 이유를 알아보자. 유럽정상들의 회의가 있었다.

상황: 유럽 정상들의 회의가 있었다. 회담 중 휴식시간에 정상들끼리 담소를 나누다가 음식 이야기가 나왔다. 사르코지 대통령이 입을 열었다. 유럽에서 가장 맛없는 나라의 요리가 핀란드 요리고 두 번째가 영국 요리라고 농담을 하였다. 정상들은 껄껄대고 헤어졌다. 그런데 며칠 후 핀란드에서 대소동이 벌어졌다. '지가 뭔데 남의 나라 음식에 대해서 왈가왈부하느냐.' 보복거리가 뭐가 있나 찾아보니 올림픽이었다. 핀란드에서 올림픽 파리개최 반대운동이 벌어졌다. 결과는 2표차로 영국에 패하고 말았다. 사르코지의 말 한마디 때문에…

말 한마디로 죽음을 자초한 사건

1825년 니콜라이 1세가 러시아의 황제에 즉위하였다. 그 당시 자유주의자들이 러시아의 근대화를 주장하며 반란을 일으켰다. 황제는 반란을 무자비하게 진압한 후 그 주동자인 콘드라티 릴레예프(Kondratii Fyodorovich Ryleev)에게 사형선고를 내렸다. 사형이 예정된 릴레예프는 목에 올가미를 건 채 교수대 위에 섰다. 발밑의 뚜껑문이 열리는 순간 릴레예프는 허공에 매달렸지만 순간 밧줄이 끊어지면서 땅바닥으로 떨어지고 말았다. 당시에는 이런 사건이 일어나면 신의 뜻이라고 생각하여 사형을 면해 주었다. 릴레예프는 타박상을 입은 몸을 일으키면서 자신이 무사함을 깨닫고 군중을 향해 외쳤다. "보시오! 러시아에서는 무엇 하나 제대로 하는 게 없질 않소. 밧줄 하나도 제대로 못 만들다니!" 사자가 황제에게 이 소식을 전했다. 왕은 어쩔 수 없이 사면장에 사인을 하려고 하면서 물었다. "기적이 일어나자 그자가 무슨 말을 하던가?" "러시아에서는 밧줄하나도 제대로 만들지 못한다고 하였습니다." 황제는 사면장

을 찢어버리고 말했다. "그렇다면 밧줄이 끊어지지 않는다는 것을 보여 주어야지!" 다음날 릴
레예프는 다시 교수대에 섰다. 이번에는 밧줄이 끊어지지 않았다.

　한번 내뱉은 말은 다시 거둬들일 수 없다. 특히 비꼬는 말을 할 때 신중하라. 신랄한 말로
순간적인 만족감을 얻을지 모르지만 큰 대가를 치르게 된다.

— 로버트 그린, 「권력의 법칙」 참조

　둘째, 커뮤니케이션은 동기부여 기능을 한다. "Motivation is Leadership"이라
는 말이 있다. 동기를 부여하여야 마음을 움직이고 영향력을 행사할 수 있다. 리더
십의 최대의 무기는 구성원에게 동기를 부여해 주는 것이다.

　셋째, 커뮤니케이션의 기능은 정보전달이다. 정보의 홍수시대에 정보 없이 인간
관계를 성공적으로 형성해 나간다는 것은 불가능하다. 정보 없는 경영자는 청각장
애자요, 시각장애자다. 많은 정보를 수집하고 수집한 정보를 분류해서 필요한 곳에
활용하여야 한다.

　넷째, 커뮤니케이션은 통제기능을 가지고 있다. 통제력을 잃어버린 지도자는 지
체장애자이다. 모택동은 자기에게 반기를 들 가능성이 있는 부하들은 첫째로 고립
시키고 다음에 숙청하였다.

　효율적인 커뮤니케이션을 활용하여 인간관계에 성공하기 위해서는 [표 8-1]에
서 설명하고 있는 내용을 잘 학습하고 실천하여야 한다.

| 표 8-1 | 커뮤니케이션의 기능

기　　능	오리엔테이션	목　　표	이론과 연구분야
감　　정	마　　음	조직의 역할에 대한 적응력 제고	갈등의 해결 긴장감해소 역할분담
동기부여	영　향　력	조직목표에 전념	강화이론, 기대이론 행동의 수정·학습
정　　보	기　　술	의사결정에 필요한 자료의 사전준비	의사결정 정보처리 과정
통　　제	구　　조	일과 직위, 책임의 명시	직무설계

자료: Luthans, *Organization Behavior*. 이론과 연구분야는 조직행동론에서 학습할 것이므로 여기
　　에서는 설명을 생략함.

3. 커뮤니케이션(Communication)의 구성

1) 커뮤니케이션 과정의 본질

학자들에 의하면 커뮤니케이션은 송신자와 수신자 사이의 공통적인 이해의 결과라고 한다. 사실 커뮤니케이션이란 용어는 공통적이라는 의미를 지니고 있는 라틴어 'Communis'에서 유래된 것이다. 따라서 커뮤니케이션은 메시지를 보내고 받는 과정이다. 즉 송신자는 기호화(자신이 지닌 사고나 아이디어를 기호로 전환)한 메시지를 일정한 경로를 통해 수신자에게 보내고 수신자는 이를 해독하여 다시 송신자에게 피드백을 제공하게 되는데, 이것이 커뮤니케이션의 기본적인 과정이라 할 수 있다. 송신자와 수신자간에 커뮤니케이션이 실시되는 근본적인 이유는 이를 통해 공통점을 형성하고자 하기 때문이다. [그림 8-2]는 이러한 커뮤니케이션 과정의 기본모델을 나타내고 있다.

커뮤니케이션에 사용되는 공통적인 심볼은 언어적(verbal)인 것일 수도 있고, 비언어적(nonverbal)인 것일 수도 있다. 또 정보는 상하간에 수직적으로 전달될 수도 있고, 동일한 계층 내에서 수평적으로 전달될 수도 있다. 이러한 커뮤니케이션 경로에 대한 내용은 절을 바꾸어 살펴보기로 하고 여기에서는 보다 일반적인 관점에서 커뮤니케이션 과정을 살펴보기로 하자.

그림 8-2 │ 기본적인 커뮤니케이션 과정모델

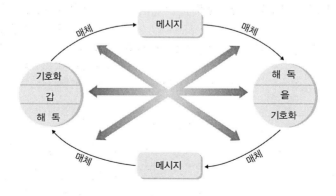

2) 커뮤니케이션 과정의 구성요소

조직을 경영하는 관점에서 [그림 8-2]에 나타난 모델을 구성하는 각 요소를 설명해 보기로 하자.

(1) 송 신 자

조직과 관련하여 살펴보면 송신자란 의사전달을 하려는 생각·의도·정보 등과 아울러 커뮤니케이션의 목적을 가지고 있는 구성원을 말한다.

(2) 기 호 화

기호화의 과정이란 송신자의 생각이나 목적을 메시지의 형태로 바꾸어 주는 것을 말한다. 가장 널리 사용되는 기호화의 형태는 인간이 가장 많이 사용하는 언어라 할 수 있다. 그러나 비단 언어뿐만 아니라 그림이나 행동, 표정 등 다양한 방법을 통해서 생각을 기호화할 수 있다.

(3) 메 시 지

기호화 과정의 결과가 바로 메시지이다. 송신자의 목적은 바로 메시지의 형태로 표현된다.

(4) 매   체

매체(medium)란 메시지의 전달수단을 의미한다. 조직이 구성원들에게 정보를 전달하는 데 사용하는 수단으로는 대면적 대화·전화·집단회의·컴퓨터·메모·정책규정집·보상체계·생산일정계획·판매예측기록 등을 들 수 있다. 그런데 한 연구에 따르면 이상의 매체들은 각기 정보를 전달하는 능력이 다르기 때문에 메시지의 실제 효과는 메시지가 전달되는 매체에 의해 영향을 많이 받게 된다고 밝히고 있는데, [표 8-2]는 다양한 매체에 따른 정보전달효과를 보여주고 있다.

그런데 특정사항이나 의사결정에 대해 언급하지 않거나 이를 소홀히 함으로써 의도하지 않았던 메시지가 전달될 수 있다. 뿐만 아니라 얼굴표정이나 음성의 높낮이 및 몸놀림 등과 같은 비언어적 매체도 커뮤니케이션 기능을 수행하게 된다.

| 표 8-2 | 커뮤니케이션 매체와 정보전달 효과

커뮤니케이션 매체	정보전달 효과
대면적 대화	매우 높음
전 화	높 음
개인적 서신(편지, 메모 등)	중 간
공식적 서신(편람, 문서 등)	낮 음
수치적 표현(컴퓨터 결과)	매우 낮음

(5) 해독 및 수신자

커뮤니케이션 과정이 완수되기 위해서는 메시지가 수신자에게 적합한 형태로 해독되어야 한다. 해독(decoding)이란 메시지를 해석하는 수신자의 의사과정을 나타낸다. 수신자는 자신의 과거 경험이나 준거체계에 의거하여 메시지를 해석(해독)하게 된다. 해독된 메시지가 송신자가 의도한 바와 비슷하면 할수록 커뮤니케이션이 유효하게 이루어진다. 따라서 송신자는 '수신자 지향적(receiver oriented)'이어야 하는 것이다.

(6) 피 드 백

피드백은 거울이라 할 수 있다. 만일 인간이 거울을 통해서 자기 얼굴을 볼 수 없다면, 인간의 사회가 어떻게 되겠는가. 인간 사회는 큰 혼란에 빠지게 될 것이다. 인간은 거울을 통해서 자기의 얼굴을 보고 자기를 발견하게 된다. 인간의 사회생활에서 피드백이 없다면 거울 없는 인간이 되어 비판과 발전을 기대할 수 없을 것이다. 쌍방적 커뮤니케이션 과정은 수신자로부터 송신자의 방향으로 이루어지는 피드백을 제공해준다. 경영자의 입장에서 보면 여러 가지 방법을 통해 커뮤니케이션의 피드백을 획득할 수 있다. 대면적 상황에서는 언어 외에도 불만이나 이해의 부족 등을 나타내는 얼굴표정 같은 수단 등을 통해 직접적인 피드백을 획득할 수 있다. 뿐만 아니라 생산성의 하락, 산출물의 품질저하, 결근 및 이직률의 증가, 부문간의 협조부족이나 갈등과 같은 간접적인 수단들에서도 커뮤니케이션상의 문제점을 파악할 수 있다.

(7) 잡   음

사람들 사이의 커뮤니케이션 과정에 개입하는 잡음이란 의도한 메시지를 왜곡시키는 일체의 요인들을 가리킨다. 경영자가 시간의 압박을 강하게 받으면 커뮤니케이션을 하지 않거나 불충분한 정보를 서둘러 전달한 후에 바로 행동을 하게 되는데, 이 경우 부하들은 경영자가 의도한 것과는 다른 전혀 다른 의미를 수용하게 되기 쉽다. 이 잡음은 시간의 압박, 왜곡된 정보, 모함 등 여러 가지 형태로 나타난다.

Ⅱ 커뮤니케이션(Communication)의 활성화

커뮤니케이션 단절의 비극 — 여객기 추락사고

1982년 1월 31일 아침, 한 여객기가 워싱턴과 버지니아주를 잇는 다리에 충돌해 79명의 탑승객 중 겨우 5명만 살아남은 참변이 일어났다. 이 비극의 원인은 어디에 있었을까? 공식적인 보도에 따르면 기장이 너무 오랫동안 이륙을 지연해 날개가 결빙되었기 때문이라고 하였다. 그런데 수사가 진행되면서 숨겨진 원인이 밝혀졌다. 그 원인은 엔진과 날개부위의 결빙 때문이었다.

부기장이 이 사실을 확인하고 이륙이 어려울 정도로 상황이 위험하다고 생각했지만 기장에게 분명하게 말하지 못하고 어정쩡하게 지적했다.

"후미와 여기저기에 주렁주렁 매달린 고드름이 보입니까?"

"얼음을 제거하는 것은 어려운 일이죠. 기장님은 이륙해도 괜찮을 거라고 생각하는 모양이네요."

비행기가 활주로를 달리며 기장이 이륙을 시도할 때도 부기장은 계속해서 직접적으로 우려를 전달하지 않았다.

"뭔가 잘못 된 것 같지 않습니까?"

그는 기장의 권위와 예의 때문에 적당한 선에서 적당하게 문제를 제기하고 말았다.

"이륙하면 위험합니다. 모두 죽을 수도 있습니다"라고 말하지 않았다.

이 참변의 근본적인 원인은 무엇인가?

간접적인 커뮤니케이션 방식에 있었다. 부기장은 직접적이고 정중한 말로 문제를 제기하지 못했다.

진실하고 정확한 전달과 그에 대한 상사의 수용의지가 매우 중요하다.

— 조셉그레니, 「결정적 순간의 대면」 참조

1. 활성화를 위한 기본 원칙

명 확 성

사람이 만나면 대화가 이루어지고, 대화가 이루어져야 상호간에 의사가 소통된다. 대화에는 명확성이 첫째의 요건이다. 두 사람이 이야기를 하여도 이해할 수 없는 언어를 사용하면 많은 사람을 설득하기는 더욱 어렵다. 그래서 "한 사람에게 말할 수 있는 사람은 만인에게 말할 수 있다"라는 말이 있다. 명확한 언어를 사용하여 수신자에게 정확한 의사를 전달하는 것이 무엇보다 중요하다.

일 관 성

커뮤니케이션의 내용은 일관성이 있어야 한다. 일관성이 없는 사람은 의심을 받는다. 지도자라는 사람들이 조령모개(朝令暮改)식으로 조직을 경영한다면 어떻게 되겠는가?

적 절 성

커뮤니케이션은 적당한 양을 사용하여야 한다. 지루할 정도의 긴 이야기, 너무도 긴 편지, 교장선생님의 지루한 훈화, 사장의 몇 시간 동안 계속되는 지시는 듣는 사람을 지루하게 할 뿐만 아니라 오히려 역효과를 가져오는 경우가 많다. '샘터'라는 조그만 잡지가 성공한 이유를 생각해 보라. 너무도 바쁜 세상이기 때문에 아쉬움과 여운을 남기고 끝을 맺는 대화가 필요하다.

적기적시성(適期適時性)

적기적시성이란 때에 맞는 전달을 의미한다. 만남을 요청하고 대화를 나눌 때는 시기를 잘 선택하여야 한다. 상대방이 긴급한 상황에 처해 있을 때, 화가 나 있을 때, 다른 일로 바쁠 때에는 의사를 전달하여도 효과가 없다. 때를 잘 선택하여 구애하고, 동료에게 칭찬을 하고, 상사에게 결재를 올리는 것이 좋다.

분 포 성

경영자가 어떤 과업을 부하에게 주고자 할 때, 그 과업을 수행할 특정한 부하에게는 구체적인 의사전달이 필요하다. 많은 부하를 모아 놓고 막연하게 무엇을 하라고 지시하고 나서 다음 회의 때 모이면 백지상태인 경우가 많다. 이는 필요로 하는 특정인이 아닌 모든 구성원에게 이야기하였기 때문에 초점을 잃은 결과이다.

적응성과 통일성

여기에서 적응성이란 의사전달의 융통성, 개별성, 현실 합치성들을 말하며, 통일성이란 각 의사결정이 전체로 통일된 정책의 표현이 되도록 하는 것이다.

조직은 각 부서가 있어도 때로는 상호이해관계가 대립되고, 갈등이 일어난다. 그러나 이를 조정하여 조직전체의 정책목표에 합치되도록 하여야 한다.

관심과 수용

개인이나 조직이나 원활한 커뮤니케이션은 인체의 혈관처럼 중요한 것이지만, 조직의 경영자가 이의 중요성을 인식하고 관심을 가지고 커뮤니케이션을 원활하게 하기 위한 제도를 수용하여야 한다.

감정이입

감정이입(empathy)이란 송신자 위주가 아니라 수신자 지향적인 태도를 갖는 것을 말한다. 커뮤니케이션의 형태는 수신자에 대해서 알고 있는 사실에 근거를 두어야만 한다. 감정이입이란 수신자가 메시지를 어떻게 해독할 것인지를 파악하기 위해서 송신자 자신이 수신자의 입장에 서보는 것을 의미한다. 해독은 지각을 포함하며, 따라서 메시지는 수신자의 여과과정을 거치게 된다. 감정이입이란 자신을 타인의 역할과 관련지어서 그 사람의 관점이나 감정을 파악해내는 능력이다.

실연당한 친구의 가슴을 이해하고, 불행한 사람에 대한 위로를 머리로써가 아니라 가슴으로 할 줄 아는 사람은 감정이입이 무엇인 줄 아는 사람이다. 우리는 언제나 어떤 문제에 봉착했을 때 자기의 입장에서만 보기 때문에 불협화와 갈등이 발생한다.

앞에서 이야기한 효과적인 커뮤니케이션을 방해하는 요인들 중에서 많은 것들이 감정이입을 통해 감소될 수 있다. 송신자와 수신자 사이에 경험 및 성장배경상의 큰 차이가 존재할수록 경험영역이 중복되는 부분, 즉 이해의 공통적 바탕을 발견하기 위해 많은 노력을 기울여야만 한다. 경영자의 감정이입 능력을 증진시킬 수 있는 한 방법으로 감수성훈련을 활용할 수 있다. 실직한 사람의 입장에 서 보는 것, 비련의 고민에 빠져 있는 사람의 가슴을 이해하는 것이야말로 진정한 감정이입이다.

효과적인 청취

조직경영자의 효과적인 청취기능을 개발할 수 있는 방법을 찾아보는 것은 중요한 일이며, 조직 내에서의 커뮤니케이션의 증진을 위한 효과적인 청취요령으로 많은 방안이 제시되고 있다. 한 예로 데이비스(K. Davis)가 제시한 소위 '훌륭한 청취를 위한 십계명'(ten commandments for good listening)을 들 수 있는데, 여기에는

① 말하지 말 것

② 말하는 사람을 편안하게 해줄 것

③ 말하는 사람에게 당신이 그의 말을 듣고 싶어한다는 것을 보여줄 것

④ 주의를 산만하게 하지 말 것

⑤ 말하는 사람과 감정이입을 할 것

⑥ 인내심을 가질 것

⑦ 자신의 감정을 억제할 것

⑧ 항의나 비판에 대해 가벼운 마음을 가질 것

⑨ 질문을 할 것

⑩ 말을 멈출 것

등의 원칙이 포함되어 있다. 그런데 '말하지 말 것'이라는 원칙이 이 십계명의 맨 처음과 맨 나중에 걸쳐 두 번이나 포함되어 있다는 점을 기억해두어야 한다. 이 외에도 시스크(H. L. Sisk)는 가치판단을 피할 것, 이야기 전체를 들을 것, 느낌이나 감정을 알아줄 것, 상대방의 입장을 파악할 것, 신중하게 질문할 것 등 '다섯 가지의 청취요령'을 제시하고 있다.

위의 방안에서도 나와 있는 바와 같이 훌륭한 웅변가는 말을 많이 하는 사람이 아니라 남의 말을 잘 듣는 사람이다. 상위직으로 갈수록 말을 일방적으로 통고하고 구성원의 말은 듣지 않으려 한다. 이런 조직은 동맥경화증에 걸리게 된다. 드골은 각료회의에서 모든 각료의 이야기를 듣고 난 후에 자신은 최후에 말을 하였다고 한다.

2. 효과적인 매체 선택

커뮤니케이션을 위해서는 효율적인 매체를 선택해야 한다. [그림 8−3]은 효율적인 매체선택을 위한 참고자료이다. 우리는 매일 커뮤니케이션을 하며 살고 있다. 이 도표는 독자들에게 시사하는 바가 많다고 생각한다. 상황에 따라 적당한 매체를 선택하여 의사소통을 해야 할 것이다.

그림 8−3 │ 효율적인 매체선택

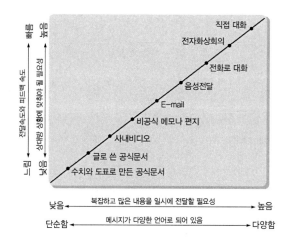

3. 디지털시대의 커뮤니케이션(Communication) 활용

1) 컴퓨터에 의한 커뮤니케이션

컴퓨터 앞에 앉아서 전 세계인을 상대로 대화할 수 있는 사이버시대가 왔다. 시간과 공간을 초월하여 의사소통을 하고, 회의를 하고, 의사결정을 한다. 가상대학(cyber university)이 설립되어 대학에 가지 않고도 집에 앉아서 석사, 박사학위를 받을 수 있는 세계에 우리는 살고 있다.

MIS를 통해서 정보를 모으고 정리하고 보내는 역할을 한다. 예를 들면 병원, 항공에 대한 고객정보를 확보하고 고객들은 편리하게 예약하기도 한다.

2) Telecommunication 시대

텔레커뮤니케이션 시대에 현대인들은 다음의 매체를 이용하여 의사소통을 한다.

① Telephone
② Television technologies
③ Fax
④ Wireless communication
⑤ 스마트폰
⑥ 인공지능

3) 인공지능시대의 커뮤니케이션의 활용

4차 산업혁명시대에 접어들어 인간과 소통하고 인간을 대신하는 커뮤니케이션의 시대, 이른바 인공지능의 시대가 왔다. 인공지능의 대표적인 커뮤니케이션 활용의 예를 들어 보자.

인공지능이 사장의 비서 역할을 하고 가정의 집사역할을 한다. 집안일을 하고 아이를 키우고 인공지능의 애인, 인공지능의 마누라까지 등장을 예고하고 있다. 백화점 현관 앞에서 손님에게 안내역할을 한다. 앞으로 시각장애인의 안내역할도 하게 된다.

이러한 인공지능의 기능은 인간과 커뮤니케이션이 되지 않으면 불가능하다. 인공지능을 이용한 커뮤니케이션의 영역은 날로 확대될 것이다.

4. 상하향식 커뮤니케이션(Communication)의 사례

[그림 8-4]는 어느 회사의 하향식 메시지 전달의 과정이다. 또, [그림 8-5]는 어느 회사의 상향식 커뮤니케이션의 사례이다.

그림 8-4 | 하향식 커뮤니케이션의 사례

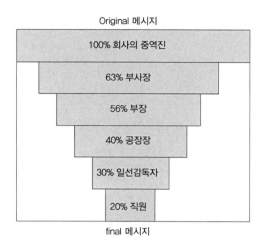

Original 메시지

| 100% 회사의 중역진 |
| 63% 부사장 |
| 56% 부장 |
| 40% 공장장 |
| 30% 일선감독자 |
| 20% 직원 |

final 메시지

그림 8-5 | 상향식 커뮤니케이션의 사례

MANAGER	MESSAGE BEING RECEIVED
사장 ↑	관리와 급여체계는 현저하게 좋아지고 있음 작업조건은 비교적 양호하나, 보다 좋아져야 함
부사장 ↑	급여체계에 매우 만족하나, 보다 향상된 작업조건을 희망함 현 관리제도를 선호함
부장 ↑	급여체계는 양호, 작업조건 OK 내년에는 보다 향상될 것을 기대함
감독자 ↑	급여체계는 양호 작업조건은 겨우 수용할 만하나, 좀더 좋아져야 함
직공장 ↑	작업조건이 빈약하다고 생각함 과업할당량이 불분명함
직원	능력급의 급여체계를 선호하고, 회사는 이 문제를 해결할 충분한 잠재력을 지니고 있다고 봄

　　두 사례를 통해서 정확한 커뮤니케이션이 얼마나 어렵고 중요한 일인지 알 수 있다. 하향식 커뮤니케이션(downward communication)에서는 CEO가 전달한 내용이 겨우 20%만 하위집단에게 전달되었고 상향식 커뮤니케이션(upward communication)에서는 현장의 소리가 반대로 상층부에 전달되고 있다. 놀라운 일이다.

언로(言路)가 막혔던 자유당 시절에 재미있는 이야기가 있다. 이승만 대통령이 청와대(당시는 경무대) 이발사에게 쌀 한 가마니를 사라고 용돈을 주었는데 그 돈은 쌀 한 되 값이었다고 한다. 어느 날 대통령이 동대문 시장으로 민정시찰을 가겠다고 하니 경무대 직원들이 미리 가서 시장 상인들에게 쌀 값, 계란 값을 미리 정해주고 대통령이 물으면 그대로 대답하라고 지시하였다. 그때는 관이 무서운 때라 상인들이 모두 시키는 대로 대답하니 대통령 가로되 "물가가 싸고 안정되었구먼!" 하고 기분 좋아했다고 한다. 자유당 이승만 정권의 국민과의 커뮤니케이션은 갈수록 점입가경(漸入佳境)이었다.

어느 대통령이 지방 나들이를 하게 되었다. 필자가 살고 있는 동네길에 소동이 벌어지고 있었다. 갑자기 동네길에 푸른 가로수나무를 심느라고 부산이었다. 관청 사람들은 밤중까지 가로수 심는 일을 하였다. 무슨 일인가 하였더니, 대통령이 동네 앞을 지나가게 되었다는 것이다. 대통령이 잠깐 스쳐지나가는 동네 길에 이 무슨 소란이란 말인가. 그런 사실도 대통령이 동네 앞을 지나간 후에야 알게 되었다. 보안상 이유로 대통령의 행차는 비밀이었다. 관리들이 대통령을 그렇게 속이면 되겠는가. 대통령이 철저하게 국정에 눈을 가리우고 있었으니 비극적인 종말을 맞게 되었지 않았나 생각한다.

가로수로 심은 나무들은 3~4일 지나서 말라 죽기 시작하였다. 알고 보니 시간에 쫓겨서 나무를 뿌리까지 이식하지 못하고 중간을 베어다가 그대로 꽂아 놓았기 때문이었다. 대통령이 지나가는 길은 기차역에서 모호텔까지 3~4킬로나 되는 거리였다.

▬▬▬ 커뮤니케이션의 분산전략

커뮤니케이션이 인체의 피의 순환처럼 개인 간, 조직 간에 원활하게 진행되면 그 개인이나 조직은 신진대사가 잘되어 건강한 조직체를 만들어 내외부의 적으로부터 방어를 잘 할 수 있다. 커뮤니케이션을 단절시킴으로써 어떤 효과를 가져왔는가에 대해 역사적 사건을 통해서 그 사례를 분석해 보기로 한다.

전쟁에서 이곳저곳으로 권력이 분권화된 적(敵)은 여러 곳의 개별적인 권력중심(무게중심)을 가지고 있을 것이다. 여기에서 열쇠는 그들 간의 커뮤니케이션을 단절시킴으로써 그들을 와해시키는 것이다. 더글러스 맥아더 장군은 2차 세계대전 중 태평양에서 이를 입증하였다.

그는 여러 섬을 옮겨다니며 핵심이 되는 섬을 점령해 일본군이 방대한 지역에 퍼지도록 만들어 그들의 상호 커뮤니케이션을 불가능하게 하였다. 적의 커뮤니케이션 망을 두절시키는 것은 전략적으로 현명한 결정이다. 어떤 조직이나 부분이 전체를 이룬다. 즉 부분이 전체적인 것이다. 커뮤니케이션이 효율적으로 이루어지지 않으면 혼돈이 뒤따른다.

1991년 중동에서 이라크 전이 발발하였을 때 미군이 첫째로 구사한 전략은 이라크의 모든 통신시설을 파괴하여 백만대군을 분산시키고 권력의 중심인 후세인을 고립시켰던 전략이었다. 이라크는 통일된 전선을 펴보지도 못하고 백기를 들고 말았다. 효과적인 커뮤니케이션은 정보의 획득에 있다. 이라크 전쟁 때 미국은 이라크의 모든 것을 알았고 후세인의 마음만 몰랐었다.

커뮤니케이션의 분리 전술은 시대를 초월한다. 징기스칸은 커뮤니케이션 전술에 통달한 인물이었다. 그는 몽골 기병대의 기동성을 이용해 적의 커뮤니케이션을 단절하면서 적군의 일부를 고립시켜 그들이 혼자이며 보호받지 못하고 있다고 느끼게 했다. 그는 공포감을 주입시키기 위해 의식적으로 노력했다. 나폴레옹과 마오쩌둥의 게릴라 부대 역시 고립 전략을 효과적으로 사용했다.

명심하라! 아군은 커뮤니케이션을 원활하게 하고 적군은 분할시키는 효과적인 전략에 당신의 성패가 달려있다는 것을!

—「전쟁의 기술」 중에서

▨▨▨▨ 효과적인 커뮤니케이션의 사례: 포도주 이야기

다니엘 핑크라는 사람은 어느 날 포도주를 사러 가게에 갔다가 병에 쓰여 있는 내용에 감명을 받고 그 포도주를 사게 되었다. 여기에 그 병에 쓰여 있는 내용을 싣는다.

"이 포도주를 세상에 내놓겠다고 결심한 사람은 에릭 바돌로메와 알렉스 바돌로메 형제였습니다. 훌륭한 포도주를 생산하기로 결심한 알렉스는 좋은 재료를 찾고, 에릭은 예술적인 라벨을 만들었습니다. 바돌로메 형제에게 포도주란, 생계수단이라기보다는 암에 걸려 일찍 세상을 떠난 어머니를 기리고자 하는 깊은 목적을 갖고 있었습니다. … 알렉스와 에릭은 빅타투 레드가 팔릴 때마다 한 병에 50센트씩 릴리아나 바돌로메 여사의 이름으로 노던뉴저지 호스피스 및 여러 암 연구재단에 기부하고 있습니다. 여러분의 지원 덕분에 저희는 첫 해 판매고에서 약 7만 5,000달러를 기부할 수 있었으며 앞으로는 더욱 많은 돈을 기부할 수 있을 것으로 생각합니다. 알렉스와 에릭은 그들의 어머니 이름으로 빅타투 레드를 구매해 주신 당신께 감사의 말씀을 드립니다."

— 다니엘 핑크,「새로운 미래가 온다」 참조.

5. 효과적인 커뮤니케이션(Communication)의 핵심요소

지금까지 커뮤니케이션에 대한 여러 가지 종합적인 방법을 정리하였다. 여기에서는 효과적인 커뮤니케이션을 위한 핵심요소를 정리해보고자 한다.

1) 효과적인 지각(perception)　　　송신자가 아무리 값있는 이야기를 하여도 수신자의 반응이나 관심이 없고 듣지 않는다면 의미가 없다. 산중의 메아리도, 바닷가의 파도소리도, 숲속의 새소리도, 바람소리도 듣지 않으면 소리는 없는 것이다. 가장 효과적인 커뮤니케이션은 송신자는 듣는 자를 만들고 수신자는 들어야 한다.

2) 기대(expectation)　　　송신자는 수신자의 기대가 무엇인지 알아야 하고 수신자에게 무엇을 기대하고 어떤 Message를 보내려고 하는가를 분명히 하여야 한다.

3) 요구(demand)　　　요구는 기대보다 더욱 구체성을 띤 커뮤니케이션의 기법이다. 예를 들면 사울이라는 사람은 기독교를 박해했던 사람이다. 사울이 예루살렘에서 다마스코스로 기독교도들을 탄압하러 가는데 갑자기 강렬한 빛이 비추면서 눈이 안보이게 된다. "사울아 왜 나를 핍박하느냐?" 하는 말씀이 들리고 사울이 "누구십니까" 물으니, 예수라는 답변이 들려왔다. 예수님은 사울에게 기독교를 핍박하지 말고 개종할 것을 요구했다. 그 후 사울은 눈을 뜨게 되고 개종하여 유명한 사도 바울이 되었다.

서편제에서 여주인공은 눈이 멀게 된다. 명창을 만들기 위함이었다.

4) 커뮤니케이션과 정보　　　현대 조직사회는 대립과 상호의존 속에 있다. 네트워크(network)의 세계에서 아프리카의 산골마을의 일이 한국의 농촌마을에 영향을 미치고, 남미의 칠레와 자유무역협정을 맺는 것이 오늘의 세계이다.

대립하고 경쟁하고 상호 의존하는 모순의 세계에서 상대방의 정보는 살기 위한 무기이다. 커뮤니케이션을 통해서 정보를 획득하고, 그 정보는 개인이나 조직이 살아가는 무기가 되어야 한다.[2]

---

[2] Drucker(김재규 역), 「프로페셔널의 조건」(청림출판, 2001)에서 참조.

III 비공식 커뮤니케이션(Communication)의 사례

비공식조직의 네트워크(Network)

조직생활에서 비공식 네트워크는 크게 3가지로 구분할 수 있다. 조언 네트워크 (advice network), 신뢰 네트워크(trust network), 커뮤니케이션 네트워크(communication network)이다. 아래의 사례는 Harvard Business에 나왔던 것을 간추린 것이다. 이 회사의 실험은 신뢰관계가 가장 중요하다는 것을 보여주고 있다. 조직 생활을 하면서 3가지 네트워크에 모두 앞서 가는 사람은 조직생활을 성공적으로 이끌어 가고 성공할 확률이 많은 사람들이다. 그러나 3가지 모두에 능하기는 어렵다. 아래의 사례는 조직사회에서 삶을 영위해 가는 사람들에게 시사하는 바가 많다고 본다. 孔子는 "식(食)과 신(信) 중 어느 것이 중요합니까"라는 제자들의 질문에 믿음(信)이라고 단호하게 말씀하셨다.

1) 조언 네트워크

한 조직 내에 boss의 역할을 하는 사람들이 있으며 다른 사람은 그들에게 문제 해결을 의존하고 기술적인 정보를 제공받는다.

2) 신뢰 네트워크

어떤 종업원들이 서로 정보를 교환하고 위기에 서로 협조하는 네트워크를 말한다.

3) 커뮤니케이션 네트워크

종업원들이 업무에 관계되는 사항들을 정기적으로 서로 상의하고 일상대화를 하는 네트워크를 말한다.

그림 8-6 │ 조언 네트워크의 사례

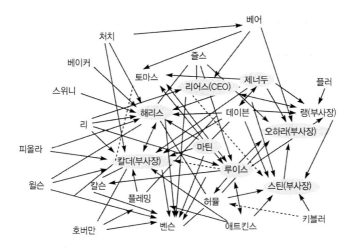

그림 8-7 │ 신뢰 네트워크의 사례

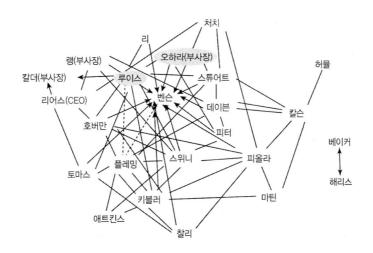

그림 8-8 │ 커뮤니케이션 네트워크 사례

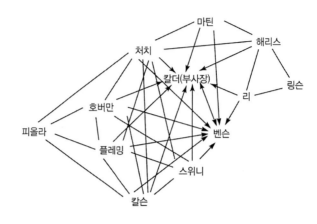

[그림 8-6]과 [그림 8-7], [그림 8-8]은 어느 회사의 직원 27명을 대상으로 디자인팀의 팀장을 뽑기 위해 실시한 조언 네트워크, 신뢰 네트워크, 커뮤니케이션 네트워크에 대한 조사 사례이다. 먼저 [그림 8-6]을 살펴보면, 이 회사에서 조언 네트워크를 가장 잘 형성하며 중심적 역할을 하고 있는 사람은 11명과의 조언 네트워크를 형성한 탐 해리스였다. 그 다음은 칼더 부사장으로 나타났다.

이 회사에서는 조언 네트워크(advice network)에서 가장 많은 사람에게 조언을 해주고 있는 해리스를 팀장으로 임명하면 직원들과 화합이 잘되고 생산성도 향상 될 것이라고 판단하고 해리스를 팀장으로 임명하였다.

그러나 회사의 판단은 오판이었고 해리스의 팀은 부실팀으로 전락하고 말았다. 그 이유를 파악하기 위하여 회사에서 신뢰관계를 조사한 결과 해리스는 베이커라 는 단 한 사람과 신뢰관계를 유지하고 있었다([그림 8-7] 참조). 해리스는 업무에서 뛰어났지만 너무 교만하고 대인관계가 원만하지 못하여 팀원들로부터 지지를 받지 못한 신뢰를 잃어버린 팀장이었다. 회사에서는 신뢰관계의 중요성을 인식하고 신뢰 관계가 가장 돈독한 사람을 찾았는데 그 사람이 [그림 8-8]에서와 같이 벤슨이라 는 사람이었다. 벤슨은 [그림 8-8] 커뮤니케이션 네트워크에서도 8명의 지지를 받고 있다. 부사장 칼더는 커뮤니케이션 네트워크에서는 벤슨과 선호도가 같았지만 신뢰 네트워크에서는 선호하는 사람이 두 사람뿐이었다. 회사에서는 벤슨을 팀장으로 임명하고 그에게 팀의 과업을 책임지도록 하였다. 그 결과 그의 팀은 회사에서 바라는 대로 업무성과를 올리고 팀 구성원의 인간관계도 원만하였다.

이 회사의 실험결과 세 가지 네트워크 중 신뢰 네트워크가 가장 중요하다는 것이 실험사례로 입증되었다. 조직생활에서 관리자나 구성원은 세 가지 네트워크에서 모두 성공적인 관계를 유지하면 금상첨화겠지만 인간에게 한계가 뒤따르게 마련이다. 이 회사의 경우는 인간의 사회생활이나 조직생활에 신뢰관계의 중요성을 일깨워준 사례라 하겠다.[3]

▨▨▨▨▨ **비공식 커뮤니케이션의 사례**

1) 회사의 상황
   (1) 회사연혁: 15년 동안 사무정보기기의 주문생산 및 공급 회사
   (2) 회사의 변화시도: 팀제 도입
   (3) 해리스(Tom Harris)를 팀장으로 임명
   (4) 결과: 실제 해리스는 [그림 8-6]에 나타난 바와 같이 조언 네트워크에서는 중심적 역할 신뢰 네트워크에서는 해리스와 신뢰관계를 유지한 사람은 베이커 1명뿐임.
   (5) 문제점: 해리스는 동료 종업원들의 의견에 귀를 기울이기보다는 컴퓨터 작업에 관심을 두었으며 다른 동료, 종업원과의 관계가 원만치 못함.
2) 개 선 책
   (1) 새로운 신뢰 Network 구성
      ① 벤슨(Bill Benson)을 Team장으로
      ② 벤슨(Bill Benson)은 적임자: Communication 원활 → Teamwork의 활성화
   (2) 디자인 Team장 Calder의 문제
      부사장이며 디자인 부문의 Team장인 Jim Calder는 기술 부문에서는 그림에서처럼 존경과 인정을 받음. 그러나 인간적인 신뢰관계에 있어서는 가까스로 연명. 대책은?
   (3) Network에 숨어 있는 함정과 문제들
      ① 내부의 상호작용을 강화하기 위해서(대부분 자기 부서 사람들만 접촉) → Power breakfasts 방법(아침 식사를 통한 社交 도입) → 조언자 제도 도입: 타부서와 필요한 의견 교환
      ② Communication의 형태의 변화
         - 스포츠 행사
         - 산행, 취미

---

3) 자세한 내용은 [비공식 커뮤니케이션 사례]에서 설명하고 있으니 참고하기 바람.

- 불규칙적 모임, 대화
③ Network의 빈구석에 위치한 자에 대한 고려
어느 Network에도 들어가지 않고 빈자리에 있는 사람을 위해서
④ 해결 방안의 다양성 추구
- Network망을 구성해 보자
- 변화를 시도할 때 도움을 준다
- 유능한 관리자 회사 내의 Network 파악, 비공식 Network를 재조정 → 회사의
성장에 활기
- 앞으로 일사불란한 계층적 구조는 점점 사라지게 될 것임: 이에 대비가 필요
비공식 Network에서의 핵심 사원과 관계를 중요시하여야 함

▬▬▬▬ 히치콕 아버지의 교훈

영화감독 알프레드 히치콕은 인터뷰에서 종종 자신의 어린 시절 이야기를 들려주었다. 여섯 살 무렵, 그가 잘못을 저지르자 화가 난 그의 아버지는 아들에게 쪽지 한 장을 들려 마을 경찰서로 보냈다. 당직 경관은 쪽지를 읽더니 어린 알프레드를 유치장에 가둔 다음 이렇게 말했다. "말 안 듣는 아이들에게는 이렇게 한단다." 2, 3분 만에 풀려나긴 했지만 그의 마음속에는 그 경험이 깊이 새겨졌다. 다른 아버지들처럼 야단을 쳤다면, 그는 방어적이고 반항적인 아이로 자랐을 것이다. 하지만 그의 아버지는 그가 어두컴컴한 유치장에서 퀴퀴한 냄새를 맡으며 무서운 경찰들에게 둘러싸여 혼자 시간을 보내도록 했다. 그것은 훨씬 더 강력한 커뮤니케이션이었다. 히치콕이 깨달았듯이, 사람들에게 교훈을 주고 행동을 변화시키고자 한다면, 감정을 겨냥하여 그들의 머릿속에 잊지 못할 이미지들을 주입함으로써 그들의 경험을 바꾸고 그들을 동요시켜야 한다. 말이나 직접적인 표현으로 이런 일을 달성하기란 쉽지 않다. 그렇잖아도 잔소리를 늘어놓으며 우리를 설득하려 드는 사람이 너무도 많지 않은가? 때로 말은 소음의 일부일 따름이다. 따라서 말은 무시당하거나 심지어 훨씬 더 완강한 저항에 부딪힐 수 있다.

실효성을 갖춘, 더 깊이 있는 방식으로 커뮤니케이션하기 위해서는 사람들을 유년기로 되돌려놓아야 한다. 유년기에는 누구나 지금처럼 방어적인 태도를 취하지 않았으며, 소리와 영상, 행동, 그리고 언어 습득 이전의 의사소통 세계에 훨씬 더 동요되었으니 말이다. 사람들을 이런 상태로 되돌리기 위해서는 행동으로 이뤄진 언어로 소통해야 한다. 그리고 이러한 언어는 전략적으로 사람들의 감정이나 기분에 영향을 미치도록 고안된 것이어야 한다. 감정이나 기분은 스스로 통제하기가 가장 힘든 부분이기 때문이다. 히치콕이 수년에 걸쳐 발전시키고 완성시킨 것이 바로 이런 언어다. 그는 배우들에게서 최대한 자연스러운 연기를 끌어내고자 할 때는 기본적으로 '연기'를 시키지 않았다. 긴장을 풀라고, 혹은 자연스럽게 연기하라고 말하는 것은 아무 소용없는 짓이었다. 안 그래도 잔뜩 긴장하고 있는 방어적인 배우를 더욱 움

츠리게 할 뿐이니까. 대신 히치콕은 자신의 아버지가 런던 경찰서에서 두려움에 떨게 했던 것처럼, 영화에 드러나야 할 감정들, 즉 좌절감과 소외감, 자제력 상실 들을 직접 '체감'하도록 했다. 억지로 밀어붙이는 지겨운 말들로 배우들을 헤매게 만들기보다는 그러한 감정들이 배우의 내적 경험의 일부가 되도록 한 것이다.

— 『전쟁의 기술』(2007)에서 참조

제9장

인간사회의 갈등관리

성을 쌓는 자는 반드시 망할 것이며,
끊임없이 이동하는 자만이 살아남을 것이다.
— 토유쿠크 비문(돌궐제국을 부흥시킨 명장)

청담스님 이야기 — 개인의 갈등

청담스님은 한국불교의 현대화에 큰 공헌을 한 분이다. 청담스님은 3대 독자여서 결혼을 빨리 하였던가 보다. 젊은 색시를 홀로 두고 진주농고 2학년 때 홀연히 입산하였다.

속세와 인연을 끊었던 그는 스님이 되어 고향에 나타나서 설법을 하였다. 그 어머니는 어찌어찌하여 아들이 설법하러 진주에 온다는 소식을 듣고 아들이 법문하는 곳에 갔다. 청담의 어머니는 법문이 끝난 아들의 승복자락을 부여잡고 사정을 하였다.

"이놈아! 3대 독자가 중이 되어버렸으니 우리 가문은 문을 닫게 되었다. 하룻밤만 묵어 가거라."

청담스님은 갈등에 빠졌다. 어머니의 뜻을 따라 파계를 할 것인가, 아니면 어머니의 손을 뿌리치고 산 속으로 도망칠 것인가. 마침내 스님은 어머니의 간청에 못이겨 아내와 하룻밤을 보냈다. 일년 후 딸이 태어나고 말았다. 부처님도 무심하시지. 훗날 그 딸도, 속가의 아내도 스님이 되었다.

병자호란 이야기 — 조직의 갈등

1636년 후금은 국호를 청으로 바꾸고 정묘조약에서 체결한 형제관계를 군신관계로 개정하고 공물과 군사 3만을 지원하라고 했다. 조선이 이 제의를 거절하자 청은 군사 12만을 이끌고 조선을 침략하여 병자호란을 일으켰다. 대군에 밀린 조선군은 남한산성에서 1만 3,000의 군사로 진을 쳤지만 세력의 열세로 45일 만에 항복하고, 인조는 삼전도에서 청태종에게 9번 목례하고 3번 큰절을 하고 군신의 의를 맺는 굴욕을 당하고 소현세자와 봉림대군을 청에 볼모로 보내야 했다. 이때 척화론을 펼치던 홍익한, 오달제, 윤집 등도 함께 청으로 끌려가 처형당했다.

이때 힘없는 조정에서는 화전파와 척화파의 논쟁과 싸움이 계속되었다. 청나라 대군 앞에서 굴종이냐 옥쇄냐를 놓고 고민했던 인조와 신하들은 얼마나 갈등(conflict)이 심했을까를 생각해 본다.

I 현대 조직사회와 갈등

1. 인간의 역사: 갈등의 역사

인간의 역사는 갈등의 역사다. 인간의 역사는 피로 쓰여졌으며 피는 갈등의 폭력적 해결방법이었다. 이처럼 인간은 피로 역사를 기록하면서 수많은 갈등을 겪고 또 해결하면서 살아왔다. 인지가 발달하면서 평화적 방법을 모색해 왔으나 지구상에 살육의 총소리는 멎을 날이 없다. 폭력에 의하지 않고 갈등은 해결할 수 없을까? 그것은 공동선을 향한 협상과 타협이다. 물론 협상과 타협에도 여러 비용이 들지만 폭력에 의한 비용보다는 훨씬 적다.

그러나 인간은 개인 간의 갈등에서 국가 간의 갈등에 이르기까지 총칼을 들고 또는 총칼을 감추고 갈등해결 방법을 추구하고 경쟁자를 땅에 묻으려고 하였다. 함께 사는 방법은 없을까. 우선 인간사회에서 일어나고 있는 전형적인 갈등에 대해 살펴보자.

일단 갈등은 전형적으로 다음과 같이 분류될 수 있다.

① 물질적 갈등과 비물질적 갈등
② 공표된 갈등과 내포된(숨겨진) 갈등
③ 현재화된(발생된) 갈등과 잠재된(아직 발생하지 않은) 갈등

또한 갈등 당사자들이 누구냐에 따라서 다음과 같이 분류해 볼 수도 있다.

① 개인 내부수준(이익과 손실, 선과 악, 양심과 비양심)
② 개인 – 개인수준(이 대리와 최 과장)
③ 개인 – 집단수준(김 부장과 회사)
④ 집단 – 집단수준(영업팀과 생산팀)
⑤ 조직 – 조직수준(노조와 기업, A기업과 B기업)

세계적인 관점에서 보면

① 지역과 지역의 갈등
② 인종과 인종의 갈등
③ 국가와 국가의 갈등
④ 종교와 종교의 갈등 등 다양하다.

2. 갈등의 유형에는 어떤 것이 있는가?

1) 개별 인간의 갈등

인간의 행동과정을 단순화하여 보면 욕구－충동－목표의 동기 순환 과정을 거치면서 행동을 하는데, 언제나 인간의 욕구가 좌절되지 않고 충족되는 것은 아니다. 욕구가 좌절될 때 인간은 갈등을 일으키게 된다.

일반적으로 모든 인간은 ① 경쟁적인 욕구(동시에 먼저 충족하려 경쟁적인)와 역할을 가지고 있으며, ② 욕구와 역할은 여러 가지 방법으로 표현될 수 있고, ③ 추구와 목표 과정 중간에서 일어날 수 있는 많은 방해물이 있으며, ④ 바라는 목표에는 긍정적인 면과 부정적인 면 모두가 내재하고 있다. 이런 것들이 인간의 적응 과정을 복잡하게 하며 가끔 갈등을 초래시킨다. 이 개별인간의 갈등은 좌절감(또는 심리적 욕구 불만)에 관한 심리학적 개념을 이용하여 분석하는 것이 보다 쉽게 이해될 수 있다.

(1) 좌절감에 의한 갈등

좌절감은 어떤 개인이 바라는 목표가 봉쇄될 때 발생한다. 이를 봉쇄하는 장애물은 외향적, 물리적인 것과 같이 눈에 쉽게 인식되는 가시적(overt)일 수도 있고, 내향적, 정신적인 것과 같이 밖으로 나타나지 않는(covert) 잠재적인 것일 수도 있다.

좌절감은 일반적으로 인간의 방어기제를 작동하도록 한다. 전통적으로 심리학자들은 좌절감은 항상 물리적 또는 상징적인 장애물을 공격하게 한다고 보았는데, 인간이 좌절되었을 때 육체적으로나 상징적으로 장애물을 공격할 것이라고 생각한 것이다.

그러나 최근에는 공격은 좌절의 상황하에서 발생할 수 있는 반응의 한 유형에 불과하다는 데 의견의 일치를 보고 있다. 방어기제가 작동되는 반응의 유형은 일반적으로 네 가지로 정리될 수 있는데, 공격, 후퇴, 고착, 타협 등이 바로 그것이다.

예를 들어 문을 열려고 시도하나 문이 열리지 않자 문에서 물러나 뾰루퉁하는 것이 후퇴의 예가 될 것이고, 열리지 않는 문을 어떻게든 열려고 계속 시도하는 것이 고착의 예, 그리고 문이 열리지 않으므로 물 대신 커피나 다른 음료로 목마름을 대치하거나, 창문을 넘어 들어가 새로운 추구 행동을 하는 것이 타협의 예가 될 것이다. 현대인은 조직 생활에서 이와 비슷한 갈등과정을 겪으면서 자기 성장을 한다.

그림 9-1 | 좌절감에 의한 갈등의 예

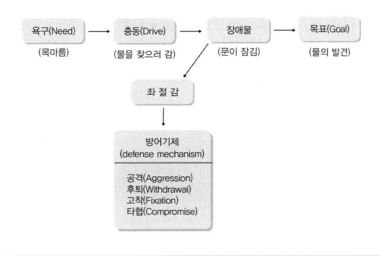

(2) 목표갈등

인간은 욕심이 많은 동물이다. 대학교수 중에는 학자의 길과 권력의 길을 동시에 추구하려는 사람들이 있다. 정치인 중에도 권력과 돈을 동시에 획득하려는 사람들이 있다. 이럴 때 목표갈등이 일어난다.

갈등은 우리가 두 개의 양립할 수 없는 요구, 기회, 욕구 및 목표에 당면할 때도 일어난다. 그런 경우 완전히 갈등을 해결하는 방법은 결코 없다. 우리는 우리의 목표 중 하나를 포기하거나, 그들 모두 혹은 그들 중 하나를 수정하거나, 아니면 목표 중 하나에 대한 추구를 지연시키거나, 혹은 그렇지 않으면 어떤 목표도 완전히 획득될 수 없다는 사실을 수용하는 것을 배워야만 한다. 우리는 대학에 입학할 때, 직장에서 임금, 승진, 승급, 문제에 봉착할 때 목표갈등을 겪게 된다.

2) 갈등의 조장과 극복

(1) 메기와 미꾸라지

양식장의 미꾸라지가 자꾸만 죽어나가고 병에 걸리고 하여 주인이 낙담해 있을 때 어느 날 친구가 찾아와서 미꾸라지 양식장에 메기를 몇 마리 잡아넣으라고 충고해 줬다. 메기를 넣으면 그나마 남아있는 미꾸라지를 잡아먹을 것 아니냐고 하니까 자기 말만 듣고 무조건 넣어보라는 것이었다. 메기를 넣은 지 얼마가 지난 후 양식장의 미꾸라지들은 전보다 더 튼튼하게 자라면서 양식이 잘 되었다. 왜였을까? 주는 사료만 받아먹고 태평성대를 누릴 때는 빈둥빈둥하며 약해졌지만 메기가 들어오면서부터 메기에게 안 잡히려고 마구 헤엄쳐 다녔고 활동량이 많아지니 먹이도 잘 받아먹고 해서 튼튼하게 된 것이다. 안전지대의 국영기업체나 경쟁이 없는 공무원사회는 세계 어느 나라를 막론하고 사기업보다 훨씬 비능률적으로 운영되고 있다. 때로는 메기와의 갈등도 필요하다.

(2) 갈등해결(인간적인 소통) — 레이건과 고르바초프의 정상회담

정상들이 정상회담을 하기 전에 상대방에 대해서 가급적 많은 정보를 입수하여 분석하고 대비한다고 한다. 다음은 미·소 정상회담시의 고르바초프의 회고담이다.

제네바에서 첫 회담을 할 때였다. 나(고르바초프)는 레이건 대통령에 대해 '진짜 공룡(a real dinosaur)'이라고 내 주변 사람들에게 얘기했다. 레이건 대통령은 나에 대해 '진짜 완고한 공산주의자(a real diehard communist)'라고 했다. 그런데 얼마 후 레이건 대통령이 나에게 말했다. "먼저, 우리 이름(first name)으로 부르도록 합시다." "나는 당신을 마이클(Michael, 고르바초프의 이름. 미하일의 영어식 애칭)이라 할 테니, 당신은 나를 론(Ron, 레이건의 이름. 로널드의 애칭)이라고 부르세요." 그 다음부터 상황이 변하고 서로의 관계가 좋아지기 시작했다. 우리는 함께 중요한 결정을 할 수 있었고, 결과적으로 많은 쟁점을 해결할 수 있었다.[1]

---

1) Harvard University Gazette, 2002. 11. 14. 강영진, 「갈등해결의 지혜」(일빛, 2009).

(3) 조화로운 삶

스콧리어닝은 펜실베이니아 대학의 교수였다. 그는 부조리한 미국사회와 현대 문명의 해악을 시정하고자 젊은 교수시절 많은 노력을 하였다. 그는 흔히 말하는 진보파 교수였던 것이다. 그는 미국 사회에서 사회주의자로 몰렸고 법정에까지 섰으며 아내와는 이혼을 하고 자식들까지 그와 절연을 하였다.

어느 날 그는 미국 사회를 개선한다는 것이 그의 힘만으로는 역부족이라는 사실을 깨닫고 이를 고민하다가 인생의 갈등해결의 방법을 찾아 나선다. 그는 두 번째 아내와 함께 뉴잉글랜드 지방의 조용한 러몬트라는 산골짜기 지방에 정착을 하게 된다. 그곳에서 그는 아내와 함께 손수 농사를 지으며 20여 년을 행복하게 살다가 100세에 곡기를 끊고 그의 아내가 지켜보는 가운데 미소를 지으며 세상을 떠났다.

과연 그는 어떠한 가치관을 가졌을까? 그는 갈등회피를 선택하고 갈등 없는 자유를 찾아 산으로 들어갔다. 무엇보다 그의 기본 가치는 바로 "단순한 삶"의 추구라고 말할 수 있다. 그는 이러한 가치관을 생활 속에서 구현하기 위하여 다음의 4가지 기본원칙을 정립하였다.

① 단순한 생활
② 긴장과 불안에서 벗어나기
③ 무엇이든 쓸모 있는 일을 할 기회를 갖기
④ 조화롭게 살아갈 기회를 갖기

이러한 원칙을 바탕으로 그들 부부는 다음과 같은 생활철학을 정립하였다.

"우리는 경쟁을 일삼고 탐욕스러우며, 공격적이고 전쟁을 일으키는 사회 질서를 옹호하는 어떠한 이론들도 반대한다."

또한 이러한 사상을 실현시키기 위해 그들 부부는 다음과 같은 나름의 기준을 세웠다.

"먹고사는 데 필요한 것들을 적어도 절반 이상은 자급자족한다."

"스스로 땀 흘려 집을 짓고 땅을 일구어 양식을 장만한다."

"돈을 모으지 않는다. 따라서 한 해를 살기 위해 충분할 만큼 노동을 하고 양식
을 모았다면 더 이상 돈 버는 일은 하지 않는다."

"되도록 다른 사람들과 힘을 합쳐 일을 해낸다."

"집짐승을 기르지 않으며 고기를 먹지 않는다."

그들은 그들이 세운 원칙을 지키며 살았다.

"우리 부부는 스무 해 동안 재미있고 신나게, 깨우침을 얻고, 보람을 느끼며 살
았다"

라고 그들은 후에 사람들에게 고백하였다.

그들은 평생 병원 한번 가지 않고 건강하게 살았다. 숲과 밭이 그들의 병원이었
다고 그들은 자신 있게 말하였다.[2]

3) 조직에서의 갈등

집단간 갈등은 그 형태와 원인에 따라 다음과 같이 그 유형을 분류할 수 있다.

(1) 형태별 유형

집단간 갈등의 형태별 유형은 다시 수직적 갈등과 수평적 갈등으로 나뉜다.

① 수직적 갈등   수직적 갈등은 조직의 상하 계층간에 발생하는 갈등이다.
전산부와 그 부서를 통제하는 관리본부간에 갈등이 있을 수 있다. 원인은 여러 가
지가 있을 수 있으나, 주로 상위 부서가 하위 부서의 자유 재량권에 지나치게 통제
력을 발휘하는 과정에서 생기게 된다.

② 수평적 갈등   수평적 갈등은 한 조직 계층의 동일 수준의 부문간에 발생
하는 갈등으로서 흔히 복합 조직에서 각 하위 부서를 조정하는 어려움 때문에 생
긴다. 예컨대 생산부서와 영업부서간의 마찰은 여기에 해당한다. 이는 각 집단이
상이한 과업을 수행하고 상이한 환경을 마주하고 있기 때문에 자연적으로 발생하
는 것으로서, 사람들은 자기 부서를 우선 생각하고 타부서에 대해서는 2차적인 관
심만 보이는 경향이 있기 때문이다.

---

2) 스콧 니어링, 「조화로운 삶」(2001), 참조.

(2) 원인별 유형

집단간 갈등의 원인별 유형에는 기능적 갈등, 계층적 갈등, 경쟁적 갈등이 있다.

① 기능적 갈등 　　이는 각기 기능이 다른 집단간에 생기는 갈등이다. 기능적 갈등은 한 조직 내에서 서로 다른 기능을 하는 집단이 동일한 상황에서 동일한 결과를 성취하는데, 서로 다른 집단의 간섭·방해를 받을 때 발생한다. 이러한 대표적인 예가 기업에서 생산부문과 마케팅부문간의 갈등, 라인과 스태프간의 갈등 등이다. 미국의 행정부에 있어서도 대통령 안보담당 보좌관과 국무장관과의 갈등이 가장 심각한 갈등의 하나인 것은 널리 알려진 사실이며, 마찬가지로 우리나라에 있어서도 대통령 경제 특보와 경제부처간의 갈등은 지난 날 눈에 띄는 갈등의 하나로 가시화되어 왔다. 문재인 정부에서 청와대 정책실장과 경제부총리 사이의 소득주도형 정책을 두고 일어난 갈등은 좋은 예이다.

② 계층적 갈등 　　이는 조직 내의 각 계층간에 일어나는 갈등이다. 이사회와 최고 경영자, 중간 관리층과 하위 관리층, 또는 관리자와 작업자간에 갈등이 있는 경우 등이다.

③ 경쟁적 갈등 　　이는 한 조직 내에서 여러 집단이 유사한 기능을 가질 때에 발생한다. 기업에서 특정 고객에 대하여 영업 1부와 영업 2부가 동시에 판매활동을 벌이게 될 경우 이러한 갈등이 일어나게 된다. 여러 집단이 같은 기능을 수행할 경우 때로는 선의의 경쟁이 될 수도 있으나 대개의 경우 집단들의 자기중심적인 성격으로 인해 경쟁은 갈등을 유발하게 되는 것이다.

마틴 루터 킹의 갈등해결의 철학과 전략

첫째, 철학

비폭력의 철학: 그의 비폭력에 대한 철학은 다음의 웅변에서 잘 나타나 있다. "폭력을 통해 살인자를 죽일 수는 있습니다. 그러나 그것은 또 하나의 살인에 지나지 않습니다. 폭력을 통해 거짓말쟁이를 죽일 수도 있습니다. 그러나 그렇다고 해서 진실을 얻을 수는 없습니다. 폭력을 통해 증오의 대상을 죽일 수도 있습니다. 그러나 거짓을 없앨 수는 없습니다. 어둠이 어둠을 물리칠 수는 없습니다. 오직 빛만이 어둠을 물리칠 수 있습니다." 　　— 1967. 3. 4. 한 인권운동 집회에서

둘째, 갈등해결전략

- 조직 내의 중요한 두 집단 사이에 마찰이 있을 경우 양측이 함께 참여하는 협의회를 만들어 의사소통을 원활히 하고 팀워크를 강화하라.
- 힘을 가진 상대방이 비윤리적인 상황을 조성할 경우, 그 상황을 모든 대중이 인식할 수 있도록 노출시켜라.
- 조직 안에 공식적인 리더십 훈련 프로그램을 개설하라.
- 존중할 수 있는 덕목들을 구현할 수 있는 지도자, 찬사를 보낼 수 있는 도덕적, 윤리적 원칙들을 갖춘 지도자를 배출하라.
- 교육은 힘의 근원인 지식을 제공하는 한편 자제할 수 있는 지혜를 부여하라.
- 지성 더하기 인격, 이것이 참된 교육의 목적이다.
- 법, 그 자체가 교육의 한 형태임을 잊지 말라.
- 공개토론을 통해 각성을 불러일으킴으로써 조직 전반을 교육할 수 있다.
- 어떤 직업도 무가치한 것은 없다는 사실을 명심하라.
- 단호하게 계속 전진하는 것 외에 다른 대안은 없다.
- 필요한 경우 대중으로 하여금 억압된 감정과 내적 긴장을 표현할 수 있는 출구를 마련해 주어라.
- 조직에 참된 활력을 주는 원동력은 선의를 가진 민중이다.

Ⅱ 갈등의 발생원인과 결과

1. 갈등의 발생원인 — 갈등은 왜 발생하는가?

모든 집단은 관계되는 다른 집단과 정도의 차이는 있으나 어느 정도의 갈등을 겪고 있다. 여기에서는 모든 집단이 겪고 있는 갈등의 원인을 살펴보고자 한다. 집단적 갈등의 원인은 흔히 커뮤니케이션이 원활하지 못했기 때문이라고 주장하는 경우도 있으나 실제는 어떤 한 가지 원인보다는 여러 가지 원인들이 복합적으로 작용하여 집단간 갈등을 발생시키는 경우가 많다.

1) 상호의존성

상호의존성은 두 개 이상의 집단이 그들의 목적을 달성하기 위하여 서로간에 의존해야 할 경우를 말한다. 상호의존성의 관계가 있는 집단끼리 갈등이 발생할 가능성은 매우 높게 된다. 상호의존 관계에 있는 집단에 갈등이 발생하는 구체적인 이유는 보통 제한된 자원, 즉 자금, 인력, 설비 등과 같은 물적, 인적 자원의 한정된 자원에 대하여 상호의존적 관계를 갖고 있어서 한 집단이 사용하면 다른 집단은 사용하는 데 어려움을 느끼기 때문이다. 조직의 제한된 자원으로부터 되도록 더많은 몫을 차지하려고 서로 경쟁을 하게 되고, 극단의 경우에는 집단 상호간에 적대감까지도 조성될 수 있다. 자원의 제한은 물질적인 면뿐만 아니라 승진이나 업적의 기회 등 집단들의 자아실현과 관계된 심리적인 면에도 적용되어 집단간의 경쟁적인 행동으로 나타나게 된다.

정부의 예산편성시 기획예산처와 다른 부서와의 갈등을 예로 들 수 있다. 기획예산처는 한정된 자원으로 각 부처에 균형분배하려 하고 각 부처는 한푼이라도 더많은 예산을 확보하려고 노력하는 데서 갈등이 발생한다.

2) 목표의 차이

집단적 갈등의 두 번째 원인은 집단간의 목표에 있어서 차이가 나기 때문이다. 집단들은 같은 조직의 한 부분으로서 전체 조직의 목표 달성에 공헌하고 있으면서도 그 과정에서 추구하는 목적이 일치하지 않고 서로 상충되는 경우가 있어서 이것이 집단적 갈등의 원인으로 된다. 생산부문에서는 생산원가를 줄이고 인력 고용의 안정을 위해서 일정한 수준의 생산량을 유지하려고 노력하는 반면에, 영업부문에서는 변동하는 시장의 수요에 맞추어 제품이 생산되기를 원한다. 또한 영업부문에서는 다양한 소비자의 기호에 맞추기 위하여 다양한 제품이 생산되기를 바라지만, 생산부문에서는 가능한 한 고정된 제품을 저렴한 가격에 생산하고자 한다.

이와 같은 집단간의 목표 차이는 조직의 규모가 크고 기능이 다양해질수록 집단 내의 분화와 더불어 집단간의 상호작용의 범위도 넓어지기 때문에 그 정도가 더욱 심화된다. 다음과 같은 조건들은 이러한 형태의 갈등을 더욱 증대시키는 것이다.

(1) 제한된 자원

자금·장소·인력·자재 등이 제한되어 있지 않다면 상대적으로 각 집단에서는 각기의 목표를 추구할 수도 있다. 하지만 자원은 대부분 한정되어 있어서 할당되어 야 하기 때문에 상호의존성은 증가하게 되고 집단간 목표의 차이는 더욱 표면화되 고 증대하게 된다.

(2) 보상구조

예컨대 다량의 제품을 빠르게 생산하려는 제조부문의 목표는 천천히 정확한 품 질의 제품을 기대하는 품질관리부문의 목표와 대치되게 되므로 양 집단은 서로 갈 등을 일으키는 목표 아래서 보상을 받게 되는 것이다.

3) 보는 시각에 따른 차이

조직에서의 집단들은 대게 다른 집단의 특성을 실제보다 과대·과소평가하여 지각하는 경향을 보이고 있다. 이러한 지각의 차이는 갈등을 발생시키게 된다. 대 학에서는 자연과학계열과 인문사회계열이 서로 보는 시각이 다르다. 회사에서는 생 산부서와 마케팅부서의 서로 보는 시각이 다르다. 이런 시각의 차이는 갈등과 분쟁 을 가져온다. 시각의 차이에서 발생하는 갈등은 대부분 커뮤니케이션 문제에 기인 하는 것이라고 할 수 있다.

정치 문제를 예로 들면 대북문제에 대하여, 경제문제에 대하여, 사회복지문제에 대하여 여야간 시각차이가 다르기 때문에 투쟁이 벌어지고 갈등이 심화된다.

조직에서 집단들이 서로 다르게 지각하도록 하는 요인들로는 다음과 같은 것들 이 있다.

① 목표의 차이
② 시간관의 차이
③ 부정확한 지각

2. 집단간 갈등의 결과

지금까지 집단간 갈등의 기초로서 갈등의 개념, 갈등에 대한 견해의 변천, 갈등의 유형을 살펴본 뒤, 갈등이 발생하는 원인을 살펴보았다. 갈등은 집단간에 반드시 발생하는 필연적이고 자연적인 현상이다. 전통적 견해에서는 갈등의 발생이 무조건 역기능적이고 부정적이라고만 생각하여 왔으나, 현대의 행동과학이론에서는 갈등의 역기능적 측면뿐만 아니라 갈등의 유용성·필연성·기능성도 존재한다는 것을 밝히고 갈등의 효율적 관리에 보다 중점을 두고 있다. 여기에서는 이러한 갈등의 결과를 기능적 측면과 역기능적 측면으로 나누어서 설명하고자 한다.

1) 갈등의 기능적 측면

집단간 갈등이 적당한 범위 내에서 환경 변화에의 적응이나 기술 혁신의 수단으로 사용되어 문제 해결에 도움을 준다면 갈등은 매우 유익하게 될 것이다. 이러한 기능적 측면을 살펴보면 다음과 같다.

(1) 학습효과

집단간의 갈등은 집단 상호간에 서로 해로운 감정을 야기시킬 수 있으나 반면에 집단 자신들의 취약점을 인식시키고 사고방식이나 행동에 개선을 가져올 수 있다. 다시 말해서 집단간의 불만과 마찰은 문제의 요인을 분석하고 문제를 해결하는 행동으로 연결될 수 있고, 문제가 해결됨에 따라서 조직의 개선은 물론 집단 구성원들 자신에게도 문제 해결의 좋은 경험이 될 수 있다. 집단의 이러한 성과가 구체적인 보상으로 연결될 때 집단간의 문제 해결 행동이 계속적으로 발휘될 수 있는 강화작용과 학습효과가 발생한다.

(2) 집단의 상호적응력 강화

공동의 목표를 달성하기 위하여 갈등을 접어두고 집단 내에서 집단간에 협력하여 생존하고 발전하는 전략을 구사한다.

(3) 개방적 상호관계의 조성

집단의 적응기능과 더불어 상호간의 개방적인 관계도 조성될 수 있다. 조직이 복잡하고 기능이 분화되어 있을수록 집단 상호간에 발생하는 문제들이 더욱 많아지고 집단간의 갈등도 더욱 심화된다. 따라서 집단들이 서로 개방적인 커뮤니케이션과 적극적인 참여를 통하여 상호간의 갈등을 해결해 나감으로써 개방적인 태도와 적극적인 자세가 조성될 수 있다. 뿐만 아니라 조직의 관료화 경향을 탈피하고 집단과 조직의 유기적인 행동을 길러 나갈 수 있다.

2) 갈등의 역기능적 결과

조직이 목표를 달성하는 데 방해가 되는 모든 대결이나 상호작용은 역기능적이라 할 수 있다. 조직 행위의 관리에서는 이러한 형태의 갈등을 겪고 있는 집단에 어떻게 영향을 미치는지를 연구하기 위하여 많은 노력을 해왔었다. 이 주제에 대해 약 20여 년간 연구한 결과 갈등상황에 처한 집단이 어떻게 반응하는지를 어느 정도 파악하게 되었다. 여기에서는 그러한 상황하에서 집단 내의 변화와 집단간의 변화가 어떻게 이루어지는지를 설명하고자 한다.

(1) 집단 내에서의 변화

집단간의 갈등에 처한 집단 내에서는 다음과 같은 변화가 일어나기 쉽다.

① 집단응집력의 증가   경쟁이나 갈등, 외부적 위협이 있게 되면 이는 집단의 지위와 성원의 긍지에 대한 공동의 위협으로 간주되어 집단 성원간의 결속이 강화된다. 응집력이 증가하게 됨에 따라 구성원들은 개인적인 불화를 제쳐놓게 되고, 집단은 성원들에게 더욱 매력적이고 중요하게 되며 집단에 대한 충성심도 늘어나게 된다. 집단의 적이 생기면 내부적인 갈등을 접어두고 살아남기 위하여 공동의 적과 싸우게 된다. 그래서 정치 지도자들이나 집단의 관리자들은 이 원리를 자주 이용하여 왔다.

② 독재적 리더의 등장   집단간의 갈등이 심화되어 외부로부터 극도의 위협감을 느끼게 되는 경우 구성원들은 민주적이고 방임적인 리더십을 포기하고 도리어 강력한 리더십을 요구하게 된다. 한국의 조직체에서 많은 사례를 발견할 수 있고, 나라의 정치상황에서도 유사한 예가 발생하였던 것이 한국의 역사였다. 5·16과 5·17은 작위적이기는 하지만 갈등이 독재적 리더를 등장시킨 예이며, 프랑스 제5공화국 시기의 드골 대통령의 등장도 좋은 예라 할 수 있다. 2018년 브라질의 대통령선거에서 강성우파 보오소나루라는 사람이 대통령에 당선되었다. 그 이유

는 오랜 좌파정권의 실패 때문이었다. 경제가 마이너스성장으로 국민 생활이 어려워지고 정치지도자들이 부패혐의로 수감되고 사회가 불안해졌기 때문이었다.

③ 업무에 대한 강조   개인의 성장과 만족감에 대한 강조 대신 외부 갈등으로부터 집단을 보호하고 이에 필요한 구성원의 역할을 강조하게 된다. 따라서 집단의 장점을 중심으로 상대 집단과 경쟁하여 승리를 거두는 데 주력하게 된다.

④ 집단충성심의 강조   집단의 규범에 순응하는 것이 더욱 강조되고, 규범을 준수하는 것이 집단성과나 구성원의 개인적 만족보다도 더 중요한 목표가 되어 버린다. 극한 상황에서는 다른 집단 구성원과의 접촉까지도 불법화가 될 수 있다.

이와 같이 집단간의 갈등이 과격해지면 집단의 내부구조와 집단 구성원들 사이에 변화가 일어난다. 이들 변화는 주로 집단의 향상보다는 현상 유지와 외부의 위협으로부터 자신을 보호하려는 목적으로 하기 때문에 구성원들의 개인적인 성장은 물론 집단 전체의 발전에도 부정적인 영향을 주게 된다.

(2) 집단간의 관계에 있어서의 변화

집단간의 갈등은 집단 상호간의 행동에도 다음과 같은 여러 가지의 변화를 가져온다.

① 왜곡된 지각   갈등을 겪는 대상 집단에 대하여 왜곡된 지각을 할 뿐 아니라 자기 집단에 대해서도 왜곡된 지각을 하게 된다. 일반적으로 상대 집단의 역할과 기능은 과소 또는 부정적으로 평가하는 반면에 자기 집단의 기능과 중요성은 과장하는 경향이 있다. 갈등 상황에서 간호사들은 환자들에게 의사보다도 자기들이 더 중요하다고 지각하고 있으며, 반면에 의사들은 병원 경영자들보다도 자기들이 더 중요하다고 지각하는 것 등이다.

② 부정적인 상동적 태도   왜곡된 지각이 더욱 심화되면 상대 집단에 대한 부정적인 상동 태도가 나타나게 되어 상대집단의 부정적 평가를 더욱 강화시킨다. 그리하여 집단 상호간의 차이를 더욱 과장시킴으로써 지각상의 오류와 상동적 태도의 악순환이 계속된다.

③ 커뮤니케이션의 감소   집단간의 갈등은 집단 상호간의 커뮤니케이션을 감소시키게 되고, 따라서 집단성과에 직접적인 영향을 주게 된다. 대면적 상호작용도 감소되고 커뮤니케이션은 필수적인 공식 방법에만 국한되며, 커뮤니케이션 내용도 문제 해결이나 성과에 치중하지 않고 절차나 방법 등 기술적인 측면만을 다루

는 경향이 있다. 의사와 간호사간에 이러한 상황이 발생한다면 환자에게 굉장히 악영향을 주게 된다.

이러한 집단간 갈등의 결과는 흔히 볼 수 있는 현상이다. 이외에도 집단간의 갈등이 더욱 악화되는 경우에는 상호간에 모략, 중상, 나아가서는 폭력 행위까지 취해질 수도 있다. 이러한 과격한 행동은 특히 노사분쟁에서 흔히 볼 수 있다. 이러한 과격한 행동은 제외하더라도 대체적으로 집단간의 갈등은 집단 구성원의 심리적 성장과 집단행동, 그리고 조직의 성과에 좋지 않은 결과를 가져오는 것이 사실이므로 갈등의 정도가 지나치지 않도록 이를 예방하고 조정하는 것이 필요하다.

III 집단간 갈등의 관리

조직의 관리자들은 집단간 갈등 문제에 항상 직면하고 있기 때문에 집단간 갈등을 관리하는 측면에서 생각하여야 한다. 집단간 갈등의 관리는 크게 두 가지로 나누어 볼 수 있다. 하나는 집단간 갈등이 너무 심해서 이미 역기능적인 역할을 하고 있는 집단간 갈등의 문제를 해결해야 하는 관리문제이고, 다른 하나는 집단간 갈등이 너무 낮아서 집단간 갈등을 기능적인 수준까지 성공적으로 자극해야 하는 관리문제이다. 여기에서는 이 두 가지 관리상의 문제를 해결하는 여러 가지 기법들을 설명하고자 한다.

1. 적당한 갈등의 조장

인간은 갈등 없이 해탈의 경지에서 안일한 삶을 추구하는 사람들도 있다. 그러나 삶은 전쟁터이다. 경쟁과 모험이 없는 곳엔 발전이 없다. 소련이 없었더라면 미국의 아폴로 우주탐사계획은 10년은 뒤떨어졌을 것이라고 한다. 경쟁과 모험을 감행하기 위해서 메기와 미꾸라지 이야기에서와 같이 갈등은 필요악이요, 때에 따라서는 갈등을 조장할 필요도 있다.

　[그림 9-2]는 적정수준의 갈등과 집단 유효성을 표시한 것이다. 어느 정도의 강한 관리는 부하로부터 반감을 갖게 될지 모르나 상사에게 의존성을 탈피하여 독자적 창조성과 어느 정도의 경쟁심, 도전성을 유발시킬 수 있어 조직활성화에 도움을 준다.[3]

그림 9-2 │ 적정수준의 갈등과 집단유효성

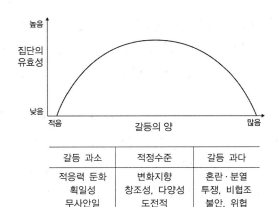

갈등 과소	적정수준	갈등 과다
적응력 둔화	변화지향	혼란 · 분열
획일성	창조성, 다양성	투쟁, 비협조
무사안일	도전적	불안, 위협
포기 · 침체	목표실천 행동	목표의식 결여

2. 해결을 통한 집단간 갈등의 관리

　집단간 갈등이 지나쳐 해결해야 할 필요가 있을 때 사용하는 방법으로는 다음과 같은 것들이 있다.

1) 문제해결법

　문제해결법은 갈등 관계에 있는 두 집단이 직접 만나서 갈등을 줄이고자 하는 방법이다. 모일 때는 모임의 목적이 명확하게 정의되어야 하고, 문제가 해결될 때까지 모든 관련된 정보를 다 갖고서 문제되는 이슈에 대하여 공개적으로 토의하여

---

3) 위의 책, p. 306.

야 한다. 집단간 갈등이 서로간에 오해나 언어장애 때문에 발생한 것이라면 이 방법이 매우 효과적인 것이지만, 집단이 서로 다른 가치 체계를 갖는 것과 같은 더욱 복잡한 문제는 이 방법으로 해결되기 어렵다.

2) 상위 목표의 설정

집단간 갈등을 초월해서 서로 협조할 수 있는 공동목표를 설정하여 집단간의 단합을 조성하는 방법이다. 1997년도에 한국에 IMF라는 경제 위기가 한반도에 엄습하였을 때 한국사람들은 경제위기를 극복해야 한다는 국민적 명제를 걸고 국민적 단합을 보여 주었다. 그 예가 금모으기 운동이라는 다른 나라에서는 찾아볼 수 없는 국민운동이 일어나서 세계의 주목을 받았었다. 당시 파산 직전의 기업들도 내부의 여러 가지 갈등을 극복하고 오로지 조직의 생존을 위하여 협조·단합하여 위기를 모면한 사례들이 많았었다.

따라서 이 방법은 주로 단기적인 효과에만 국한되고 공동목표가 달성되면 집단간의 갈등이 재현될 가능성이 많다. 정치가들은 국민을 단합시키고, 국론을 통일하고, 국력을 한 곳에 집중시키기 위해 이 방법을 쓴다. 이 방법에는 긍정적인 면과 부정적인 면이 동시에 존재한다. 독재정부의 상위목표는 독재를 합리화시키는 데 있기 때문이다.

3) 자원의 확충

집단간의 갈등은 제한된 자원으로 말미암아 집단간의 자원확보투쟁의 결과로서 나타나는 경우가 많다. 그러므로 조직에서는 자원의 공급을 보강해줌으로써 집단간의 과격한 경쟁이나 가혹한 행동들을 감소시킬 수 있다. 그리고 계열회사나 자회사를 이용하여 승진 또는 전직 기회를 확대시킴으로써 조직구성원들의 과격한 긴장과 경쟁을 조절해 나가는 것도 자원 확충의 좋은 예가 될 수 있다.

4) 타　협

갈등관계에 있는 두 집단이 타협하는 방법으로서 갈등 해결을 위해 사용되어온 전통적인 방법이다. 타협된 결정은 두 집단 모두에게 이상적인 것이 아니기 때문에 명확한 승리자도 패배자도 존재하지 않는다. 이 방법은 추구하는 목표가 분리될 수 있을 때 매우 효과적으로 사용될 수 있다. 만약 이것이 가능하지 않다면 한 집단이 양보하기 위하여 어떤 것을 포기해야 한다. 이 방법은 교섭이나 의결을 위해서 전체 집단이나 대표단 혹은 제3의 개입 집단이 필요할 때도 있다.

5) 전제적 명령

이 방법은 공식적 상위 권한 계층이 갈등관계에 있는 하위 집단에게 명령하여 갈등을 제거하는 방법으로서, 가장 오래되고 가장 자주 사용되는 방법이다. 하위 관리자들은 그들이 동의하든지 하지 않든지 간에 상부의 명령을 지켜야 하기 때문에 이 방법은 단기에만 적용될 수 있다.

6) 조직구조의 변경

조직구조의 변경이란 조직의 공식적 구조 —즉 조직과업의 공식적 관계 혹은 직무설계 및 분화를 의미한다— 를 집단간 갈등이 발생하지 않도록 변경하는 것을 말한다. 예컨대 집단 구성원의 이동이나 집단간 갈등을 중재하는 지위를 새로이 만드는 것 등을 말한다.

7) 공동 적의 설정

외부의 위협이 집단 내부의 응집성을 강화시키는 것처럼 갈등관계에 있는 두 집단에 공통되는 적을 설정하고 나면 이 두 집단은 공동 적에 대한 효과적인 대처를 위하여 집단끼리의 차이점이나 갈등을 잊어버리게 된다. 이 방법이 성공을 거두기 위해서는 집단들이 위협을 피해야 할 것으로 인식하고 공동노력이 개별적인 노력보다 낫다는 것을 인식하여야 한다. 공동 적 중에서도 명확히 인식될 수 있는 절박하고 유형적인 위협이 불명확한 위협보다는 두 집단간의 협력을 유도하는 데 더 유효하다

이 방법은 각 조직체에서 특히 정치집단에서 자주 사용되는 방법이다. 남북으로 갈라진 한국은 이 방법을 양쪽에서 자주 이용하였다.

3. 자극을 통한 집단간 갈등의 관리

여기에서는 집단간 갈등이 너무 낮기 때문에 집단간 갈등을 기능적인 수준까지 성공적으로 자극하여 관리하는 방법을 설명한다.

1) 커뮤니케이션

경영자는 조직의 커뮤니케이션 경로를 잘 사용함으로써 갈등을 자극할 수 있다. 경영자는 집단간의 애매모호성, 재평가 혹은 대결을 야기시키기 위하여, 공식적 커뮤니케이션 경로를 통해 위협적인 정보 —예를 들어 계획된 예산 삭감— 를 유출시켜 기능적 갈등을 발생시키고, 그 결과 성과를 올리고자 하는 것이다. 병원 경영자는 병원의 재조직에 관한 루머를 퍼트림으로써 스태프간의 반감을 줄이고 효율적인 병원의 임무 달성에 관한 새로운 아이디어를 자극하여 얻을 수 있을 것이다.

2) 외부인사의 초빙

매우 넓게 사용하는 방법으로서 기존 집단 구성원들과 상당히 다른 태도, 가치관, 배경을 가진 외부 인사를 기존 집단의 구성원으로 가입시켜 침체된 집단을 자극시키려는 것이다. 대학 교수를 선발할 때 자기 대학 출신을 선발하지 않고 다른 배경에서 다른 프로그램으로 공부한 사람을 선발함으로써 교수들의 학문 분위기를 자극시키는 경우를 예로 들 수 있다. 또 내부의 갈등을 해결하기 위하여 외부에서 유능한 인재를 초빙하는 경우가 있으나 이도 내부의 반발이 너무 심하면 실패하는 수가 있다.

과거 국가대표 축구팀의 4강도약이 학벌이나 지연을 초월한 히딩크의 리더십 덕분이었듯 외국 석학초빙 역시 그 같은 효과를 가져올 수 있다는 기대에 기인한 전략이라 하겠다.

3) 조직구조의 변경

바로 앞에서 우리는 해결을 통한 집단간 갈등의 관리 방법으로서 조직구조의 변경을 설명하였다. 조직구조의 변경은 갈등을 해결하는 데 사용될 뿐만 아니라 갈등을 발생시키는 데에도 매우 효과적인 방법이다. 결국 집단구조를 변경시키는 것은 갈등을 발생시키고 성과를 높이게 된다.

4) 경쟁의 자극

보다 좋은 성과를 올린 집단에 대해서 보상이나 보너스를 지급함으로써 집단간에 경쟁을 유발시킬 수 있으며, 경쟁을 통해서 집단간의 갈등을 발생하도록 할 수 있다. 이처럼 적절하게 사용된 인센티브가 집단간에 선의의 경쟁을 자극할 수 있다면, 그러한 경쟁은 갈등을 야기시키고, 갈등은 성과를 향상시키는 데에 중요한 역할을 하게 된다.

Ⅳ 갈등해결을 위한 수평적 사고

1. 공동체 의식 강화를 위한 요소

인간사회에 갈등이 필요악일는지 모르지만 과도한 갈등은 인간의 삶을 인간성을 상실한 황폐한 사막으로 만들 수 있다. 갈등을 겪더라도 공동체의 일원이라는 원칙과 비전을 가지고 산다면 갈등해결에 중요한 열쇠를 소유하고 있다고 생각한다.

1) 하나의 기준

이것은 원칙에 근거한 선(善: goodness)을 기준으로 삼는 것이다. 원칙에 근거한 선이란 올바르게 살고 법과 질서가 지배하는 조직과 사회의 기준을 설정하는 것이다. 바로 믿음의 사회를 건설하는 것이다.

갈등을 해결하기 위하여 협상할 때는 하나의 기준, 하나의 원칙을 세워야 한다. 예컨대 북핵문제는 평화적으로 해결한다는 원칙을 세우고 핵을 포기하면 제재를 완화하여 북한의 경제 개발을 도와준다는 원칙하에 협상이 진행되고 있다.

2) 하나의 공동체

불경에 일즉다, 다즉일(一卽多, 多卽一)이라는 구절이 있다. 이를 설명해보자. 우리 사람의 몸뚱이가 하나인데 몸을 들여다보면 5장 6부, 365개의 뼈마디 등 수많은 부품으로 되어 있다. 몸 전체는 하나(一), 몸의 부품은 다(多)이다. 우주도 지구도 우리 몸의 원리와 똑같다. 어떤 조직체에서 우리 개개인은 수많은 부품이지만 조직체의 발전을 위해서 하나가 될 때가 있다. 이런 우주와 조직체의 공동체적 원칙을 안다면 상호간에 일어나는 갈등을 해결하는 데 도움이 될 수 있을 것이다.

3) 하나의 목적 — 공동의 사명, 그리고 다양성

조직과 개인이 함께 발전하기 위해서는 개인의 다양성을 인정하고 다양성이 상승효과를 발휘하여 서로가 서로를 도와 함께 살아간다는 목적을 세워야 한다. 하나의 목적하에 모인 사람들은 갈등을 해결할 수 있다.

2. 갈등해결을 위한 탈출구

앞서 집단간 갈등의 원인과 그 결과에 대해서 살펴보았다. 따라서 갈등이 원만히 해결되기 위해서는 그 원인을 정확히 이해하는 것이 중요한데, 이러한 면에서 갈등해결 방법은 다음과 같은 세 가지의 기본적인 요소로 요약할 수 있다.

① 투쟁/소송
② 협상/흥정
③ 탈출구의 설계

조직생활에서 갈등요인이 발생하면 첫째로 취하는 방법이 승자가 되기 위하여 투쟁하는 방법이다. 투쟁을 통해서 어느 한쪽이 승리하면 갈등은 해결되지만 그렇지 못하고 승패가 결정되지 않은 경우에는 제2단계의 방법을 모색하게 된다.

제2단계의 방법은 협상을 통해서 흥정하는 방법이다. 이에는 개인과 개인 간의 협상, 조직과 조직간의 협상, 나라와 나라간의 협상 등 그 역사적 사실은 수없이 많다.

6·25 동란시 휴전협상은 투쟁을 통한 해결의 실패에 따른 협상의 좋은 예라 할 수 있다. 투쟁과 협상을 통해서도 대안이 마련되지 않을 경우에는 탈출구를 설계하는 방법이 있는데, 이는 객관적인 제3자에 의해 조정되는 방법이다.

한국전의 휴전협상 감시단으로 중립국의 군인이 개입한 사례가 이에 해당된다 할 것이다.

3. 수평적 사고

수평적 사고란 어떤 문제해결의 과제가 주어졌을 때 기존의 전통적 사고에서 벗어나 전혀 새로운 사고를 통한 해결방법을 모색하는 것이다.

다음에서 수평적 사고의 예를 들어보기로 한다. LA올림픽은 역대 올림픽 경기 사상 최초로 흑자를 남긴 사례로 유명하다. 모스크바, 독일의 뮌헨, 캐나다의 몬트리올 등에서 개최되었던 올림픽이 모두 적자투성이로 마무리가 된 반면, LA올림픽은 연방정부·주정부·시의 지원이 없이도 2억 1,500만 달러라는 흑자를 기록하였던 것이다. 이러한 흑자의 기록은 바로 수평적 사고와 이의 실천에 있었다. 수평적 사고는 성화 봉송에서 시작되었다.

과거의 성화 봉송은 그리스에서 채화한 후 비행기를 통해 개최지로 이송되어 선수들에 의해 올림픽 주경기장에 도착하는 것이 관례였다. 또한 이에 따르는 소요시간도 불과 두 시간 정도로 대중의 관심은 아주 짧은 시간뿐이었다.

이에 반하여 LA올림픽에서 취한 방식은 성화를 미국 동부지역에 도착시켜서 유력인사나 장애자들의 손에 의해 LA까지 봉송하여 매스컴의 초점이 되고 2주일 이상 세계의 관심을 집중시켰다. 그 결과 1,000만 달러의 봉송비용을 모금하고 광고주들이 줄을 이어서 LA올림픽을 성공시킨 큰 계기가 되었다. 이것이 수평적 사고인 것이다. 갈등의 해결방법도 이런 방법을 이용하여야 한다.

이와 같이 수평적 사고로 갈등을 해결하기 위한 기본적 사고는 한정된 안목에서 탈피하는 것이다. 어떤 사람은 자신의 친형이 외국에서 대기업을 인수했다는 사실보다는 이웃이 구멍가게를 구입한 눈앞의 사실을 더 강하게 느낀다.

이것은 수평적 사고의 모습이 아니다. [그림 9-3]에서 어떤 사람은 선만 보고 어떤 사람은 각만을 보며 어떤 사람은 삼각형 전체를 보았을 때, 이들 세 사람의 상호의견을 교환하고 수용할 때만이 그들이 사물을 보는 눈의 실상을 알 수 있는 것이다. 이와 같이 제한적 안목에서 벗어나는 것이 수평적 사고이고 창조적 사고인 것이다.

그림 9-3 | 수평적 사고의 예

4. 갈등의 예방관리는 가능한가?

인간이 모여 사는 곳에는 갈등이 존재한다. 개인, 조직, 사회, 국가 간에 일어나는 수많은 갈등은 그 해결을 위해서 얼마나 많은 사람들이 희생의 제물이 되었는가. 인간의 역사는 갈등과 그 해결을 위한 투쟁의 역사라 할 수 있다. 얼마 전 파키스탄에서 자살 폭탄 테러로 60명이 사망하고 250명이 부상을 당했다고 한다. 1톤의 폭탄을 실은 트럭이 한 호텔로 돌진하여 순식간에 참극이 일어났다. 이러한 비인간적인 비극을 사전에 예방할 수 없을까?

위에서 투쟁, 협상, 탈출구의 설계라는 방안을 제시하였지만, 예방의 차원에서 생각해 보기로 한다.

이러한 갈등이 행동으로 일어나기 전에 예방할 수 없었는가에 대한 물음에 고민을 해보자.

갈등의 예방법은 무엇인가?

1) 예측: 예컨대, 미국의 9·11 테러, 최근 시리아·이라크 등 중동에서 일어나고 있는 비극, 촛불혁명으로 출범한 민주 정부 하에서 일어나고 있는 각종 노·사 분쟁, 사회적 갈등을 예방할 수 없을까 하는 것이 필자가 추구해온 화두이다. 예방하기 위해서는 정확한 예측을 하여야 한다. 예측하여 예방의 방법과 전략을 구사하여야 한다.

2) 원칙: 해결방안의 원칙을 정하고,

3) 공동의 목적: 함께 살기 위한 공동의 목적을 확정하고,

4) 정부가 조정역할을 하고 당사자들이 함께 협상을 통하여 해결하자는 합의하에 협상을 하는 것이다.

5) 중요한 것은 신뢰의 원칙이다. 불신에서 문제는 더욱 확대된다고 생각한다. 지루하게 끌고 있는 북핵문제 해결의 가장 큰 걸림돌은 상호간의 불신에 있다.

갈등의 해결방법에 있어서도 예방경영의 원리가 중요하다. 갈등이 악화되어 조직 전체가 혼란스럽고 물질적·정신적 피해가 커지기 전에 예방의 지혜를 발휘하여야 한다.

우리나라 근현대사에 있어서도 많은 갈등의 문제들이 있었다. 6·25, 4·19, 5·18은 예방할 수 없었을까? 이 문제에 대해서는 예방경영을 논의하면서 이야기한 바 있지만 다시 강조하고 싶다.

예방할 수 있었다. 정보에 어두웠고, 만일에 대비하지 않았으며, 독재의 아집을 버리지 못하고, 집권에 대한 무리한 탐욕 때문에 예방관리에 실패하고 민족의 비극적인 갈등이 일어났던 것이다.

평화도 전쟁의 한 형태이다. 미리 준비하고 대비한다면 갈등을 예방하고 평화를 지킬 수 있다.

위에서 국가 간의 문제를 예로 들었지만 예방경영의 원칙은 인간생활에서 일어나는 크고 작은 모든 갈등에 적용된다. 신문에 가끔 아내를 찾는 광고가 나는 것을 볼 수 있다. 그 아내가 얼마나 말 못할 갈등을 겪었으면 남편과 사랑하는 자식을 뒤로하고 집을 나왔겠는가! 아내가 집을 나가기 전에 아내의 갈등을 해결하라! 이것이 예방경영 차원의 갈등해결방안이다.

5. 집단간 갈등관리의 통합모형

우리는 지금까지 갈등의 원인과 그 결과를 살펴보았다. 집단간 갈등은 최근 집단행위의 관리분야에서 그 중요성이 날로 더해가고 있다. 경영자는 집단간의 갈등에 대해 사후적으로 해결하고자 노력하는 것보다는 그 원인을 분명히 파악하고 그 집단이 처한 환경과 갈등의 성격에 따라 갈등을 효율적으로 관리해야 한다.

따라서 여기에서는 집단간 갈등의 관리에 관한 통합된 모형을 제시함으로써 집

단간 갈등을 검토하고 이해를 돕고자 한다([그림 9-4] 참조).

그림 9-4 │ 집단간 갈등관리의 통합 모형

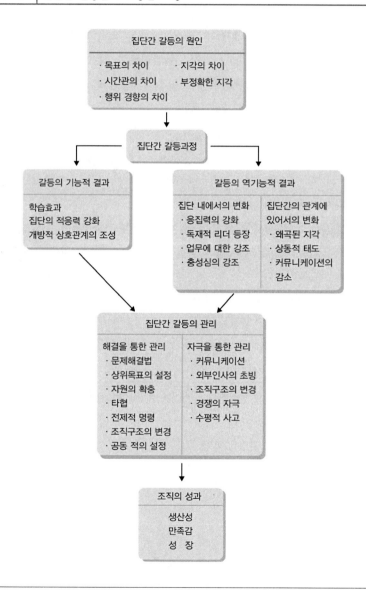

갈등의 결전지대: 이스라엘과 팔레스타인

2,000년 전 팔레스타인과 이스라엘은 아브라함의 후손으로 형제간에 오손도손 살았다. 그러다가 두 민족간에 분쟁에 일어나서 이스라엘이 패하였다. 그때 협약을 맺었다. 다시 분쟁을 일으키면 이스라엘사람들을 추방하겠다고. 그런데 이스라엘 사람들이 2차 분쟁을 일으켰다. 결과는 팔레스타인에게 패하였다. 팔레스타인 사람들은 협약대로 이스라엘 사람들을 추방하였다. 유대인의 2,000년 유랑의 역사가 시작된 것이다. 그들은 추방되어 2,000년 동안 세계를 유랑하면서 시오니즘(Zionism) 운동을 펼쳐왔다. 그들은 2차 대전 후 영국과 미국 등 연합국의 도움으로 옛 영토에 나라를 재건설했다. 팔레스타인들이 2,000년 가까이 살았던 영토를 빼앗은 것이다.

두 민족은 서로의 권리를 주장하면서 매일 살육을 계속하고 있다. 정치적 · 군사적으로 해결을 못하고 피의 보복만 계속하고 있다. 이러한 피비린내 나는 갈등을 해결할 방법이 없을까?

이의 해결을 위해서 평화운동이 일어나고 있다. 평화운동가 파이잘 후세이니는 양쪽 사람들에게 각성을 호소하고 있다.

"오! 신이여, 가슴에 고통이 가득합니다. 그 고통을 원한으로 바꾸지 마소서. 마음에 고통이 가득합니다. 그 고통을 보복으로 바꾸지 마소서.

영혼에 두려움이 가득합니다. 그 두려움을 증오로 바꾸지 마소서."

그는 신에게 인도해 줄 것을 호소하면서 다음과 같이 선언하고 있다.

"우리는 우리 국민들의 자유를 원했다. 우리는 다른 사람들의 노예가 되기를 원치 않았다. 우리는 우리 국민들이 함께 모여 살 수 있는 조국을 원했다. 우리는 다른 사람들의 나라들을 파괴하거나 그들의 집을 무너뜨리기를 원치 않았다."

뜻있는 사람들에 의하여 평화운동이 확산되고 있다.

이스라엘과 팔레스타인의 갈등의 역사를 알아보고 해결방법을 생각해보자.

제3부

공동선의
길을 찾아

아담의 후예

인류는 한 몸
한 뿌리에서 나온 영혼
네가 아프면
나도 아프네
그렇지 않다면
우리는 사람도 아니지
　　─허페스(12세기 이란 시인)

진정한 삶을 위하여

신에게 내가 물었다
인간에게 가장 놀라운 점이 무엇인가요?

신이 대답했다.

어린 시절이 지루하다고 서둘러 어른이 되는 것
그리고는 다시 어린 시절로 되돌아가기를 갈망하는 것

돈을 벌기 위해 건강을 잃어버리는 것
그리고는 건강을 되찾기 위해 돈을 다 잃는 것

미래를 염려하느라 현재를 놓쳐 버리는 것
그리하여 결국 현재에도 미래에도 살지 못하는 것

결코 죽지 않을 것처럼 사는 것
그리고는 결코 살아본 적이 없는 듯 무의미하게 죽는 것

신이 나의 손을 꼭 잡았다.

— 작자미상, 류시화 잠언시집, 「신과의 인터뷰」 중에서

제10장

인간의 정서와 인간관계

우주는 육체를 덮고 마음은 우주를 덮는다.

고양이와 두부: 한 점에 모아라

숭산스님의 선(禪)의 나침반이라는 책에 다음과 같은 놀라운 이야기가 나온다. 충청도 어느 절에서 스님들의 공양으로 두부를 만들어 큰 물통에 넣고 창고 문을 잠가 놓았는데 밤마다 두부가 한 모 두 모씩 없어지는 일이 있었다. 스님들 사이가 뒤숭숭해졌다. 누가 밤중에 두부를 훔쳐 가느냐. 그것도 열쇠로 잠겨 있는 창고에서 말이다. 스님들은 서로를 의심하다가 하룻밤은 망을 보기로 결의를 하고 망을 보았다고 한다. 그런데 놀라운 사건이 벌어졌다. 창고 문에는 작은 구멍이 나 있었는데 밤이 깊었는데 그 문구멍으로 고양이 한 마리가 기어 들어와서 두부를 담아 놓은 큰 물통의 가장자리에 올라 물통 속에 있는 두부를 한참동안 응시하고 있으니 어느 순간 두부 한 모가 물 위로 불끈 솟아 오르더라는 것이다. 고양이는 그 두부를 번개처럼 물고 사라지더라는 것이다.

전류는 모든 곳에 흐르고 있다. 그러나 그 전류를 한 곳에 모으지 않으면 전류는 분산되어 아무 힘을 발휘하지 못한다. 한낱 고양이도 두부를 물 위로 떠오르도록 힘을 모으는 것과 같이 전류를 한 점에 모을 때 세상에 빛을 줄 수 있는 것이다. 태양열이 한 점에 모일 때 종이를 태울 수 있는 것이다.

여러 스님들이 그 놀라운 광경을 목격하고 또 알고 있었지만 숭산스님만이 그 사건으로 큰 깨달음을 얻게 되었다. 고양이가 스님에게 깨달음을 준 스승이 된 셈이라고 할 수 있다. 그 사건 후 스님은 세 가지 명제를 내걸었다.

첫째, 대의심(大疑心), 문제의식을 가져야 한다.

둘째, 대신심(大信心), 문제를 풀 수 있다는 대믿음이 있어야 한다.

셋째, 대분심(大奮心), 문제를 풀 수 있도록 끝없는 정진을 하여야 한다

는 명제를 걸고 수도를 계속하여 그 분은 5만 명의 외국인 제자를 양성하였고, 세계 4대 생불 중의 한 명으로 추앙을 받게 되었다.

I 인간의 정서

1. 인간의 마음

1) 마음이란 무엇인가

우리는 인간으로 태어나서 삶을 누리면서 사랑을 하고, 타인과 싸우고, 시기하며, 음악을 즐기며, 얘기하며, 밭을 갈고, 새로운 것을 발명하며, 착각이나 환각으로 고민하며, 무서운 꿈을 꾸며, 야망을 불태우다가 어느 때인가 이 세상에서 사라진다.

왜 이럴까. 그 이유는 어디에서 오는 것일까. 우리는 항상 그것을 마음에서 온다고 한다. 그러면 마음이란 무엇이고, 마음은 어디에서 오는 것일까? 이런 물음에 대한 해답은 결국 인간이란 무엇이냐 하는 명제에 도달하게 된다. 인간이 무엇인가 하는 명제에 대해서는 앞에서도 정리한 바와 같이 인간에게 주어진 영원한 수수께끼다. 인간의 마음이란 무엇인가의 명제에 대한 해답은 인간이 형이상적, 형이하적으로 무엇인가에 대한 해답에 달려 있다.

국어사전을 보면 사람의 의식, 감정, 생각 등 모든 정신작용의 근원이 되는 것이 마음이라고 정의를 내리고 있다. 그러나 이와 같은 국어사전에 만족하고 책장을 덮어버릴 사람이 몇이나 있겠는가?

인류는 사전에서 의미하는 마음이라는 실체를 찾아내기 위하여 끊임없는 노력을 계속해왔으나 미미한 흔적을 남겼을 뿐이다. 여기에서 그동안 인간의 마음 연구에 크게 기여를 한 학설을 간단히 살펴보고자 한다.

첫째로 들 수 있는 것은 프로이트의 무의식(마음)의 발견이다. 인간의 외면세계에 가려 보통 잘 보이지 않는 내면세계, 즉 속마음을 무의식(unconsciousness)이라 부르며, 의식과 무의식의 세계는 수면에 잠겨 있는 빙산과 비교할 수 있다. 프로이트는 의식의 세계와 무의식의 세계를 구분하고 인간의 마음 깊숙이 숨어 있는 인간의 여러 가지 문제들을 조직적으로 알아내는 방법을 연구하였는데, 이것을 정신분석적 기법이라고 불렀다.

이 무의식의 세계를 프로이트보다 더욱 발전시킨 심리학자는 융(C. Jung)이라 할 수 있다. 융은 그의 분석심리학에서 무의식을 프로이트가 욕구불만이나 성적 충동에 강조점을 둔 데 반하여 무한한 가능성을 내포하고 있는 생명의 원천이며, 그 깊이를 알 수 없는 바다와 같은 것이라고 하였다. 인간의 마음(무의식의 세계)은 우주처럼 무한하며 인간은 이 광대무변(廣大無邊)의 무의식과 같이 무한한 가능성을 가진 존재라는 것이다(2장, [그림 2-1] 참조).

여기에서 '무한한 가능성'이라는 말은 반드시 인간에게 유익한 창조적인 가능성만을 이야기하는 것은 물론 아니다. 파괴적일 수 있는 가능성도 있다. 프로이트는 뒤에 성본능, 자기 파괴본능, 혹은 죽음의 본능이라는 개념을 도입하였지만, 융은 본능이란 프로이트처럼 따로 떼어서 생각할 수 있는 것이 아니라 하나의 중심적인 생명기능으로 보았다.

이러한 무의식에 잠겨 있는 힘이 의식에 대하여 파괴적인 작용을 하느냐 그렇지 않으냐 하는 것은 마치 원자력이 평화적인 에너지 공급원이 되느냐, 폭탄의 파괴적인 목적으로 사용되느냐 하는 것이 완전히 인류의 마음가짐에 달린 것과 마찬가지로 자아의식이 무의식을 어떻게 보느냐에 달려 있다. 특히 무엇보다도 자아(ego), 내가 알고 있는 '나'가 자기의 무의식을 깨닫고 있는가 또는 그 존재를 전혀 모르고 있는가에 따라서 무의식이 얼마만큼 자아에 대하여 파괴적으로 작용하는가, 창조적인 영향력을 주는가 하는 것이 결정될 수 있다.

그림 10-1 │ 마음에 대한 그림

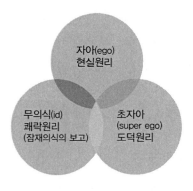

따라서 우리의 마음이란 '선(善)' 아니면 '악(惡)', '창조' 아니면 '파괴'의 두 기능으로 갈라지는 것이 아니고 경우에 따라서는 善할 수도 있고 惡할 수도 있으며, 창조적일 수도 있고 파괴적일 수도 있는 일원적인 것이라 할 수 있다.

둘째로는 동양에서 바라보는 마음(心)에 대한 견해이다. 위에서 서양학자들이 본 마음(무의식)의 세계를 간추려 보았지만, 동양에서 마음에 대해서 가장 심오한 문제를 제기한 것은 불교가 아닌가 한다. 청담스님은 해인사의 팔만대장경을 '마음' 두 글자라 하였고, 또 마음은 곧 생명이라 하였다. 불교의 '일체유심조(一切唯心造)'는 불교의 진수라 할 수 있겠다. 융도 불교의 심리학적인 면을 인정하였다. 여기에서 '일체유심조(一切唯心造)'의 원리를 좀 더 설명하면 화엄경에서는 "일체만법이 오직 마음뿐이요, 마음밖에 아무것도 있을 수 없거나, 마음과 부처님과 중생의 이 세 가지 차이가 없느니라(三界唯一心 心外無別法 心佛及衆生 是三無差別)"고 하였다.[1]

위의 화엄경에서의 설명은 비단 사람뿐 아니라, 일월성숙(日月星宿)이나 삼라만상 일체 존재가 바람 따라 물 위에 맺혀지는 거품과도 같이 마음 위에 이루어진 현상에 불과하기 때문에, 경(經)에도 우주만유는 오직 마음으로 이루어졌다고 하여 일체유심조(一切唯心造)라 한다. 거기에서 마음은 서양학자들이 말한 광대한 무의식의 세계를 말한다고 할 수 있으며, 이 마음은 잠재능력의 근원이며 보고이다. 마음은 우주를 덮고, 우주는 육체를 덮는다는 불교사상의 의미는 서양 심리학에서 밝힌 광대무변(廣大無邊)의 무의식의 세계와 같은 맥락이라 하겠다.

2) 마음의 관리 — 인생관리

인간관계에서 가장 중요한 것은 이 신비스러운 인간의 마음을 관리하는 일이다. 인간을 알되, 그 얼굴은 알기 쉽지만 그 마음은 알지 못한다(知人知面不知心)고 명심보감은 가르치고 있다. 가장 중요한 인간의 마음관리의 요체는 무엇일까? 인간의 마음관리에 성공한 사람은 인생에 성공한 사람이다. 현대는 배금주의(拜金主義)의 세상이어서 돈으로 인간의 머리를 사고, 돈으로 인간의 기술을 사고, 돈으로 인간의 시간을 살 수는 있지만, 돈으로 인간의 마음을 사기는 어렵다. 하지만 돈으로 인간의 마음까지도 살 수 있는 시대에 우리는 살고 있다. 무슨 수단을 사용하든 인간의 마음을 살 수 있는 사람은 인간관계에 성공할 수 있는 사람이다.

---

1) 청화, 「순간에서 영원으로」(서울: 밀알), p. 47.

(1) 마음관리를 어떻게 할까

① 얼굴을 통한 마음 관리

인간은 천의 얼굴을 가지고 사는 동물이기 때문에 얼굴을 보고 마음을 알고 마음을 관리한다는 것은 지극히 어렵고도 어려운 일이다. 신은 인간의 마음을 보는데 인간은 인간의 얼굴을 본다. 신은 가면으로 가득 찬 인간의 얼굴을 보지 않는다. 직접 마음을 본다. 인간은 인간의 마음을 볼 수 없다. 신이 아닌 인간은 안 보이는 것을 볼 수 없다. 보이는 것을 보고 안 보이는 것을 판단해야 한다. 그리 알고 어려운 이야기를 해보자.

인간의 마음속에서 우러나오는 감정은 좀처럼 말로는 표현되지 않는다. 이보다는 흔히 다른 몸짓을 통해 표현된다. 이성적인 사고가 언어로 표현되듯이 감정의 상태는 비언어적이다.

이러한 감정을 표현하는 장소가 바로 얼굴이다. 우리의 입, 눈, 볼, 눈썹, 이마 등을 늘이거나 수축시키는 43개의 소근육을 통해 우리 얼굴은 인간의 모든 감정을 표현할 수 있다. 타인과의 공감은 주로 감정에 의지하고 있으며 감정은 비언어적으로 전달되고 있다. 따라서 다른 사람의 마음속에 들어가기 위해서는 그 사람의 얼굴을 관찰하여 여행을 시작해야 한다.

아침에 출근한 여비서는 사장의 얼굴을 살피고 사장의 그날의 기상도를 점친다. 그리고 사장실에 찾아오는 사람들에게 사장의 마음상태를 귀띔해 준다.

여비서는 사장의 얼굴을 보고 그 마음을 알아내려고 하지만 가면의 천재인 인간의 마음을 그 얼굴을 보고 어떻게 100% 알아내겠는가. 이것은 인간의 한계이다. 그러나 우리는 실패를 거듭하면서도 시집프(sisyphus)의 신화에서처럼 얼굴을 보고 마음을 관리하려는 어리석은 행동을 계속하고 있다.

② 명상과 선(禪) 수양으로 부동심(不動心)의 세계를 구축

어린이는 감정의 기복이 심하고 표현이 자연스럽다. 배고프면 울고 배부르면 웃는 것이 어린이다. 그러나 어른이 되면 사회는 그것을 용납하지 않는다. 베트남 출신 '틱낫한'이라는 스님이 쓴 「화」라는 책이 50만 부나 팔렸다고 한다. 그 책의 내용은 누구나 알고 있는 내용이나. 한마니로 「화」내지 않는 지침서이다. 책을 보고 실천을 하지 않는다면 무의미하다. 그러나 책의 내용을 실천하는 사람은 몇 사람이나 될까. 인간은 감정을 다스리는 명상과 자기 수양을 통해서 마음을 부동심의

경지에 이르게 하는 것이 육체와 정신의 평정을 얻는 길이다. 그러나 그 길은 평생 닦아야 하는 길이다.

③ 무상(無常)의 진리를 깨닫는 것

이 세상에 영원한 것은 없다. 생자필멸(生者必滅)이요, 회자정리(會者定離)라는 경구가 있다. 산 자는 반드시 죽고 만남이 있으면 헤어짐이 있는 것이 우주의 진리이다. 생물이건 무생물이건 존재하는 것은 사라지는 것이 우주의 법칙이다. 태양도 서서히 식어가고 있는데 우리 주변의 모든 것은 변함없이 그대로 있겠는가? 우리 몸의 세포가 순간순간 변하여 늙고 죽는 것과 같이 이 세상 모든 인연도 변하고 있다. 이것을 가리켜 무상이라 하는 것이다.

이 무상의 깨달음을 얻으면 공포, 분노, 사랑, 증오에 대한 변화를 극복할 수 있다. 사랑의 배신도, 동료의 배반도 극복할 수 있는 수기(修己)의 길에 들어설 수 있다고 생각한다. 마음을 관리하기 위해서는 인생무상의 진리를 깨닫고 그것을 받아들일 수 있도록 수양을 하여야 한다. 무상에의 극복에 대하여 마지막 장에서 다시 논의하도록 하겠다.

④ 천지불인(天地不仁)의 교훈을 터득하는 것

노자(老子)는 천지불인(天地不仁)의 교훈을 후손들에게 주고 떠났다. 하늘과 땅은 우리 인간에게 인자하지 않다. 우리가 살고 있는 우주도 하나의 거대한 생명체이다. 이 생명체는 그의 생명을 유지하기 위하여 운동을 한다. 그 운동이 폭풍우로, 지진으로, 가뭄으로, 홍수로 변화를 거듭하면서 인간생활에 막대한 피해를 준다. 2002년 대홍수 때 우리나라에서만도 300여 명의 무고한 사람들이 목숨을 잃었고 재산을 잃었다. 2005년에는 유난히도 지구가 대노했던 해였다. 인도네시아의 쓰나미라는 지진해일, 미국 남부를 휩쓴 카트리나라는 허리케인, 파키스탄의 지진으로 얼마나 많은 사람들이 목숨을 잃고 고통을 받았는가? 2010년은 지구촌의 재앙의 해였다. 아이티에서, 칠레에서, 중국에서, 터키에서 크고 작은 지진이 계속 일어났고 이상 기후가 지구를 흔들었다. 최근에도 지구 곳곳에서 자연의 대재앙이 일어나고 있다.

우리는 한탄한다. '하늘도 무심하다. 하느님은 어디에 계시는고…' 하고. 그러나 그들이 인간의 삶을 생각이나 하겠는가. 자연은 자연의 법칙에 따라 운동할 따름인데 어리석은 사람들이 하늘과 땅을 때로는 하느님을 원망하고 있는 것이다.

하늘과 땅이 우리 인간에게 인자하고 사랑을 베풀며, 보호하기 위해서는 어떻게 해야 하겠는가. 하늘과 땅은 인간의 어머니이다. 어머니의 사랑을 받기 위해서는 효도를 해야 한다. 자연을 보호하고 자연을 사랑하면 그들도 인간을 사랑하고 보호하게 된다. 지구 기상이변은 어디서 왔는가. 그것은 인간이 지구 온난화 현상을 일으켰기 때문이다.

마음과 정서를 관리하기 위해서는 천지불인(天地不仁)의 진리를 깨닫고 이를 실천하여야 한다. 천지불인의 교훈은 바로 인간 자신들에게 준 교훈이다. 국정 운영에 있어서도 모든 조직의 경영에 있어서도 인간관계에 있어서도 천지불인의 교훈은 적용된다. 마누라도, 동료도, 학생들도, 사회 사람들도 그들이 나를 사랑하도록 내가 먼저 사랑을 주어야 한다. 인간은 생존부등식(生存不等式)의 삶 즉 남보다 더 많이 주는 삶을 사는 것이 천지불인의 교훈을 실천하는 삶이다. 인간의 진정한 삶은 주는 삶이다. 가치 있는 삶을 산 사람들은 모두 주는 삶을 산 사람들이다.

⑤ 열려 있는 마음가짐

진정으로 마음을 관리하기 위해서는 마음의 문을 항상 열어 놓아야 한다. 스스로 감옥을 만들고 그 감옥 속에 앉아 다른 사람의 마음이 들어오기만 바란다면 그는 진정으로 다른 사람들과 뜨거운 마음을 교류할 수 없다. 주고받음이 세상을 사는 법칙이다. 우리는 혼자 살아갈 수 없다. 함께 살아가야 하고 다른 사람의 도움이 필요하다. 인간은 인간을 필요로 한다.

> (전략)
> 이익을 모아놓고
> 어려운 때를 대비하라.
> 나는 결코 할 수가 없었다.
> 나 홀로 저 어두운 구름을 떨쳐버리는 것을,
> 도움이 있어야 되는데
> 누가 도와줘야 하는데
> ― 맥퀸(Rod McKuen) ―

(2) 마음과 감정 관리의 원리

마음과 감정은 자기 자신을 이해하고 타인과의 관계를 이해하는 데 있어 공히 필요한 부분이다. 마음과 감정은 사람의 내부적인 측면에 영향을 주고, 온화한 것에서부터 강력한 것에 이르기까지 강도가 다양하며, 일차적인 것과 이차적인 것으로 분류되며, 새로운 정보나 경험이 있게 되면 변화하게 되는 일시적인 성격을 갖는다. 공포, 불안, 분노, 적개심, 그리고 사랑은 사람들이 복합된 반응으로 경험하는 대표적인 정서의 예이다. 감정을 관리하는 몇 가지 적극적인 방법을 다음과 같이 정리할 수 있다.[2]

① 자신의 감정에 이름을 붙이고 분석하여 규명해 보고, 이를 기술한 다음,
② 자신의 신체적 증상을 이해하여 감정을 돌이켜보고,
③ 자신의 감정을 확고히 한 다음,
④ 자신의 감정을 다루는 데 무엇이 필요한지를 결정하는 것 등을 포함한다.

또한 감정표출에 도움이 되는 방법들에는

① 자신과 관련된 사람들에게 자신의 감정을 개방적으로 전달하고,
② 자신의 감정을 표출하며
③ 신체적 활동을 하거나
④ 미래에 대한 안목과 해학적인 감각을 갖추며
⑤ 적극적인 사고와 행동을 하는 것은 자신의 강한 감정을 표출하는 데 도움이 될 것이다.

마음을 관리하여 생명을 지켰던 하나의 사례를 보자. 나란스키라는 사람은 이스라엘의 무역장관을 지낸 사람으로 구소련에서 살 때 반체제 인사였다. 소련에서 반체제 활동을 한 혐의로 사형선고를 받고 9년 동안 감옥생활을 하다가 지옥같은 감옥에서 서방세계로 나온 운이 좋은 사람이었다. 그는 16개월 동안은 독방에 갇혀 최악의 상황을 경험하였다.
감옥에 갇혀 있을 때 가장 큰 위협은 죽음에 대한 공포였다고 고백하였다. 그는 공포를 극복할 수 있는 방법을 찾다가 유일한 방법을 찾아냈는데 그것은 위협과 죽음에 대해서 웃는 것이라고 하였다. 유머는 그가 생명을 이어가는 유일한 무기였다.

---

2) Ann Ellenson, 「교양인간관계」, 朱三煥·明濟昌(共譯)(서울: 법문사, 1987), p. 102.

죽음의 공포에서 가장 먼저 사라지는 것은 웃음이다. 그러나 아무도 웃을 수 없는 상황에서 유머와 웃음을 잃지 않는 특별한 사람들이 있다. 그도 그 특별한 사람들 중의 한 사람이었다. 죽음의 공포 앞에서 웃을 수 있는 유머와 웃음의 진원지는 어디였을까? 마음에서였다.

2. 인간과 사랑 — 사랑, 위대한 불꽃(괴테)

사랑하는 것, 그리고 견뎌내는 것. 이것만이 인생이고, 기쁨이며, 왕국이고, 승리이다.
— 셸리 —

━━━━━ 시베리아 유형의 길; 사랑의 길

18세기 제정 러시아는 너무도 부패하고 무능했고 유럽 여러 나라에 비하여 시대에 낙후되어 있었다. 프로레타리아가 아닌 귀족들이 국가의 봉건적인 제도를 개혁하라는 반기를 들었다. 그러나 그 개혁의 시도가 실패하여 많은 사람들이 체포되었다. 6명은 사형을 당하고 수백 명이 시베리아로 유배를 떠났다. 그들은 쇠사슬에 발이 묶인 채 모스크바에서 시베리아까지 수천 킬로를 걸어서 가야 했다. 가는 동안에 지쳐서 많은 사람들이 죽고 병들어서 형극의 길을 걸어야 했다.

황제는 그들의 애인들과 아내들을 불러 모았다. 모스크바냐? 시베리아냐? 양자택일을 강요하였다. 남편과 애인들을 버리고 모스크바에 남는 여자들은 과거의 귀족으로서의 모든 지위와 부를 보장해주겠다고 약속하였다. 그렇지 않고 애인과 남편을 택한 여자들은 시베리아로 유배를 보내겠다고 협박하였다.

대부분의 여자들이 명예와 부가 보장되는 안락한 모스크바를 버리고 시베리아의 유배 길을 택하였다. 그녀들도 앞서간 남편들처럼 혹한의 겨울에 이루크츠크까지 먼 길을 걸어서 가야 했다. 많은 여자들이 죽고 강인한 여자들만이 살아남아 남편들을 만날 수 있었다.

유배를 떠난 남편을 선택한 한 여자(예카테리나 토르베츠)가 있었다. 그녀는 수천 킬로를 걷고 걸어서 지친 몸으로 시베리아에 도착하여 4kg이나 나가는 쇠사슬을 발목에 찬 남편을 만났다. 그녀는 남편을 보고 포옹 대신 남편의 쇠사슬에 키스를 하였다고 한다. 얼마나 감동적인 장면인가! 그들은 함께 유배생활을 하면서 시베리아의 유배문학의 씨를 뿌렸다. 어언 30년 세월이 흘러서 그들은 자유의 몸이 되었는데 안타깝게도 그 아내는 세상을 떠나고 남편은 시베리아에 남아 유배문학의 꽃을 피웠다.

이루크츠크에 가면 그들이 이룩한 시베리아 문학 박물관이 있다.

그녀가 죽음을 초월하여 남편을 찾아간 것은 사랑의 힘이었다.

1) 사랑이란 무엇인가

사랑은 생명이다.
믿음·소망·사랑 중에 사랑이 제일이니라.
— 성경 —

사랑이 어떻더냐
길더냐 자르더냐
밟고 나마 자일러냐
하그리 긴 줄은 몰라도
끝간데를 모를레라

어느 철학자는 "사랑이 무어냐고 묻는다면 나는 모른다. 그러나 사랑이 무어냐고 묻지 않는다면 나는 안다"라고 독백하였다. 우리의 옛 시조나 철학자의 독백처럼 사랑이 무엇인가를 국어사전처럼 정의 내리기는 어렵다.

그러나 끝없는 사랑이야기를 생각해보자.

사랑은 생명이다. 이성간에 사랑이 없다면 새로운 생명은 태어나지 않는다. 동정녀 마리아도 하느님과 영적 사랑을 통해서 아기 예수를 잉태하였다. 새 생명이 태어나지 않는다면 이 세상에 찾아오는 것은 죽음이다.

링컨 대통령은 인간에게 가장 중요한 것은 사랑과 일이라고 하였다. 일은 사랑이 필요하다. 사랑이 없는 일은 생명이 없다. 인간은 이성의 사랑도 필요하지만 인생을 걸 사랑의 대상(일)이 있어야 한다. 퀴리부인의 라듐의 발견, 아인슈타인의 상대성원리의 발견, 테레사 수녀의 인도 빈민가에서의 봉사는 인류사회를 위한 사랑의 결과였다.

오늘날 세계의 가장 큰 문제는 인간성 상실이다. 이는 사랑의 결핍에서 오는 현상이다. 오늘날 인류의 과제가 인간성회복과 자연환경의 보호라고 한다면 이는 곧 인간과 자연에 대한 사랑을 의미하는 것이다. 오늘의 사회라고 하여 왜 사랑이 없겠는가? 옛날보다 메말라 보이지만 오늘을 사는 사람들도 자연의 사랑, 사람의 사랑을 먹고 살아간다.

오늘의 사회현상을 보면 파스칼이 갈파한 "진정한 사랑은 사랑을 경멸하고, 진정한 도덕은 도덕을 경멸하고, 진정한 철학은 철학을 경멸한다"라는 경구를 생각하게 한다. 오늘의 세기야말로 진정한 사랑, 진정한 도덕, 진정한 철학이 요청되는 시대라 하겠다.

소박하고 진실한 사랑의 표현을 보자.

"옛날, 그 바닷가에서 헤어진 병든 친구, 지금은 어떻게 지내는지 알 수 없지만 제발 행복하게 지내기를! 나는 잊을 수 없는 많은 사람들 지금은 어디 있는지조차 모르는 사람들의 운명을 생각할 때, 절실하게 기도하고 싶어진다. 기도하는 것 이외에는 아무것도 허락된 것이 없지 않은가."

진정한 사랑은 기도하는 사랑이다.

2) 사랑의 함의

진정한 사랑의 뜻은 무엇일까? 저자 나름의 사랑에 대한 함의를 설명해보고자 한다.

(1) 사랑은 죽음을 초월한다

사랑의 극치는 죽음이다. 진정한 사랑은 함께 죽을 수 있고, 죽음조차도 초월할 수 있는 것이다. 두 사람이 하나 되어 현해탄에 몸을 던진 김우진과 윤심덕은 사랑의 극치를 이룬 사람들이다. 사랑을 위해서 죽음까지도 초월한 사람들이다. 그러나 그들의 죽음이 영화화되고 사랑을 찬미하는 사람들의 입에 거론되기는 하지만 건전한 사랑이라고는 할 수 없지 않을까? 사랑하는 많은 사람들이 이런 식의 사랑을 한다면 그것은 파괴적인 사랑이다. 이러한 사랑은 몇 사람으로 족하다. 여기에서 얻을 수 있는 교훈은 죽을 각오를 하고 애인을 사랑하고, 회사를 사랑하고, 나라를 사랑하는 정신이 필요하다는 것이다.

(2) 사랑은 성(sex)이다

죽음 다음의 사랑의 극치는 성(性)이다. 性이 없으면 새로운 생명은 태어나지 못한다. 성은 사랑이요, 생명이요, 성스러운 것이다. 인간사회의 생명력의 원동력은 이 사랑의 원천인 性(sex)에서 온다고 할 수 있다. 그러나 이를 건설적인 방향으로 이끌어야 한다. 불건전하고 반윤리적인 성문화가 오늘의 인간사회의 타락과 천형 (天刑)의 벌이라 할 수 있는 AIDS까지 만연하기에 이르렀다. 머리카락은 머리에 있어야 제 모습을 하고 아름답듯이 사랑의 성도 제자리에 있어야 아름답게 보이는 것이다.

(3) 사랑은 춤을 추는 것이다

사랑의 세 번째의 함의는 함께 춤을 추는 것이다. 남녀간에 춤을 추는 모습은 정말 아름답다. 격동의 현대를 사는 사람들이 춤을 추는 모습으로 가정생활을 하고 직장생활을 할 수만 있다면 얼마나 행복하겠는가?

(4) 사랑은 병행하는 것이다

사랑은 함께 나란히 가는 것이다. 가정이, 조직이, 나라가 함께 살기 위해서는 함께 조화를 이루며 병행하는 것이 필요하다. 인류의 역사란 쉬운 말로 표현하면 '떡'싸움이라 할 수 있다. 진정한 사랑은 서로 골고루 나누는 데 있다. 균형성장·균형분배는 사랑의 원리이다.

위에 든 몇 가지 사랑의 함의는 시사하는 바가 많다. 현대를 사는 사람들이 과연 이 사랑의 함의대로 살고 있는지 그 해답을 생각해보자. 진정한 사랑만이 진정한 공동체를 형성할 수 있다.

사랑으로 한 생명을 소생시킨 이야기 ― 헨리 트루먼드의 사례

부모의 학대로 온몸이 마비되어 실어증에 걸린 어린이가 있었다. 간호사가 나는 너를 사랑한다는 말을 매일 아이를 돌볼 때마다 반복하였다. 그 아이는 3주 후에 반응을 보이고 4주 후에는 말을 하고 몸을 움직이고 웃음까지 되찾았다고 한다.

사랑의 시 한 편을 감상해 보자.

「그대가 곁에 있어도 나는 그대가 그립다」
물속에는 물만 있는 것이 아니다.
하늘에는 그 하늘만 있는 것이 아니다.

내 안에는 나만 있는 것이 아니다.

내 안에 있는 이여

내 안에서 나를 흔드는 이여

물처럼 하늘처럼 내 깊은 곳 흘러서 은밀한 나의 꿈과 만나는 이여

그대가 곁에 있어도 나는 그대가 그립다.

— 류시화 —

3) 프롬의 사랑관

프롬(Erich Fromm)은 자신의 저서인 「사랑의 기술」(The Art of Loving)이란 책에서, 사랑이란 인간에게 있는 적극적인 힘을 사용해서 우리를 타인과 분리시키는 벽을 허물어버린다고 적고 있다. 프롬은 또한 사랑은 인간을 결합시키며, 인간으로 하여금 고립감(isolation)과 격리감(separateness)을 극복하도록 도와주며, 자기 자신의 본연의 모습을 찾고, 자신의 고결한 모습을 갖게 해준다고 지적하였다.[3]

프롬은 사랑에 대해서 인간의 감상적인 측면에서가 아니라 전체적인 측면에서 논의하면서, 다섯 가지 형태의 사랑을 제시하였는데 이는 다음과 같다.

(1) 대등한 사랑(love of equals)

이러한 형태의 사랑은 "우애와 같은 사랑(brotherly love)"이라고 불리며, 가장 보편적이고 기본적인 형태의 사랑이다. 이러한 사랑에는 타인에 대한 책임감, 보살핌, 존경, 이해 등과 타인을 보다 발전시키고자 하는 소망이 포함된다. 비록 대등한 사람들간의 사랑이라고는 하지만, 인간은 사랑의 욕구를 추구하는 데 있어 항상 서로 '대등한' 것은 아니며, 서로가 도움을 필요로 하기 때문에 이번에는 내가 도와주고 다음번에는 상대방이 도와주는 관계이다. 즉, 이것은 어떤 사람이 단순히 상대방이 인간이라는 이유로 해서 그 사람에게 제공하는 형태의 사랑이다.

(2) 무조건적인 사랑

프롬이 "모성애와 같은 사랑"(motherly love)이라 부른 무조건적인 사랑에는 어린이가 살아서 성장하는 데 필요로 하는 어버이의 보살핌과 책임감을 포함한다. 이

---

3) Ann Ellenson, *op. cit.*, pp. 86~91.

는 또한 살아서 존재한다는 것 그 자체가 좋은 것이라는 느낌과 같은 감정의 전달이 포함된다. 모성애 같은 사랑의 질과 태도는 무의식중에 전달된다. 즉 어머니가 삶에 애착을 갖고 있으며, 자녀를 사랑하는 데서 행복을 느끼게 되면, 이러한 어머니의 감정은 자녀에게 무의식적으로 전달된다.

이러한 형태의 사랑은 사랑을 주고받는 것이 대등하지 않다는 점에서 우애와 같은 사랑과는 다르다.

아무런 조건 없이 어떤 타인이 행복하게 되기를 바라는 바램 또한 진실한 모성애와 같은 사랑이다. 많은 부모들은 자녀가 자신의 품안을 떠나는 것을 별로 원치 않는다. 그러나 떠나보냄(분리됨)으로써 자녀가 하나의 독립된 인간으로 되고 계속 성장하도록 돌보는 것은 무조건적인 사랑의 표상(epitome)이 된다.

(3) 이성간의 사랑(erotic love)

이러한 형태의 사랑은 대개 독점하려는 사랑이다. 프롬은 이러한 종류의 사랑에 대해서, "이것은 타인과 결합해서 하나가 되려고 하는 강렬한 사랑이다. 그래서 성격상 보편적인 사랑이 되지 못하고 독점하려는 형태의 사랑이 된다. 이러한 사랑은 아마도 가장 믿을 수 없는 형태의 사랑일 것이다"라고 했다.

이성간의 사랑은 성적인 결합을 포함하며, 결혼을 통해서 이러한 관계는 절정에 이른다. 여기에는 헌신적이고 자발적으로 인생의 경험을 나누고자 하는 태도가 필요하다. 그리고 신체적인 결합은 사랑에 기반을 둔다. 또한 이성간의 사랑은 단순한 감정을 넘어 의지를 수반하는 결정을 포함한다.

(4) 자신에 대한 사랑(self-love)

사람들은 종종 타인을 사랑하는 것은 덕이고, 자신을 사랑하는 것은 악이라고 생각한다. 그리고 오래전부터 자신에 대한 사랑을 이기심이나 자만심 등과 관련시키는 경향이 있다. 그러나 우리는 건전한 방향으로 자기 자신을 존중할 줄 알아야 한다.

성서에서 언급된 "네 이웃을 네 몸과 같이 사랑하라"는 말은 자기 자신의 고결함과 특이함을 존중해야 한다는 말이다. 자기 자신에 대한 사랑과 이해를 타인에 대한 존경과 사랑과 이해와 구별시킬 성질의 것은 아니다. 자기 자신에 대한 사랑은 타인에 대한 사랑과 불가분의 관계에 있다.

사람은 자신을 사랑할 것인지 타인을 사랑할 것인지에 대하여 갈등할 필요가 없다. 왜냐하면, 이들 두 가지는 양립 가능한 태도이기 때문이다. 즉 타인을 사랑하기 위해서는 먼저 자신을 사랑할 줄 알아야 한다는 것은 너무나 당연한 일이다. 역으로, 우리가 타인을 사랑할 수 있다면, 우리는 또한 자기 자신도 사랑할 수 있을 것이다.

(5) 신에 대한 사랑(love of God)

나이와 지역에 관계없이 사람들은 우주를 이해하고, 종교적인 사랑을 통해서 자신들의 삶에 의미를 부여하려고 노력해 왔다. 즉 신에 대한 사랑을 통해서 사람들은 자신의 생활에 더 많은 의미를 부여하려고 한다.

위에서 사랑에 대하여 본인이 생각하고 있는 사랑관을 이야기하였다. 인간의 사랑을 종합정리하면, 첫째는 자애(自愛: 자신에 대한 사랑)이고, 둘째는 타애(他愛: 다른 사람에 대한 사랑)이며, 셋째는 신애(神愛: 신에 대한 사랑)라고 생각한다.

▰▰▰▰ 어느 특별한 사랑 이야기 ― 브람스의 사랑

낭만파 시대를 이끈 음악가 브람스는 1833년 5월 독일의 항구도시인 함부르크에서 태어났다. 아버지로부터 음악적 재능을, 어머니로부터 성실한 성품을 물려받은 브람스는 다섯 살 때부터 첼로 연주법 등 음악을 배우기 시작하였다. 가난하였지만 천재적인 소질을 타고났던 브람스는 유명한 바이올리니스트 요아힘에 의하여 당시 음악계에 큰 영향을 끼치고 있던 슈만과 그의 부인 클라라에게 소개되었다. 이후 두 사람은 브람스의 든든한 후원자가 되었다. 슈만의 후원으로 활발한 음악활동을 하게 된 브람스는 「독일진혼곡」을 발표하여 더욱 유명하게 되었으며, 작곡가로, 지휘자와 피아니스트로 자리를 굳히게 되었다.

1854년 슈만부부에게 엄청난 시련이 찾아왔다. 1844년 4개월에 걸친 러시아 연주 여행의 여파로 정신과 육체적 건강이 악화되어 정신병을 앓다가 라인강에 투신자살을 시도하였다. 자살을 시도한지 2년 만에 슈만은 46세의 나이로 세상을 떠났다.

브람스는 슈만이 병상에 있을 때부터 부인과 일곱 자녀를 극진히 보살폈다. 그런데 어인일인가 슈만이 병으로 방황한 때를 맞추어 브람스의 가슴에는 스승의 부인을 사모하는 열정의 꽃이 피기 시작하였다.

그러나 그는 '저 분은 스승의 부인이므로 나는 그녀를 존경한다'라고 애써 감정을 억누르며 평생 동안 클라라와 우정을 지켰다. 「독일진혼곡」은 남편을 잃은 클라라를 위로하기 위한 작품이었다. 그토록 그는 그녀를 마음속으로 사랑하였다.

브람스와 클라라는 40년에 걸친 우정의 편지를 주고받았다. 호칭은 '경애하는 부인'에서 '나의 클라라에게'로 바뀌었지만 우정을 지키려는 노력은 끝내 잃지 않았다.

많은 여성들이 브람스의 주위에 몰려들었지만 관심조차 두지 않았다. 그는 오직 한 사람, 클라라를 가슴에 품은 채 60평생을 독신으로 살았다.

그가 마지막 작곡한 것은 「4개의 엄숙한 노래」라는 죽음에 대한 명상을 다룬 노래이다. 이 노래는 1896년 봄 자신의 63번째 생일에 완성되었는데 그로부터 13일 후 브람스는 충격적인 소식을 듣게 된다. 한 평생 사모해오던 클라라가 뇌졸중으로 세상을 떠났다는 슬픈 소식이었다. 그 충격 때문이었을까? 저승에서 만나기 위함이었을까?

그 소식을 들은 후 브람스는 쇠약해지더니 간암으로 이듬해 봄 64세의 나이로 클라라의 뒤를 따라 눈을 감았다.

▬▬▬▬ 순결한 사랑 — 명기 이매창(李梅窓, 1573~1610)

이매창(李梅窓)은 조선 중기의 부안의 명기다. 조선 중기에는 두 명기가 있었다.

서경에 황진이와 부안의 이매창이었다. 이매창은 유희경이라는 사람을 평생 가슴에 품고 살았다. 이매창은 어떤 일로 부안을 방문했던 유희경이라는 사람을 만나 평생 그를 사랑하며 그리워하며 수절하고 살았다. 유희경은 천민 출신으로 고생하다가 나중에 관가에 나가 높은 벼슬까지 하게 된 사람이다.

아무리 여자의 정절을 중히 여겼던 조선시대라고 하더라도 연약한 한 여인이 그것도 매일 이 남자 저 남자의 술시중을 드는 시골의 기생으로 많은 남성들의 유혹을 물리치고 그것도 함께 살지도 못하고 겨우 이틀 밤을 보낸 한 사람을 그렇게도 사무치게 사랑하며 살 수 있었을까. 진정 순결한 사랑이라 하지 않을 수 없다. 그녀는 혁명가 허균을 만났지만 허균과는 거리를 두고 우정을 나누었을 뿐이라고 하였다. 유희경(1545~1636)도 매창에게 주는 시 10여 편을 남겼다.

1665년에 그 봉건사회에서 그녀의 비를 세웠으니 그녀의 문학적 성과가 얼마나 높았는가를 알 수 있다. 그녀의 시비는 세월이 가서 이지러지자 1917년 다시 세웠고 전북 부안에는 그녀를 기리는 매창 공원이 조성되었다. 그녀가 매화를 너무도 사랑하여 호를 매창이라 불렀다 한다.

그녀는 38세의 젊은 나이에 못 다 한 사랑의 배를 타고 이승을 떠났다.

그녀가 봄에 헤어진 님을 그리며 남긴 시를 감상해 보자.

이화우(利花雨) 훗날릴제 울며 잡고 이별한 님
추풍 낙엽에 저도 나를 생각하는가
천리에 외로운 꿈만 오락가락 하노라.

> 배꽃 눈부시게 피고 두견새도 우는 밤
> 뜰에 가득 달빛어려 더욱 서럽구나
> 꿈에나 만나려도 잠마저 오지 않고
> 일어나 매화 핀 창가에 기대니
> 새벽닭이 울더라

4) 사랑은 포옹하는 것 — 포옹은 공동체의 메시지

프랑스에서 매화마을을 운영하면서 걷기 명상으로 유명한 틱낫한 스님이 미국에 갔다가 프랑스로 돌아가는 길이었는데 공항까지의 안내를 미국인 여류작가가 하게 되었다. 공항에 도착하여 작별할 무렵 그 백인여성이 "스님! 불교승려인 당신을 껴안아도 될까요?" 하고 묻더라는 것이다. 그는 스님이 여자를 안는다는 것은 상상하지도 못했던 일이라 놀라면서도 그 여자의 청을 들어주었다. 그녀는 다정하게 포옹을 하였지만 스님은 나무토막처럼 뻣뻣하게 서 있었다. 그 후 그는 프랑스로 돌아가서 포옹의 진가를 깨닫고 매화마을에서 수련을 할 때면 포옹하는 스케줄을 넣었다고 한다. 포옹은 따뜻한 정을 교류하여 상호 이해와 사랑의 폭을 넓혀주는 행위라 할 수 있다.

우리나라에 어려운 환경을 극복하고 제빵 사업으로 성공한 한 기업인이 있다. 그는 그날그날 판매한 후 남은 빵을 고아원이나 양로원에 보내는 봉사활동을 꾸준히 하고 있는 분이라고 한다. 하루는 여직원들이 남은 빵을 고아원에 가지고 가서 아이들에게 모두 나누어주고 고아원을 나서는데 한 아이가 계속 여직원들의 뒤를 따라 나왔다. 여직원들이, "애야! 너 왜 그러니. 빵 받았으니 안으로 들어가거라"라고 말하여도 그 아이는 대문까지 따라 나오더니 "아줌마! 한번만 안아주고 갈 수 없어요" 하더라는 것이다.

인간은 사랑의 포옹이 필요한 동물이다.

사랑의 힘 — 어느 여교사의 사랑

어느 사회학과 교수가 자신의 강의를 듣는 학생들에게 과제물을 내었다. 그것은 볼티모어의 유명한 빈민가로 가서 그곳에 사는 청소년 2백 명의 생활환경을 조사하는 일이었다. 조사를 마친 뒤 학생들은 그 청소년들 각자의 미래에 대한 평가서를 써 냈다. 평가서의 내용은 모두 동일했다. "이 아이에겐 전혀 미래가 없다. 아무런 기회도 주어지지 않기 때문이다." 그로부터 25년이 지난 뒤, 또 다른 사회학과 교수가 우연히 이 연구 조사를 접하게 되었다. 그래서 그는 학생들에게 그 2백 명의 청소년들이 25년이 지난 현재 어떤 삶을 살고 있는지 추적 조사하라는 과제를 내었다. 학생들의 조사 결과 놀라운 사실이 밝혀졌다. 사망을 하거나 다른 지역으로 이사 간 20명을 제외하고 나머지 180명 중에 176명이 대단히 성공적인 인생을 살아가고 있었다. 그들의 직업도 변호사와 의사와 사업가 등 상류층이 많았다. 교수는 놀라서 그 조사를 더 진행시켰다. 다행히 그들 모두가 그 지역에 살고 있었고, 교수는 그들을 한 사람씩 만나 직접 물어 볼 수 있었다.

"당신이 성공할 수 있었던 가장 큰 이유가 무엇입니까?"

대답은 모두 한결같았다.

"여선생님 한 분이 계셨지요."

그 여교사가 아직도 생존해 있다는 사실이 알려졌다. 교수는 수소문 끝에 그 여교사를 찾아가서 물었다. 도대체 어떤 기적적인 교육 방법으로 빈민가의 청소년들을 이처럼 성공적인 인생으로 이끌었는가? 늙었지만 아직도 빛나는 눈을 간직한 그 여교사는 작은 미소를 지었다. 그러고는 이렇게 말하는 것이었다.

"그것은 간단한 일이었지요. 난 그 아이들을 사랑했답니다."[4]

인큐베이터의 쌍둥이 형제

미국에서 쌍둥이 형제가 조산을 하였는데 동생이 너무 약해서 가망이 없었다. 의사들이 고민하고 있던 차에 한 간호사가 아이디어를 냈다. 같이 한 인큐베이터에 넣으면 어떨까요라고. 그 간호사의 제의를 받아들여 하나의 인큐베이터에 쌍둥이 형제를 넣어 키웠다. 그런데 웬일일까? 형이 약한 동생을 꼭 껴안고 있더라는 것이다. 그들은 인큐베이터에서 나와 지금은 함께 건강하게 자라고 있다고 한다. 포옹은 생명이다. 인간관계에 성공하기 위해서 육체도 마음도 포옹하라.

사랑으로 포옹하라! 사랑은 포옹이다.

---

4) 잭 캔필드, 마크 빅터 한센 지음, 류시화 옮김, 「영혼을 위한 닭고기 수프」(푸른 숲, 2008), pp. 15~16 참조.

▬▬▬▬ 모순의 실존주의자 ― 키엘 케골의 사랑

인간에게는 세 가지 사랑(三愛)이 필요하다. 첫째는 자기 자신에 대한 사랑이요. 둘째는 이성(他人 포함)에 대한 사랑이요. 셋째는 神에 대한 사랑이다. 자기 자신과 이성에 대한 사랑은 보이는 사랑이요, 신에 대한 사랑은 보이지 않는 사랑이다. 불완전한 인간은 보이는 사랑과 보이지 않는 사랑이 동시에 필요하다고 생각한다.

한 예를 보자.

키엘 케골은 유신론적 실존주의의 창시자다. 그의 실존철학의 3가지 논지는 첫째 미적 실존, 둘째 윤리적 실존, 셋째 종교적 실존이다.

첫째, 미적 실존은 쾌락을 추구하는 아류로 예컨대 돈판처럼 쾌락을 추구하는 실존이다.

둘째, 윤리적 실존은 인간사회의 도덕 규범을 추구하고,

셋째, 종교적 실존이란 신(神) 앞에 단독자로 서는 것이라고 그는 주장하였다.

그는 신 앞에 단독자로 서는 것을 최고의 선으로 믿는 유신론의 실존주의 철학의 대부였다. 그는 레기네 올겐이라는 처녀와 약혼한 사이였다. 그러나 그는 종교적 실존주의를 실천하기 위하여, 신 앞에 단독자로 서기 위하여 파혼하였다.

키엘 케골은 파혼의 변으로 신의 사랑은 무한하고 인간의 사랑은 유한하기 때문에 자신은 무한한 신의 사랑을 택하겠다고 선언하였다. 또 다른 하나의 이유로는 여자는 너무 말이 많다는 것이었다. 자기의 약혼자는 참새처럼 재잘거려 믿을 수가 없다는 등 4가지 조건을 제시하며 파혼을 감행하였다. 당시의 덴마크에서 파혼은 용인되지 않았으며 파혼하는 것은 엄청난 사회적인 지탄을 받았다. 그는 그 파문을 겪으며 파혼을 하고 신 앞에 단독자로 서서 살았다. 충격을 받은 그의 약혼녀는 다른 사람과 결혼하여 살았고 그는 홀로 살았다.

세월과 함께 그도 나이테가 쌓여서 코펜하겐의 거리에서 쓰러져 죽어갔다. 그는 죽어가면서 유언을 남겼다. 자기의 유고를 옛날 약혼자였던 레기네 올겐에게 바친다고. 그는 죽음에 임하여 왜? 유고를 그렇게 사랑했던 신에게 바치지 않고 이미 남의 아내가 되어 있는 옛날 약혼자에게 바친다고 유언을 남겼을까? 그는 신만을 사랑하겠다고, 무한한 신의 사랑만 받겠다고 파혼까지 하고 평생 독신으로 살지 않았는가! 그의 행동을 보면 그는 아마 독신으로 살면서 보이는 인간의 사랑을 갈구했던 것이 아닐까. 그는 파혼한 옛 약혼자를 사랑하고 있었기에 죽음에 임하여 유고를 옛 약혼자에게 바친다고 유언을 남겼으리라. 그러나 사랑했던 약혼녀는 이미 남의 아내가 되어 있었다.

그는 종교적 실존주의자로 이성적으로는 신 앞에 단독자로 서는 것을 주장하면서도 감정적으로는 옛 약혼자를 사랑했으리라. 그러했기 때문에 유고를 신 아닌 옛 약혼자에게 바친다고 하지 않았을까. 그는 신의 사랑과 인간의 사랑 사이에서 모순과 갈등의 인생을 산 사람이었다.

인간은 보이는 인간의 사랑도, 보이지 않는 신의 사랑도 필요한 불완전한 자연속의 한 생명체가 아닌가 한다.

사랑하라! 자신을, 사랑하라! 인간을, 사랑하라! 신을! 인간은 세 종류(三愛)의 사랑이 필요한 동물이다!

3. 인간과 행복

이 세상의 어떤 기쁨이든지 모두 다른 사람을 행복하게 하려는 의도에서 비롯된다.
이 세상의 어떤 고통이든지 모두 자신만이 행복하려는 욕망으로부터 시작된다.
— 티베트의 지혜 —

1) 행복이란 무엇인가

인간의 최고선(善)은 행복이다. 그러나 행복한 인생을 살았다고 자족하고 생을
마친 사람이 몇 명이나 될까? 장수했던 괴테도 그의 인생에 행복한 날이 26일이었
다고 고백한 적이 있다.

행복의 기준은 사람마다 다르기 때문에 각기 자기인생에 대한 행복의 기준을
설정하는 것이 필요하지만 행복의 기준은 '의미 있는 삶'을 사는 것이라 하겠다. 여
기서 말하는 의미 있는 삶이란 자기 스스로 삶에 의미를 느끼는 것도 필요하지만
'의미'에는 객관성이 부여되어야 한다. 반사회적인 일을 하면서 의미 있고 행복하다
고 생각하는 사람을 사회는 그렇게 받아들이지 않는다.

의미 있는 인생을 사는 사람은 행복하다. 그 삶의 의미를 큰 것, 그리고 먼 곳
에서 찾고자 하는 까닭에 인간은 행복이 멀리 있다고 느낀다. 가까운 데서 의미를
찾고 행복을 찾아야 한다.

산 너머 저쪽에 행복이 있다기에
나도 남들 따라 찾아갔건만
눈물만 머금고 돌아왔어요.
— 칼 부세(Karl Busse) —

위에 제시된 유명한 칼 부세(Karl Busse)의 詩를 깊이 음미하여 볼 필요가 있다.
또 어느 스님이 쓴 불교 수상집에

행복을 찾아 진종일 헤매었지요.
집 앞 처마 밑 고드름 끝에 달려 있는 것을!

이라는 구절이 있다.

또 다른 의미 있는 이야기를 들어보자.

사향노루라는 놈은 자기 몸에서 향기가 나는데 자기 몸에서 나는 향기인 줄 모르고 평생 그 향기를 찾아 방황하다가 죽는다고 한다. 우리 인간도 사향노루 같은 사람들이 많다. 우리 자신의 인생에서 불행을 느끼고 먼 곳에서 행복을 찾고자 하는 마음이 생길 때 사향노루를 생각하는 지혜를 터득한다면 행복은 자기 자신의 마음속에서 발견할 수 있으리라.

행복이란 생활에서 충분한 만족과 기쁨을 느껴 흐뭇해하는 상태라고 한다. 이러한 상태는 사람에 따라 다 다르다. 옛말에 쌀밥에 울음이요, 보리밥에 웃음이라는 격언이 있다. 광주민주화 운동 때 감옥 속에서도 자유를 느끼고 행복을 느끼는 사람이 있었고, 감옥 밖에서도 죄인이 된 사람들이 있었다.

인생에 주어진 의무는
다른 아무것도 없다네.
그저 행복하라는 한 가지 의무뿐,
우리는 행복하기 위해 세상에 왔지.
— 헤르만 헤세 —

헤르만 헤세가 이야기하듯이 인생의 목표는 행복이다. 그러나 행복의 의미와 그것을 찾아가는 길은 사람마다 다르다. 독자들이여! 행복의 의미를 찾고 행복의 길을 스스로 찾아보면 길이 보일 것이다.

2) 행복의 조건

행복의 조건은 사람에 따라 다양한 조건이 존재하겠지만 물질적·정신적 양면에서 일반적인 조건을 생각해보자.

첫째, 영적인 성장, 육체적 건강

둘째, 깨달음, 즉 세상을 살아가면서 인생의 의미에 대한 깨달음

셋째, 좋은 동반자, 친구, 동지를 갖는 것

넷째, 가치관의 확립

다섯째, 지혜와 자비의 세계를 구축할 것. 지혜는 능력이요, 자비는 베푸는 것

이다. 능력이 있어야 베풀 수 있다.

이와 같이 5가지로 행복의 일반적인 조건을 생각해 볼 수 있다.

위의 조건들은 모두 행복을 가져다주는 것이라고 말할 수 있다. 그러나 행복하고 만족스러운 삶을 누리기 위해 그런 것들을 제대로 이용하려면 무엇보다 마음의 상태가 핵심적인 열쇠이다.

마음을 고요하게 하는 내면의 수행이 뒤따르지 않는 한, 겉으로 보기에 아무리 편안한 환경 속에서 지내더라도 당신은 자신이 바라는 기쁨과 행복을 절대로 느낄 수 없다. 반면에 당신의 내면이 고요하고 평화롭다면, 행복에 필요하다고 여겨지는 갖가지 편리함을 누리지 못하더라도 당신은 변함없이 행복하고 즐거울 수가 있을 것이다.[5]

4. 어떤 사람들이 행복할까?

심리 연구가들이 미국 일리노이주의 복권 당첨자들과 영국에서 축구도박으로 떼돈을 번 사람들을 조사한 결과 다음과 같은 사실을 알아냈다. 횡재를 한 사람들은 처음에 상상할 수 없는 기쁨을 맛보지만 그런 기분도 서서히 줄어들어 마침내 순간순간 일상적인 행복을 느끼는 수준으로 되돌아간다는 것이다. 또 다른 연구는 암이나 중풍에 걸리고 실명을 하는 비극적인 일을 겪은 사람조차도 일정한 적응 기간이 지난 뒤엔 정상에 가까운 행복의 수준으로 돌아간다는 것을 보여주었다. 결국 마음의 변화가 행복의 느낌을 결정한다는 데 심리학자들은 동의하고 있다.

보다 구체적으로 행복을 얻는 길을 생각해보자.

하나는 외부에서 구하는 방법이다. 돈과 권력과 친구, 사치스런 집과 좋은 옷을 입고 행복감과 만족감을 얻는 것이다.

다른 하나는 정신의 개발을 통해서 내면의 평화를 얻는 것이다. 이 두 가지 중에서 어느 것이 중요할까? 물질적인 만족도 행복감을 주기는 하지만 인간의 더 깊은 내면에는 정신적인 면이 더 크게 작용한다고 생각한다. 양자의 균형을 이루는 것이 필요하지만 불균형이 지속되어 갈등이 일어날 때 호사스런 물질적인 향유보다 마음의 평화가 더 중요하다.

---

5) 달라이 라마·하워드 커틀러, 류시화 역, 「달라이 라마의 행복론」(서울: 김영사, 1998), p. 29.

미국의 한 부자 마을이 있었는데 그 동네 약국에서 가장 잘 팔리는 약이 우울증 약이었다. 이 마을에 사는 40대 어떤 사람은 가난한 나라에 갔다가 너무도 비참한 어린이들의 모습을 보고 연봉 몇 억짜리 직장을 버리고 가난한 나라 어린이 돕기에 나섰는데 그는 지금이 가장 행복하다고 털어놓았다.

하버드를 나와 사회적으로 출세한 사람들 중 많은 사람들이 인생의 공허를 느낀다고 한다. 이러한 현상은 물질과 정신의 양면 중 정신적인 면이 채워지지 않았기 때문이다.

미국인의 58%가 정신적인 삶의 의미를 찾고 싶다는 통계가 나왔다. 달라이라마가 미국에 강연하러 갔을 때 3~4시간 거리의 먼 곳에 사는 사람들이 그 동양인의 강의를 들으려고 1,500명이나 모였다고 한다.

이는 무엇을 의미하는가?

아마도 정신의 세계를 채우기 위함일 것이다. 행복하기 위해서는 물질과 정신의 균형이 필요하지만 진정한 행복은 정신세계의 행복에 있다는 것을 깨달아야 한다.

행복은 물질과 정신의 균형을 이루면서 마음의 평정을 잃지 않는 것이다.

마음의 평정을 위해서는
슬픔이 그대의 삶에 밀려와 마음을 흔들고
소중한 것들을 쓸어가 버릴 때면
그대 가슴에 대고 말하라
이 슬픔 또한 지나가리라

행운이 그대에게 미소 짓고 기쁨과 환희로 가득찰 때
근심 없는 날들이 스쳐갈 때면
세속적인 것들에만 의존하지 않도록
이 진실을 조용히 가슴에 새기라
이 기쁨 또한 지나가리라
— 랜터 윌슨 스미스 —

시구를 음미해보라!

행 복
우주가 계속 존재하는 한
모든 생명 가진 존재들이 남아 있는 한
나 또한 여기에 남아
세상의 모든 불행을 물리치리라.

여유와 유머 있는 인생을!

여유와 유머는 사막의 오아시스다. Digital시대를 살고 있는 우리들은 너무도
삭막하게 살고 있다. 인생에 오아시스를 찾고자 몇 가지 이야기를 하기로 하자.

나폴레옹과 농부 이야기

나폴레옹은 러시아 정복의 야망을 품고 45만의 병사를 이끌고 러시아 정복 길
에 올랐으나 대참패를 하고 남으로 남으로 후퇴하고 있는데 추격해 오는 러시아
군대를 피하기 위하여 너무도 급한 나머지 폴란드 어느 농부집의 거름더미 속으로
숨어들었다. 뒤쫓아 온 러시아 군인들이 거름더미를 총으로 쑤셔 보았으나 다행히
나폴레옹을 찾아내지 못했다. 러시아 군인들이 물러간 후 나폴레옹을 거름더미에서
꺼낸 농부는 나폴레옹에게 '장군님! 기분이 어떠십니까?' 하고 물었다. 나폴레옹은
말없이 그 농부를 쏘아보다가 돌아갔다. 얼마 후 부하들에게 나폴레옹은 그 농부를
잡아오라고 명령하였다. 그 농부가 겁에 질린 모습으로 나폴레옹 앞에 섰다. 나폴
레옹은 갑자기 총을 그 농부의 목에 대더니 기분이 어떠냐고 물었다.

도조[東條]의 유언

도조라는 사람은 2차 세계대전 중 일본의 총리대신이었다. 일본이 패전한 후
그는 일급전범으로 사형을 당하였다. 그는 사형당하기 전 면회 온 그의 자식들에게
다음과 같은 유언을 남겼다고 한다.

'나는 평생 전쟁만 하고 살았다. 너희들은 취미생활을 하고 인생을 여유 있게
살기 바란다'라고. 죽음에 앞에서 전쟁광이 자식들에게 한 진솔한 고백이다.

각박한 삶의 전쟁터에서라도 마음의 여유를 찾고 한가를 누릴 시간을 갖기를!

처칠의 유머

2차 세계대전 중 처칠이 원조 요청차 미국을 방문하였다. 그가 호텔 욕실에서 샤워를 하고 나오는데 루즈벨트 대통령이 들어왔다. 그 순간에 몸에 걸친 수건이 방바닥으로 떨어지고 말았다. 전라가 된 처칠은 양팔을 벌리며, '대통령 각하. 영국은 미국에게 숨긴 것이 이처럼 아무것도 없습니다' 하고 말하여 함께 웃고 협상이 잘 되었다는 일화가 전해오고 있다.

유머는 인생의 윤활유이다.

족이부족상부족(足而不足常不足) 부족지족매유여(不足之足每有餘)의 자세로!

중국의 고전에 나온 말이다. 넉넉하지만 부족하다고 생각하면 언제나 부족하고, 부족하지만 넉넉하다고 생각하면 매양 여유가 있다는 뜻으로 우리에게 귀감을 주는 교훈이다. 인간은 탐욕의 화신이다. 탐욕 때문에 인류사회가 발전도 하였지만 그 탐욕 때문에 불행의 늪에 빠지는 경우도 많다. 상류사회에 살면서도 끝없는 탐욕을 부리다가 인생을 망치는 사람들이 있는가 하면 중산층 정도의 사회적 지위에 있으면서도 지위에 만족하고 삶을 누리는 사람들도 있다.

스스로 만족할 줄 모르는 사람은 불행하다!

II 성공적인 가정생활

― 결혼은 밥, 사랑은 사탕 ―

성공적인 결혼생활

1) 결혼하는 이유

인간(人間)이라는 한자어는 두 사람을 의미한다. 한문의 人자는 두 사람의 인간이 서로 의지하고 있음을 뜻한다. 間자도 양쪽의 글자는 인간을 뜻하고 중앙의 日

자는 태양이며 동시에 인간의 생명을 이어 주는 물자를 뜻한다. 인간은 혼자 살 수 없다는 것은 영원한 진리다. 특히 자기에 맞는 이성을 찾는 것은 인간본연의 본능일지 모른다. 인간은 인간을 필요로 한다. 애인을 필요로 하고, 친구를 필요로 하고, 동지를 필요로 한다. 이 중에서 둘이면서 하나요, 하나이면서 둘의 관계를 유지하면서 평생을 함께 사는 것이 부부라는 존재라 하겠다. 우리나라에서 부부관계를 표현하는 말에 부부일신(夫婦一身)이라는 말이 있는데, 정말 뜻이 깊은 말이다.

비구승이나 신부를 제외하고, 또 특별한 개인적 신념에 의한 독신주의자를 제외하고 모두들 자기에게 맞는 짝을 찾아 함께 산다. 그런데 최근의 추세를 보면 독신자가 점점 늘어나고 있다. 미국의 통계에 의하면 미국인 5명 중 1명이 독신자라고 한다. 한국도 독신자가 늘어 가고 있는 추세이다. 이러한 현상은 전통적인 결혼의 풍습에 변화를 일으키는 징후라 하겠다. 그러나 대부분의 사람들은 결혼을 하여 산다. "결혼을 하여라. 후회할 것이다. 결혼을 하지 말아라. 후회할 것이다." 인생은 후회 속에 산다고 파스칼은 말하였지만 후회를 하든 안 하든 많은 사람들은 결혼을 한다.

그러면 결혼을 하는 이유는 무엇인가를 생각해보자.

(1) 사랑하기 때문에

희랍신화를 보면 인간은 본래 등이 서로 붙어 있었다고 한다. 그러나 두 사람이 붙어서 행동하기에는 너무도 불편하기 때문에 신이 칼로 등을 갈라서 두 사람으로 분리시켜 놓았다는 것이다. 어린이가 자라서 이성에 눈을 뜨게 되면 자기의 짝을 찾아 결혼을 하며 함께 살게 된다. 제 짝을 찾은 사람들은 행복하지만 그렇지 못한 사람들은 불행하게 살게 된다. 왜 결혼하는가에 대한 물음에는 여러 가지 해답이 있겠지만 인간의 본능적인 요소가 강하다고 생각된다. 인간은 사랑하는 사람과 함께 있기를 원하고 헤어지기를 싫어하며 영원히 함께 살기를 원한다. 그래서 결혼이라는 형식을 빌려 함께 사는 길을 찾는다.

결혼하는 제일의 조건은 사랑이다. 사랑은 장님이다(Love is blind). 순수한 사랑은 맹목적이라는 뜻이다. "사랑은 초월의 힘을 갖는다(Love is beyond power). 사랑은 위대한 불꽃!"이다. 괴테의 말이다. 인간은 약점투성이의 동물이기 때문에 사랑을 함으로써 서로의 약점을 이해하고 약점까지도 사랑하며 함께 있어도 지루함을 모른다. 「내가 설 땅은 어디냐」의 저자 허근욱은 남편과 함께 이북에서 산을 넘고 물을 건너 휴전선을 넘고 넘어 자유를 찾아 남하하였다. 여자 혼자 그것이 가능했겠는가? 사랑하는 남편이 있었기 때문에 가능하였다. 혼자 하면 불가능한 일을 부부가 함께 함으로써 어려움을 극복했던 예는 얼마든지 있다. 그래서 사랑은 초월의 힘을 갖게 되고 위대한 불꽃이라고 한다.

사랑이 없는 부부생활을 상상해보라. 죽음의 회색빛 재로 가득찬 삭막한 생활이 될 것이다. 진정으로 사랑하는 사람과 만나 결혼생활을 하는 것! 이것이 결혼의 첫째 조건이다. 그런데 부부생활에 필요한 사랑은 특별한 의미를 지닌다. 여기에서는 부부간에 필요한 사랑은 무엇인가를 살펴보기로 하자.6)

사람들은 사랑에 대하여 언급할 때 저마다 서로 다른 것을 의미할 것이며 같은 사람이라도 자신이 살고 있는 모습에 따라 다른 것을 의미할 수도 있다. 사랑이란 용어는 보통 존중, 동반자 의식, 신뢰, 보살핌, 그리고 상호보완의식 등과 같이 가급적 '이상'에 가까운 성질을 갖추고 있어 이들과의 관계가 자신의 행복에 중요할 경우에 사용된다. 상호간에 사랑하는 관계에서 이러한 구성요소들은 남녀 모두에게 있으며, 사랑은 이러한 성질을 서로에게 보여주는 양방적인 과정인 것이다.

존중(respect)은 긍정적인 관점에서 상대방을 보게 하는 구성요소, 즉 타인을 찬미하고 인정하려는 것이다. 신뢰(trust)는 타인의 맹세를 받는 것으로 자기 확신을 갖도록 해준다. 신뢰하는 관계에는 모험이 뒤따른다는 것을 인정하지만 상호간의 신뢰감에 기초하고 있다.

사랑에 있어 보살핌(caring)의 요소는 타인의 감정과 욕구에 정서적으로 민감하게 반응하는 것이다. 자기 자신의 욕구와 마찬가지로 타인의 욕구에 의해 영향을 받거나 행동을 하게 되는 것은 배려의 특징이다.

상호보완의식(complementariness)은 독립(separateness)과 결합(completeness)의 합성체이다. 비록 사람들이 각자 자기 나름대로 독립적이고, 온전하며, 독특한 존재라 할지라도, 부부관계에서 상이하고 독립적이며, 독특한 개인이 각자의 개인적인 존재성을 희생함이 없이 보다 완전한 관계를 형성할 수 있는 것은 바로 상호간의 보완의식 때문이다.

동반자의식(companionship)을 포함하는 사랑의 관계는 오늘날과 같이 긴장이 팽배한 사회에서 특히 긴요하다. 우정을 갖고 일하고자 하는 바램은 동반자의식의

---

6) Ann Ellenson, *op. cit.*, pp. 308~309.

예가 된다. 그리고 이러한 의식은 공동의 관심사를 갖게 하기도 하며, 단순히 서로를 친구로 만들어주기도 한다.

결혼에는 아주 드문 경우이지만 또 다른 종류의 사랑이 있다. 이러한 사랑이 존재한 경우, 이는 상호의존성(mutuality)의 감정과 서로를 위한 공통관심사로 표현되는 사랑이다. 이러한 사랑은 단순한 '나의 바램'이나 '동반자 의식' 이상의 것으로서, 상대방의 현재모습과 앞으로의 성취성에 관심을 갖고 지원해주는 문제와 관련된다. 이것을 수용하는 것은 결혼상대자에 대한 지원과 지속적인 성장에 기여하는 바램을 낳게 된다.

사람들은 이러한 사랑을 지원적(supportive)인 사랑이라고 부른다. 지원적인 사랑을 하는 사람은 자기자신의 욕구와 관계없이 사랑하는 사람을 돕길 원한다. 이는 훌륭한 결혼으로 더욱 '원숙해지며' 원만한 관계를 형성토록 해주는 사랑의 형태이다. 이는 또한 바램이나 동반자의식을 대신해주지는 못해도 그러한 바램이나 의식을 신장시키는 데 도움을 준다.

(2) 다른 이유들

사랑이 결혼하는 이유의 가장 기본적인 요소라 할 수 있지만 앞에서 말한 바와 같이 결혼은 본능적이고 자연적인 인생의 순환과정이 아닌가 한다. 최근 한국의 농촌에서 장가를 들지 못하여 정신적으로 불안정에 빠지고, 심지어 자살하는 노총각까지 생기고 있다. 인간은 이처럼 죽음에 임하도록까지 사랑하는 대상을 찾아 헤매는 존재인 것이다.

결혼을 통해서 사랑을 불사르고, 자연현상인 성적 욕구를 만족시키고, 종족을 번식시키고, 생활의 안정을 찾고, 고독감을 제거시키며, 사회의 당당한 일원으로 살고자 하는 것이다.

세이(Gail Sheehy)는 그의 「삶의 여정」이라는 책에서 "사랑을 위하여 결혼하는 것은 신화이며, 대부분의 젊은이들에게 있어서 결혼은 동년배 집단의 기대에 부응하는 문제로 인식되고 있다"고 주장했다. 결혼은 나이가 차면 '해야만 하는 것'으로 생각된다.

즉 결혼은 기대된 것이며, '자연적'이고 '정상적'인 것이다. 세이는 젊은이들로 하여금 결혼을 하도록 재촉하는 다른 힘으로 안전에 대한 욕구, 명예에 대한 욕구, 그리고 실용성 등이 있다고 지적했다.

인생이란 무거운 짐이
당신을 누르며 괴롭힐 때
당신은 아십니까?
당신의 가슴속에서
당신의 힘과 용기가 되고자
땀을 흘리며 애쓰고 있는 사람,

어느 날 저녁
세상의 온갖 것에서 버림 받고
홀로되어 울고 있을 때
당신은 아십니까?
그때 당신의 가슴되어
함께 울고 있는 사람
그 사람
당신의 남편입니다.
당신의 아내입니다.
— 조요한 —

2) 성공적인 결혼생활

성공적인 결혼생활을 유지하기 위해서 부부가 함께 노력해야 할 기본적인 조건을 살펴보고자 한다.

(1) 사   랑

부부간의 성공적이고 행복한 결혼생활을 위한 제1의 필수요건은 '사랑'이다. 사랑이 없는 부부생활은 불행하다. 사랑하는 사람과 함께 사는 것은 최대의 행복이다.

괴테는 사랑은 초월의 힘을 갖는다고 설파하였다. 초월적인 사랑, 사랑 이상의 사랑을 했던 시인들의 유명한 사랑이야기를 들어보자. 마흔 살의 노처녀이자 장애인이었던 엘리자베스 배릿이 당시에는 무명이었던 여섯 살 연하 남자의 끈질긴 구애를 받아들여 둘은 사랑을 하게 된다. 이때 엘리자베스는 유명한 시인이 되어 있었다. 이들은 사랑의 힘으로 불가능했던 아들을 낳았고 그녀는 15년이나 더 살았다. 유복했던 그녀는 15살 때 말에서 떨어져 불구가 되었고 그녀의 아버지는 딸의 죽음을 준비하고 있었기 때문에 결혼을 극구 반대하였다. 그러나 사랑의 힘으로 둘만의 비밀 결혼을 하여 진정한 사랑을 하고 아이를 낳고 생각보다 오래 살고 유명한 시인이 되었다. 이것이 진정한 사랑의 힘이다(장영희, 「문학의 숲을 거닐다」(샘터, 2005) 참조).

엘리자베스가 브라우닝의 구애를 받아들이면서 쓴 시를 보자.

당신이 날 사랑해야 한다면
오직 사랑만을 위해 사랑해 주세요
그녀의 미소 때문에
그녀의 모습 …
그녀의 부드러운 말씨 …
그리고 내 맘에 꼭 들고
힘들 때 편안함을 주는 그녀의 생각 때문에
그녀를 사랑해 라고 말하지 마세요
(중략)
내 뺨에 흐르는 눈물
닦아 주고픈 연민 때문에 사랑하지도 말아 주세요
당신의 위안 오래 받으면 눈물을 잊어버리고
그러면 당신 사랑도 떠나갈 테죠
오직 사랑만을 위해 사랑해 주세요
사랑의 영원함으로
당신 사랑 오래 오래 지니도록

엘리자베스가 보낸 시에 대한 브라우닝의 시의 답은 걸작이다.

내가 당신을 어떻게 사랑하느냐구요
방법을 꼽아 볼께요

내 영혼이 닿을 수 있는
깊이 만큼, 넓이 만큼, 그 높이 만큼
당신을 사랑합니다

이들의 사랑은 초월의 힘을 갖는 진정한 사랑이었다.

진정한 사랑은 사랑을 경멸한다. 그들은 육체적 조건을 떠나서 나이를 초월하여 진정한 사랑을 하였다(장영희, 「문학의 숲을 거닐다」(샘터, 2005) 참조).

이들처럼 아름다운 사랑도 있지만 비련으로 끝난 사랑도 종종 우리를 슬프게, 그리고 한편으로 교훈을 주기도 한다.

상처받은 조개가 진주를 만들어 낸다.

(2) 믿음과 필요

인간관계는 믿음과 신의가 중요하다. 특히 부부간의 행복한 결혼조건으로는 서로간의 믿음이다. 서로 믿지 못하고 의심하기 시작하면 그 가정은 깨어지기 시작한다. 미국의 이혼율은 50%를 상회하고 한국도 20~30대의 이혼율이 40%에 이르고 졸혼과 황혼이혼이 늘어나고 있다. 이는 급속한 사회변동을 의미한다. 또한 사랑과 믿음의 결혼생활에 금이 가고 있다는 결과이기도 하다. 인간은 가변적인 존재이다. 오늘 생명을 바쳐 사랑한다고 고백했다가도 내일 배반하는 것이 인간이기도 하다. 배반을 예방하는 장치 그것은 상대방에게 필요한 사람이 되는 것이다.

(3) 미래의 꿈

성공적인 결혼생활의 세 번째의 조건은 꿈을 갖는 가정생활이다. 인간은 꿈을 먹고 사는 동물이다. 인간에게 꿈이 없다면 인간생존의 의의가 없다. 꿈은 모든 고난을 극복하고, 유혹을 물리치고, 두 사람이 하나 되어 소망을 향해 살아가는 원동력이 된다. 꿈을 갖고 그 꿈을 이룩하기 위해서 노력하는 부부생활이야말로 행복한 부부생활이다.

꿈을 가져라 꿈이 사그라들면
삶은 날개 부러진 새와 같으니
꿈을 가져라 꿈이 사라지면

삶은 눈으로 얼어 붙은 동토같으니

(4) 건   강

"돈을 잃으면 조금 잃는 것이요, 명예를 잃으면 많이 잃는 것이요, 건강을 잃으면 모든 것을 잃는 것이 된다"라는 경구가 있다. 그런데 욕심 많은 인간들은 건강을 잃으면서 때로는 생명까지 잃으면서 돈과 명예에 대한 탐욕을 부린다. 육체적으로 정신적으로 건강한 가정생활은 성공적인 결혼생활의 가장 중요한 요인 중의 하나이다. 건강에 대해서는 다음 절의 스트레스관리를 참조하기 바란다.

(5) 상호이해와 용서

Lewis B. Snedes가 쓴 책의 제목인 「용서하고(forgive) 잊어버려라(forget)」는 행복한 부부의 표어로 삼을 수 있을 것이다. 인간은 십인십색(十人十色)이요, 백인백색(百人百色)이다. 대부분 20대까지 다른 가정에서 성장하다가 함께 가정을 이루고 살게 되면 개인적인 특성(personality), 살아온 배경, 취미, 사고방식 등 여러 가지 문제로 충돌과 마찰을 빚을 때가 많게 된다. 여기에서 조화와 이해와 용서의 관용이 필요하다. 인간은 잘못을 저지르고 실수를 범하는 동물이다. 실수를 하지 않고자 노력하여야 하지만 본의 아니게 실수를 하는 것이 인간이다. 서로 이해하고 용서하는 결혼생활이야말로 삶의 여유와 부부애가 넘치는 가정생활이 될 것이다.

인간의 실수에 대해서 잊을 수 없는 카톨릭의 사례가 있다. 옛날에 마셀로라는 신부가 있었다고 한다. 그런데 어떤 신자가 고백성사를 하는데 1년 내내 똑같은 실수의 용서를 비는 것이었다. 성탄절의 고백성사 시간이 돌아왔는데 또다시 똑같은 실수에 대한 고백성사를 하는 신도에게 신부는 크게 화를 내고 "당신 장난하러 다니느냐? 썩 나가라"고 소리를 질렀다고 한다. 그런데 순간 어디선가 근엄한 음성이 들려왔다. "마셀로야, 왜 용서를 못하느냐. 네가 그를 위해서 목숨을 바쳤느냐. 피를 흘렸느냐. 나는 너희를 위해서 목숨을 바치고 피를 흘렸다. 용서하라"라고 말하고, 어디선가 오른손이 나와 그 죄인을 용서하여 주었다고 한다. 그 후 카톨릭에서는 신자의 용서를 거부한 사제는 없다고 한다. 신이 아닌 인간은 실수를 하는 동물이다. 인간의 삶에 상호이해와 용서가 없다면 너무도 비인간적인 사회라 하지 않을 수 없다.

(6) 공동선, 공동문화를 향한 생활

공동문화, 공동선에 대해서는 앞의 조직문화에서 설명한 바 있다. 가정생활을 하는 데도 공동문화와 공동선을 행하는 생활이야말로 가장 바람직한 결혼생활이라 하겠다. 공동문화와 공동선의 구축을 위해 부부일신(夫婦一身)이라는 말은 아주 의미 깊은 말이다. 그러나 최근에 와서 이 말의 진의는 많이 퇴색되고 말았다. 공동문화, 공동선의 구축을 통해서 부부일신(夫婦一身)을 지향하는 결혼생활이야말로 가장 바람직하고 이상적인 결혼생활이라고 할 수 있다.

═══ 특별한 부부의 결혼생활 이야기

1. 사르트르와 보봐르의 계약결혼

사르트르와 보봐르는 당대 프랑스 최고의 지성인들이었다. 그들은 프랑스 고등사범학교 동창들로 사르트르는 수석이었고 보봐르는 차석이었다. 고등사범학교는 프랑스에서 수재들이 모인 학교였다.

두 지성들은 사랑을 나누다가 결혼하기에 이르렀다. 그들의 결혼생활은 특이하였다. 그들은 사상 유례 없는 계약결혼의 장을 열었기 때문이다. 그들의 결혼 조약을 보자.

첫째, 2년 단위로 계약결혼을 하고 원하면 2년씩 연장할 수 있다. 그들은 2년씩 연이어 연장하여 42년간이나 계약결혼생활을 계속하였다.

둘째, 아기를 갖지 않기로 한다. 보봐르는 사르트르와 데이트를 하면서 유모차를 끌고 가는 여인을 보고 나는 저 여인처럼 유모차를 끄는 여인이 되고 싶지 않다고 말하여 사르트르의 동의를 얻어 냈다.

셋째, 그들은 서로 연애의 자유를 인정하기로 하였다. 깃발을 먼저 든 쪽은 사르트르였다. 보봐르도 뒤 따라서 케나다의 어느 소설가와 밀애를 속삭였다. 재회를 신청한 쪽은 보봐르였다. 소설가와 싫증을 느낀 보봐르는 사르트르에게 당신이 보고 싶고 필요하다는 편지를 썼다.

넷째, 그들은 일정한 집을 갖지 않기로 하였다, 각자의 주거의 자유를 인정하기로 하였다. 그들은 함께 사는 것이 아니라 각자 따로 따로 살다가 만나고 싶으면 약속장소(호텔이나 명승지)에서 만나 며칠 보내다가 헤어지고 만나고 헤어지고 만나고를 반복하면서 42년을 살다가 갔다.

2년 계약결혼을 연장 연장하여 42년의 세월을 보냈다. 이들의 계약결혼생활을 理想的인(?) 결혼생활이라 하는 사람들도 있다.

사르트르는 노벨문학상까지 거절한 당대 프랑스 최고의 지성인이었다. 그는 노벨문학상을 거절하면서 "나는 장의식이 싫어서"라고 기염을 토했다. 그러나 일설에는 영원한 라이벌인 까뮈에게 먼저 노벨상을 빼앗긴 자존심과 질투심 때문이었다는 이야기도 있다.

2. 앙드레와 도린의 죽음을 초월한 사랑

앙드레라는 사람은 세계적인 생태 철학자였다. 그는 유대계 아버지와 오스트리아계 어머니 사이에서 태어나 유대인이라는 이유로 정체성을 찾지 못하고 아버지의 사랑은 받지 못하면서 오스트리아에서 스위스로, 스위스에서 프랑스로 떠돌며 이름을 세 번이나 바꾸면서 산 사람이었다.

그는 외로움에 떨던 24세 때 어느 가을날 스위스 로잔의 어느 카드게임장에서 우연히 도린 케어(Doreen Keir)라는 처녀를 보고 첫눈에 반한다. 그러나 넘볼 수 없는 아가씨라 생각하고 뒤돌아섰다. 당시 도린에게는 세 남자가 호감을 갖고 있었다.

한 달쯤 지나 하얀 눈이 흩날리던 거리에서 앙드레는 놀랍게도 도린을 만난다. 영국 출신인 도린은 어릴 적부터 어머니가 떠나버린 상태에서 친부도 없이 "대부" 아래서 자랐다. 고아 아닌 고아였다. 따뜻한 사랑을 받지 못하고 자란 도린에게 삶은 고통이자 공허 그 자체였다. 그들은 동병상련격인 사람들이었다. 24세와 23세로 사랑의 피가 끓을 때였다. 두 사람이 인연을 맺어 1949년 결혼을 하고 프랑스로 떠난다. 그들은 곡절 많은 세상을 살았으나 사랑에는 변화가 없었다. 앙드레는 아이를 원치 않았다. 아버지의 정을 느끼지 못하고 살았기 때문에 자기는 자기 아버지와 같은 아버지가 될까 두려웠고 무엇보다 아내의 사랑을 자식에게 빼앗길까 두려웠기 때문이라고 하였다.

1983년 도린이 허리 디스크 수술의 부작용으로 치명적인 질병에 걸린 것을 알고 파리를 떠나 150킬로나 떨어진 시골로 간다. 그 후 앙드레는 도린을 정성껏 돌보면서 명저들을 내었다. 도린이 없으면 다른 모든 것은 무의미하고 무가치하다고 보았기에 앙드레는 도린을 24년간이나 돌보며 살았다.

2007년 9월 22일. 그들은 60년간의 동반자 생활을 마감하고 함께 침대에 나란히 누워 자살이라는 수단으로 생을 마감했다. 앙드레는 'D에게 보낸 편지'라는 아내에게 보낸 편지를 남겼으며 그 책에서 "우리는 둘 다 한 사람이 죽고 나서 혼자 남아 살아가는 일이 없기를 바랍니다. 우리는 서로에게 이런 말을 했지요. 혹시라도 다음생이 있다면 그때도 둘이 함께 하자고." 앙드레는 D에게 보낸 편지에서 "당신은 곧 여든 두 살이 됩니다. 키는 예전보다 6cm 줄었고 몸무게는 겨우 45kg입니다. 그래도 당신은 여전히 탐스럽고 우아하고 아름답습니다. 서로 만난 지 60년, 함께 살아온 지 58년이 되었지만 그 어느 때보다도 더 나는 당신을 사랑합니다"라고.

그는 텅빈 세상에서 혼자 살고 싶지 않다고 독백하였다.

그들은 살면서도 연대하였고, 죽어서도 연대하였다.

Ⅲ 건강과 스트레스 관리

1. 현대사회는 스트레스의 사회

오늘의 사회는 스트레스의 사회라 할 만큼 현대인은 스트레스에 싸여 살고 있고, 현대병의 80%는 스트레스에서 온다고 한다. 농경사회와 같은 단순사회에서 스트레스는 인간사회의 큰 문제는 아니었다. 그리고 인간의 생활방식, 사고방식, 그리고 인간의 생활이 단순하였기 때문에 인간관계에서 정신적 압박요인들은 인간 전체의 문제가 될 만큼 크지 않았다고 할 수 있다.

그러나 인간이 사는 사회가 산업사회화되고 조직사회가 되면서 인간관계가 너무도 다양하고 복잡하고 생존경쟁이 극심해짐에 따라 스트레스의 문제는 사회적인 문제가 되어 가고 있다. 특히 최근에는 지식사회의 첨단이라 할 수 있는 4차 산업혁명의 시대가 도래하여 인공지능이라는 인간 아닌 인간이 인간 생활 속에 깊숙이 끼어들게 되어 인간의 생활은 더욱 복잡하게 되고 그로 인한 스트레스도 많이 나타나게 되었다.

이렇게 다양화된 인간의 삶 속에서 일어나고 있는 스트레스를 어떻게 극복하고 성공적인 인생을 사느냐가 문제라 하겠다.

스트레스란?

스트레스(stress)라는 말의 어원을 살펴보면 라틴어의 stringer로서 '바짝 잡아끌다(draw tight)'라는 의미를 갖고 있다. 이 용어는 'string', 'strest', 'straisse' 등으로 쓰이다가 14세기에 이르러 'stress'라는 용어로 일반화되기 시작하여 19세기에 와서야 오늘날의 의미와 같은 용어로 사용되게 되었다.[7]

스트레스란 환경의 변화에 대한 반작용으로 발생하는 개인의 생리적 변화 및 심리적 변화를 가리킨다. 스트레스를 야기하는 환경의 변화에 대한 반작용으로 개인의 내부에 일어나는 변화의 대부분은 그 사람이 불확실한 환경에 적응할 수 있도

---

7) 이종수, "조직원의 스트레스와 그 예방관리에 관한 연구," 고려대학교 행동과학연구, 제7권 (1986), p. 233.

록 대비시키는 역할을 하는 것으로 볼 수 있다.[8] 즉 이들은 그 사람이 환경의 변화에 맞서 싸우거나(변화를 조작하거나) 또는 변화에서 회피하도록 준비시키는 역할을 하는 것이다. 환경변화에 대응하여 개인은 생리적 변화로서 신진대사의 증대·혈압·심장 박동수·호흡횟수·근육에 공급되는 혈액량 등의 증대를 경험하게 된다. 이러한 반응은 개인이 불확실하면서도 중요한 것으로 평가하는 상황변화에 대응하여 촉진되는 뇌하수체나 부신제의 호르몬분비에 의해 촉발되는 것으로 생각된다.

2. 스트레스 관리의 종합모델

스트레스의 발생원인과 증상, 그리고 해소방안에 대하여서는 여러 가지의 견해가 있으나 여기에서는 하나의 통합모델을 제시하고 그 모델에 입각하여 스트레스의 원인, 증상, 해소방안을 설명하려고 한다([그림 10-2] 참조).

3. 스트레스의 원인

스트레스의 원인이 되는 요인은 개인차원의 요인과 조직차원의 요인, 그리고 환경차원의 요인으로 나누어 설명할 수 있다.

1) 개인요인

(1) 가족문제

개인요인 중 근본적인 문제가 가족 간의 문제이다. 시대의 변화로 한국의 가정도 '핵'가족화되어 가면서 여러 가지 문제가 야기되고 있다. 시부모와의 문제, 사회변화로 발생한 부부동권의 권리행사에 따른 문제, 의식구조의 변화로 인한 자녀들과의 문제 등 가족 간의 문제도 스트레스의 큰 원인이 되고 있다. 가족문제에 있어 한국사회의 큰 변화는 이혼의 급증이다. 황혼이혼이 늘어나고 있고 3~40대에의 이혼율이 40%를 넘고 있다. 또, 신혼부부 10쌍 중 3~4쌍이 외국여성과 결혼하여 소위 다문화 가정의 문화차이로 인하여 갈등과 스트레스가 증가하고 있다.

---

8) W. B. Cannon, "Organization for Psychological Homestasis," *Psychological Review*, vol. 9(1929), pp. 339~430.

그림 10-2 | 스트레스 관리 모델

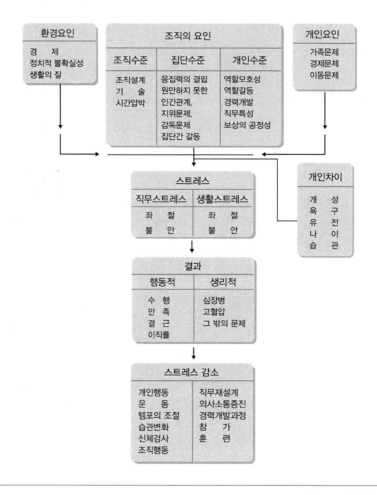

(2) 경제문제

인간의 삶은 경제문제가 모든 것을 해결해주지 못하며 경제문제도 중요하지만 경제 이상의 문제, 즉 사랑, 신의, 윤리, 가치, 보람, 희생 등의 인간의 차원 높은 신조나 철학에 의해서 삶을 영위하는 것이 진실된 삶의 모습이 아닌가 한다. 그런데 최근의 인간의 문제는 경제문제가 인간문제의 전부라는 착각에 빠질 정도로 경제문제가 최우선의 문제가 되고 말았다. 인간이 '돈'만을 위해서 산다는 것은 인간의 진정한 삶이 아니다. 하지만 최근의 흐름을 보면 세계의 문제나 나라의 문제나 가정의 문제나 경제문제가 최우선의 문제가 되고 말았다. 이것은 21세기를 살아가는 인류의 불행이요, 한계상황이다. 이러한 상황하에서 경제문제는 스트레스의 주원인이 되고 말았다. 천민자본주의 풍조가 사회의 지배적 흐름이 된다면 그 사회는 가치관의 전도로 인해 진정한 인간적인 삶을 누리기 어렵다. 이에 사회적 욕구를 충족할 수 있는 중산층의 증가가 필요한데 오늘의 한국사회는 양극화의 골이 깊어지고 있다. 최근 불황의 구름이 한반도를 덮고 있어 경제문제로 인한 스트레스는 전국민의 가슴속으로 파고들고 있다. 특히 청년들이 일자리를 구하지 못하여 수십만 명이 거리를 헤매고 있다.

(3) 이동문제

인간의 삶에는 최소한 두 가지 문제가 충족되어야 한다. 하나는 주거의 문제요, 하나는 일터의 문제이다. 특히 현대인은 주거의 문제를 어떻게 할 것인가가 중요한 문제다. 집은 인간에게 안정과 행복의 산실이 된다. 그래서 영국인의 속담에도 "가정은 행복의 성"이라는 말이 있다.

다음으로 직업선택이 중요하다. 현대는 조직사회이기 때문에 직업은 현대인의 삶 자체라고 할 수 있다. 원하는 직업을 선택하며 원하는 인생의 나래를 펴는 것이 인간의 바램이다. 주거와 직장문제로 고민할 때 사람은 스트레스를 받게 마련이다.

집과 일터의 마련, 이것이 정부의 가장 큰 과업이다. 주거문제와 일터문제, 이는 정부와 국민의 최대의 과제이다.

2) 조직요인

조직수준의 요인은 [그림 10-2]에 나타난 바와 같이 ① 조직수준, ② 집단수준, ③ 개인수준으로 나눌 수 있다.

(1) 조직수준

조직수준에서는 조직설계의 문제, 기술의 문제가 포함된다. 조직의 설계나 조직구조에 따라 개인과 조직의 상호관계가 형성되기 때문이다. 시간의 압박은 조직생활을 하는 현대인에게 가장 큰 스트레스의 요인이 되고 있다.

오늘의 직장생활은 긴박감이 감돌 정도로 시간과 속도의 노예가 되어 살아가는 생활이다. 토플러(Toffler)의 「제3의 물결」은 생명의 주기(life cycle)가 단축된 것을 말한다. 기업에서 생산한 제품의 생명이 단축되는 것은 기업에 종사하는 사람들의 조직생활의 생명주기를 단축시키게 되고, 이에 따라 경쟁이 격심한 직장생활은 그야말로 스트레스의 원천이라 할 수 있다. 더욱이 앞으로 인공지능의 시대가 돌아와 과거에 인간의 손에 의해서 처리되었던 문제들이 인공지능의 손으로 처리될 것이며 처리되고 있다.

(2) 집단수준

조직에서의 집단은 응집력이 있어야 조직과 개인이 발전하는데 응집력이 결핍될 때 개인과 조직의 발전에 저해요인이 된다. 또 조직에서의 중요한 요인은 구성원 상호간에 원만한 인간관계가 유지되어야 하는데, 인간관계가 원만하지 못할 때 조직분위기가 나빠지고 생산성이 저하되고 조직에 대한 불만과 스트레스가 쌓이게 된다.

그 밖에 직장에서의 지위의 문제, 감독문제도 스트레스의 요인이 된다. 직장에서 개인은 승진을 통해서 자기발전이라는 삶의 의의를 찾으려고 하는데, 조직은 모든 개인의 욕구를 만족시켜줄 수는 없다. 또한 감독자와의 관계와 조직 내에서의 집단간에 발생하는 여러 가지 문제, 예를 들면 생산부와 영업부간의 문제, 총무과와 경리과간의 문제 등도 스트레스의 원인이 된다.

(3) 개인수준

조직에서의 개인수준의 스트레스 요인으로서는 ① 역할 모호성, ② 역할 갈등, ③ 경력개발, ④ 직무특성, ⑤ 보상의 공정성의 여하가 스트레스의 원인이 된다.

3) 환경요인

환경요인으로서는 ① 경제문제, ② 정치적 불확실성, ③ 생활의 질을 들 수 있다.

(1) 경제문제

위에서 이야기하였지만 경제문제는 현대사회에서 인간의 생존을 위한 신적인 요인이 되고 있다. 자본주의 시대를 살아가는 제일의 무기가 돈이 되어 버렸기 때문이다.

(2) 정치적 불확실성

정치적 상황은 국민생활과 밀접한 상관관계를 갖는다. 2차 세계대전이 끝나고 8·15해방 이후 우리 한민족은 너무도 많은 정치적 불확실성하에서 살았다. 자유당의 독재 정부하에서 6·25 전란을 통해서, 4·19라는 혁명의 소용돌이 속에서, 5·16이라는 군사혁명의 와중에서, 그리고 10·26이라는 대통령의 암살사건, 5·17이라는 이른바 신군부의 등장, 그리고 5·18이라는 광주의 민주화 투쟁 등 우리는 수많은 정치적 불확실성과 긴장 속에 살아왔다.

독재 정부하에서 정보정치와 공작정치에 시달리면서 정부는 정통성과 도덕성을 상실하고 국민은 상호불신과 이기주의 팽배, 그리고 각종 사회악이 범람하여 인간성이 파괴된 사회 속에서 살게 되었다. 민주주의를 위한 투쟁으로 민주주의 정부를 수립하게 되었으나 각종 사회적 갈등은 계속 되고 있다.

| 표 10-1 | 한국인의 스트레스 평가

삶의 변화	점수	삶의 변화	점수
자식 사망	74	사업의 일대 재정비	43
배우자 사망	73	직업전환	43
부모 사망	66	정년퇴직	41
이혼	63	해외취업	39
형제자매 사망	60	유산	38
혼외정사	59	임신	37
별거후 재결합	54	입학시험, 취직 실패	37
부부의 이혼, 재혼	53	자식의 분가	36
별거	51	새 가족 등장	36
해고, 파면	50	가족 중 1명이 질병을 얻음	35
정든 친구의 사망	50	성취	35
결혼	50	주택, 사업, 부동산 매입	35
징역	49	정치적 신념의 변화	35
결혼 약속	44	시댁, 처가, 친척과의 알력	34
중병, 중상	44	학업의 시작, 중단	34

주: 300점 이상이면 금년에 질병을 앓을 가능성이 50%, 229~250점이면 금년에 질병을 앓을 가능성이 25%, 249~200점이면 금년에 질병을 앓을 가능성이 10%, 반면에 199점 이하이면 건강.
참고: 이덕로, 「인간관계」, p. 313.

(3) 생활의 질(quality of working life)

인간은 빵만으로도, 정신만으로도 살 수 없다. 양자가 동시에 필요하며 특히 현대인은 갖가지 욕구가 분출하고 있다. 즉 인간답게 살기를 바라는 것이 삶의 질을 높이기 위한 인간의 바램이다.

현대인은 대체로 ① 기본적 욕구의 충족, ② 근로조건의 인간화, ③ 능력발휘의 기회제공, ④ 인간다운 삶의 기회의 증대, ⑤ 자기가 하는 일에 대한 사회성의 증대 등에 대한 욕구가 강하다. 이러한 욕구들이 채워지지 않을 때 인간은 긴장하게 된다.

| 표 10-2 | 한국인의 직업별 스트레스 순위

번호	상위	수준	하위	수준
1	투자분석가(애널리스트)	4.48	모델	2.68
2	방송연출가(프로듀서)	4.48	플로리스트	2.76
3	외환딜러	4.44	공예원	2.76
4	프로게이머	4.44	악기수리원 및 조율사	2.77
5	카지노딜러	4.34	사진작가	2.80
6	만화가 및 애니메이터	4.32	인문과학연구원	3.00
7	쇼핑호스트	4.29	물리치료사	3.04
8	행사기획자	4.28	가축사육자(수렵종사자 포함)	3.12
9	금융자산운용가	4.28	통신장비기사	3.18
10	회계사	4.24	일반공무원	3.20
11	기자	4.24	사서	3.20
12	제도사(캐드원)	4.24	연주가	3.20
13	영업원	4.24	특수교사	3.24
14	영화감독	4.20	작업치료사	3.24
15	측량사	4.20	성직자	3.24
16	광고 및 홍보전문가	4.16	스포츠에이전트	3.24
17	시장 및 여론조사전문가	4.16	보석감정사	3.28
18	구매인(바이어)	4.16	인문사회계열 교수	3.28
19	치과기공사	4.16	약사 및 한약사	3.28
20	의사, 크레인, 호이스트운전원	4.12	임상병리사	3.28

주: 전혀 없다=1, 별로 없다=2, 가끔 있다=3, 자주 있다=4, 항상 있다=5.
자료: 교육인적자원부 한국직업능력개발원(2006), 「미래의 직업세계 2007」.
참고: 이덕로, 「인간관계」, p. 315.

4) 스트레스의 개인차이

동일한 조건하에서 동일한 스트레스의 요인이 발생하더라도 개인에 따라 스트레스를 느끼는 정도가 다르게 나타난다. 스트레스에 대한 개인차이를 보면 개성·욕구·유전·나이·습관에 따라 다르게 나타난다. 여기에서는 한국인의 일반적인 스트레스 평가와 직업별 스트레스 순위를 제시하여 독자들의 스트레스 관리에 참고로 삼고자 한다.

5) 스트레스의 결과

스트레스의 결과는 직무 스트레스와 생활 스트레스에서 좌절과 불안의 증상으로 나타나는 현상인데 행동적 면과 생리적 면으로 나누어 볼 수 있다.

⑴ 행동적인 면　　행동적인 면은 긍정적인 면과 부정적인 면으로 나타난다. 긍정적인 면은 맡은 일을 열심히 수행하고 자기가 하는 일과 근무하는 직장에 대해서 만족을 느끼는 것을 말하고, 부정적인 면은 불만족과 불만이 많아 결근과 이직률이 높아지게 된다.

⑵ 생리적인 면　　일과 직장에 불만을 느끼고 스트레스가 쌓이게 되면 심장병, 고혈압 등 정신적, 육체적인 병까지 유발하게 된다.

6) 스트레스의 관리

[그림 10-2]의 스트레스 모델에서 가장 중요한 것은 스트레스의 해소를 위한 관리방법이라고 할 수 있다. 이 스트레스의 해소방법은 여러 가지 측면에서 접근할 수 있는데, 크게 개인행동과 조직행동의 면에서 찾아볼 수 있다.

⑴ 개인행동　　개인행동의 방법으로는 ① 적당한 운동, ② 일에 대한 템포의 조절, ③ 습관의 변화, ④ 자기 개발을 위한 노력, ⑤ 신체의 질병 유무에 대한 검사를 통해서 스트레스를 관리할 수 있다.

⑵ 조직행동　　조직행동의 방법으로는 ① 조직구성원의 욕구를 충족시킬 수 있도록 직무의 재설계, ② 조직 내에서 인체의 혈관과 같은 기능을 하는 의사소통(communication)의 활성화, ③ 개인의 경력개발방법의 개선, ④ 경영참가의 활성화를 통한 소외감의 감소, ⑤ 개인과 조직을 발전시킬 수 있는 훈련제도의 강화(예컨대 어학훈련, Computer훈련, 승진에 대비한 전문분야의 연수 등) 등을 통하여 스트레스의

관리방안을 강구할 수 있다.

(3) 스트레스 관리를 위한 종합적인 방안   현대 한국사회는 스트레스 사회다. 국민소득 3만$의 시대가 눈앞에 다가왔는데 우리의 삶은 더욱 고달프다. OECD 국가 중 자살률 1위의 나라요, 우발적 충동으로 하루 한명씩 살인 사건이 일어나는 사회가 되고 말았다. 근본 원인은 개인·직장·사회에서 일어나는 스트레스 때문이다. 촛불 혁명으로 새로운 정부가 탄생하였는데 서울 거리거리는 조용한 날이 없다. 사회적·개인적 갈등으로 인한 스트레스의 분출이다.

거시적인 면에서 국민의 스트레스를 줄이고 보다 평화로운 사회를 건설하기 위해서 두 가지 측면에서 그 해법을 생각해 보자. 첫째는 개인의 노력이요, 둘째는 정부의 역할이다. 인류의 역사는 경쟁의 역사다. 경쟁에서 살아남기 위해서는 개인도 무한한 능력의 소유자라는 신념을 가지고 노력해야 한다. 정부는 국민들에게 특히 젊은이들에게 꿈을 심어 주는 정책을 펴야 한다. 한국사회는 점점 꿈을 잃어 가는 사회가 되어 가고 있다. 꿈을 실현할 수 있다는 정책을 펴고 사회 문화를 창조해야 한다. 그때 보다 평화로운 사회가 오리라.

모파상의 마지막 잎새에서 존시는 삶을 포기하려는 때에 뒷담벼락에 붙어 있는 한떨기 나뭇잎을 보고 삶의 희망을 찾는다. 그 나뭇잎은 늙은 노인이 그려 놓은 가짜 이파리였지만 희망은 생명이다.

▬▬▬ 석유재벌 록펠러의 두 인생

석유왕 록펠러는 돈 버는 방법밖에 몰랐던 수전노였다. 그는 악덕 기업주로 악명을 날리며 53세에 미국 석유시장의 95%를 점유하였다. 그는 어떤 사람인가.

그는 수만 불의 화물을 선적한 화물선에 불과 150불의 보험도 들지 않았다. 그런데 그날 밤 갑자기 폭풍우가 몰아쳐 그는 놀란 나머지 밤중에 부하직원을 시켜 보험에 들도록 하였다. 화물선은 다행히 침몰하지 않고 뉴욕항구에 도착하였고, 록펠러는 공연히 보험을 들었다고 후회를 거듭한 사람이었다.

그렇게 살다보니 그는 53세에 머리가 빠지고 시력이 나빠지고 당뇨에 걸려 죽음에 이르게 되었다. 그가 할 수 없이 의사를 찾아갔다. 의사는 그에게 살고 싶으면 다음의 사항을 지키라고 처방을 내려준다.

1) 번민에서 해방될 것
2) 휴식을 취하고 적당한 운동을 할 것

3) 식사를 조절할 것

4) 사회에 기여할 것

그는 의사의 처방을 지키기로 결심하고 록펠러 재단을 설립하여 자선사업을 시작했다. 그가 얼마나 악명 높은 기업인이었는지 병원에서도 학교에서도 그의 자선기금을 거부하고 그를 규탄하는 집회를 열고 언론은 매일 그를 비난하였다. 그러나 그는 자선을 계속하였다. 마침내 미국사회도 그를 이해하고 받아주기 시작했다. 그리하여 록펠러 재단은 미국에서 가장 큰 자선재단이 되었고, 록펠러는 가장 훌륭한 자선사업가가 되었다.

그는 돈의 포로에서 벗어나니 스트레스에서도 해방되어 98세까지 건강하게 살았다. 53세에 죽을 사람이 45년을 더 살면서 보람 있고 존경받는 인생을 살다 가게 되었다.

Ⅳ 종교와 인간생활

> 신이 있다는 것도 불가해하고 신이 없다는 것도 불가해하다.
> 신이 없다는 것에 인생을 걸면
> 우리는 한없는 절망의 심연에 빠지고 만다.
> 신이 있다는 것에 인생을 걸자.
> 인생은 도박이다.
> ─ 파스칼

1. 인공지능시대와 인간소외

현대사회의 인간의 소외

현대사회의 인간은 신이 놀랄 정도의 빠른 속도로 바벨탑을 만들어서 신보다 더 믿는 인간의 우상을 만들어 냈다. 이른바 컴퓨터라는 우상은 신보다 더 무서운 위력을 인간에게 발휘하고 있다. 컴퓨터문명으로 대변되는 현대문명 속에서 인간은 평화와 안정과 귀속을 누리고 살고 있는가라는 물음에 대한 해답은 무엇인가? 컴퓨터라는 괴물은 그 발전을 가속화하여 인공지능이라는 학습하고 생각하는 인간 아닌 인간을 탄생케 하였다. 이처럼 인간은 편리의 문명을 창조하였지만 역으로 불안하고 소외를 느끼고 있다.

오늘의 우리 사회는 도덕성의 결핍, 가치관의 혼란, 생존경쟁의 극심, 빈부의 격차 등으로 온갖 사회악이 범람하며 미풍양속을 자랑하고 살았던 우리 사회가 서구사회의 악폐를 능가하는 불안한 사회가 되고 말았다.

물리적으로는 삶의 질이 획기적으로 향상되었지만 정신적인 삶에 있어서는 방황을 계속하고 있는 것이 현대인의 삶이라 하겠다. 물질의 추구 후에 오는 정신적인 공허, 이것은 어디에서 오는 것인가? 이것이 현대인의 고독과 소외의 문제이다. 현대사회에서 인간의 소외는 어디에서 오는가? 그것은 세 가지 유형으로 설명할 수 있는데,

첫째, 자기 자신으로부터의 소외

둘째, 타인으로부터의 소외

셋째, 우리가 살고 있는 세계로부터의 소외

가 바로 그것이다.

그렇다면 현대인의 질병인 소외는 어디에서 오는가? 박탈감에서 온다.9)

박탈감은 욕구가 증대되는 것과 현실적인 성취가능성이 일치되지 않는 데서 생겨나는 심리적 좌절감으로 그것은 주관적인 것일 수도 있고 객관적인 것일 수도 있다. 그것은 또한 절대적일 수도 있고 상대적일 수도 있는데 여기서 특히 중요한 것은 상대적 박탈감의 문제이다.

상대적 박탈감은 개인들이 다른 사람들과 자신의 환경을 비교해볼 때에 박탈 당하고 있다고 느끼는 감정이다. 박탈감은 그것이 어떤 절대적이거나 불변의 표준에 따라 측정되는 것이 아니라 하나의 변수, 즉 특정한 하나의 준거집단에서 지배적인 표준에 따라 측정되기 때문에 상대적이다. 따라서 상대적 박탈감은 자신의 상황이 개선된다 하더라도 증가될 수 있다. 다시 말하면 아무리 자신의 경제적 수준, 사회적 지위가 향상된다 하더라도 다른 사람들과 비교해서 상대적으로 부족하다고 느낄 때에는 언제나 생겨날 수 있는 것이며, 이러한 박탈감은 좌절감과 불만의 요소로 나타나게 된다. 박탈의 경험이 의식적인 것이든 무의식적인 것이든, 직접적으로 경험하든 간접적으로 경험하든, 그 원인이 알려지든 알려지지 않든 박탈감은 소외감을 일으킬 수 있고 가치갈등을 초래할 수 있게 된다. 이러한 박탈감(특히 상대적 박탈감)은 현대사회에서 더욱 심각한 문제가 되고 있다. 왜냐하면 산

---

9) 이완규, 앞의 책, pp. 102~103.

업사회에서 경제가 성장하면서 소득격차가 심화되어 빈부의 차가 현저하게 나타나고 있기 때문이다. 그리고 현대사회에서 요구와 필요는 날이 갈수록 증대되지만 이것들을 충족시킬 수 있는 수단과 능력은 제한된 사람들만이 소유하고 있기 때문이다. 또한 현대사회는 업적지위를 중요시하기 때문에 경쟁에서 뒤지거나 자신의 성취동기가 부족할 때, 그리고 성취감이 결여될 때에 박탈감은 더욱 심화될 수 있다.

문제를 더욱 악화시키는 것은 대중매체의 발달로 소비와 사치풍조가 크게 조성되고 있고, 부유층의 생활형편이 대중에 공개됨으로써 이를 이룰 수 없는 사람들에게는 더욱 큰 절망감과 반발만 생겨나게 된다. 나아가서 박탈감은 자포자기적인 혹은 냉소적인 생활태도를 갖게 할 수도 있고 혹은 정당치 못한 방법으로 무규범적으로 목적을 달성하려는 일탈행위를 유발시킬 수도 있는 것이기 때문에, 박탈감 이외에 새로운 또 하나의 정신적 결함을 초래할 수 있는 이중의 불행을 의미하게 된다.

그러나 박탈감이 반드시 경제적인 것만은 아니다. 글락(Glock)은 다섯 가지 박탈감을 구분하고 있다.[10]

1) 경제적 박탈감   이것은 사회 안에서의 수입의 서로 다른 분배와 어떤 개인들이 생활의 필수품과 사치품들을 획득하는 데 있어서의 제한성에 근거한다. 그것은 주관적이거나 객관적일 수 있으나 주관적인 것이 더욱 중요하다.

2) 사회적 박탈감   사회적 박탈감은 어떤 개인들과 집단들이 다른 이들보다 더욱 가치를 두는, 그리고 명성, 권력, 지위, 사회참여에의 기회와 같은 사회적 보상들을 분배하는 사회적 성향의 파생물이다. 그렇다면 사회적 박탈감은, 높은 것으로 간주되는 속성들의 서로 다른 분배에서 생겨난다. 개인이 바람직한 속성들을 적게 가질수록 그의 상대적 지위는 낮게 되고, 그것들을 많이 가질수록 그 지위는 높게 되는 것이다. 경제적 박탈감과 사회적 박탈감의 구분은 사회계급(class)과 사회적 지위(status)의 구분과 통한다고 하겠다.

3) 육체적 박탈감   육체적 박탈감은 어떤 개인들이 다른 사람들에 비하여 육체적 건강을 박탈당한 것을 의미한다.

---

10) Charles Y. Glock, "The Role of Deprivation in the Origin and Evolution of Religious Groups," Robert Lee and Martin E. Marty(eds.), *Religion and Social Conflict*(New York: Oxford University Press, 1964), p. 27.

4) 윤리적 박탈감   윤리적 박탈감은 개인이 사회의 지배적인 가치들이 그에게 그의 생활을 조직하는 의미 있는 방법을 마련하지 못하고 있다고 느낄 때에 생겨나며, 이때 그에게는 대응물을 발견하는 것이 필요하다.

5) 정신적 박탈감   정신적 박탈감은 사람이 다른 이들과의 관계에서 어떻게 처신해야 하는가 하는 윤리적 처방의 근원으로보다는 자신을 위해 추구됨으로써 생기는 정신적 공허감을 의미한다. 경제적, 사회적, 육체적 박탈감은 개인이 사회의 표준에 따라 살아가지 못한다고 느끼는 특징을 가졌다고 하겠다.

이와 같이 현대 도시산업사회에서 생겨날 수 있는 많은 심리적 부담이 그 사회에서 살아가고 있는 사람들을 압도하고 있음을 쉽게 볼 수 있는데, 그 가운데 특히 현저한 현상들은 소외, 가치갈등과 혼란, 상대적 박탈감의 문제들인 것이다. 이 문제들은 독자적인 형태로 혹은 복합적인 형태로 작용하면서 특히 현대인들에게 어려움을 주고 있다고 하겠다. 인간의 소외는 태고 때부터 시작되었다.

박탈감의 몇 가지 요인에 대하여 이야기하였는데 가장 큰 박탈감은 경제적 박탈감이라 하겠다. 인간이 살아가는 데 가장 핵심적인 요인은 일과 사랑이다. 일과 사랑을 잃어버린 인간은 삶의 의미를 찾을 수 없다. 이들은 소외계층으로 전락하고 사회악과 사회불안의 요인이 된다.

2. 인간의 소외와 종교의 역할

위에서 현대사회에 있어서의 인간의 소외문제에 대하여 간략하게 논의하였다. 인간은 형이상적(形而上的)인 존재임과 동시에 형이하적(形而下的)인 존재이다. 양면이 병존하면서 생존을 이어가는 것이 인간이라는 동물이다. 형이상적인 면에서 보면 인간의 소외는 궁극적으로 인간이 무엇인가에 대한 본질적인 회의에서 출발한다고 할 수 있다.

존 레넌(John Lenon)의 노랫말처럼 "상상해보라, 종교 없는 세상을," 자살 폭파범도 없고, 9·11도, 런던 폭탄테러도, 십자군도, 마녀 사냥도, 인도분할도, 이스라엘과 팔레스타인의 전쟁도, 세르비아와 크로아티아와 보스니아에서 벌어진 대량 학살도, 북아일랜드 분쟁도, 명예 살인도, 탈레반도, 신성모독자에 대한 공개처형도, 속살을 보였다는 죄로 여성에게 채찍질을 가하는 행위도 없다고 상상해보라.

조선시대 천주교 박해 때 수많은 사람들의 순교도 일어나지 않았고, 종교로 인하여 파생되는 헤아릴 수 없는 종교 간의 분쟁도, 인간의 분쟁도 없다고 상상해보라. 그렇다고 이 세계에 갈등 없고 분쟁 없는 평화가 왔을까?

이러한 가설에 대한 검증을 내릴 수 있는 자신이 없다. 소련이 패망하고 나면 세계는 평화가 정착되리라고 기대하였지만 공산주의는 사라졌으나 새로운 분쟁들이 찾아온 것과 같이 종교가 없어지면 그 자리에 다른 어떤 분쟁의 씨앗이 찾아오지 않을까?

그래서 종교가 없는 사회를 상상할 수 없는 현대 종교사회의 입장에서 종교와 인간에 대하여 이야기하여 보고자 한다.

인간은 인간 스스로 해결할 수 없는 인간이 무엇인가에 대한 해답을 종교를 통해서 구하려 한 것이며, 인간의 생·노·병·사의 문제, 사회생활에서 일어나는 권력·부·지위·인간 간의 갈등 등 여러 가지 한계에 대한 극복을 종교를 통해서 해결하여 평화와 안정과 죽음까지를 극복하고자 하는 것이 인간의 심리이다.

이를 다시 상론하면 종교의 본질은 자연적 환경에서의 일상경험에 대한 초월성에 기초하고 있다.[11] 따라서 인간의 종교적 심리는 인간이 지닌 능력의 한계, 즉 인간 존재의 기본적 특성의 결과라고 할 수 있다. 오데아(O'Dea)는 이것을 세 가지로 구분하고 있는데,[12] 하나는 불확실성의 상황으로 인간은 안전과 복지에 결정적인 의미를 지닌 사건을 예측할 수 없다는 것이고 또 하나는 무력감으로 이것은 생활의 조건을 통제하고 영향을 줄 인간 능력의 한계를 나타내는 것으로 욕구와 환경간에 발생하는 알력에 관계되는 인간 조건을 의미한다.

다른 하나는 희소성의 상황으로 재화와 가치의 불균등한 분배에서 비롯되는 것이다. 여기에서 불확실성의 상황이 의미의 문제, 가치의 문제와 관계되어 있다고 하겠다. 이러한 한계상황, 극한상황은 앞에서 본 것같이 소외의 문제, 가치관의 갈등과 혼란으로 인한 긴장과 불안의 문제, 박탈감의 문제들로 심각한 어려움을 겪고 있는 현대의 인간들에게서 더욱 심화되고 있다고 볼 수 있다.

종교는 원래 이러한 한계상황에 처한 인간의 심리적, 사회심리적 상태에 어떤 해결책을 마련해주는 것으로 생각되어 왔다. 즉 종교는 불확실성, 무력성, 희소성

---

11) 이완규, 앞의 책, pp. 105~106.
12) Thomas F. O'Dea, *The Sociology of Religion*(Englewood Cliffs, N.J.: Prentice—Hall, 1966), pp. 5~7.

의 맥락에서 적용할 수 있게 하는 가장 기초적인 기제라는 것이다. 인간은 정서적 지주를 필요로 하고 실망에 빠져 있을 때 위로를 필요로 하고, 또 사회적 목표와 규범으로부터 소외되었을 때 사회와의 화해를 필요로 한다. 이때 종교는 인간의 운명과 안녕에 관련하고 또 그에 대하여 인간이 적응하며 관계를 수립하는 초월자에 대하여 기원함으로써 도움, 위로, 화해를 마련해준다. 사회적 향상 추구에서의 실패, 실망, 불안과 같은 인간 조건의 요소들에 직면할 때 종교는 매우 중요한 감정적 조력을 제공한다. 인간의 고통 체험을 격감시키고 희망과 용기를 불어넣어 준다는 점에서 종교는 정신치유적 효과를 가지고 있는 것이다.[13]

"가난한 자에게 복이 있나니 천국이 너희 것이다," "부자가 천국에 가는 것은 낙타가 바늘구멍에 들어가는 것보다 더 어렵다"는 성경의 경구는 종교를 통해 인간에게 복음을 주려는 상징적인 경구라 할 수 있다.

그런데 세계가 다양화, 다변화해 가면서 종교의 퇴색을 실감하지만 한국에서는 급격하게 성장하는 종교의 융성을 목도하고 있다. 종교인구의 증가율이 한국이 세계 1위라는 데는 긍정적인 면과 부정적인 면의 양면이 있겠지만, 이는 한국사회가 지닌 한 단면의 노출이라고 할 수 있다. 정치적, 경제적, 사회적 불안으로 점철된 현대사를 살면서 끝없는 불안을 느끼고 이 불안을 극복하려는 몸부림이 종교에로의 귀의로 나타났다고 할 수 있다.

그러나 문제는 종교인구의 증가와 비례하여 한국사회가 그만큼 정의와 평화와 인간애가 구현되어가고 있느냐에 있다. 살인, 강도, 성폭행 등 각종 사회악은 날로 극성을 부리고 있다. 이것이 오늘의 한국사회가 극복해야 할 가장 중요한 문제인 것이다. 종교 인구는 급증하면서도 사회는 반종교적인 길로 가고 있는 현실은 사회적으로 볼 때 불행한 일이기도 하거니와 종교의 위기를 걱정하지 않을 수 없다.

결론적으로 종교는 불안을 타고난 인간에게 큰 위안이 되기도 하였지만 종교가 인류사회에 끼친 해독 또한 상상을 초월한다. 특히 종교간의 분쟁으로 인한 피해는 너무도 컸다. 앞으로 인류의 과제는 종교와 종교가 공생의 길을 찾아 인류의 구원에 기여케 하는 것이다. 이 문제에 대해서는 다음에서 상세히 논하고자 한다.

---

13) *Ibid.*, p. 14.

종교의 힘 — 소록도 이장의 행복론

몇 년 전 소록도에 평화봉사회 회원들과 함께 자원봉사라는 것을 갔었다. 청소를 하고 잡초를 뽑고 꽃을 심고 하수도 정비 등을 하고 나니 점심때가 되었다. 준비해 간 도시락으로 점심을 때우고 우리는 한자리에 모여 소록도 이장의 말씀을 듣기로 하고 언덕 위 잔디밭에 모여 앉았다. 저 아래쪽 잔디밭이 우연히 눈에 들어왔다. 그곳에는 몇 사람의 한센병 환자들이 봄의 햇살을 쬐고 있었다. 그들이 움직이는 모습이 보였다. 어떤 분은 무릎으로 기어가고 어떤 분은 팔꿈치로 몸을 움직이고 어떤 분은 숫제 몸통을 구르는 분도 있었다. 회원들에게 그 분들의 광경을 보라고 말하며 "저 분들은 얼마나 고통스럽겠습니까. 우리는 행복한 줄 아세요. 오늘 자원봉사자는 저 분들을 위해서 온 것이 아니라 우리 자신을 위해서 온 것입니다"라고 말하고 나니 소록도 이장이 왔다. 그분은 중증환자는 아니었다. 그분의 첫마디는 "우리가 불행한 줄 아십니까. 우리는 행복합니다. 불행한 눈으로 보지 마십시오. 우리는 모두 종교를 갖고 있고 평균 연령 73세이고 100세 되신 분도 있습니다. 나는 돼지를 기르고 닭도 기르고 하여 돈을 벌어 육지 본가에도 보내 줍니다. 이 마을에서 제가 제일 젊은데 53세입니다. 우리는 행복합니다"라고 재삼 강조하였다. 봉사회원들은 그의 당당한 태도에 놀랐었다. 그곳에서 무서운 종교의 힘을 발견하였다.

3. 현대사회와 종교의 위기[14]

1) 현대사회와 종교의 기능

앞에서 살펴본 대로 종교는 소외를 느끼는 자, 가치혼란을 겪고 있는, 그래서 긴장과 불안을 겪는 자, 박탈감을 느끼는 자들에 대하여 일종의 긍정적인 기능을 수행하고 있는 것이 사실이다. 종교는 정체성을 회복하고 소속감을 마련해 줌으로써 소외를 극복할 수 있게 하며, 의미의 문제로써 긴장과 불안의 상황을 극복하여 가치관을 정립할 수 있게 하고, 박탈감에 대하여 보상을 받을 수 있게 하는 작용을 하는 것이다. 더구나 현대사회는 소외의 문제가 도시산업화되는 변화과정 가운데서 더욱 심각해지고, 급변하는 사회상황은 가치관 정립을 더욱 어렵게 하고 긴장 상황

---

14) 이 항은 이원규, 「종교사회학」(서울: 한국신학연구소, 1991), pp. 109~110을 참조하여 기술하였음.

을 심화시키며, 경제성장의 발전과정에서 뒤지거나 목적을 성취할 수 있는 수단과 능력의 한계를 느끼는 많은 이들의 박탈감이 더해 가는 상황이다. 이때 종교가 수행할 수 있는 의미제공의 기능, 긴장해소의 기능, 심리적 안정과 통합의 기능, 위로와 도움의 기능들은 더욱 중요한 것으로 보일 수 있을 것이다. 그렇다면 인간이 느끼게 되는 이러한 소외, 긴장과 불안, 박탈감이 심하면 심할수록 종교의 필요성은 더욱 커지고 그 역할이 더욱 중요해진다고 볼 수 있겠다.

이와 같이 종교는 인간의 한계에 대하여 초월의 힘을 발휘하여 왔지만 현대사회가 다양화, 복잡화되어 가면서 종교는 만능이 될 수 없고 인간은 종교 밖에서 위안을 찾으려는 노력을 하고, 또 찾고 있다.

2) 현대사회와 종교의 위기

현대사회에서의 종교의 문제점을 보면 현대사회는 종교의 기능적 대행물(functional alternative)이 나타나게 된 것이 종교의 위기를 운운하게 된 중요한 이유라 하겠다.

이 종교의 기능적 대행물은 첫째로 정치적, 사회적, 이념체계를 들 수 있다. 민족주의, 민주주의, 사회주의, 공산주의 등의 확립된 이데올로기들이 인간의 기본적인 심리적 불안과 불만의 요소, 그리고 소외와 박탈감의 상태에 대한 해결책을 제시할 수 있다고 믿는 것이다. 예를 들면 종교 아닌 어떤 'ism'을 종교 이상으로 신봉하는 집단이나 국가가 여러 곳에 존재하는 것도 현대사회의 모습이다.

둘째는 정치적 행동이다. 특히 박탈감 해소를 위하여 집단적인 실력행사를 함으로써 그것에 대한 실제적이고 구체적인 보상을 정치적으로 받으려는 것이다. 예컨대 노동조합 가입활동, 각종 이해집단모임에 참여하여 활동하는 것이다.

셋째로는 정신의학과 상담기술의 발달을 들 수 있다. 정신의학과 상담기술이 발달하여 멀리 계시는 하느님 대신에 가까이 있는 인간과의 상담을 통해서 삶의 문제의 해결을 찾고자 한다.

넷째로 중요한 것은 여가산업의 발달이다. 여가산업의 발달은 여러 가지 취미, 오락, 유흥을 위한 편리하고 다양한 시설들과 도구들, 방법들과 수단들을 마련해주고 있다. 그것들이 이제는 복잡하고 가치 있는 현대적 삶의 리듬에 활력을 불어넣어 주는 중요한 구실을 하게 되었다. 여러 가지 여가산업의 산물들에 몰입하면서 많은 현대인들은 긴장을 풀고 고독을 달래며 좌절감을 잊거나 극복하려고 한다.

TV, 영화, 스포츠의 발달, 그리고 오락시설, 유흥시설 등의 발달이 여기서 큰 몫을 차지하게 된다. 이런 의미에서 사회가 도시산업화될수록 여가산업이 발달하는 것은 바로 그런 사회일수록 그 안에서 살고 있는 사람들의 심리적 긴장과 불안, 소외감이 심화되고 있다는 사실을 보여주는 것이라 하겠다.

오늘의 한국사회의 현실을 보면 제조업을 외치면서도 서비스업과 유흥업소가 날로 번창하여 한국인구 1/4 이상이 서비스업과 유흥업에 종사하고 있다. 오늘의 한국사회의 모습에서 종교의 위기뿐만 아니라 도덕의 위기를 느끼는 것은 향락산업의 발달과 쾌락을 추구하는 현대의 생활방식이다. 선진국의 사람들을 '발바닥 교인'이라고 하는데, 한국은 너무도 선진국을 닮아가고 있다.

종교의 기능적 대행물들이 많지 않았던 전통사회에서 인간의 심리적 불안요소, 소외감과 긴장요소를 극복할 수 있게 하기 위하여 종교가 하는 역할이 중요한 것이었던 반면에, 현대사회에서는 다양한 기능적 대행물의 출현으로 인하여 인간이 겪게 되는 여러 가지 심리적 위기의 문제들의 해결에 종교가 미치는 영향은 약화될 것이라고 해야 하겠다. 이것이 도시산업화의 결과로 심리적 위기가 더욱 심화되고 있는 서구사회에 있어서 심리적 위기해소와 극복의 역할을 더 크게 수행할 수 있어야 할 종교의 영향력이 오히려 감퇴되고 있는 이유일 것이다. 즉 잘 발달된 여가산업, 잘 발달된 작업집단과 자발적 결사체의 모임, 정치적 안정과 민주화에 기인하는 인생문제해결을 위한 정치적 배려와 복지정책, 그리고 안정된 사회적 이념체계 등이 전통사회에서는 종교가 주로 담당해왔던 정신치유 효과, 긴장 해소, 불안감 해소, 소외감 극복, 박탈의 보상 등의 기능을 대신해 주는 선진사회에서 종교의 역할이 감소되는 것은 놀랄 일이 아닐 것이다.

이상에서 든 여러 가지 이유들로 인해 어쨌든 현대사회에서 종교는 기능적 대행물들과 경쟁해야 하는 위기의 시대를 맞고 있다. 버거(Berger)의 말대로 종교가 당면한 현대적 상황은 시장상황(market situation)과 같은 것이다. 즉 현대인은 위기 극복을 위해 종교 혹은 수많은 기능적 대행물들 가운데 하나 또는 여러 가지를 선택할 수 있는 위치에 있게 되었다. 이것을 버거는 '소비자 선호'로, 루크만(Luckmann)은 '소비자시대 성향'이라고 부르고 있다. 종교에 관한 한 운명의 시대에서 선택의 시대로 바뀐 것이다.[15]

---

15) Peter L. Berger, 서광선 옮김, 「이단의 시대」(서울: 문학과 지성사, 1981).

3) 구제의 길을 찾아

종교가 여전히 중요한 문제해결의 한 방법으로 남아 있다는 점은 부정할 수 없을 것이다. 물론 문제의 해결방법과 내용은 서로 다를 수 있다. 그리고 종교인은 종교만이 유일한 혹은 최고의 해결방법이라 생각하고 그것을 통해 문제를 해결하려고 하지만, 비종교인의 경우는 기능적 대행물로 문제해결을 만족하게 할 수 있다고 보는 것이다. 현대인들은 한 가지 방법에서 만족하지 못하면 곧 다른 방법을 모색하려고 한다. 그래서 그들은 종교를 바꾸기도 하고 버리기도 하며 혹은 새로이 종교를 갖기도 하는 것이다. 현대인의 심리적 위기를 극복하고 문제를 해결하기 위해 어느 방법이 효과적인가 하는 것은 경험적 연구들이 뒷받침이 있어야 알 수 있는 문제일 것이다.

현대 도시산업사회에서 종교가 수행할 수 있는 심리적 위기 극복의 기능에 대하여 제기될 수 있는 또 하나의 문제는 종교가 과연 문제해결을 위해 긍정적인 결과만을 가져다주고 있는가 하는 문제이다. 종교가 오히려 소외, 긴장, 박탈감 등의 심리적, 사회심리적 문제들을 조장시키고 가중시킬 수 있는 가능성은 없는가 하는 것이다. 이것은 소위 종교의 부정적 기능 혹은 역기능에 관한 문제로서 그 가능성도 충분히 있을 수 있다는 것이 인정되어야 할 것이다.

종교가 감정적 위로와 화해를 가져다주고 소외에 견딜 수 있게 할 수 있지만, 한편 욕구불만과 가치박탈을 당한 자들과 현존 사회질서에서는 이익을 거의 혹은 전혀 가지고 있지 못한 자들을 위로하고 또한 사회로부터 소외당한 자들을 융합시킴으로써 종교는 항거를 억제하고 사회와 그 구성원들의 복지에 유익하다고 생각되는 사회변동을 저지하는 힘이 되기도 한다. 이와 같은 상황 아래서는 종교가 결과적으로 보다 안전한 사회를 가져다주고 사회의 구성원으로 하여금 환경에 보다 잘 적응하도록 하는 저항운동을 억제하게 되어 마르크스가 예견한 대로 아편이 되어버린다. 그리하여 노력하여 쟁취하려는 의지를 말살하고, 환경을 개선하려는 노력을 포기하게 만드는 역기능을 종교가 수행할 수도 있는 것이다.

나아가서는 종교 자체가 때로는 인간이 당면하는 새로운 환경에 보다 적합할 새로운 귀속의 발전을 저지하는 충성의 대상이 되기도 하여 오히려 사회의 분열을 초래하기도 한다. 더욱이 귀속을 성화시킴으로써 갈등을 더욱 악화시키며 치열하게 만들고 반대자와의 타협을 거부하는 성격을 사람들 마음속에 뿌리내리게 할 수도 있다. 이와 같이 종교는 때로 의도되었든 그렇지 않았든 새로운 가치갈등과 새로운 긴장과 불안, 그리고 새로운 소외의 감정을 유발시킬 수도 있는 것이다. 이는 이슬람의 시아파·수니파의 대립에서부터 세계도처에서 일어나고 있는 종교간의 대립과 갈등에서 증명되고 있다.

결론적으로 현대사회에서 종교의 위기를 운운하지만 종교는 인류사회에 해독도 많았지만 인류의 행복을 위해서 그 어떤 사상과 제도보다 위대한 기여를 하였다. 우리 사회에서 종교인구가 증가하고 있는 것은 바람직한 현상이지만 문제는 '기복종교'의 틀을 벗어나지 못하고 있다는 것이다. 종교는 개인의 이기를 위해서 존재하는 것이 아니라 공동체를 위해서 존재한다는 대승적 종교관의 회복이 한국에서의 종교활동의 과제라 하겠다.

앞서 현대사회에 있어서 종교의 긍정적인 면과 부정적인 면에 대해서 이야기하였고 인류구제의 수단으로 종교의 필요성을 이야기하였다. 인간은 정신적 가치를 추구하는 동물이기 때문에 과거, 현재, 미래도 종교는 인간의 정신적 가치를 추구하는 정신적 도구로 존재하였고 할 것이다. 종교가 인간생활에 미치는 한 예를 보자. 듀크 대학의 조사에 따르면, 정기적으로 기도를 하는 사람들은 그렇지 않은 사람들보다 평균적으로 혈압이 낮다고 한다. 존스홉킨스 대학 연구자 등은 종교생활을 하면 심장질환, 자살, 그리고 일부 암에 따른 사망확률이 줄어듦을 발견했다. 놀라운 사실 중의 하나는 생물학적, 행동과학적 차이를 감안하더라도 교회(또는, 사찰, 회교 예배당 등)에 정기적으로 다니는 사람은 그렇지 않은 사람보다 일반적으로 오래 산다는 것이다.[16]

어떻든 오늘날처럼 다양하고 복잡한 사회 속에서 종교에 모든 것을 의존할 수는 없지만 아직도 인류를 구제하는 가장 큰 원동력은 종교라 하겠다.

인생은 도박이다. 우리는 신이 있다는 것도 불가해하고 신이 없다는 것도 불가해하다. 그러나 신이 없다는 것에 도박을 걸면 우리는 한없는 실망의 심연에 빠진다. 신이 있다는 것에 도박을 걸자(파스칼).

---

16) 다니엘 핑크, 「새로운 미래가 온다」(한국경제신문사, 2005).

목욕탕에서 만난 두 여인의 삶

5년 동안 한 목욕탕을 다니면서 카운터 일을 보는 두 여인을 지켜보았다.

한 3년 동안 야간에 카운터 일을 본 50대 여인이 있었다. 새벽에 목욕을 가기 때문에 아침마다 인사를 나누지만 3년 동안 그 여인에게서 웃음을 찾아보지 못하였다. 내 기억으로는 단 한번도 그녀의 웃는 모습을 보지 못한 것 같다. 그리고 말도 없었다. 묻는 말에 겨우 인사하는 정도였다. 그녀가 그 목욕탕을 떠나던 어느 날 몇 년을 단골로 다닌 터라 익숙해진 사이가 되어서인지 "저 이제 그만 갑니다" 하며 반쯤 한숨 섞인 목소리로 말하였다. "그동안 고생하셨습니다. 잘 가세요." 약간의 팁을 전하고 "악수나 한번 합시다" 하고 손을 내미니 그녀도 손을 내밀었다. 너무도 사는 것이 고달픈 모양이구나 생각하고 잊혀져 갔다.

그 후 카운터에서 일할 또 한 분이 왔다. 나이는 비슷해 보였다. 이 분은 그저 그런 외모이지만 찡그린 모습은 보지 못하였다. 언제나 미소지으며 "감사합니다. 좋은 하루되세요. 기도해 드릴께요"를 연발하며 하루를 보낸다. 카운터에 딸린 조그만 방이 있는데 그곳에서 매일 새벽기도를 드리며 산다. 그녀는 웃음이 가득한 얼굴로 모든 손님들을 대한다. 웃는 얼굴에 침 뱉지 못한다더니 그 얼굴을 보고 미워할 수가 없게 되었다. 그녀를 언제부터인가 천사라고 부르게 되었다. "천사님 저를 위해서도 기도해 주세요." 기도를 부탁하며 그 천사를 매일 아침 만났다. 그 분을 만나면 나도 웃음이 나온다. 그녀는 웃음과 평화의 전도사가 되었다. 너무도 대조적인 두 여인. 똑같이 희로애락(喜怒哀樂)을 겪고 사는 인간인데 어떤 삶이 더 바람직한 삶일까? 믿는 자와 믿지 않는 자의 차이일까? 오늘 아침에도 그녀에게 부탁하였다. "천사님 나를 잊지 말고 기도하여 주세요."

여러분도 선택하세요. 어떻게 살 것인가를!

제11장

미래의 리더십(Leadership)

리더십은 美와 같은 것이다.

미래의 지도자에게 보내는 Message

지도자는 혁신가다!
지도자는 다른 사람이 한 적 없고 하지 않은 일을 한다.
그는 다른 사람들보다 앞서서 일을 행한다.
그는 새로운 것을 만들고
낡은 것을 새롭게 만든다.
그는 과거로부터 배워서 현재에 살고
한쪽 눈은 미래를 내어다 본다.
진정한 지도자는
보이지 않는 곳을 보고

들을 수 없는 것을 들으며
통찰력과 직감력을 가지고 시련속에서 빛을 발한다.
그리고 그들은 각자의 철학과 비전을 가지고
특유의 리더십을 발휘하여 역사를 창조한다.

중국의 두 거인: 모택동과 등소평

근세 중국이라는 나라를 세우고 발전시킨 두 거인이 있다. 한 사람은 모택동이요, 또 한 사람은 등소평이다. 모택동은 장개석과의 싸움에서 5만의 오합지졸 농민군으로 50만의 정규군과 싸워 이기고 중국에 공산정권을 수립하였다. 여기에는 두 가지 전법이 있었다. 첫째, 농민을 잡아라. 둘째는 Hit and Run 전법이었다. 모택동은 공산정권을 세우는 데는 성공하였지만 국민의 '빵'문제를 해결하지 못하였다. 모택동 말기에 인민공사라는 집단농장을 운영하던 때에는 1년에 중국인 3,000만 명씩이나 굶어 죽을 때도 있었다. 모택동의 역할이 끝남과 동시에 등장한 작은 거인이 등소평이었다. 등소평은 개방정책을 펴서 중국 국민 13억의 '빵'문제를 해결하고 초강대국인 미국과 대결할 수 있는 지상유일의 나라로 떠오르게 하는 원동력을 제공하였다.
"흰 고양이든 검은 고양이든 쥐만 잡으면 된다"라는 말은 등소평의 개방정책의 상징적인 표어가 되었다.

I 지식사회와 리더십(Leadership)의 중요성

> 자기보다 더 지혜로운 사람들을
> 주위에 모을 줄 알았던 한 인간이 잠들다
> ― 카네기

1. 리더십(Leadership)은 왜 중요한가?

현대 인류사회는 지도자 빈곤의 시대이다. 위대한 지도자는 그늘에 가려지고 돌팔이들의 천국이요, 마왕들의 천국이다. 국내외적으로 위대한 지도자를 찾기 어렵다. 니체가 '짜라투스트라는 이렇게 말하였다'에서 한밤중에 촛불을 켜고 신을 찾아 헤매였듯이 현대는 지도자를 찾고 지도자를 기다리는 시대이다. 세계는 어둠에 가려 있고 국내의 상황도 불안의 요인이 많다. 지도자가 병들면 그 조직과 그 사회가 병들고, 지도자가 흔들리면 사회 전체가 흔들린다.

기업이든, 학교든, 행정조직이든 성공적인 조직에서는 그 조직을 성공적으로 이끈 하나의 중요한 요인을 발견할 수 있는데, 그것은 동태적이고 효율적인 리더십이라 할 수 있다. 한 조사에 따르면, 미국에서 신설된 100개의 기업 중 약 50개 기업이 5년 내에 파산하였고, 만 10년이 될 때까지 살아남아 있는 회사의 수는 약 10분의 1에 지나지 않았다. 그런데 이들 파산회사의 실패의 원인은 대부분 경영자의 비효과적인 리더십에 있었다는 것이다.

이러한 사례는 기업뿐만 아니라, 나라의 행정, 대학의 관리, 기타 다른 많은 조직의 경영에 있어서 조직의 성공요건은 효과적인 리더십의 발휘에 있음을 제시하는 것이며, 이러한 면에서 리더십의 중요성을 새롭게 인식할 필요가 있다고 생각한다.

아이아코카는 연봉 $1를 받으며 위기의 크라이슬러사를 회생시켰고, 처칠은 2차 대전을 성공적으로 이끌었으며, 네루는 인도 독립의 아버지가 되었다. 넬슨 만델라 전 남아공 대통령은 85%의 높은 지지율로 국민의 존경심을 끝까지 유지하였으며, 일관된 도덕성과 함께 분열 위기의 나라를 흑백통합의 위업을 달성시켜 성공적인 대통령으로 영원히 남게 되었다.

특히 현대사회는 4차 산업혁명의 시대이며 인공지능이 삶의 중심에 서는 시대가 되었다.

미래의 지도자는 인공지능시대를 선도해 나갈 수 있는 철학과 비전과 사명과 전략을 가지고 조직체를 이끌어 나가야 한다.

오늘의 한국사회는 과연 어떤 리더십의 소유자가 필요한가?

2. 리더십(Leadership)이란 무엇인가?

미국의 사회학자 스토그딜(R. M. Stogdill)에 의하면 리더란 말이 맨 먼저 사용된 것은 서기 1300년경의 영국에서였고, 또한 리더십의 사용도 그로부터 500여 년이 지난 1800년대의 영국이라고 한다.[1] 영국에서 어떠한 연유로 리더 또는 리더십이라는 용어가 쓰이기 시작했는지는 분명치 않으나, 우두머리나 장(長) 또는 왕(王) 등의 용어와는 다른 의미를 지니고 있다고 스토그딜은 보고 있다. 즉 우두머리나 왕이란 말은 지배자와 피지배자를 엄격히 차별하는 말이라 할 수 있어서, 이 말에는 권력이나 부(富)·신분은 말할 것도 없고 인간 그 자체에 있어서도 완전히 다른 사람들이라는 의미가 다분히 내포되어 있다는 것이다.

이에 비해 최근에 논의되고 있는 리더나 리더십은 사람과 사람 간에 있게 마련인 영향력의 어떤 흐름에서 파악하는 것이 일반적인 경향이다. 사람은 함께 사는 한, 서로 관계를 맺지 않을 수 없고, 서로 관계를 맺고 사는 한 서로 영향을 주고받는 상호작용을 계속한다. 이러한 상호작용의 과정에서 어떤 사람은 상호작용의 중심적인 역할을 담당하게 되고 어떤 사람은 그 상호작용의 주변적 역할을 담당하게 될 것인데, 이때 중심적인 역할을 담당하는 사람, 즉 한 집단이나 조직의 중심이 되는 사람을 리더라 할 수 있다.

여기에서 리더십에 대하여 종합적인 정의를 내리면 리더십이란 어떤 상황에서 목표달성을 위해 어떤 개인이 다른 개인이나 행동에 영향력을 행사하는 과정이다.[2]

---

1) 송 복, "한국리더십의 현대적 조명,"「리더십 이론과 한국정치」, 한승조(편)(서울: 민족지성사, 1988), pp. 20~31.

2) A. D. Szilagyi and M. J. Wallace, *Organizational Behavior and Performance*(Glenview,

리더십에 관한 이와 같은 정의에서 필연적으로 나오는 귀결은, 리더십과정(leader-ship)이란 리더(leader)·부하(follower) 및 기타 다른 상황요인(situational variables)들의 함수관계, 즉 L=f(l, f, s)라는 것이다.

Ⅱ 리더십(Leadership)의 유형

구엔 지압 장군의 리더십

베트남의 명장 구엔 지압 장군은 베트남 전쟁에서 농민군으로 편성된 오합지졸의 군대와 보잘 것 없는 재래식 무기로 어떻게 거대한 미군을 제압할 수 있었을까? 그는 전쟁의 범위를 베트남에 국한하지 않았다. 그는 미국의 문화와 여론의 변화, 미국의 정치계와 TV가 사회적으로 미치는 영향을 연구하여 다음과 같은 전략을 세우고 거인 미국을 베트남에서 몰아냈다.

첫째, 전쟁터의 범위확대: 전쟁터의 범위를 베트남에 국한시키지 않고 미국 본토로, 세계로 확대

둘째, 미국에 대한 철저한 연구: 미국의 문화, 시민의 여론, 정계, TV의 영향에 대해서 연구

셋째, 첨단 미국의 군사력을 무력화시킬 원시적 전략 활용: 농민군으로 밀림과 지하땅굴을 이용하여 전략물자수송, 미국의 폭격기에 노출되지도 않았고 베트남의 군수물자 수송루트는 전쟁이 끝난 후에도 미국은 알지 못하였음.

넷째, 프랑스를 퇴패시킨 디엔비엔푸 전투(Battle of Dien Bien Phu) 경험 활용

반면, 미국의 전략가들은 베트남에 대한 문화의 이해는 접어두고 공산주의를 막아야 한다는 강박관념에 사로잡혀 그들의 종교와 문화가 전투방식에 얼마나 영향을 주는가를 간과하였다. 베트남전 전략의 대실수였다.

모택동이 공산혁명 전쟁 시 중국의 무게중심을 농민에게 두었듯이 미국의 무게중심을 시민들의 정치적인 지원에 두었다. 2차 대전 때처럼 미국국민이 군대와 정부를 지지한다면 이기기 어렵다고 판단하였다. 전략적 의사결정은 승리의 전기를 마련한다. 그는 1968년 1월 구정공세를 일으켰다. 사이공을 기습하여 정부관청과 미국대사관까지 포격을 하고 일시 점령하였다. 지압 장군도 많은 병사를 잃었지만 남베트남과 사이공, 그리고 미국은 큰 혼란에 빠졌다. 미

Illinois: Foreman and Company, 1983), p. 265.

국 대사관의 공격받는 모습, 사이공의 혼란이 미국의 시민들에게 여과 없이 방영되었다. 당시 북베트남은 전쟁을 수행할 수 없을 정도의 절망적 상황이었다. 만일 미국이 북베트남의 정보를 알고 북폭을 계속하였더라면 베트남은 무너졌을 것이라는 것이 전략연구가들의 결론이다. 구정공세 이후 미국의 여론은 반전으로 돌아섰다. 미국은 민주주의 나라이자 여론의 나라임을 간파하고 이를 적절히 활용하여 베트남에서 미국의 심장부를 공격한 것이다. 그의 전략은 적중하여 공룡 미국은 손을 들었다. 미군이 후퇴할 때 베트남에 버리고 도망간 무기가 50억 달러 상당이었다고 한다. 지압 장군은 위대한 의사결정을 하였다.

여기에서 특별히 밝히고자 하는 바는 중국에서 트럭과 라디오, 무기 등을 공급해 주겠다고 제안하였으나 거절하였다. 그는 중국을 그들의 덫이라고 생각하였으며 자신이 가지고 있는 것을 최대한 활용하는 쪽을 택했다. 승리를 가져오는 것은 무엇을 가지고 있느냐가 아니라 그것을 어떻게 사용하느냐가 문제다. 화력이 우세한 쪽은 장비에 의지하기 때문에 정신적으로 나태해지기 쉽다.

위 사례에서 얻을 수 있는 교훈은 적보다 가진 것이 적다고 해서 절망할 필요는 없다는 것이다. 가난하고 가진 것이 적은 이들이 더 창의적이며, 더 즐겁게 사는 경우도 있다는 점을 명심해야 할 것이다.

또한 위의 이야기를 수평적 사고로 다시 한번 생각해보면 미국이 북폭을 감행할 때, 한편으로는 협상하면서 한편으로는 북폭을 계속했더라면 베트남에서 미국은 보다 명예로운 후퇴를 했을지도 모른다. 여론에 밀려서 북폭을 중단하여 숨통을 열어준 것이 문제였다. 다 잡은 쥐를 놓치는 경우를 중요한 역사적 사건에서 종종 볼 수 있다.

— 로버트 그린, 「전쟁의 기술」 참조

1. 지도력의 3가지 과정

추종자들이 리더를 따르게 되는 이유는 매우 다양하고 복잡하지만, [그림 11-1]과 같이 대체로 3가지 관점에서 고찰해 볼 수 있다.

그림 11-1 │ 지도력의 과정3)

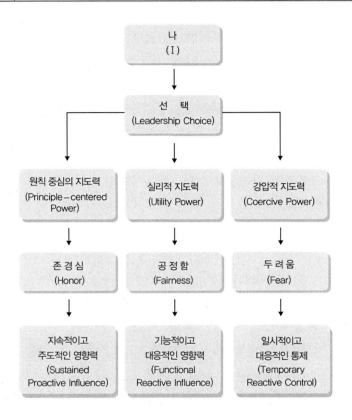

1) 강압적 지도력(Coercive power)

이와 같은 경우는 추종자들이 두려움 때문에 지도자를 따른다. 만일 지도자의 말대로 하지 않을 경우 자신들에게 무슨 일이 일어날지 모른다고 두려워하기 때문에 지도자를 따르는 것이다. 우리는 이러한 힘을 강압적 지도력(coercive power)이라고 부른다. 이 경우에 해당하는 지도자는 추종자들에게 자신을 따르지 않으면 무언가 나쁜 일이 일어날 것이며, 적어도 무언가 소중한 것을 빼앗기게 되리라는 두려움을 심어주게 된다. 다시 말해 추종자들은 어떤 잠재적인 불이익을 두려워하기 때문에 지도자에게 순종하고, 그와 함께 행동하고, 마음에도 없는 충성을 약속하는

---

3) 스티븐 코비, 김경섭·박창규 역, 「원칙중심의 리더십」(서울: 김영사, 2001), p. 161.

것이다. 적어도 초기 단계에서는 그렇다. 그러나 추종자들의 그러한 언질은 표면적인 것 불과하며 만약 '보는 사람이 없거나' 혹은 잠재적인 위협이 사라지게 되면, 그들의 에너지는 급속히 태업 및 파괴로 전환된다. 이 같은 현상을 극명하게 보여주는 사례로, 불만에 찬 어떤 항공사 직원의 경우를 들 수 있다. 부당한 대우를 받았다고 느낀 그 직원은 회사를 그만두던 날 밤, 컴퓨터에 입력된 비행스케줄 정보를 깡그리 지워버렸던 것이다. 복종을 강요한 항공사가 치러야 할 비용은 얼마나 되었을까? 항공사는 그 일로 얼마나 손해를 보았을까? 자금 손실만도 최소한 1백만 달러를 넘었을 것이고 정보를 다시 입력하기 위해 수천 시간을 더 투입해야 했을 것이다. 게다가 그로 인해 불편을 감수해야 하는 승객들의 항의를 고려한다면 실로 엄청난 손실일 것이다.

2) 실리적 지도력(Utility power)

추종자들은 혜택이나 이익을 얻기 위해 지도자를 따르게 된다. 우리는 이러한 힘을 실리적 지도력(utility power)이라고 부른다. 왜냐하면 인간관계의 힘이 물품과 서비스의 교환이라는 유용성에 기초하고 있다고 생각하기 때문이다. 추종자들은 시간, 돈, 에너지, 인적 자원, 이해, 재능, 지지 등 지도자가 원하는 것을 가지고 있으며, 반면 지도자는 정보, 돈, 승진, 포용, 동지애, 안전성, 기회 등 추종자들이 원하는 것을 가지고 있다. 추종자들은 약속대로 지도자를 위해 어떤 일을 하면, 그 지도자 역시 자신들을 위해 어떤 일을 할 수 있고 또 그러리라는 믿음을 가지고 그를 따르는 것이다. 매출 수백억 달러 규모의 대기업에서부터 일상적인 가정생활에 이르기까지, 정상적인 조직의 운영은 거의가 이 같은 실리적 힘을 바탕으로 유지되고 있다.

3) 원칙 중심의 지도력(Principle-centered power)

세 번째의 지도력은 그 성격이나 정도에 있어서 앞의 두 가지와 판이하게 다르다. 여기서의 힘은 추종자들이 지도자를 믿고 또 그가 성취하고자 하는 바를 신봉하는 데서 나오는 것이기 때문이다. 이 경우, 추종자들은 지도자를 신뢰하고, 지도자와 그 지도자가 목표로 하는 대의명분이 옳다고 믿으며, 지도자가 원하는 대로 행동하기를 원한다. 그것은 결코 맹신이나 맹종에 근거한 것이 아니며 로봇처럼 시키는 대로 하는 것도 아니다. 그것은 식견을 갖춘, 마음에서부터 우러나오는, 그리고 속박 받지 않는 스스로의 선택의 결과이다. 이것이 바로 원칙 중심의 지도력 (principle‑centered power)이다.

▬▬▬ 원칙 중심 지도자의 철학과 신념

넬슨 만델라

"나는 모든 사람이 동등한 기회를 누리며 살아가는 이상적인 민주사회를 꿈꾸고 있습니다. 필요하다면 나는 그 이상을 실현하기 위해 기꺼이 죽을 수 도 있습니다."

달라이 라마

용서는
단지 자기에게 상처를 준 사람을
받아들이는 것만이 아니다

그것은 그를 향한
미움과 원망의 마음에서
스스로를 놓아주는 일이다

그러므로 용서는
자기자신에게 베푸는
가장 큰 베품이자 사랑이다

인생을 살아가는 동안 거의 모든 사람은 추종자의 입장에서 이러한 유형의 힘을 경험하게 된다. 교사나 고용주와의 관계에서 이를 경험하기도 하고, 가족과의 관계에서나 자기 인생에 지대한 영향을 끼친 사람과의 관계에서 이를 경험할 수도 있다. 또 자신에게 성공의 기회나 뛰어난 업적을 이룰 수 있는 기회를 제공해 준 사람이나, 실의에 빠졌을 때 격려해 준 사람, 혹은 필요할 때 그저 옆에 있어 준 사람들과의 관계에서 이런 유형의 힘을 경험해 보았을 수도 있을 것이다. 그들이 우리에게 해주었던 일이 구체적으로 어떤 것이었든, 그들이 그런 일을 베푼 것은 바로 그들이 우리를 믿어 주었기 때문이었으며, 우리는 그들에게 아무런 조건이나 제한이 없는 존경과 충성심, 헌신과 자발적인 추종으로 보답하곤 한다.

2. 지도자의 선택

다른 사람들의 참여가 요구되는 어떤 문제가 발생하거나 혹은 그럴 기회가 있을 때마다 지도자는 선택을 해야 한다. 즉 앞서 언급한 강압, 실리, 원칙 중에서 어떤 것을 자신의 권력기반으로 삼을 것인지를 결정해야 하는 것이다.

상황이 급박해지고 주위로부터의 압력이 가중될수록, 지도자들은 자신의 지위나 신분, 자격이나 연줄, 혹은 자신의 능력을 이용하여 추종을 강요하고 싶은 유혹에 빠지기 쉽다. 위기 상황을 맞고 있는 지도자가 사람을 다루는 수완이 부족하거나 주위 압력 때문에 자신의 소신을 피력하지 못할 경우, 혹은 남들에게 신뢰를 받지 못할 경우, 그 지도자는 강압적 지도력에 의존할 수밖에 다른 도리가 없을 것이다.

그러나 지도자가 이러한 선택의 순간에 운신의 폭을 넓힐 수 있는 방법이 전혀 없는 것은 아니다. 예를 들어, 지도자는 자신의 전문지식을 증가시킬 수 있다. 또 지위와 권력 면에서 자신의 위치를 향상시키는 방안도 고려해 볼 수 있다. 정보나 자원을 축적하는 것도 하나의 방안이 될 것이다.

또한 실리적 지도력을 증가시키기 위해, 추종자들과 좀더 가까워지려고 노력한다든지, 지도자와 만날 수 있는 문턱을 낮추어 준다든지, 기능적인 관계를 설정하는 데에 필요한 각종 기제(機制, 공식적 정책 및 정책 결정 과정)를 단순화시킨다든지, 추종자들이 손쉽게 참여해서 유기적 관계를 형성할 수 있게 해 주는 등의 방법이 있을 수 있다. 이러한 전술적인 행위 방식들을 통해 지도자는 자신의 실리적 지도력의 기회를 넓혀 나갈 수 있다.

원칙 중심의 지도력을 증가시키기 위해서는, 지도자들은 장기적인 헌신과 노력을 경주해야 한다. 원칙 중심 지도력의 초석이 되는 인간 관계상의 신뢰란 임기응변으로 조작될 수 있는 것이 아니다. 성실성도 잠시 가장할 수 있겠지만 그러한 허위를 오랫동안 지속할 수는 없다. 결국 지도자는 자기의 참모습을 드러낼 수밖에 없다. 궁극적으로 지도자가 갖는 원칙 중심 지도력의 정도는 그가 추종자들에게 어떤 일을 할 수 있는가, 혹은 그들을 위해 무엇을 해줄 수 있느냐에 달린 것이 아니라, 지도자 자신이 과연 어떤 인물인가에 달려 있다.

3. 리더십 스타일(Leadership Style)

1) 전략형 리더십

이런 유형의 경영자는 그들의 가장 중요한 직무가 장기적인 전략의 실행 방법을 설계하고 테스트하는 것이라고 생각한다. 한 기업의 경영자에게는 기업의 모든 영역을 관장해야 하는 지위에 있기 때문에 자원배분과 조직이 나아가야 할 최적의 진로를 결정할 수 있는 능력이 요구된다.

대부분의 CEO들은 대략 80%의 시간을 채용이나 통제시스템과 같은 내적 문제가 아닌 고객, 경쟁자, 기술, 시장 상황 등과 같은 조직의 외적 요인들을 다루는 데 할애한다. 따라서 이들은 탁월한 기획 및 분석능력을 가지고 있는 종업원들뿐만 아니라 일상적인 조직 업무를 위임할 수 있는 종업원들을 높이 평가한다.

징기스칸, 롬멜 장군, 이순신 장군 등이 여기에 속한다고 할 수 있다.

2) 인적자원형 리더십

전략형 최고경영자들과는 대조적으로 인적 자원형 CEO들은 전략 수립이 개별 사업부의 일이며 외부 시장과의 관련성이 더 크다고 확신한다. 이들의 최우선적인 직무는 개개인의 성장과 개발을 세심하게 관리함으로써 조직에 확실한 가치관과 행동, 태도를 형성하는 것이라고 생각한다.

인적자원형 리더들의 목표는 조직의 각 수준에서 최고경영자처럼 행동하고 의사결정하는 위성 CEO들로 구성된 일종의 우주를 형성하는 것이다. 이러한 경영자들은 회사의 규범에 따라 일관성 있게 행동하는 장기근속자들을 중요하게 생각한다.

예수, 석가, 공자형 리더들이다.

3) 전문가형 리더십

이 스타일을 가진 CEO들은 가장 중요한 책임이 경쟁우위의 원천이 될 전문 영역을 선정하여 그 영역을 확대시키는 것이라 믿고 있다.

이들은 신기술 연구, 경쟁 제품의 분석, 엔지니어와 고객과의 만남 등 전문성을 지속적으로 확대하고 개발하기 위한 활동에 많은 시간을 할애하고 있다. 또한 이들은 전문 능력을 획득하고 공유하는 사람들을 보상하는 승진 및 교육 프로그램이나 시스템, 또는 절차들을 설계하는 데 관심을 두고 있다.

지식경영시대의 CEO형, 빌게이츠 같은 유형을 말한다.

4) 규제형 리더십

규제형 리더에 속하는 CEO들은 고객과 종업원들에게 일관성 있고 예측가능한 행동과 경험을 제공할 수 있는 명확한 통제 체계를 만든다. 이 통제 체계를 통해 재무적 성과나 기업문화를 관리하게 되고, 기업이 부가가치를 창조할 수 있다고 믿는다.

그리고 기업의 성공은 위험이 없는 일관성 있는 경험을 고객에게 제공할 수 있는 능력에 달려 있다고 믿는다. 이 유형에 속한 CEO들은 프로젝트가 기한을 지키지 못하거나 혹은 분기별 성과가 기대 수준에 미치지 못한 원인 등 조직관리상의 문제점을 평가하는 데 많은 시간을 할애하고 있다. 또한 종업원들에게 요구되는 행동을 강화하기 위해 구체적으로 규정된 정책, 절차, 보상시스템을 개발하는 데 다른 스타일의 CEO보다 훨씬 더 많은 노력을 기울이고 있다. 이들은 독재형에 더 가까운 리더들이다. 기업에서는 포드 자동차의 설립자 포드, 정치인은 히틀러 등 많은 독재형 지도자들이 있다.

5) 혁신형 리더십

여기에 속한 CEO들은 비록 여러 가지 문제가 발생된다 해도, 지속적인 혁신의 분위기를 조성하는 것이 그들의 가장 중요한 역할이라고 믿고 있다.

전략형 리더십에 속하는 최고경영자들과는 반대로 조직의 최종적인 목표점이 아니라 목표에 도달하는 과정에 관심을 가진다. 혁신형 경영자들은 하루의 75% 정도의 변화를 촉진하기 위해, 조직의 구성원들을 동기부여하는 강연이나 회의에 사용한다. 그리고 직접 현장에서 고객과 투자자, 납품업자, 각 계층의 종업원 등 다양한 이해관계자들을 만나는 것이 이들의 주요한 업무가 된다.

이들은 연장자를 특별히 우대하는 경우가 적으며, 새롭고 개선된 미래에 대한 열망과 개방성을 가진 사람을 중요시한다.

정치인은 등소평, 기업인은 잭 웰치 같은 형이라 할 수 있다.

위에서 리더십 스타일을 몇 가지로 분류하여 보았다. 그러나 효과적인 리더의 리더십 스타일은 조직에서 일어나는 상황에 따라 종합력을 가지고 필요한 리더십을 발휘하는 것이라 생각한다.

오늘날은 4차 산업혁명의 시대다. 4차 산업혁명의 시대는 혁신과 창조의 시대다. 인공지능과 로봇 드론까지 활용범위가 확대되고 있다. 이들을 전쟁의 무기로까지 사용하려고 연구하는 시대이다. 자율주행자동차, 드론, 로봇이 전쟁의 무기로 사용된다면 인류사회는 엄청난 역사의 변동이 일어나게 된다. 이런 무서운 사회변동을 어떻게 대처해 나갈 것인가? 이 명제가 리더의 몫이 될 것이다. 따라서 미래의 리더는 리더로서의 기본 덕목을 가추고 4차 산업혁명시대에 적응하고 선도해 갈 리더로서의 충분한 자질을 쌓아야 한다.

Ⅲ 동양사상과 리더십(Leadership)

1. 유(儒), 불(佛), 선(仙)과 지도자상

1) 유교(儒敎)와 지도자

유교와 동양 사상에서는 천인합일(天人合一), 대우주(大宇宙), 소우주(小宇宙)라는 말이 동양 사상의 기본이라고 한다. 천인합일의 뜻은 문자 그대로 하늘과 사람은 하나라는 뜻이다. 하늘과 지구와 나, 3자는 어떤 우주의 법칙 하에 관계를 유지하며 살고 있다. 하늘(자연)의 질서가 무너지면 나는 존재할 수 없다. 나의 존재는 하늘의 질서가 유지됨으로써 가능하다. 이것이 곧 하늘과 나는 하나라는 뜻이요, 자연과 인간이 하나라는 뜻이다. 이는 자연과 인간의 공생 즉, 함께 사는 것을 말하는 것이다.

소우주와 대우주에 대해서 이야기해보자.

대자연은 봄, 여름, 가을, 겨울이라는 사계절로 이루어져 있다. 그런데 이 지구상에서 숨쉬고 사는 동물 중 유일하게 인간만이 자연의 4계를 따라 창조되었다. 인간의 머리는 자연의 겨울이다. 겨울은 밤이 길고 차다. 인간의 머리는 길이가 적고 (밤을 상징) 차야 한다. 뜨거운 가슴 냉철한 머리라고 한다. 머리가 뜨거운 사람은 병든 사람이다. 지구 온난화는 무엇을 말하는가, 겨울이 뜨겁다는 것을 말한다. 이런 현상을 이상기후라고 한다. 사람도 머리가 뜨거운 사람은 이상한 사람이다. 양팔은 봄과 가을을 뜻한다. 봄과 가을은 낮과 밤의 길이가 같다. 양팔과 손은 길이가 같고 왼손으로 봄에 씨 뿌리고 오른손으로 가을에 추수한다. 하체는 여름이다. 여름은 덥다. 인간의 하체는 따뜻해야 한다. 봄에 뿌린 씨를 여름에 가꾸어야 하기 때문에 가슴과 배와 다리는 땀을 흘리며 일해야 한다. 하체가 따뜻하지 않고 차가운 사람은 병든 사람이다. 이와 같이 동양사상을 분석해보면 자연과 인간은 하나라는 것이 증명된다. 자연의 질서가 깨어지면 인간의 질서도 깨어진다. 자연과 인간은 함께 살아가는 공동체인 것이다. 한 몸인 것이다.

자연과 인간이 한 몸으로 살아가는데 인간과 인간은 어떻게 살아야 하겠는가?

여기에서 유교에 대한 근본적인 설명을 더 해보자. 유교의 본질은 '인(仁)'을 근본으로 하는 덕치(德治)와 예치(禮治)인데, 덕을 상위 개념으로 보았다 할 수 있다. 유교에서 말하는 '덕'의 의미를 살펴보면 유교에서 지도자를 지칭하는 용어로 사용된 황·제·군·왕 등은 진시황에 이르러 그 본래의 의미가 변질되기 이전까지는 국민에 대한 전제권한의 의미보다는 지도자 자신의 의미를 강조하는 내용이 더 짙게 내포되어 있었던 것이 분명하다.[4]

이는 중국의 군주들이 전제정치를 추구했던 것이 아니라 백성 속에서 백성과 함께 공동사회, 공동정치를 추구하였다 할 수 있다. 그러나 진시황제의 분서갱유(焚書坑儒) 이후로 황제나 왕에 대한 개념이 바뀌게 되었다고 생각한다. 중국의 고대 정치와 사회는 공자와 맹자의 사상을 기본으로 삼고 시행되어 왔는데 공자와 맹자 같은 성인이 전제정치를 장려하였겠는가?

2) 불교(佛敎)와 지도자

불교와 지도자는 삼처전심(三處傳心)론 사상을 설명함으로써 이해를 돕고자 한다. 부처의 삼처전심이란 첫째, 부처님이 설법하는 날 많은 제자들과 군중들이 모여들었는데, 마지막에 한 늙은 사람이 부처님 앞으로 뚜벅뚜벅 걸어 들어가니 부처

---

4) 심백강, "동양사상을 통해서 본 지도자의 정치철학," 『리더십이론과 한국정치』(서울: 민족지성사, 1988), p. 124.

님이 방석 한 쪽을 내주는 것이 아닌가, 그들은 같은 방석에 나란히 앉았다. 이 광경을 보고 청중들이 뒤숭숭하였다. 당시 인도는 신분사회였으며, 늦게 들어와 부처님 방석에 함께 앉은 사람은 서열이 하위인 가섭이라는 촌로였기 때문이었다. 부처님은 그의 실존 즉 그의 현재의 능력을 인정한 것이다. 그 늙은 촌로의 깨달음을 인정하고, 오늘의 잣대로 말하면 능력급 인사를 한 것이다.

둘째, 부처님이 설법을 하기 전, 연꽃을 높이 드니 모든 청중이 바라만 보고 침묵을 지키는데, 오직 가섭 한 사람만이 빙그레 웃는 것이 아닌가, 이심전심(以心傳心)의 순간이었다. 언어를 초월하여 영혼의 일치를 느낀 것이다.

셋째, 부처님은 82세에 열반에 들었다. 그때 인도에서 소위 '도사'라고 자처하는 사람들은 통상 90~100세까지 살았다. 주위에서 부처가 저렇게 빨리 죽게 되니, 혹시 가짜가 아닌가 하고 쑥덕거렸다. 그때 먼 길을 일주일이나 걸어서 나타난 노인이 가섭이었다. 늙은 가섭이 화장(火葬)하기 위해서 장작더미 위에 올려놓은 부처님 관을 세 번 돌고 인사하니, 관이 열리면서 부처님의 한쪽 다리가 관 밖으로 나오는 것이 아닌가, 사람들이 깜짝 놀라 혼비백산하였다. 그때 부처님은 불생불멸(不生不滅)의 교훈을 보여 준 것이다.

부처님의 삼처전심은 실용과 실존, 생사일여(生死一如)의 교훈을 가르쳐 준 것이다. 부처의 가르침은 오늘의 지도자에게 리더의 기본 요건을 제시하고 있다.

부처님은 삶과 죽음을 하나로 보고 능력을 인정하고 언어를 초월하는 인간의 영적인 체험을 가르쳐주었다. 공동체 리더십의 본을 보여준 것이다.

3) 선(仙) 사상과 지도자

선(仙) 사상의 기본은 홍익인간(弘益人間)으로서 자연과 인간, 동물과 인간이 함께 살아야 한다는 것을 의미한다. 환인(桓因), 환웅(桓雄), 그리고 단군은 천주교의 삼위일체(三位一體) 사상과 유사하다. 홍익인간 사상은 공동선(共同善)의 발원지이다.

독자들의 이해를 돕기 위하여 선사상과 단군조선의 건국이념인 홍익인간에 얽힌 신화를 이야기하고자 한다.

환웅은 환인(하느님)의 아들로 하늘에서 태백산 정상에 내려와 그 곳을 신시(神市)라 부르고 곡식, 수명, 질병, 형벌, 선악 등 인간의 360여 가지 일을 주관하였다. 어느 날 곰과 호랑이가 환웅을 찾아와 인간으로 만들어 달라고 간청하자 각자에게 신령한 쑥 1주와 마늘 20개를 주면서 100일 동안 동굴에서 햇빛을 보지 말고 쑥과 마늘만 먹고 산다면 인간이 될 수 있을 것이라고 하였다. 호랑이와 곰은 함께 동굴에서 100일을 버티려고 하였으나 성질 급한 호랑이는 참지 못하고 동굴 밖으로 뛰쳐나가고 곰은 100일을 참고 버티어서 사람이 되었다. 웅녀(곰)는 여자가 되어 아이를 갖기를 원하였다. 이에 환웅이 웅녀(熊女)와 결혼을 하고 아이를 낳으니 그 아이가 단군왕검이다.

단군의 건국이념은 홍익인간(弘益人間)이다. 홍익인간은 하늘(자연)과 땅과 사람이 함께 살자는 뜻으로 공동선, 공동문화의 추구를 의미한다. 곰으로 나오는 웅녀는 수많은 짐승을 대표해서 사람으로 변신하여 사람과 함께 사는 것을 의미한다 하겠다. 하늘에서 내려온 환웅과 사람으로 환생한 짐승과 그 사이에서 태어난 인간은 삼위일체 즉 공동체를 의미한다. 우리의 선조는 짐승까지도 사람으로 환생시켜 함께 살았다. 왜 우리끼리 함께 살지 못하겠는가. 우리 한민족의 뿌리 깊은 공동체의식은 단군의 건국이념인 홍익인간에 그 근원을 두고 있다.

시대의 변화로 우리의 공동체문화는 많이 퇴색하였지만 시대를 선도하는 공동체의 재창조가 필요하다는 것을 강조하는 바이다.

단군의 건국이념을 신화라고 비판하는 사람들도 있지만 하늘과 짐승(곰－웅녀), 땅(태백산)이 함께 존재한다는 홍익인간의 상징성을 의미한다고 생각한다. 이러한 홍익인간의 뿌리 깊은 사상이 우리 민족의 공동체의식을 강화시켰던 것이다.

2. 동양사상의 근본

앞서 제시한 3대 동양사상의 뿌리는 공동체 사상으로서, 지도자가 군림하는 것이 아니라 백성과 공생(共生)·공사(共死)하고 백성을 위해서 희생하는 지도자상의 교훈을 주었다.

공자(孔子)와 부처 같은 성인들이 어찌 전제 독재정치를 용인했겠는가? 유교사상이 변질된 것은 진(秦)나라 때 왕이 고서(古書)를 불사르고 본인이 하늘 아래 최초의 황제 즉, 진시황(秦始皇)이라고 명명한 데서부터 기인하고 있다.

동양사상의 이상은 ① 대동정치(大同政治), ② 대동사회(大同社會)인바, 이는 본인이 주장한 공동문화·공동선과 그 맥을 같이하고 있다고 할 수 있다. 대동(大同)의 세계란 바로 백성의 여망에 따라 현명하고 유능한 지도자가 선출되어 국민에게 신의와 협동정신을 길러줌으로써 인간의 생리적 차별 외에는 상호협조와 보완의 관계를 유지하면서 사회적으로 평등한 생활을 영위하고 경제적으로 편중현상이 일어나지 않고 분배와 균형이 유지되어 개인과 가정과 국가와 세계가 다 함께 평화롭고 태평한 사회를 이루는 것이다. 다시 말하면 온 인류가 정치적 대동, 사회적 대동, 경제적 대동을 이루는 것을 뜻하는 것이다.

첨단과학시대에 무슨 잠꼬대 같은 동양사상 운운하느냐고 항변할 수 있다. 인간을 잃어버린 이 시대의 구제의 길은 함께 사는 길을 찾아야 하기 때문이다. 그 길은 공동선의 길을 찾아야 하고 그 길은 동양사상에 뿌리 내리고 있기 때문이다.

우리 사회는 중병에 걸려 있다. 울컥 하는 순간의 화를 참지 못하고 하루에 한 명씩 살인을 하는 사회다. 일주일에 한명씩 친족을 살해하는 사회가 되고 말았다. 데이트폭력 살해는 3일에 한명꼴로 일어나고 있다. 인간을 잃어버린 슬픈 사회가 되고 말았다. 인간을 찾아야 한다. 통합의 사회, 통합의 나라를 다시 건설해야 한다. 지도자의 솔선수범이 앞서야 한다.

3. 통합의 시대를 위해 살았던 지도자들

1) 통합의 지도자들

① 간디
② 만델라
③ 마틴 루터 킹
④ 김구
⑤ 달라이 라마
⑥ 장 모네

2) 비통합의 지도자들

① 히틀러
② 스탈린
③ 나폴레옹

Ⅳ 리더십(Leadership) 수행

===== 경쟁에서 승리하는 전략

자전거 경주에서는 선두에 나서기보다는 선두 뒤에서 바싹 쫓아가며 공기저항을 줄이는 전략이 자주 사용된다. 선두 주자는 당신 대신 강한 바람을 정면에서 맞으며 달려가고 그 결과 당신은 에너지를 최대한 아껴 결승점에 다다르기 직전, 마지막 순간에 앞으로 치고 나와 승리하는 것이다. 다른 사람들을 앞세워 당신 대신 거센 저항을 마주하고 에너지를 낭비하게 만드는 것은 참으로 경제적인 전략이다.

— 전쟁의 기술에서

---

1. 리더십(Leadership)의 근원 — 권력의 획득과 그 유지에서

리더십을 행사하기 위해서는 그 리더십을 발휘할 수 있는 권력을 획득하고 활용을 효율적으로 해야 한다. 권력을 획득·유지하기 위한 일반적이고 포괄적인 구체적 방안들이 더빈(Durbin)과 코터(Kotter)에 의해 제시되었다. 이러한 전략들은 현대조직사회에서의 리더십발휘에 중요한 시각을 제공해주는 것들이다.5)

1) 권력자와 유대관계 유지(maintain alliance with powerful people)

권력을 장악하고 유지하기 위해서는 핵심권력자와 인맥을 형성하여 강한 유대관계를 유지하는 것이 권력장악의 기본적인 요건이다. 상위권력자와의 강한 동맹관계는 다른 중요부서의 구성원이나 상위관리자와 우호적인 관계를 형성할 수 있다.

권력자와 유대관계 유지의 실례로 기나긴 유신체제 때 6~7년 동안 비서실장을 하고 경호실장을 하며 최고통치자의 신임을 한 몸에 받은 사람들이 있었다. 그중에 한 사람은 통치자의 군 시절 부관이었는데 상관이 겨울에 출근하려고 현관에 나오면 가슴에서 양말을 꺼내 주었었고, 또 한 사람은 영부인을 잃고 쓸쓸히 독수공방

---

5) Fred Luthans, *op. cit.*, pp. 443~445.

하면서 잠 못 이루는 밤중에 술 한잔 하러 밖에 나오면 문 밖에 서 있었다고 한다. 그렇게 충성하여 그들은 오래도록 최고의 권력을 획득하고 유지하였다고 한다.

▬▬▬ 권력자와 유대를 맺어 성공한 이야기

유신시절 나는 새도 떨어지게 한다는 권부는 청와대였다. 한 중소기업인이 있었다. 권력자와 유대관계를 맺어야 부를 이룰 수 있는데 묘책이 없어서 그는 밤새워 연구한 끝에 하나의 방안을 생각해 냈다. 청와대 권부의 누군가와 유대관계를 맺고 싶어 어찌 어찌하여 정보를 입수해보니 한 수석비서관이 낚시를 좋아하고 보신탕을 좋아한다는 정보를 입수하였다. 그는 본인은 보신탕도 좋아하지 않으면서 일요일이면 보신탕을 준비하여 그 비서관의 집 앞에서 망을 보았다. 그 높은 양반이 드디어 낚시를 가기 위해서 집을 출발하면 그는 뒤따라가 그 높은 양반의 자리한 곳에 저만치 떨어져 낚싯대를 드리우고 점심때가 되면 보신탕을 끓여 시치미를 떼고 그의 옆으로 찾아가 '혹시 보신탕을 좋아하시면 맛 좀 보시지요' 하고 접근을 시도하였다. 그의 전략은 대성공이었다. 이런 날들이 계속되어 보니 어느 사이 친숙한 사이가 되었고 그는 그 비서관의 주선으로 은행에서 거금을 대출받아 사업을 크게 일으켰다고 한다.

---

2) 적극적인 포옹 또는 냉엄한 추방(embrace or demolish)

권모술수원리도 현대조직의 파워게임에서 하나의 전략으로 적용될 수 있다. 기업이 흡수, 합병될 경우에 그 기업의 상위경영자를 따뜻하게 포옹할 것인가 아니면 해고하여 추방할 것인가는 권력의 장악에 커다란 변화를 초래하는 중요한 사건이다. 해고는 한순간에 권력이 상실되는 것이며, 단순한 강등은 조직에 남아 있긴 하지만 분개심을 일으키게 되며, 이전의 지위로 돌아가려고 더욱 노력하는 경우로 나타나기도 한다. 이러한 조치는 권력획득의 가시적인 방법으로서 어떤 조직에서나 보편화되어 있는 방법이다. 권력획득을 위한 인간의 비인간적인 권모술수의 모습은 인간의 비인간화를 실감하게 한다.

3) 집단행동의 분리 또는 규칙의 적용(divide and rule)

다른 사람에게 권력이 이전되는 것을 방지하기 위하여 분리방법을 적용할 수 있다. 분리된 개인이나 집단은 독자적으로 권력을 획득할 수 있는 능력이 부족하기 때문에 조직의 구성원으로서의 역할을 충실히 할 수밖에 없다는 것이다.

권력자들은 이 방법을 극히 교묘한 방법으로 적용한다. 자기에게 비협조적이거나 반대입장을 취하는 사람을 따돌리기 위한 방법으로 얼마든지 이용할 수 있기 때문이다. 인사분야의 가장 일반적인 분리방법으로는 좌천이나 벽지발령, 또는 신규채용의 제외 등을 통해 권력의 사슬을 끊는 것이 바로 전형적인 방법이라고 할 수 있다.

또한 권력자가 불리한 경우에는 엄정한 규칙을 적용함으로써 그 위기를 극복하려는 행위도 권력자가 흔히 사용하는 방법이다. 자기에게 동정적인 경우에는 규칙의 적용 같은 것은 생각하지 않다가 자기에게 불리한 상황이 발생할 때에는 규칙을 준수해야 한다는 것을 강조함으로써 상대의 권력을 약화시키는 방법이다. 이 예로는 특혜시비를 보면 그 심각성을 알 수 있다. 사슬관계에 있거나 경제적인 이득을 노려 자기의 권력을 남용하여 특혜를 제공하는 경우가 바로 그 경우일 것이다. 그것이 사회문제가 되는 것은 권력관계에 멀리 떨어져 있는 선량한 자에게는 엄정한 규칙이 적용되고 그와는 반대로 권력의 사슬에서 기생하는 무리에게는 불법이 난무하기 때문이다.

4) 정보의 통제(manipulate classified information)

정치에 민감한 사람은 권력에 이용하기 위하여 신중하게 정보를 통제한다. 정보를 장악하는 것은 가장 강력한 권력행사가 될 수 있다. 왜냐하면 합리적인 의사결정이나 문제해결에 가장 관건이 되는 것은 정확하고 유용한 정보가 필수적이기 때문이다.

2차 세계대전 때 진주만 습격은 일본군 중위가 남몰래 진주만에 잠입하여 현지 음식점 종업원으로 암약하면서 수집한 정보를 토대로 치밀한 계획하에 이루어졌다. 이는 정보를 통제할 수 있었기에 가능한 일이었으며, 그 후 미 해군이 일본해군이 사용하는 「도라도」라는 암호의 해독에 성공함으로써 일본군의 이동에 관한 정보를 획득하여 미드웨이해전을 성공시킨 사건도 정보를 장악할 수 있었기에 가능한 일이었다고 할 수 있다. 특히 현대전은 군사과학기술이나 장비가 발달함으로써 종래의 재래전으로는 이길 수 없고, 정보를 장악해야만 승리할 수 있다는 교훈을 걸프전은 말해주고 있다.

한편 기업에서도 정보통제의 중요성은 대단히 중요한 문제가 되고 있다. 컴퓨터 디스켓 한 장으로 회사의 운명을 가르는 산업스파이들이 지금도 도처에서 암약하고 있다. 우리는 정보홍수의 시대에 살고 있다. 과거의 CEO는 정보가 부족한 것이 문제였지만 오늘의 CEO는 정보가 너무 많아서 의사결정에 걸림돌이 되고 있다. 정보의 홍수를 어떻게 처리하느냐가 CEO의 과제이다.

정보의 이용이 얼마나 중요한가에 대한 한 예를 살펴보자. 5·16 군사혁명의 정보가 장면 총리에게 전달되었으나 그는 아무 조치도 취하지 않고 있다가 숙소인 반도호텔에서 혁명군이 한강을 넘었다는 보고를 받고는 부랴부랴 금남의 지역인 모 수녀원으로 피신하였다가 혁명군이 정국을 완전히 장악한 3일 후에 나타나 항복하고 말았다. 기업경영에서도 이러한 예를 도처에서 찾아볼 수 있다. 생체실험으로 최악의 범죄자였던 731부대 소장은 731부대의 정보를 미국에 제공한 대가로 형을 면제받았다고 한다.

5) 의무감을 갖도록 하기

이 방법은 다른 사람에게 호감을 갖도록 하기 위해서는 스스로 호의를 베풀어야 한다는 것이다. 부하에게 호의를 베풀게 되면 그 부하는 이러한 호의에 보답해야 한다는 의무감이 발생한다. 부하의 입장에서도 조직 내에 강력한 영향력을 행사하는 상사와 인간관계를 맺음으로써 보다 큰 이득을 얻기를 희망하므로 권력을 가진 자는 그에게 그에 상응하는 호의를 제공해줌으로써 보다 큰 복종을 얻어낼 수 있는 것이다.

▩▩▩▩ 권력의 마녀 측천무후

측천무후. 중국역사상 최초로 여황제가 된 여인이다. 무조라는 이름을 가진 그녀는 당태종의 후궁으로 들어와서 내일을 점칠 수 없는 궁정 내부의 피나는 싸움 속에서 살길을 찾았다. 빼어난 미색을 무기로 태종의 아들(고종)을 화장실에서 유혹하여 관계를 맺었다. 태종이 죽자 고종의 후궁으로 들어앉았다. 그녀는 아들을 낳았는데 고종의 정비가 다녀가자 목 졸라 죽이고 죄를 본처에게 뒤집어 씌워 처형케 했다. 주색에 빠져있는 고종을 꾀어 권력을 위양 받고 무후(武后)라 칭하였다. 그녀의 나이 41세 때는 미모의 조카딸을 질투심에 독살하였다. 675년에 태자로 봉한 아들마저 독살하고 왕세자 자리에 오른 둘째 아들은 죄목을 붙여 황궁에서 쫓아내 버렸다. 683년 고종이 세상을 떠나자 셋째 아들에게 스스로 황제 자격이 없음을 선포케 하고 힘없고 무기력한 막내아들에게 황제 자리를 맡기고 실권을 쥐고 중국을 통치하였다. 그 후 5년 동안 궁중에서는 숱한 반란이 일어났지만 모조리 처형하여 버렸다. 그 후 도전장을 내민 인사는 아무도 없었다. 당왕조의 사람들은 하나도 남김없이 죽여 버렸기 때문이었다. 무후는 스스로 부처의 후손이라고 선포하고 성신황제라는 칭호를 받았다. 80세가 되어서야 강제 퇴위당하였다. 인간의 권력욕이 인류의 역사를 얼마나 피로 물들게 하였는가.

6) 급진적 업무추진의 회피

목표를 향해서 지구전을 펴는 것이다. 급진적 변화보다는 점차 진화·발전해가는 방법이 복종을 얻어내는 데 보다 적당하기 때문이다. 이는 급진적 개혁보다는 안정적 변화를 더 희망하는 사람들이 많기 때문이다.

따라서 권력자는 깃털을 곤두세우지 않으면서도, 천천히 그리고 분명하게 자기 몸을 보호해가며, 다른 사람의 협동과 믿음을 얻어나가는 방법이다. 헤밍웨이의 작품 「노인과 바다」에 등장하는 노인의 지혜를 보라. 힘없는 한 노인이 엄청난 괴력을 지닌 바닷고기와 싸워 기어이 승리하지 않았던가?

7) 위기를 최대로 활용(wait for a crisis)

이 방법은 '무소식이 희소식'이라는 말과는 정반대되는 말이다. 조직의 권력권에서 멀리 떨어져 있는 사람은 평소에는 아무런 역할을 할 수 없게 되어 있다. 그러나 조직이 곤란한 문제에 봉착하게 되면 권력권 밖에 있는 사람의 의견에도 귀를 기울이는 기회가 찾아온다.

권력추구자는 이 기회를 잘 이용해야 한다. 자기가 가지고 있는 좋은 아이디어를 이 기회에 활용해야 한다. 조직이 재생할 수만 있다면 권력을 얻는 절호의 찬스가 아니고 무엇인가. '위기 뒤에 기회'가 찾아오는 경우가 많다. 신화를 창조한 기업의 창업자들은 위기를 최대한 활용한 사람들이다. 우리 정치사에서 새로이 권력을 장악한 K씨의 경우 3당 합당 후 얼마나 많은 위기가 그의 앞에 있었는가? 그 위기를 극복하고 권력을 장악하기까지의 과정은 한 편의 드라마라 할 것이다. 위기를 피하지 말고 위기를 적극적으로 활용하라.

8) 회의개최를 가급적 지양(take council with caution)

권력을 어떻게 얻느냐 하는 것보다는 어떻게 지킬 것이냐 하는 것이 더 중요한 문제가 된다. 일반관리에 적용되는 공동인식을 위한 회의방식은 조직에서 흔히 사용하는 전통적인 처방이다. 그러나 권력과 관련되는 중요한 의사결정문제를 다룰 때에는 부하에게 그 문을 개방하는 것을 신중히 처리해야 한다는 전략이다. 부하의 참여를 허용함으로써 오히려 그 결정을 어렵게 하거나 관리자의 권력이 침식당하는 결과가 발생하는 경우가 많기 때문이다.

9) 자원에 대한 통제를 강화(control of the resource)

가시적이고 확실한 자원(예산, 물자, 기술, 정보, 지위 등)에 대한 통제력을 확보함으로써 권력을 획득하는 방법이다. 과거 일시에 붕괴되었던 K당(정주영씨가 만들었던 국민당)을 보라. 자원을 동원하는 자가 물러나니 구심점을 잃고 사상누각(砂上樓閣)처럼 무너지고 말았다.

10) 명성을 얻도록 노력(effort to the prestige)

전문분야나 특정분야에서 명성을 얻어내는 방법이다. 사람들은 일반적으로 전문능력을 가진 사람을 존경하고 신뢰하며 그의 말에 따르는 경향이 높기 때문이다.

또한 특정분야에 관한 업무를 성공적으로 수행함으로써 가시적인 성과를 얻는 경우에도 권력을 획득할 수 있다. 성취된 것이 크고 가시적으로 보일수록 개인의 권력은 늘어나게 마련이다. 그래서 우리 인간의 욕구 중에서 자기실현의 욕구를 가장 높은 욕구로 보는 게 아닌가? 스티브 호킹 박사는 그 명성 때문에 간호사 10인이 24시간 간호하는 석좌교수가 되었다.

거짓동맹: 여우와 염소

여우 한 마리가 우물에 빠져 꼼짝없이 죽을 운명에 처했다. 그때 염소 한 마리가 물을 마시러 왔다가 여우를 보았다. 염소는 여우에게 물맛이 어떠냐고 물어보았다. 여우는 아무렇지도 않은 얼굴로 이 우물물이 얼마나 맛있는지 달변을 늘어놓았다. 그러자 목마른 염소는 뒷일은 생각지 않은 채 우물 속으로 들어갔다. 물을 실컷 마신 염소는 여우에게 밖으로 나갈 수 있는 방법을 물어보았다. 여우가 대답했다. "글쎄, 좋은 방법이 있긴 한데, 우리 둘이 힘을 합쳐야 해. 네가 앞발을 벽에다 걸치고 뿔을 최대한 높이 쳐든다면 내가 그 위를 타고 올라가서 밖으로 나간 다음, 너를 끌어 올려줄게." 염소는 여우의 말에 찬성했다. 여우는 재빨리 염소의 다리를 타고 어깨 위로 올라서는 뿔을 밟고 우물 밖으로 나왔다. 우물 밖으로 빠져나온 여우는 뒤도 돌아보지 않고 도망쳤다. 우물에 홀로 남은 염소는 여우에게 어서 약속을 지키라고 소리를 질렀다.

— 이솝 우화

일어서서 자신의 뜻을 밝히는 것이 용기다.
그리고 앉아서 다른 사람의 의견을 경청하는 것 역시 용기다.
— 윈스턴 처칠 —

2. 권력을 유지하는 역사적 사례

1) 의존하게 만들어라   프랑스의 루이11세는 점성술을 좋아해 점성술사를 궁에 거처하게 하였다. 하루는 점성술사가 궁 안의 어떤 여인은 8일 후에 죽을 거라고 예언하였는데 적중하였다. 그는 깜짝 놀라서 점성술사를 죽여 버리기로 작정하고 경호원들에게 손가락으로 신호하면 밖으로 던져 버리라고 지시하였다. 드디어 점성술사를 불렀다. 왕이 물었다. "그대는 점성술에 능하여 인간의 운명을 잘 알고 있다니 그대 자신은 언제 죽을 것 같소?" 점성술사는 "저는 폐하가 돌아가시기 3일 전에 죽을 것입니다"라고 대답했다. 왕은 죽음대신에 상을 주고 능한 궁정의사를 주치의로 임명했다. 점성술사는 왕보다 7년을 더 살았다고 한다.

2) 전문성을 가져라   미켈란젤로의 후원자는 교황 율리우스2세였다. 그러나 두 사람은 교황의 대리석 무덤 문제를 놓고 심하게 말다툼을 했다. 미켈란젤로는 화가 나서 로마를 떠나버렸다. 하지만 놀랍게도 교황은 그를 해고하지 않았다. 오히려 그를 찾아내어 떠나지 말 것을 요청했다. 미켈란젤로는 다른 후원자를 얼마든지 찾을 수 있지만 교황은 또 다른 미켈란젤로를 찾을 수 없기 때문이었다. 미켈란젤로처럼 모두 천재가 될 수는 없다. 당신의 목숨을 이어가는 전문지식을 가지고 필요한 사람으로 만들어라. 당신과 상대방의 운명이 서로 얽히게 만들어라.

3) 다양한 인간관계를 유지하라   헨리 키신저는 닉슨 대통령 재임시절 백악관에서 벌어진 수많은 권력투쟁에서 살아남았다. 그가 최고의 외교관이었기 때문이

아니다. 오히려 두 사람은 자주 갈등을 빚었다. 두 사람의 정치적 신념이 같아서도 아니었다. 키신저가 살아남은 이유는 그가 관련되지 않은 정치 영역이 드물었기 때문이었다. 미켈란젤로의 힘이 특수한 전문적인 것이었지만 키신저의 힘은 다양한 인적 Network에 있었다. 키신저는 행정부 내에 많은 동맹자들을 가지고 있었다. 동맹자가 많은 자를 제거하는 것은 위험을 수반한다.

4) 비밀정보를 확보하라!　　　세상에 알려지면 곤란한 정보를 알고 있으면 상대방과 운명을 묶을 수 있다. 당신에게 막강한 힘이 생긴다. 전통적으로 권력자의 측근이나 정보기관의 우두머리들은 이런 방법을 사용했다. 그들은 왕이나 대통령의 정치 생명까지도 쥐락펴락할 수 있다. 미국의 전 FBI국장 후버가 그런 사람이었다. 악명 높았던 731부대의 소장은 비밀 정보와 생명을 교환하였다고 한다.

그러나 남의 비밀을 너무 많이 알고 있는 사람들은 늘 불안한 삶을 살아야 한다. 그렇게 불안한 나날을 사는 사람들에게 권력이 무슨 소용이 있겠는가. 유신시절 7년 동안 중앙정보부장을 하고 막강한 권력을 휘둘렀던 김모씨는 망명 후 의문의 죽음을 당하였다.

5) 사랑·우정을 가장하라　　　사랑·우정은 변하는 것. 두려워하는 것은 권력이다. 의존관계를 유지하기 위해서는 권력의 Key를 쥐고 있어야 한다.

▶ 당부: 사람들을 당신에게 의존하게 만들어라. 그러한 의존으로부터 많은 것을 얻게 된다. 갈증을 채운 자는 우물을 떠나 더 이상 찾아오지 않는다. 의존 관계가 사라지면 정중함과 예의 바름과 존경도 사라진다. 경험이 우리에게 가르쳐주는 교훈은 희망은 남겨두되 절대 만족을 주지 말며 훌륭한 후원자라 해도 늘 당신을 필요로 하게 만들라는 것이다. 때 늦은 찬송가를 부르지 말기를!

　　　　　　　　　　　　　　　　　　　　— 로버트 그린, 「권력의 법칙」 참조

V 미래사회의 리더십(Leadership)

1. 통합적 리더십(Leadership)의 시대

1) 통합적 리더십

리더십은 미(美)와 같은 것이라고 앞에서 명제로 내놓은 바와 같이 어떤 리더십이 효과적이라고 단정하기는 어렵다. 가장 효과적인 리더십의 한 방편으로 통합적 리더십이 제기되고 있다. 통합의 리더십 모델은 리더가 의식적이고 체계적으로 여러 가지 행동 스타일을 활용할 수 있는 방법을 제시함으로써 단순한 설명 이상의 것을 제공한다. 통합의 리더십 모델은 자기 자신과 다른 리더들의 리더십뿐만 아니라, 어떤 특별한 상황에서 필요한 리더십 행동과 각 조직에서 가장 가치가 있는 리더십 모델이 무엇인지를 알려준다.

2) 통합의 지도자란?

간단히 정의하면 공동선(共同善)의 사회를 건설하고 유지해나가는 지도자라 하겠다. 미래사회는 인류에게 자연과의 공생, 문명간의 공생, 인종간의 공생, 종교간의 공생, 사상의 공생을 요구하고 있다. 이와 같은 인류의 사명을 수행할 수 있는 리더가 통합적 리더인 것이다.

여기에서 위대한 통합의 지도자 모네의 철학과 비전과 전략을 살펴보자.

장 모네는 1888년 프랑스의 유명한 포도주 생산지인 코냑(Cognac)에서 부유한 집안의 아들로 태어났다. 그는 불란서의 총리, ECSC(European Coal and Steel Community: 최초의 초국가적인 기구인 유럽석탄철강공동체) 의장과 국제연맹의 사무차장을 지내면서 유럽통합과 하나의 유럽, 하나의 세계를 꿈꾸며 노력했던 통합의 지도자였다.

그의 구체적인 제안을 살펴보자.

1940년 6월 이중 국적, 단일 통화, 모든 자원의 공동관리 등을 포함한 국가연합을 제의하였다. 그는 국제협력, 국가의 평등 그리고 국경통제 완화 등을 위해 일했고 드골의 프랑스 위주의 정책 때문에 많은 장애를 받기도 하였지만 국가 간 통합을 위한 노력을 계속하여 유럽 연합 실행위원회를 조직하여 훗날 유럽경제공동체의 전신이 되게 하였다. 이 조직이 발전되어 유럽 공동시장이 현실화되고 단일의 유럽공동체가 발전하여 1993년, 마스트리히트 조약에 의한 유럽연합의 태생의 단초를 세운 사람이 모네였다.

이러한 공로로 그는 자유상(Freedom Prize)을 수상하였다.

케네디 대통령은 그에게 자유상을 수여하면서 다음과 같이 치하하였다.

"수세기 동안 황제나 왕이나 독재자들은 힘으로 유럽을 통합하려고 했습니다. 그러나 행운인지 불행인지 모두 실패했습니다. 그러나 귀하의 영감 덕분에 20년도 채 안 되는 기간에 과거 1,000년 동안 이루어 낸 것보다 훨씬 더 가까이 통합의 목표에 다가설 수 있게 되었습니다…(생략)."

모네는 하나의 유럽, 하나의 세계를 끊임없이 추구하였다.

"모든 계획에는 항상 꿈이 있다. 그 꿈이 지속될 수 있다면 언젠가는 현실이 된다." 모네의 말이다. 그는 통합의 지도자였다. 살육과 전쟁으로 점철된 분열의 유럽을 통합과 평화의 유럽으로 만드는 데 초석을 쌓은 사람이 되었다.

3) 통합의 지도자와 비통합의 지도자의 다른 점

(1) 비통합적 지도자의 특성

① 누가 나를 따를 것인가?   비통합의 리더는 독재적인 리더로서 1인치하의 정치를 하며 우상화한다. 양같이 따르는 자를 찾고 기른다. 역사적으로 볼 때 스탈린, 모택동, 진시황, 히틀러 등은 따르는 자와 따르지 않는 자를 구별하였다. 스탈린은 집권 시 2,000만 명의 소련국민을 숙청하였다.

② 내 꿈을 이을 사람은 누구인가?   이런 사람들은 후계자를 국민에 의해서가 아니라 본인의 뜻을 이어갈 사람을 찾는다.

③ 누가 우리와 다른가?   뜻이 같은 사람을 모아 공동체 사회를 만들려고 노력하는 것이 아니라 다른 사람을 찾아 제거하려고 한다.

④ 누가 우리의 적인가?   동지를 찾는 것이 아니라 적을 찾아 투쟁한다. 분열과 갈등 사태가 조장된다.

(2) 통합적 지도자의 특성

① 우리의 도전과제는 무엇인가?   함께 사는 사회를 건설하기 위하여 공통된 도전과제를 찾는다. 간디, 달라이 라마, 루터 킹은 인류는 하나라는 명제하에 인류의 공통의 과제를 찾기 위해 평생을 바쳤다.

② 우리의 꿈은 무엇인가?   현실의 벽을 뚫고 인류의 이상 – 꿈을 이룩하려고 하였다. 간디의 비폭력, 루터 킹의 민권운동, 만델라의 흑백통합은 꿈이었으며 그 꿈을 실현하기 위하여 죽고, 감옥에 갔다.

③ 우리의 공통점은 무엇인가?   인간은 다른 점과 공통점이 있다. 통합의 지도자는 공통점을 찾아 함께 살기 위해 노력했다.

④ 우리는 서로를 위해 무엇을 할 수 있는가?   오늘을 사는 현대인에게 던지고 싶은 물음이다. 현대의 사회는 이기주의, 이익집단주의가 만연하여 나 살고 너 죽자는 식으로 산다. 모두 나를 위해서 살기를 원한다. 우리가 함께 살기 위해서는 상호주의가 필요하다. 이 우주의 질서는 주고받음의 질서이다. 이 세상에 홀로 존재하는 것은 아무것도 없다. 우리가 이러한 진리를 깨닫고 주고받음의 조직사회와 세계질서를 구축할 때 인류는 미래가 있을 것이다. 통합의 지도자는 우리는 하나라는 명제 하에 공동선, 공동문화를 위해 지도력을 발휘하는 지도자가 되어야 한다.[6]

4) 통합의 지도자 — 만델라

탄생: 만델라는 남아프리카 어느 강가의 음베조라는 조그마한 강가에서 마을 추장 셋째 부인의 아들로 태어났다. 그는 유년시절에 여유 있는 가정생활을 하였다.

그의 생애: 그는 27년 동안 남아프리카의 남단 해안에서 멀리 떨어진 로벤이라는 외딴 섬에서 감옥생활을 하였으며 18년 동안은 독방에서 수감 생활을 하였다. 그는 감방에서 밖으로 나올 때가 가장 행복했다고 독백하였다. 그 이유는 맑은 하늘을 볼 수 있기 때문이었다라고 말하였다. 당시 죄수들은 백회석 광산에서 노역을 하였기 때문에 컴컴한 감옥에서 나와 태양을 바라보는 순간 눈이 부셔서 실명되는 죄수들이 많았다고 한다. 그런데 그는 그 악조건에서 태양빛을 감사하는 긍정적인

---

6) Jean Limpmanm-Blumen, 김양호 역, 「성공한 리더, 성공한 리더십」(경향신문사, 1997), p. 120.

철학을 가지고 투지를 불 태웠다. 그 무서운 감옥은 그의 대학이었다. 감옥에 가기 전에는 흑백 차별정책을 하는 백인정권과의 투쟁이 그의 삶의 목표였는데 감옥생활을 통해서 투쟁에서 화해라는 흑백통합의 철학을 다시 세우게 되었다. 그래서 그는 감옥을 그의 대학이라고 칭하였다.

드디어 대통령이 되다: 긴긴 27년의 감옥생활 중에도 그는 자유의 투쟁을 계속하여 흑백 통합정책을 내걸고 드디어 최초의 흑인 대통령이 되었다. 그의 화해정책의 사례를 들어보자. 남아공은 백인들에 의한 흑백 분리통치 동안 304만여 명의 국민들이 실종 또는 사망하는 비극을 겪었다. 그러나 만델라 대통령은 그를 감옥에 보낸 백인 대통령과 화해를 하고 그가 수감되었던 당시의 교도소 소장을 오스트리아 대사로 임명하고, 세 명의 백인 간수들을 대통령 취임식에 초청하여 귀빈석에 앉혔다. 흑백통합의 상징으로 백인을 부통령으로 임명하였다. 진실화해위원회(Truth and Reconciliation Commission)를 창설하여 용서는 하되 잊지는 말자(Forgiveness without Forgetting)는 구호를 내걸고 흑백통합 정책을 펴 나갔다.

만델라는 흑백통합의 상징으로 자유헌장을 제정하였다.

"우리 남아프리카공화국 국민은 우리나라 모든 국민과 전 세계인에게 다음과 같은 사실을 공표한다. 남아프리카공화국은 그 안에 살고 있는 흑인과 백인 모든 사람들의 것이며, 국민의 뜻에 기초하지 않은 어떤 정부도 그 권한을 주장할 수 없다. 우리의 국민들은 불의와 불평등에 기초한 정부에 의해서 토지, 가옥, 그리고 평화를 누릴 기본적인 권리를 박탈당해 왔다. 우리의 모든 국민들이 동일한 권리와 기회를 누리며 친형제처럼 살아갈 때까지는 이 나라는 결코 번영하지도 자유롭지도 못할 것이다. 국민의 뜻에 기초한 민주주의 정부만이 피부색, 종족, 성 그리고 각자의 신념에 따른 구별 없이 모든 이들에게 기본권을 확보해 줄 수 있다. 그러므로 동료로서, 같은 나라 사람으로서, 형제로서 우리는 자유헌장을 채택한다. 여기에서 우리는 이제 시작된 민주주의적 변화가 승리할 때까지 우리의 힘과 용기를 조금도 아끼지 않으며 함께 투쟁해 나갈 것을 맹세한다."

자유로운 남아프리카공화국의 요건

국민이 다스린다.

모든 민족 집단들은 동등한 권리를 갖는다.

국민은 국가의 부를 공유한다.

토지는 그것을 경작하는 사람들이 공유한다.

통합의 지도자는 철학과 비전 그리고 전략, 그 전략을 실천할 수 있는 능력의 소유자들이었다. 만델라는 이것들을 갖춘 지도자였다(「만델라 자서전」 참조). 지도자 빈곤의 시대에 만델라 같은 지도자는 인류사회에 빛을 주고 떠난 위대한 통합의 지도자이다.

2. 시대상황과 통합적 리더십

인류의 역사는 피로 쓰여진 역사다. 인류의 역사는 살육과 전쟁의 역사였다. 이러한 피비린내 나는 인간의 역사에 종지부를 찍고 함께 평화스럽게 나눔의 세계를 만들어 살아갈 수는 없을까?

로마는 카르타고를 점령하여 17일 동안 모든 것을 불태우고 보이는 사람마다 살육하였다. 세계 1, 2차 전쟁 때는 군인과 민간인 수천만 명이 생명을 잃었으며 캄보디아의 내전시 폴포트 정권은 2백만 명을 무자비하게 학살하였다. Killing Field 라는 영화까지 등장하여 전 세계에 큰 충격을 주었다. 우간다의 인종청소는 우리에게 무엇을 가르치고 있는가! 오늘도 끊임없이 전개되고 있는 중동에서, 세계 곳곳에서 일어나고 있는 테러, 살육의 공포에서 언제 벗어날 수 있겠는가!

우리나라의 현실도 동서남북으로 지역별로 계층별로 좌우로 진보다 보수다 하여 분열이 심각한 지경에 이르고 있다.

그 해답은 공동선(共同善)의 사회를 건설하고 이 공동체 사회를 이끌어 나가기 위해서는 통합의 지도자가 시대를 열어가야 한다는 명제에 이르게 된다.

3. 바람직한 통합형 지도자상

인류역사를 돌이켜보면, 세칭 지도자들은 밤하늘의 별처럼 많았으나 북두칠성처럼 인류사회를 구제했던 빛나는 지도자들은 흔치 않았다. 위대한 지도자들은 어떤 사람들이었을까? 그들의 특성을 몇 가지로 나누어 정리해 보고자 한다.

1) 자기극복

위대한 지도자들은 자기를 극복한 사람들이었다. 자기극복의 첫째는 죽음의 초월이었다. 우리들 세속의 사람과 비교하기는 어렵지만 죽음을 통해서 자기를 극복하고 부활한 사람은 예수였다. 예수는 죽음으로써 다시 태어났다. 하얼빈 역에서 이등박문을 암살한 안중근 의사는 죽음을 초월한 위인이었다. 그는 사즉생(死則生)의 위인이었다.

둘째는 자기희생이다. 권좌를 내어놓은 사람, 재산을 내어놓은 사람, 기꺼이 감옥을 택한 사람 등 인류의 스승들은 필요할 때 자기를 버린 사람들이었다.

일본 경영계의 별 고노스게 마스시다(松下)는 여론조사에서 지난 1,000년 동안 일본에 가장 위대한 인물 1위로 뽑혔고 일본 경영의 神으로 불려졌다. 그는 자기희생의 경영자였다.

자기를 극복하고 위대한 음악가로 탄생한 예를 보자.

고뇌에서 태어난 위대한 음악가 – 베토벤

가난한 어린시절을 보낸 베토벤은 당당한 음악가로 성장하였다. 그는 어느 백작 집에서 백작이 연주를 강요하자 집을 박차고 나와서 다음과 같은 편지를 썼다.

'백작님! 백작이라는 벼슬은 우연히 생긴 것이지만 나는 제 힘으로 여기까지 왔습니다. 그런데 명령조로 연주를 강요하다니 매우 불쾌합니다. 백작은 앞으로도 수천 명이 나오겠지만 베토벤은 단 한 명뿐입니다.'

이처럼 베토벤은 자존심이 센 음악가였다.

소년시절은 우울하였지만, 음악가로 성장해가는 과정에 뜻하지 않은 시련이 찾아왔다. 음악가로서 치명적인 질병, 귓병이 찾아온 것이다.

처음 소리를 듣지 못하는 증세가 20대 후반이었지만 32세 이후 더욱 심하게 되었다.

베토벤을 모델로 소설을 쓴 로망 롤랑은 "만약 하느님이 인류에게 범한 죄가 있다면 그것은 베토벤에게서 귀를 빼앗아간 것이다"라고 말하였다.

그는 너무도 고뇌하다가 동생에게 유서를 썼는데 유서를 써 놓고도 죽지 않았던 이유를 이렇게 말하였다.

"가슴 속에 있는 창작의 요구를 다 채우기 전에는 세상을 떠날 수가 없었다."

그는 친구에게 보낸 편지에서 "나는 운명의 끈을 붙잡겠다. 병이 치유되기만 한다면 나는 온 세계를 담아낼 것이다."

그의 병은 끝내 치유되지 않았지만 그의 소원은 이루어졌다. 세계에서 가장 위대한 음악가가 되었으니까 말이다.

49세가 되어 베토벤은 귀가 완전히 먹어서 의사소통을 하기조차 어려워졌다. 그러나 귀가 먹은 후에 그의 음악을 완성하였다.

베토벤의 교향곡 중에서 「운명」과 함께 최고의 대작으로 꼽히는 9번 교향곡 「합창」은 인간의 힘으로 쓸 수 있었던 가장 완전하고 위대한 곡이다. 모든 사람들에게 호소하여 압도적 감동으로 이끄는 교향곡이라고 칭송되고 있다.

그는 운명과 싸워 승화시켰던 위대한 음악가였다.

1827년 3월 그는 나이 57세로 세상을 떠났다. 오늘도 그의 '운명'은 우리의 가슴을 울렁이게 한다(금난새, 「클래식 여행」 참조).

2) 인간의 사회화

위대한 지도자들은 대중을 위해서 자기를 버린 공통점을 가지고 있다. 예수는 많은 대중을 대신해서 십자가에 못박혔으며, 석가는 중생을 구제하기 위해서 화려한 궁궐을 떠나 고행길을 자초하였다. 테레사 수녀, 안중근 의사, 루터 킹 목사 등 이타행(利他行)을 위해서 자기를 희생한 사람들의 모습은 아름답고 위대하다.

3) 팀워크(Team Work)

위대한 사람들은 팀을 잘 이끌어 가는 천재들이었다. 예수를 위해서 생명을 바친 사람이 그 얼마며, 세계에 퍼져 있는 신도는 그 얼마인가? 위대한 사람들은 정예부대를 만들어 목표를 향해서 끊임없이 전진하였다. 예수, 석가, 마호메트 이런 위인들은 사람들을 모아 팀을 만들고 그 팀에 영혼과 생명을 불어넣어 생명을 걸고 팀의 목표를 향해서 함께 노력을 하였으며 그들도 그들의 팀원을 위해서 희생을 하였다. 정치인, 기업인, 사상가 중에서도 이런 사람들이 많았다.

4) 동기부여

위대한 지도자들은 동기부여의 천재들이었다. 징기스칸은 얼마 안 되는 유목민을 이끌고 모스크바, 폴란드, 스페인까지 정복하였다. 동기를 부여해 주지 못했다면 가능한 일이었겠는가?

5) 생 명 력

위대한 지도자들은 생명력이 길었다. 예수, 석가, 공자는 지금도 우리 가슴속에 살아 있다. 그들은 시간과 공간을 초월하며, 살아서 인류의 스승으로 남아 있다. 간디, 이순신, 네루, 등소평 등은 죽어서도 우리를 가르치고 있다. 2차 대전이 끝난 후, 독일 유태인 수용소에서 손톱으로 벽에 쓰인 시(詩) 한 토막을 어떤 학자가 발견하였다. 시를 쓴 그 사람이 누구인지도, 죽었는지 살았는지도 아무도 모른다. 그러나 그 시는 생명을 갈구하는 감동적인 시(詩)였다. 위대한 지도자들은 이 시처럼 생명력 있게 산 사람들이다.

> 태양이 빛나지 않을 때에도 태양이 있음을
> 사랑을 느끼지 못할 때에도 사랑이 있음을
> 신(神)이 침묵하실 때에도 신(神)이 계심을
> 나는 믿는다.

4. 역사를 바꾼 위대한 지도자들

1) 세종대왕: 역사상 왕으로서는 처음으로 자기 나라 문자(한글)를 창제한 대왕

세종대왕은 대(大)자가 붙은 왕이다. 다른 치국도 뛰어났지만 그는 민족문화의 생명인 한글을 창제하였기 때문이다.

세종이 즉위한 후 수 년 동안 가뭄이 계속되어 흉년으로 백성들의 고생이 너무도 심하였다. 세종은 백성들의 아픔을 덜어 주기 위하여 측우기를 만들었고 정초(鄭招), 변계문(卞季文) 등을 시켜 각 지방을 돌며 그 지역특성에 맞는 최적 영농(最適營農)의 경험방이라 할 수 있는 농사직설(農事直說)을 펴내게 했다. 그러나 농사직설은 한문으로 되어 있어 한문을 모르는 농민들이 읽을 수가 없었다. 한글을 만든 직접적인 동기는 알기 쉬운 우리글을 만들어 백성들이 쉽게 읽을 수 있게 하기 위함이었다.

오늘날 세계의 어문학자들은 한글을 접하면서 세 번 놀란다고 한다.

⑴ 한글의 훌륭한 성능과 배우기 쉬운 점에서 처음 놀라고

⑵ 이런 글이 왕정시대의 군주에 의해서 개발되었다는 점

⑶ 훈민정음 반포문에 나오는 민연(憫然)이라는 단어에 놀란다고 한다.

(윤석철, 경영학의 진리체계)

만일 세종대왕이 한글을 만들지 않았더라면 오늘날 우리 민족은 이웃나라의 문화의 식민지가 되어 있을 것이다. 그리고 그 550년 전 왕정시대에 백성에 대한 연민을 가지고 사대주의 시대에 고난을 극복하고 한글을 창제하였다는 것은 위대한 업적이라 하지 않을 수 없다.

2) 피터 대제: 상트 페테르부르크 건설에 러시아의 운명을 건 불굴의 왕

페테르부르크는 러시아의 피터대제가 1703년부터 8년에 걸쳐 건설한 러시아 제 2의 도시다. 모스크바가 러시아의 심장이라면 페테르부르크는 러시아의 머리라고 한다. 겨울궁전, 여름궁전의 위용은 가보지 않고 말로는 설명하기 어렵다. 유네스코가 지정한 문화유산의 도시이며 세계 3대 박물관이 이곳에 있다. 약 200년 동안 러시아의 수도였으며, 인구는 450만으로 추산되고 있다. 도시 전체가 문화유산이다. 사람들은 파리보다 더 아름다운 도시라고 한다.

1914년 1차 세계대전때 독일군이 시 전체를 포위하고 1년간 식량과 무기의 반입을 막았으나 시민들은 50만명이나 희생되는 비극을 겪으면서도 끝까지 도시를 지켜냈다고 한다.

페테르부르크를 건설한 피터대제와 그의 야망에 대하여 살펴보자. 피터대제는 러시아 제국 로마노프왕조의 아버지를 여의고 크레믈린 밖에 있는 외인촌에서 보내게 되었다. 그 덕에 서구 여러 나라의 문물과 기술을 습득하였으며 그는 호기심이 많은 인물이었다.

그의 형 이반이 죽고 그는 황제가 되었다.

당시 러시아는 유럽 여러 나라에 비하여 문화나 과학 기술에서 너무 뒤떨어져 있었다. 그는 러시아의 낙후를 극복하고 대제국 건설에 대한 꿈을 가지고 있었다. 그는 유럽으로 통하는 문이 필요했으며 그 문을 페테르부르크로 정하였다.

페테르부르크는 광활한 늪지대였다. 그곳에 러시아 수도를 건설하겠다고 발표하자 극심한 반대에 부딪쳤다. 그의 아들은 20대의 청년이었는데 반대편에 섰다. 아버지의 계획을 반대하였다. 그는 그 외아들을 감옥에 넣고 수도건설을 진행하였

다. 그 아들은 감옥에서 여러 가지 의문을 남기고 옥사하고 말았다. 러시아를 유럽의 대국으로 만들겠다는 그의 야심과 신념은 그의 아들까지도 죽이면서 거대한 수도를 건설하였다.

국가를 아들 위에 둔 것이다.

그는 유럽의 선진 기술을 배우기 위하여 기술자로 위장하여 외국에 나가 기술을 배워 왔다. 페테르부르크에 가면 그가 병사들과 함께 수도를 건설할 때 숙식을 했던 조그만 오두막집이 남아있고 그가 손수 만든 조그만 돛단배도 있다.

그는 러시아를 유럽처럼 근대화하겠다는 신앙같은 신념으로 무장한 사나이였다. 그는 그곳에서 8년 동안이나 일반 병사와 기술자들과 함께 살았다고 한다. 알려지지도 않고 방문객도 없는 그의 오두막을 방문할 수 있었던 것은 행운의 기회였다.

지도자에게는 철학, 비전 그리고 그 비전을 실현할 수 있는 실천전략이 필수 불가피하다는 것을 몸으로 느낄 수 있었다.

여기에서 한 가지 밝혀야 할 사실은 도시를 건설하면서 그의 아들도 죽었지만 수만 명의 하층민과 농노들이 굶주림에, 질병에, 과도한 노동에 죽어갔다. 푸시킨은 페테르부르크를 가리켜 인간의 뼈 위에 세워진 도시라고 탄식하였다고 한다. 인간세계의 모순은 언제까지나 계속될까?

수많은 사람들의 희생 위에 세워진 도시를 문화유산이라고 자랑하고 있으니⋯

3) 모택동: 대장정의 역사를 창조한 위대한 전략가

중국 청나라 말기에 청은 국력이 쇠퇴하고 나라가 혼란에 빠져 있었다. 손문은 공화정을 수립하였으나 혁명의 완수를 보지 못하고 사망하였다. 장개석이 손문의 뒤를 이어 국가의 수반이 되어 북방 청의 세력을 토벌하고 나라를 통일하였으나 공산당과 싸우게 된다. 장개석 군은 50만의 정규군이 있었고, 공산당 홍군은 오합지졸 5만의 농민군이었다. 그러나 장개석 군은 부패하여서 기강이 해이해 있었다. 장개석은 1차 목표를 공산당 섬멸작전에 두고 강서성을 완전 포위하여 고사작전을 폈다.

장개석은 1933년 10월 70만 명의 군대로 소비에트 주위에 철조망과 시멘트 요새를 설치해 물샐틈없는 포위망을 쳤다. 시간이 흐름에 따라 소비에트 지역은 점점 더 생활필수품과 의약품 등이 부족하게 되어, 장기간 버티는 것은 병자호란 때 남한산성으로 도피한 인조의 신세처럼 되는 것이었다.

위기를 느낀 공산당 지도부는 전멸이냐 탈출이냐의 갈림길에서 탈출을 감행하여 소비에트를 버리고 포위가 약한 남쪽 지역을 택해 야음을 틈타 탈출에 성공한다. 강서성 포위망을 탈출하여 1년여 동안 9,600km의 산을 넘고 강을 건너 섬서성 산속에 도착한다. 북아메리카 대륙을 한 바퀴 돈 거리다. 이 행군을 대장정이라고 부른다. 1921년에 상해에서 공산당을 창설하여 15년 동안 쌓아왔던 모든 것을 버린 대탈출이었다. 국민당 군에 쫓기며 1년 동안 11개 성, 18개 산맥, 24개 대하를 건너는 후퇴작전이었다. 탈출당시 10만 명이던 홍군은 장정 도중 죽고, 도망치고 하여 마지막에까지 남은 사람은 겨우 6,500명이었다고 한다. 모택동의 처 강청은 임신한 몸으로 대장정에 끝까지 동참하였다. 모택동은 후퇴하면서 토지분배, 농민 해방, 정치개혁 등을 통해 사회주의 혁명이념을 전파하고 농민과 부녀자에게 피해를 주지 않아 민중의 지지를 받았다. 그때 민중에 뿌린 씨앗을 발판으로 6,500명의 홍군을 다시 일으켜 10년 후 1949년 10월 10일 천안문 광장에서 공산당 정부 수립을 선언하였다.

한편의 웅장한 드라마였고, 신화였다. 대장정의 길에는 아직 모택동이 쉬어갔던 토굴들이 남아 있다. 인간의 삶은 끝없는 전쟁의 연속이다. 대장정은 소설보다 더 진한 실화이다.

대장정의 중심에는 위대한 전략가 모택동이 있었다.

지금 나는 어떻게 살고 있는가? 대장정의 거울에 자기의 모습을 비추어 보자.

5. 미래 지도자의 리더십 함양을 위한 모델

공생의 리더십 모델 ─ 미래 지도자의 리더십 함양을 위한 모델

리더십의 중요성에 대해서는 앞에서 이야기하였다. 여기에서는 미래 지도자의 리더십 함양을 위해서 영문의 리더십을 모델로 삼아 리더십의 철학을 보다 구체화하여 보기로 한다.

이와 같은 영문 표기의 뜻대로 리더십을 발휘한다면 훌륭한 리더십을 발휘할 수 있다고 믿는다. 'Leadership'에 대한 이야기를 해보자.

Leadership＝L＝love＋E＝enthusiasm＋A＝ability

＋D＝dedication＋E＝ earn＋R＝respect＝Leader

＋Ship＝Relationship

으로 표현할 수 있으며 그 의미를 설명해 보기로 하겠다.

1) Leadership의 L＝Love 사랑으로 표현할 수 있다

사랑은 생명이다. 생명은 사랑을 통해서 태어나고 존재한다. 생명은 사랑을 필요로 한다. 사랑이 없이는 생명이 태어날 수도 없고 태어난 생명이 삶을 계속할 수 없다. 인간 누구나 부모의 사랑을 통해서 태어나고 사랑을 먹고 자란다. 이 세상 모든 조직의 원리도 마찬가지다. 리더는 자기의 조직체에 대하여 그리고 구성원에 대하여 사랑을 가져야 한다. 조직체를 사랑하지 않고 구성원에 대한 애정이 없이 리더십을 발휘한다는 것은 불가능하며 성공할 수도 없다. 아내와 자녀를 사랑하지 않는 아버지가 어떻게 행복한 가정을 이끌어 가겠는가. 기업도 나라도 마찬가지다. 우리 인간에게는 삼애의 정신이 필요하다. 즉 자애(自愛), 타애(他愛), 신애(神愛)이다. 자신을 사랑하고 타인을 사랑하고 신을 사랑하는 것이다. 특히 지도자에게는 생명을 던질 불타는 사랑이 있어야 한다. 사랑은 생명이요, 위대한 불꽃이다. 따라서 사랑은 효과적인 리더십을 발휘하는 가장 중요한 요소라고 할 수 있다. 가정에 사랑이 없다면 그 가정은 죽은 가정이다. 나라의 지도자가 나라에 대한 사랑 없이 개인의 권력욕에 눈이 먼다면 그 나라는 불행하다. 나라 사랑에 인생을 바친 지도자들의 예를 들어 보자.

안중근 의사: 안중근 의사는 이등박문을 하얼빈 역에서 사살하고 여순 감옥에서 순국하였다. 인간은 오래 사는 데 목적이 있는 것이 아니라 어떻게 사느냐에 목적을 두어야 한다. 그는 짧은 생을 살았지만 인간 안중근은 죽은 것이 아니라 우리 민족의 가슴에 영원히 살아 있다. 위대한 안중근 의사 뒤에는 위대한 어머니가 계셨다. 상고를 망설이는 그에게 어머니의 편지 한 통은 그를 죽음을 초월할 수 있는 민족의 영웅으로 만들었다.

"응칠(안중근의 본명)아! 네가 이번에 한 일은 우리 동포 모두의 분노를 세계 만방에 보여준 것이다. 이 분노의 불길이 계속 타오르게 하려면 억울하더라도 상고하지 말고 우리 민족의 대의를 위해 죽음을 택해야 될 줄로 안다. 옳은 일을 한 사람이 그른 사람들에게 재판을 다시 해 달라고 하는 것은 사리에 일본놈들이 살려 줄리가 있겠느냐? 혹시 자식으로 늙은 애미보다 먼저 죽는 것이 불효라고 생각해서 상고하겠다면 그건 결코 효도가 아니다. 기왕에 큰 뜻을 품고 죽으려면 구차하게 상고하여 살려 달라고 몸부림치는 모습을 남기지 않기 바란다."

얼마나 훌륭한 어머니의 모습인가? 위대한 어머니가 있었기에 위대한 아들이 있었던 것이다. 그의 마지막 진술을 다시 한 번 가슴에 새겨보자. "내 구차하게 삶을 구걸하지 않겠다. 사형보다 더 가혹한 형벌은 없느냐?"

지도자가 되고자 하거든 먼저 자신을 사랑하고 타인을 사랑하라. 나라를 사랑하라. 그리고 나와 타인과 나라 사랑을 일치시켜라. 사랑으로 무장한 수기(修己), 치인(治人), 치세(治世)의 길, 이것이 지도자의 진정한 사랑의 길이다.

호세 리잘의 슬픈 필리핀 사랑: 필리핀 독립의 영웅으로 칭송받고 있는 호세 리잘은 라구나의 칼람바라는 작은 마을에서 부유한 집안의 2남 9녀 중 7번째로 태어났다. 그는 1872년 6월, 11살에 데레트잔 대학 입학시험을 무난히 통과했으나 겨우 11살의 어린 나이에다 병약하고 왜소하다는 이유로 입학을 거절당하고 다른 학교로 진학하여 16세에 대학을 졸업하고 산토토마스 대학에서 의학공부를 시작했다. 이때 그는 한 여대생과 사랑에 빠져 결혼을 약속한다. 1882년, 21세 때 의학을 공부하기 위해 스페인으로 유학을 떠난다. 24세에 철학과 문학박사 학위를 받고 의사자격증까지 딴다. 그는 공부에 천재적인 재능을 발휘했다. 그는 문학자, 과학자, 시인, 언어학자, 조각가, 화가, 음악가, 안과의사로 활동한 다재다능한 천재였다. 그는 유학 중 필리핀의 독립에 눈을 뜨게 된다. 두 권의 소설 「나에게 손대지 마라」, 「체제 전복」을 발표하였다.

그의 소설 내용은 스페인 수사들의 학정을 고발하고 필리핀인들의 민족의식을 일깨우는 내용이었다. 실제로 그의 어머니, 형, 매형도 투옥당하고 토지를 강탈당했다. 그는 큰 충격을 받고 여러 언론단체와 사회단체를 만들어 스페인의 학정에 반기를 들기도 하였다. 그는 스페인 등 여러 나라를 여행하며 간접적인 독립활동을 하고 있었는데 스페인인들이 자기 집 토지를 빼앗고 형제들을 남쪽 섬으로 유배를 보냈다는 소식을 듣고 "전쟁터는 바로 필리핀"이라는 일기를 남기고 귀국한다.

1892년, 귀국하자 투옥과 유배를 당하고 유배된 섬에서 섬 아이들을 가르치고 있었다. 리잘의 소설에서 독립투쟁의 영감을 얻은 사람들이 비밀결사 조직을 만들어 1896년 폭동을 일으킨다. 리잘은 그 단체와 무관했지만 그를 노리고 있던 스페인 경찰은 배후조정자로 체포한다. 그는 반란에 무관하다고 항변하였지만 받아들여지지 않고 끝내는 반역자로 지목되어 형장의 이슬로 사라지게 된다. 그의 나이 꽃다운 35세였다. 1896년 12월 30일, 이른 아침 총살형으로 저 세상으로 떠났다. 그는 총살당하면서 집행군인들에게 뒤에서 쏘게 하였다.

그들이 앞에서 총을 쏘면 그들 앞에 무릎을 꿇게 되니 그것이 싫다고 하였다. 그는 처형되기 전날 감방에서 나의 마지막 안녕이라는 장시를 썼다. 그 시를 취사용 곤로 속에 숨겼다가 누이 트리니다드에게 건네주었다. 운명의 날 아침 5시에 그가 사랑한 여인 조세핀 브라엔이 오자 리잘의 요청으로 말라구에르는 그들을 결혼시켰다. 헤어지면서 리잘은 조세핀에게 토마스 캠퍼스의 책에 헌사("내 사랑하는 아내 불행한 조세핀에게")를 써 건네주었다. 그의 「마지막 안녕」은 당대 스페인 문학의 백미로 평가받았으며 필리핀 사람들의 국민시가 되었다. 조국에 대한 무한한 사랑과 열정을 담고 있는 그의 시는 너무도 감동적이다. 필리핀 마닐라에는 유명한 리잘 공원이 있다. 그 공원은 리잘이 총살당한 곳을 공원으로 만들어 필리핀 정부에서 관리하고 있다.

마지막 안녕
잘있거라 내 사랑하는 조국이여
태양이 감싸주는 동방의 진주여
잃어버린 에덴이여
나의 슬프고 눈물진 이 생명을
너를 위해 바치리니
이제 내 생명이 더 밝아지고 새로워지리니
나의 생명 마지막 순간까지
너 위해 즐겁게 바치리
먼 훗날 잡초 무성한 내 무덤 위에
애처로운 꽃 한 송이 피었거든
내 영혼에 입맞추듯 입맞추어다오
그러면 차가운 무덤 속
나의 눈썹 사이에

너의 따스한 입술과 부드러운 숨소리 느끼게 되리니
부드러운 달빛과 따스한 햇빛으로
나를 비쳐다오
내 무덤가에 시원한 솔바람 불게 하고
따스하게 밝아오는 새 빛을 보내다오
작은 새 한 마리
내 무덤 십자가에 날아와 앉으면
내 영혼 위해 평화의 노래를 부르게 해다오
불타는 태양으로 빗방울 증발시켜
나의 함성과 함께 하늘로 돌아가게 해다오
너무 이른 내 죽음을 슬퍼해다오
어느 한가한 오후
저 먼 저승의 나 위해 기도해다오
아 나의 조국
내 편히 하늘나라에 쉬도록 기도해다오
내 무덤가 십자가 비석도 잊혀져 가면
삽으로 밭을 일궈
내 무덤에서 시신의 재를 거두어
조국 온 땅에
골고루 뿌려다오
내 영원히 사랑하고 그리운 나라
필리핀이여
나의 마지막 작별의 말을 들어다오
그대들 모두 두고 나 이제 형장으로 가노라
내 부모, 사랑하던 이들이여
저기 노예도 수탈도 억압도
사형과 처형도 없는 곳
누구도 나의 믿음과 사랑을 사멸할 수 없는 곳
하늘나라로 나는 가노라
— 호세 리잘 —

2) Leadership의 e = Enthusiasm(야망)

이는 야망을 말한다. 리더는 비전과 야망이 있어야 한다. 영국의 석학 버트란드 러셀(B. Russel)은 일생 동안 75권의 저서를 남겼는데, 그가 성공한 이유 중 하나가 불타는 야망이 있었기 때문이라고 하였다. 야망이 없는 리더, 야망이 없는 조직체는 생명력과 미래가 없다. 야망의 리더는 다음 두 가지를 염두에 두고 추구하여야 한다.

① 야망이 넘치는 리더라고 하여 아침마다 소리를 지르며 구호를 외칠 필요는 없다. 소리 없이 조용한 가운데 리더의 야망은 구성원에게 전달되고 조직 전체로 확산되도록 하여야 한다.

② 조직의 경영자는 일하는 날, 일하는 순간마다 열광적일 필요는 없다. 조직의 구성원 그 누구도 리더가 24시간 내내 일에 미치는 것을 기대하지는 않는다. 인간에게는 휴식이 필요하다. 새로운 아이디어와 일에 대한 열망과 힘도 휴식 후에 오는 경우가 많다. 리더는 조용한 가운데 야망의 실현을 효율적으로 이끌어가야 한다. 리더에게는 불타는 야망의 모습이 필요하다. 그것은 리더에게 필요한 카리스마의 중요한 부분을 형성하기 때문이다. 여기에서 이야기한 야망의 리더에 해당되는 리더를 든다면 마스시다(松下) 전기의 고노스케 마스시다 회장을 들 수 있다. 경영의 신이라 불리는 마스시다가 이야기하는 스스로의 성공비결은 오늘을 살고 있는 사람들의 눈으로는 이해하기 어렵다. 그 자신이 평가하고 있는 세계적인 경영자로서의 성공비결을 들어 보자. 첫째, 집이 몹시 가난하여 어릴 적부터 구두닦이, 신문팔이 같은 고생을 통해 세상을 살아가는 데 필요한 많은 경험을 쌓을 수 있었고, 둘째, 태어날 때부터 몸이 몹시 약해 항상 운동에 힘써 왔기 때문에 건강을 유지할 수 있었으며, 셋째, 초등학교도 못나왔기 때문에 모든 사람을 스승으로 여기고 누구에게나 물어가며 배우는 일에 게을리하지 않았다. 그는 기자회견에서 당신의 성공비결이 뭐냐는 질문에 "몸이 약했기 때문이다"고 대답하였다. 그의 이 간단한 대답은 몸이 약하여 사선을 넘나들며 살고 있는 필자에게는 큰 위안이 되었다. 그는 몸이 약했기 때문에 권한과 책임을 부하에게 위양하고 자신은 공원을 산책하면서 새로운 아이디어를 내어 그 아이디어를 사업에 반영하도록 하였다. 그의 대량생산의 아이디어를 가져온 수도철학은 너무도 유명하다. 그는 어느 날 공원 산책길에 노동자들이 수도꼭지에서 펄펄 나오는 수돗물을 마시는 것을 보고 저 수도꼭지에

서 나오는 수돗물처럼 값싼 제품을 대량생산할 수 없을까 하는 아이디어를 생각해 내었다.

　이 아이디어가 그의 유명한 수도철학이 된 것이다. 그는 몸이 약했기 때문에 조용히 공원을 산책하면서 큰 야망을 품고 사업 아이디어를 구상하고 그것을 실천하여 세계적인 기업인이 되었다. 그는 말년에 그의 재산 97%를 일본사회에 기증하였고 사업을 경영하면서 어떠한 불황기에도 종업원 한 명도 해고하지 않은 기업인이었다. 그는 말년에 송하의숙(松下義塾)을 창설하여 일본의 기업과 사회지도자를 양성하였다. 그는 소리 없이 야망을 실천한 위대한 인간이었다.

3) Leadership의 a = Ability(능력)

　사랑과 야망이 있다 하더라도 조직을 관리하고 비전과 야망을 달성하기 위한 능력이 없다면 지도력을 발휘할 수 없고 리더로서의 자질도 문제가 된다. 기울어져 가는 가계를 일으키고, 적자에 허덕이는 기업을 회생시키고, 쓰러져 가는 나라를 바로 세운 위대한 인물이 있는가 하면 그 반대의 인물들도 많다. 어려울 때 능력을 발휘하여 인정받는 리더만이 강력하고 효과적인 리더십을 발휘할 수 있다.

　한 장군의 예를 들어 보자.

　1991년 걸프전 당시 미국의 노먼 슈바르츠코프(H. Norman Schwarzkopf) 장군은 100시간 내에 이라크군 50만명을 격파하는데 적이 생각지 못한 수평적 전략으로 승리하였다. 즉 그는 걸프만으로부터 상륙작전을 할 것처럼 위협하면서 2개의 미 해병사단과 다른 부대를 쿠웨이트로 직접 진격시켜 쿠웨이트 내의 이라크 주력부대를 붙들어 두는 한편으로, 서쪽으로 약 200마일 떨어진 아라비아 사막 내로 두 개의 기동군단을 투입시켰다. 이 부대는 이라크군의 후방을 일소했고 바그다드로의 퇴로와 보급로를 차단하면서 유프라테스강과 걸프만 사이의 코너로 적을 몰아넣었다. 한편 남쪽으로부터는 해병대가 계속 진격했기 때문에 이라크 병사들은 수천 명 단위로 항복했으며 저항은 일거에 무너졌다. 후세인은 모래전에 경험이 없는 미군은 허망하게 무너질 것이라고 속단하고 있었다. 그러나 이라크군 50만은 총 한번 제대로 쏘지 못하고 무너지고 말았다.

　위대한 장군들은 후방공격이 물리적으로는 적의 보급, 통신, 증원을 차단하고 정신적으로는 적의 신념이나 안정감을 약화시켜서 결국 적을 흐트러뜨리고 혼란시킴으로써 그들을 일시에 패배시키는 전략을 구사하였다. 걸프전에서 슈바르츠코프

장군은 이러한 전략을 이용해서 승리하였다. 이 전략은 가상의 목표를 실제 공격목표로 믿게 하여 가상의 목표에 적을 묶어 두는 것이며, 하나는 적이 둘 이상의 지점을 방어할 수 없게 만들어 둘 중 하나를 포기하게 만드는 전략이다. 전쟁은 기만이다(How Great. Generals Win. 참조).

이것이 전략에 탁월한 능력 있는 장군의 모습이다. 이러한 현상은 전쟁에서뿐만 아니라 정치, 기업, 사회 모든 분야에 적용할 수 있다. 사랑과 야망 그리고 능력을 갖추어야 조직을 살릴 수 있다.

4) Leadership의 d = Dedication(헌신)

이는 리더가 그들의 조직과 구성원들에 대하여 공약한 것을 헌신적으로 실천하는 것이다. 헌신과 희생을 하지 않고 부하의 희생을 통해서 자신의 영광을 누리려고 하는 리더는 생명이 짧다. 헌신적인 리더십을 발휘하기 위해서 리더는 다음 두 가지 사항을 실천 덕목으로 삼아야 할 것이다.

① 자신의 야망이 사라지지 않고 계속되고 있는가를 늘 점검하여야 한다. 용두사미(龍頭蛇尾)라는 경구를 잊어서는 안 된다. 처음과 끝을 같이 하는 지도자상의 확립이 중요하다.

② 아침에 기상하여 최소한 두 가지 의문을 제기해야 한다.

㉠ 오늘 기대하고 해야 할 일이 무엇인가?

㉡ 지금까지의 성과보다 더 나은 성과를 올리기 위한 길은 무엇인가?

헌신은 사랑과 책임감에서 그리고 미래에 대한 야망과 희망에서 출발한다. 아내와 가족을 사랑하는 사람은 가족이 안락하게 사랑 속에서 살 수 있도록 터전을 마련해 줄 책임이 있다. 그는 그 책임을 다하기 위해서 정신적, 육체적 능력을 발휘하여 최선의 노력을 한다. 이것이 헌신이다. 때때로 인간은 어려움에 처한 사랑하는 가족을 위해서, 나라를 구하기 위하여 생명을 던지기도 한다. 이것이 헌신하는 인간의 모습이다.

정주영은 무일푼으로 고려대학교 본관 석조전건물의 노동자로 일했다. 그는 노동자로부터 시작하여 미래에 대한 원대한 야망을 가슴에 품고 헌신하고 헌신하여 세계적인 기업인이 되었다. 헌신이란 자기가 선택한 일에 대하여 책임감을 가지고 목표한 야망이 이루어질 때까지 최선을 다하는 것이다.

인생의 바다에서 순항하려면 선실에 앉아 있지 말고 갑판 위에 올라가 직접 키를 잡아야 한다. 무슨 일이든지 생각만으로는 안 되고 실행이 중요하다. 그 사례가 바로 고려대학교 건축노동자로부터 시작하여 세계적인 기업인이 된 정주영 같은 기업인이다.

지도자라면 내가 진정으로 원하는 것이 무엇인가?

나는 앞으로 무엇을 할 것인가?

이 두 가지 물음에 답할 수 있어야 한다.

지도자는 꿈과 야망을 품고 이 세상에서 살아갈 이유를 제시하고 꿈과 야망을 실현할 수 있는 길을 인도하여야 한다. 꿈과 야망은 인간에게 살아갈 이유를 준다.

그대들의 내일을 위해, 우리의 오늘을 바쳤노라
—어느 전몰장병의 묘비—

이러한 명제 하에 노력하는 리더는 'Respect', 즉 존경을 받을(Earn) 수 있는 'LEADER'가 될 수 있다.

5) Ship = 인간관계(Relationship)

리더십의 영문 표기인 'Ship'은 Relationship이라 할 수 있다. 즉 인간관계인 것이다. 하늘 아래서 가장 중요한 것도 인간관계요, 가장 어려운 것도 인간관계다. 리더의 가장 중요한 영역 중의 하나는 사람과의 관계, 즉 사람을 관리하는 일이다. 인간관계에서 성공한 리더는 진정한 리더요, 인간관계에서 실패한 리더는 리더로서 자격 상실자라 할 수 있다. 그래서 동·서양을 막론하고 예로부터 용병술(用兵術)과 용인술(用人術)을 중요시하였던 것이다. 오늘의 한국의 혼란은 리더의 인간관계의 실패에서 나라의 운명이 흔들리고 있다는 사실을 깊이 자각해야 한다. 한 여인의 비선 실세가 전 나라를 이렇게 흔들다니 놀라운 일이 아닌가. 명심하자. 2017년의 국정농단 사건은 한국의 역사의 교훈으로 삼아야 한다는 것을!

조직을 효율적으로 관리한 리더는 인간관리에 성공한 리더들이다. 기업을 성공시켜 신화를 남긴 기업가들, 수많은 전쟁터의 명장들, 나라의 운명을 좌우했던 위대한 정치가들은 모두 인간관리의 명수들이다.

미국의 국무장관 조지 마셜은 2차대전을 승리로 이끌었으며 2차대전 후 유럽을 부흥시킨 마셜플랜으로 유명한 위인이다. 그는 군에서 미 육군 참모총장을 지낸 사람이다. 그가 고급 장교로 있을 때 그의 부하장교들 중 유능한 장교들을 골라서 그의 휘하로 데려오거나 네트워크를 작성해 놓았었는데 그가 육군 참모총장이 되었다. 그는 그때 점찍어 놓았던 장교들을 적재적소에 배치하여 효율적인 인간관리를 하였다. 그때 가장 유능한 장교가 아이젠하워였다. 그는 아이젠하워 장군을 북대서양연합군 사령관을 시켰다. 전후 아이젠하워장군은 컬럼비아 대학 총장을 거쳐서 미국의 대통령에까지 오르게 된다. 경영은 인간경영이요. 인생의 성패는 인간경영에 있다. 특히 리더에게는 인간경영은 조직 성패의 관건이다.

마셜은 참모총장, 주중대사, 국무장관 등을 지내고 노벨평화상을 받은 장군이었다. 그가 역사적인 인물이 된 것은 앞에서 이야기한 바와 같이 그의 특별한 인간관계 능력 때문이었다. 여기에서 주목할 것은 마셜은 영국의 처칠처럼 어렸을 때는 지진아여서 공부에 뒤처졌고 사람들 앞에서 발표하는 것에 대한 공포, 다른 학생들의 웃음거리가 되는 것에 대한 두려움, 그리고 안쓰러울 정도로 남을 의식하는 성격 때문에 결국 더 실수를 하고 수치스러운 경험을 하는 악순환이 반복되었다.

"나는 학교를 좋아하지 않았다. 사실을 말하자면 나는 열등생조차 되지 못했다. 나는 그냥 학생이 아니었고 성적은 형편 없었다. 집안에서는 말썽꾸러기여서 아버지를 실망시켰다"라고 어린 시절을 회고했다. 그런 아이가 성장하면서 자기 길을 갈고 닦아 위대한 장군이 되고 역사의 재단사가 되었던 것이다.

그가 다시 태어나게 된 계기가 있었는데 그것은 어머니와 형의 대화를 우연히 엿듣게 된 데 있었다. 그때 그는 어머니에게 사관학교에 보내 달라고 애원하고 있을 때였다. 형은 저 애는 집안에 먹칠을 할 거라며 사관학교에 보내지 말라고 어머니를 설득하고 있었다. 그 일이 선생님의 구박이나 아버지의 압력 등 그 어떤 것보다도 마셜에게 더 큰 영향을 끼쳤다. 그 순간 그의 형이 틀렸다는 것을 증명해야겠다고 결심하였다. 결국 그는 형보다 더 나은 성적을 내었다. 그렇게 해본 건 그때가 처음이었고 많은 것을 배웠다. 어머니와 대화를 들었을 때 성공에 대한 절박함이 생겼고, 마셜의 인생의 변화에 큰 영향을 끼쳤다. 우연히 들은 이야기가 마셜의 운명을 갈라놓았던 것이다. 그의 형과 아버지는 그에게 실망하고 기대를 버렸지만 어머니는 그렇지 않았다. 후원자는 그의 어머니였다. 아인슈타인의 어머니처럼 그의 어머니는 그를 믿고 사관학교에 진학하여 뜻을 펼 수 있도록 지원하였다. 위대한 장군도 지상에서의 그의 역할이 끝나고 하늘로 올라갈 때가 되었다. 아이젠하워 대통령은 세 번이나 문병을 왔고 트루먼도 방문을 하였다. 당시 84세였던 처칠이 문병을 왔다. 그러나 마셜은 이미 혼수상태에 빠진 후였고 눈물을 흘릴 수밖에 없었다. 그가 타계한 후 그의 유언이 공개되었다.

"간소하게 매장해 달라. 조국을 영예롭게 섬긴 평범한 미군 장교와 다름 없이, 수선 떨지 말고 거창한 장례식 같은 것도 금지하고 장례식은 짧게, 장례식 손님은 가족들만, 무엇보다 조용히 장례식을 치르도록…" 놀라운 내용이었다(「인간의 품격」, 브룩스 저 참조).

하늘 아래

가장 중요한 것도 인간관계요.

가장 어려운 것도 인간관계다.

명심하라.

Leadership은 human relation에서 출발한다.

마셜은 인간관계에 뛰어난 명장이었고 그 인간관계가 2차 대전을 승리로 이끌었고, 전후 유럽을 부흥시키고 자유세계의 승리를 가져왔던 동력이 되었다.

지도자의 길을 가고자 하는 사람들에게 Leadership에 대한 학습과 체득과 실천을 강력하게 권하는 바이다.

정관정요(貞觀政要)에서 본 당 태종의 리더십

정관정요 리더십의 덕목

① 리더의 지켜야 할 덕목

　　첫째, 부하의 의견에 귀를 기울여라.

　　둘째, 지도자가 모범을 보여야 한다.

　　셋째, 초심을 유지하라.

　　넷째, 인내심을 가져라.

　　다섯째, 겸허하게 행동하라.

　　여섯째, 발언을 신중하게 하라.

② 태종과 신하와의 대화7)

태종이 말하기를

"옛날부터 왕은 자기 맘대로 행동했소. 기분이 좋으면 아무런 공도 없는 사람에게도 상을

---

7) 서진수 지음, 「고전에서 배우는 리더십」(미디어숲, 2009).

내리고 화가 나면 죄가 없는 사람을 죽이기도 했소. 짐도 그들과 같은 길을 걸을까 두렵소. 그러니 짐이 그럴 경우 부담을 갖지 말고 말해 주시오. 또한 그대들도 부하의 간언을 기쁘게 받아 주시오. 의견이 다르다고 거부해서는 안 되오. 부하의 간언을 받아들이지 못하는 사람은 윗사람에게 간언할 자격이 없소."

그리고 세월이 꽤 흐른 후 태종이 신하에게 요즘은 의견을 말해주는 사람이 통 없다는 질책을 한다. 이에 대해 신하가 이렇게 대답한다. "폐하는 간언을 거리낌 없고 솔직하게 잘 들어 주셨습니다. 그러니 거리낌 없이 말하는 신하도 있을 법 합니다. 그러나 저마다 다른 맘으로 대다수가 침묵을 지키고 있습니다. 의지가 약한 사람은 속으로 생각하고 있어도 말을 내뱉지 못합니다. 평소에 모시던 분이 아닌 사람에게는 미움을 살까 두려워 좀처럼 말을 하지 않습니다. 또한 지위에 집착하는 사람은 섣불리 말을 꺼냈다가 힘들게 오른 지위를 빼앗길까 두려워 적극적으로 말하지 않습니다."

이 내용 속에서 간언을 하는 부하들의 마음을 잘 들여다 볼 수 있다. 그리고 리더가 놓치기 쉬운 점까지 동시에 지적하고 있다. 이에 대해 태종은 이렇게 화답한다. "그대의 말이 옳소. 짐도 항상 그 점이 맘에 걸렸소. 신하가 군주에게 간언하려면 죽음을 각오해야 하오. 이는 사형장에 끌려가거나 적진 한가운데 뛰어 들어가는 것과 같소. 두려움 없이 간언하는 신하가 적다는 사실은 이 때문일 것이오. 짐은 앞으로 겸허한 자세로 그대들의 간언을 받아 줄 생각이오. 괜한 걱정은 말고 거리낌 없이 의견을 말해주오."

당 태종은 626년에 재위에 올라 23년간 통치하면서 당 왕조 300년의 기반을 다졌는데 그 기본원리는 '정관정요'에 두었다고 한다.

당 태종은 정관정요에서 나타난 바와 같이 그의 집권기간을 '정관의 치(貞觀의 治)'라고 일컫는 모범적인 통치의 지혜를 보여주었다. 그러나 그도 신하의 직언을 듣기가 얼마나 어려웠던지 그의 왕후 앞에서는 어떤 신하를 죽이고 싶었다고 고백하였으니 지도자가 부하의 직언을 수용하기가 얼마나 어려운 것인가.

* 정관정요(貞觀政要): 당 태종과 신하들 간에 주고받는 정치문답집으로 유명함. 당 태종은 형을 죽이고 아버지의 권한을 빼앗은 피묻은 손으로 집권하였으며 수많은 군사를 이끌고 고구려를 직접 침공하였다가 참패하고 돌아간 사람으로 우리 민족과는 악연인 임금임.

제12장

공동선의 세계를 위하여

나 평화롭게 쉬기를 원하네

나, 평화롭게 쉬기를 원하네 — 나, 아직 살아 있어 말하네,
여생을 평화롭게 지내고 싶다고.
나 지금 바로 평화를 원하네, 내가 살아 있는 동안.
낙원의 외다리 황금의자를 소망하는 경건한 사람처럼
나는 그런 것을 기다리고 싶지 않다네.
내가 원하는 것은 지금 이곳의 네 다리가 있는 의자,
그저 평범한 나무의자라네. 나는 지금 평화의 안식을 원하네.
나는 온갖 전쟁을 겪고 살아남았다네.
안에서 벌어지는 전투와 밖에서 벌어지는 전투,
얼굴과 얼굴을 마주하는 전투.
그 얼굴들은 언제나 나의 얼굴이요,
나의 사랑하는 이의 얼굴이요, 나의 원수의 얼굴이었네.
막대기며 돌, 무딘 도끼와 말들,
무뎌진 칼, 사랑과 증오.
그런 낡은 무기들로 싸우는 전쟁들.
기관총이며 미사일, 말들, 폭발하는 지뢰, 사랑과 증오,
그런 첨단 무기들로 싸우는 전쟁들.
나는 원치 않네, 인생은 전쟁이라는
우리 부모님의 예언이 이루어지는 것을.
나는 나의 온 몸과 나의 온 영혼을 기울여 평화를 원하네.
평화 가운데서 쉬게 되기를.

— 여후다 아바카이(히브리 시인)

I 공동선의 길

> *전쟁은 인간을 파괴시킨다,
> *전쟁은 가장 어리석은 인류의 유산이다.
> — 러셀

인류의 역사는 피로 쓰여진 살육의 역사였다. 얼마나 많은 사람들이 전쟁으로 인하여 살육을 당하고 비극을 겪었는가? 인간은 이리보다 더 간악하고 야수보다 더 야만적인 면이 많다. 인류의 역사는 피로 얼룩진 역사다. 개인의 역사나 국가 간의 역사도 그렇다. 가까운 역사의 예를 들어보자.

1차 세계대전 때 군인 740만, 2차 세계대전 때는 1,500만명의 군인이 사망하였다.

전쟁이 일어나면 민간인은 군인의 3, 4배가 죽는다고 하니 그 희생자의 수가 얼마였겠는가? 가까이는 6·25와 월남전 때 얼마나 많은 사람들이 죽었는가? 전쟁은 인간을 파괴시킨다. 이 순간에도 중동의 여러 나라에서, 이스라엘과 팔레스타인에서, 아프가니스탄에서, 스리랑카에서 무고한 사람들이 죽어 가고 있다. 러셀은 한국전쟁이나, 월남전쟁이나 훗날 후손들로부터 조상들의 어리석은 전쟁으로 평가받을 것이라고 개탄하였다.

인류의 소망은 폭력 없는 세상을 만들어 평화촌을 만들어 사는 것이다.

그러나 이는 이상이다. 인간의 그 이상은 실현될 수 없는 꿈일지는 모르지만 그 이상 때문에 인간은 삶의 가치를 찾고 사는 것이다.

평화롭게 함께 사는 길은 무엇인가?

그 길을 찾아 떠나보고자 한다.

1. 왜 공동체인가?

저자의 최대의 화두인 '공동선의 길'은 공동체의 형성에서부터 출발한다. 왜 공동체인가. 그것은 우주자체가 공동체요, 인간의 몸뚱이(Human body)가 하나의 공동체요, 인간이 만든 모든 조직들이 공동체이다. 따라서 공동체의 길만이 공생의 길이요, 생명의 길이기 때문이다. 불교의 가르침을 빌리면 앞에서 설명한 것과 같이 일즉다, 다즉일("一卽多, 多卽一")의 길인 것이다.

"一卽多, 多卽一"을 인체에 비유해보면 인체는 크게 하나이나 그 인체는 오장육부 삼백육십오 개의 뼈마디와 스물네 개의 갈비뼈 등 신체 각 부위의 부품으로 구성되어 있다. 그러나 다(多)인 인체의 각 부품이 고장이 생기면 일(一)인 몸체도 균형이 깨어지고 고장이 생기는 것이다. 그래서 우리의 몸, 우리가 몸담고 있는 조직, 나아가 우리가 살고 있는 우주는 공동체요, 하나의 생명체인 것이다."

그러면 진정한 공동체란 무엇일까.

몸과 마음이 하나됨을 뜻한다. 몸(육체)은 집이요, 마음(정신)은 주인이다. 진정한 공동체는 주인인 마음이 집(육체)으로 돌아가는 것이다. 몸과 마음이 하나가 될 때 나와 남편이 하나가 될 때, 가족과 이웃이 하나가 될 때 진정한 공동체가 이루어진다.

2002년 월드컵 때 우리는 공동체가 무엇인가를 체험을 통해 배웠다. 우리는 하나가 되어 월드컵 4강의 신화를 이루어낸 것이다. 5,000만이 하나였다. 그것이 진정한 공동체이다. 월드컵때의 우리의 모습, IMF때의 우리의 금모으기 운동은 一卽多, 多卽一 공동체의 모습 바로 그것이었다.

다른 학자들의 주장을 살펴보자.

생물학자 메리 클라크는 그의 책 「다시 본 인간의 본성」(Human Nature-Revised)에서 모든 인간은 의식주를 뛰어 넘어 다음에 세 가지를 추구한다고 지적했다. 첫째, 결합(다른 인간들에게 조건 없이 받아들여지는 것), 둘째, 자율(개인행동의 자유), 셋째, 의미(삶의 목적)로 분류하였다.

「천국과 지옥의 결혼」(The Marriage of Heaven and Hell)에서 윌리엄 블레이크는 공동체에 대하여 아름답게 표현했다. "새에게는 둥지, 거미에게는 거미집, 인간에게는 우정." 인간은 모두 함께 하길 원한다. 심지어 하등 생물도 공동체를 만들려는 성향이 강하다는 것을 생물학자들은 잘 알고 있다.

아우구스티누스는 동물들조차도 일종의 가족과 공동체를 이룬다는 사실을 발견하고 이렇게 썼다. "인간은 더욱 그렇다. 인간 본성의 기본 법칙에 따라 인간은 공동체 관계로 끌려들어 간다고 말 할 수 있으며 이 공동체 속에서 다른 모든 사람들과 평화를 이룬다."

인간은 아리스토텔레스가 말한 것처럼 사회적 동물이므로 다른 인간과 함께하기를 갈구한다. 그렇기 때문에 아무리 혼자 있기를 좋아하는 사람이라도 독방에 가두는 것이 최악의 형벌이 된다. 또한 그렇기 때문에 갈등을 끝내고 평화를 구하는 방법을 제시할 용기가 있는 사람은 아무도 예상하지 못한 힘을 얻게 되는 것이다.[1]

2. 공동선의 세계를 위한 인류의 과제

세계사의 진행과정을 관찰해 보면 세계사는 문명의 이동사이며, 문명의 이동사는 힘의 이동사라 할 수 있다. 힘의 이동은 약육강식의 비극을 초래하였다. 인류사는 약육강식의 역사로 점철된 정복과 피어린 역사였다. 역사 이래 지구상에 살육의 피비린내가 끊일 날이 없었다. 21세기 오늘날은 어떤가?

전 세계 곳곳에서 전쟁과 테러의 공포가 끊일 날이 없다. 해결방법을 찾아야 한다. 그 해결방법은 공동선의 세계, 함께 사는 세계를 만들어야 하는 데 있다고 믿는다.

필자의 인생의 화두는 공동선과 예방경영이다. 자연과 인간, 인종과 인종, 종교와 종교, 문명과 문명이 공존하는 세계를 건설할 수 있다면 세계인류는 전쟁과 테러를 예방하고 평화의 세계를 구축할 수 있다고 믿는다.

미래사회의 인류의 과제는

공동선,

공동문화,

평화세계의 구축에 있다.

이 3대 과제 중 핵심과제가 공동선의 실천이다.

그 공존, 공생의 길을 찾아보기로 한다.

1) 자연과 인간의 공생

순천자(順天者) 흥(興) 역천자(逆天者) 망(亡)의 교훈을 풀이하면 하늘(자연)의 이치에 따르는 자는 흥하고 하늘의 이치에 역행하는 자는 망한다는 뜻이다. 여기서 하늘은 자연을 뜻한다.

2016년 미국 로스앤젤레스 근방은 기온이 49도 가까이 올라가 산불이 계속되

---

1) 마이클 네이글러(Michael Nagler), 「폭력없는 미래」(두레, 2008) 참조함.

고 더위에 사람들이 죽어 나갔는데, 2017년 겨울에는 하늘에서 물 폭탄이 떨어져 그 피해가 심각했다고 한다. 환경파괴로 죽어 가는 북극곰이, 이상기후 문제는 미국뿐 아니라 전 세계로 확산되어 아프리카, 호주, 유럽, 러시아에 이르기까지 온도가 10% 정도 높아져 생태계의 변화로 인간의 생명을 위협하고 있다. 이는 슈퍼 엘리뇨 때문이라고 한다. 지금 세계는 동물의 개체수가 급격히 줄어들고 있고 50년 후에는 제주도의 식물이 아열대 식물로 바뀐다는 연구결과도 나와 있다. 2017년 한국의 여름 더위는 기상관측사상 최고기록을 내어 한국 사람들은 더위와 싸우느라 곤혹을 치르고 더위를 못 이겨 사망자까지 속출하였다. 공룡이 멸종할 때 하루아침에 멸종한 것이 아니다. 많은 세월을 거치면서 서서히 멸종되어 갔다. 동물이 지구상에서 멸종하면 다음은 누구 차례이겠는가?

2015년 세계의 195개국 정상들은 온도 상승폭을 1.5도까지 제한하기 위해 노력한다는 합의문을 발표하였지만 강제성이 없어 실천될지는 의문이다. 이대로 지구온난화와 이상기후가 지속된다면 어느 날 갑자기 자연에 대변화가 일어나 '순천자 흥 역천자 망'이라는 경고가 현실로 나타나게 될 것이다. 자멸을 면하기 위해서 자연과의 공생의 정책을 전 세계적으로 펴 나가야 한다. 자연이 죽고 나면 그 다음은 인간 차례이다.

남미 칠레에서 1,700km 떨어져 있는 외딴 섬 이스타 섬이 있다. 18세기 네덜란드 제독 로헤벤에 의하여 발견된 이 섬에는 거대한 석상이 130개나 세워져 있다. 그런데 이 섬에는 사람이 살고 있지 않다. 무인도의 섬에 도대체 누가, 저 거대한 석상들을 세웠을까. 의문을 가지고 연구한 결과 그 섬에 살고 있었던 부족들이 경쟁적으로 거대한 석상을 세운 사실이 밝혀졌다. 석상을 세우기 위하여 돌을 잘라낸 흔적이 지금도 남아 있다. 그 석상을 어떻게 세웠을까. 섬의 나무들을 이용하였을 것이다. 끝없는 벌목을 하여 그 섬에는 나무가 사라져 버렸다. 자연 파괴의 결과 30,000명 정도의 사람이 살고 있었으리라고 추정되는 섬에 사람들이 사라져 버리고 거대한 석상들만이 인간을 원망하며 서 있다. 자연은 인간의 어머니다. 어머니를 살해한 자식들도 흔적만 남겨 놓고 사라져 버렸다.

만일 인간이 정신을 차리지 못하고 지금과 같이 환경을 파괴한다면 지구가 유령의 도시로 변하지 않는다고 누가 장담하겠는가. 자연을 사랑하고 어머니를 사랑한 사람은 악질이 없다고 한다. 자연파괴는 어머니의 살상이요, 어머니의 죽음은 자연의 아들인 우리 인간의 죽음을 가져온다. 오늘 전 세계적인 비인간화의 모습, 인간들이 이성을 잃고 서로 살육하는 모습은 자연의 복수라고 생각되지 않는가? 자연이 파괴되니 인간의 삶의 규범이 파괴되고 있다.

기후변화로 인한 자연 파괴의 예를 보자.

가장 심각한 나라 중 하나가 몽골이다. 몽골은 4월까지도 눈이 1m가 쌓이는 나라인데 지구 온난화로 인하여 겨울에도 봄 날씨 같은 기후가 계속되고 있다. 그 결과 황사와 모래폭풍으로 인하여 초원이 점점 사막화되어 양을 먹일 초지가 사라지고 있다. 삶의 터전을 잃어버린 유목민들이 울란바토르 주변으로 몰려들어 빈민가를 형성하고 있는데 몽골인구의 20%에 이른다고 한다. 몽골의 광대한 초원은 이렇게 점점 사막화되어가고 있다. 몽골의 사막화는 우리나라에까지 황사를 선물하여 무서운 공포가 되고 있다. 이것이 바로 자연의 순리를 역행하는 데서 오는 대가이다. 남태평양의 여러 섬나라들은 점점 낮아지고 있다. 지구온난화로 해수면이 높아지고 있기 때문이다. 2016년 2월에 덮친 사이클론으로 코로 섬 주민 중 29명이 숨지고, 8,000명이 집을 잃고 이재민이 되었다. 이 외에도 남태평양 기후변화의 피해를 보면 놀라지 않을 수 없다. 2010년 3월 키리바시 33개 섬 중 21개 섬이 해수면 상승으로 거주 불가능 지역으로 변해 버렸고, 2015년 사이클론이 팜 비누아트를 강타하여 15명이 사망하고 2016년 1월에는 사이클론 울라로 통가의 기반시설이 파괴되었고, 2월 마셜제도는 엘리뇨에 의한 가뭄, 홍수로 국가 비상사태까지 선포되었다. 투발루라는 섬은 해수면이 올라가 섬 9개 중 2개가 물에 잠겼다. 앞으로 해수면이 1.8m 더 올라가면 투발루는 지구상에서 완전히 사라지고 말 것이다. 투발루 사람들 상당수는 기후변화로 인해 난민이 되어 호주 등지로 떠났다. 몰디브는 세계에 기후변화의 심각성을 알리기 위하여 수중에서 각료회의를 하기도 하였다. 만일 인간이 지금과 같이 자연파괴 행위를 계속한다면 세계는 점점 사람이 살 수 없는 지옥으로 변하게 될 것이다. 그때는 이미 늦다. 위에서 이야기한 것은 환경파괴의 몇 가지 사례에 불과하다. 전 세계는 차례대로 비극의 최후를 맞이하게 될 것이다. 우주는 하나의 거대한 생명체. 우주와 지구와 인간은 상호 의존관계에 있는 공생의 관계이다. 지구는 자전하면서 공전한다. 인간은 낮에는 일하고 밤에는 잠을 자면서 우주의 질서에 순응하면서 살아간다. 자연과 인간은 한 몸이다. 자연과 지구의 질서가 파괴되면 인간의 질서도 파괴되어 결국에는 인간 자체가 파멸에 이르게 된다.

여기에서 우리가 깨달아야 할 것은 자연과 나는 하나라는 진리이다. 봄날 내 몸에 기어오르는 풀벌레 한 마리도, 스치는 바람도, 산천에 널려 있는 나무 한 그루도 우리와 하나로 살아간다. 그들이 없으면 우리 인간도 생존할 수 없으니까…

인간역천(人間逆天)의 후유증을 다시 정리해보자. 수질오염, 물 부족, 대기오염, 폐기물의 홍수, 땅의 훼손으로 인한 자연 파괴의 징조는 심각하다. 구체적인 예를 들면 지구의 허파인 아마존의 파괴는 심각하다. 사막화로 청정지역인 뉴질랜드, 호주도 사막화되어 가고 있다. 뉴질랜드의 어느 평원의 언덕에 올라 땅이 사막화되어 가는 현장을 직접 목격하고 가슴이 막혔다. 생태계는 더욱 심각하다. 150년 전의 꽃향기가 90% 감소하였다. 오늘의 꽃에서는 향기가 사라져 버렸다. 알래스카는 평균기온 6%가 상승하여 땅이 꺼지고 영구동토에 지어 놓은 집들이 기울어져 사람이 살 수가 없게 되어 가고 있다. 북극에 얼음이 사라지니 곰 같은 동물들이 떠나고 그들을 사냥하여 먹고 살던 에스키모들이 살 수 없게 되었다. 영구 얼음 바다였던 북극해가 항해가 가능하게 되어 관련국들의 자원쟁탈전의 전쟁터로 변하고 있다. 2016년 11월의 북극 기온은 20도 오른 초고온 이상 현상을 기록하고 있다. 이뿐인가. 생물 감소, 동식물의 멸종이 증가하고 있다.

인간이 공멸하지 않고 현재의 생태계라도 유지하면서 삶을 이어가기 위해서는 자연과 인간이 함께 사는 길을 찾아야 한다. '역천자 망 순천자 흥'이라는 선인의 유훈을 지키는 일이 우리가 자연과 함께 사는 길이다.

2) 종교와 종교의 공생

인간은 불안의 존재다. 이 불안의 존재는 의지할 곳을 찾아 헤매다가 종교라는 것을 찾아냈다. 인간은 이 종교라는 것에 몸과 마음을 의지하고 때로는 생명까지도 아낌없이 바친다. 그런데 이 종교라는 것이 태동한 이후 종교 간의 분쟁은 끊임없이 이어져 왔으며, 종교라는 이름으로 살육을 당한 사람들은 그 수를 헤아리기도 어렵다.

이러한 종교분쟁이 있는 곳에서는 민족의 통합보다도 종교를 더 우선적으로 선택하여 민족이 갈라지는 경향이 나타난다. 중동의 수니파와 시아파가 그 대표적인 예이다. 더 우려스러운 것은 이러한 종교분쟁이 일어나면 세계의 다른 지역에 있는 신봉자들이 국경을 초월하여 자신이 신봉하는 종교를 물질적, 정신적으로 후원하는 현상이 나타난다. IS를 지지하는 이슬람들이 세계 도처에서 외로운 늑대가 되어 테러를 일으키고 있다. 종교와 종교가 싸우다가 파멸할 수는 없지 않은가. 종교와 종교가 서로 인정하고 함께 사는 길이 오늘을 살고 있는 종교인의 과제이다. 종교는 불안한 인간에게 안정을 주고 행복하게 살다가 하늘에 계신 신의 나라로 들어오라는 희망의 메시지를 주는 신의 뜻을 펼치는 것이 아닌가.

이번에 아프리카 케냐에서 좋은 사례가 발생하였다. 한 테러단체가 달리는 버스를 세우고 총을 난사하고 버스에 올라와 기독교인들은 나오라고 소리를 질러댔다. 순간 조용하던 버스 안에서 한 승객이 일어나서 "여기에는 기독교인은 한명도 없다. 죽이려면 나부터 죽여라. 우리는 모두 이슬람이다" 하고 소리를 지르니 테러범들이 한참 바라보고 있다가 하차하고 말았다. 그때 그 버스에는 기독교인들이 타고 있었지만 이슬람 여인들이 히잡을 벗어주며 숨겨 주기까지 했다고 한다. 이것은 바로 종교 이전의 인간애이다. 이러한 정신이 전파된다면 종교와 종교도 평화롭게 공존할 수 있지 않을까 생각한다. 하늘에 계시는 예수와 마호메트는 무엇을 바라고 있을까. 오늘날 시리아와 이라크에서처럼 종교분쟁으로 그들의 후손들이 지옥불에 신음하고 있는 것을 원치 않을 것이다. 종교지도자들이여 명심하라. 케냐 버스 승객들에게서…

공생의 교훈을 배워라.

2016년 2월에 쿠바에서 1,000년 만에 교황과 러시아 정교회 수장이 회동하였다. 수많은 종교가 지상에서 신을 찬미하지만 하늘에 올라가면 하느님은 한 분이다. 우선 세계의 지도자들이 각 종교의 독선을 버리고 우리는 하느님의 같은 자식이라는 기치 아래 종교지도자 회의를 열어 종교 본래의 목적인 공동선의 종교단체를 만들어야 한다.

오늘 이 순간에도 종교라는 이름으로 얼마나 많은 사람들이 죽어가고 있는가? 종교지도자들부터 일반 신자에 이르기까지 깨어나야 한다. 하느님, 마호메트, 부처님은 사랑의 전도사지 살상의 전도사는 아니라는 사실을 깨달아야 한다. 참고로 2014년 종교분쟁으로 인한 사망자 수를 도표에서 보자. 한 예에 불과하지만 매년 이런 참상이 벌어진다면 얼마나 비참한 일인가.

모든 종교의 목표는 사랑을 통한 행복의 추구, 더 나아가 사후까지의 구원에 있다. 그런데 인류사회에 종교가 생긴 후 분쟁은 끝이 없었다. 유럽을 보면 유럽의 역사는 종교의 역사요, 유럽의 전쟁은 십자군전쟁 등 거의 종교전쟁이었다. 인간이 얼마나 종교에 집착하며 종교를 통하여 지배력을 강화하려 하는가? 수많은 비극의 역사가 증명해 주고 있다.

| 표 12-1 | 2014년 국가별 종교분쟁에 의한 사망자 수

국가명	사망자수/전년대비 사망자 증감률	부상자수	내용
나이지리아	7,512명/311.4%	2,246명	이슬람 극단주의 무장단체 포코하람에 의한 테러
아프가니스탄	4,505명/44.8%	4,699명	이슬람 극단주의 무장단체 탈레반에 의한 테러
파키스탄	1,760명/−25%	2,836명	이슬람 극단주의 무장단체 탈레반에 의한 테러
시리아	1,698명/57.5%	1,473명	IS에 의한 테러
소말리아	801명/97.8%	568명	이슬람 극단주의자들에 의한 테러(알샤바브 등)
예맨	654명/124.7%	743명	알카에다 아라비아반도지부(AQAP)
중앙아프리카 공화국	589명/513.5%	248명	이슬람 계열인 셀레카 반군과 기독교 민병대 안티발리카의 잇따른 보복테러

출처: 경제평화연구소(Institute for Economics and Peace).

간디에게 어떤 종교를 믿느냐고 물으면 그는 "나는 기독교인이자 힌두교도이고, 불교신자이자 회교도이며 또한 유대교 신자"라고 대답했다. 간디는 만약 우리의 신앙과 믿음을 존중받고 싶다면 우리는 똑같은 존경심을 타인에게 표시해야 하고, 우리의 차이점을 극복하고, 존경하고, 이해하고, 수용하고, 그리고 인정해야 한다고 주장하였다.

간디가 자신의 손자 아룬 간디(Arun Gandhi)에게 일러준 모든 폭력의 원인은 다음과 같다.

노동에 근거하지 않는 재산, 양심을 거스른 쾌락, 개성 없는 지식, 도덕 없는 상거래, 인간성이 상실된 과학, 희생 없는 기도, 원칙 없는 정치, 책임 없는 권리(미래의 공동체 참조).

21세기 첨단과학의 시대에 살고 있는 현대인들, 특히 세계를 이끌어 간다는 지도자들이 이를 음미하고 반성할 필요가 있다고 생각한다.

탄핵정국에서 감옥에 간 사람들의 면면을 보자. 핵심 요인들은 세칭 일류대학을 나와 유학을 가고, 많은 사람들이 부러워하고 부러워한 학력, 경력의 소유자들이다. 왜 이 모양인가. 개성 없는 지식인으로, 기계적인 기능인으로 전락했기 때문이다. 인간으로서의 가치관이나 철학을 지니지 못한, 권력과 돈의 노예로 전락하였기 때문이다.

인간은 가치관을 확립하고 삶의 도구를 구비해야 한다. 그런데 그들은 출세주의에 눈이 멀어 권력의 도구로 전락하고 말았던 것이다. 이것이 우리나라 지식인의 현주소다. 노(No)가 없는 사회는 죽은 사회다. 옛날에는 사육신이라는 저항의 충신이 있는 나라였다. 고관대작들도 자기의 가치관에 맞지 않으면 간언을 하고 유배가고 사형을 당하기도 하였다. 자유당 시절 어느 장관은 대통령에게 사표를 던지고 지팡이를 휘저으며 당당하게 경무대를 걸어 나온 예도 있었다. 어인 일인지 말 한마디 못하고 고양이 앞에 쥐가 되어 자리만 연연하는지… 그 결과가 오늘의 국난을 가져왔다. 국무회의는 죽은 국무회의였다. 장관들은 선생의 강의를 열심히 필기하는 학원의 수강생들이었다. 그 VIP 뒤에 숨어 있는 또 하나의 VIP가 있었는지 몰랐을까?

언제부터인가 죽은 사회가 되고 말았다. 간디가 60년 후의 한국의 모습을 예견한 듯하다.

국내 최초로 유서 깊은 안동에 종교타운이 건립되었다. 1937년에 지어진 예배당으로부터 시작하여 5대 종교인 교당이 함께 서 있다. 기독교, 천주교, 불교, 유교, 성덕도의 교당이 적당한 거리를 두고 서 있고 화합의 공원도 조성되었다. 앞으로 종교와 종교의 공생을 위해서 선구적 역할을 하리라 기대하는 바이다. 단순히 교당 건물들만 한 곳에 있으면 의미가 없다. 종교간 공생과 화합을 위한 사업들이 진행되어야 한다. 이제 출발하였으니 점진적으로 종교와 종교가 함께 사는 사랑과 평화의 종교타운으로 변화하리라 믿고 안동의 종교타운의 모습이 전국적으로, 세계로 전파되어 갈등을 치유하고 화평의 시대가 열리기를 기대하여 본다.

3) 인종과 인종의 공생

조물주는 무슨 뜻으로 5색 등불의 인종을 만들어 놓았을까. 세계 여러 나라에 흩어져 살고 있는 소수민족까지 합하면 인종은 수백 종이 넘지 않을까.

그 인종들은 약육강식의 생존 싸움을 처절하게 해오고 있다. 그 결과가 무엇인가. 서로 간에 살육의 피로 물들어 있다.

지금까지 인종 간 살육의 역사가 계속 되었지만 승자도 패자도 없이 상처만 남

기고 말았다. 이 살육의 역사를 통해서 우리 인간은
인종이나 피부색에 관계없이 서로 공생해야 한다는
교훈을 얻게 되었다.

바다에 떠밀려온 3살 어린이 아밀란 쿠르디

　　다인종국가인 미국에서 그 예를 찾아보기로 하자.

　　21세기 중반이 되면 미국 인종의 반은 백인이고
반은 유색인종이 될 것이다. 결국 미국은 이런 현실
을 인정하지 않으면 안 된다. 만약 이런 현실을 부정하면 이민의 나라, 미국의 가
치를 부정하게 되어 미국뿐만 아니라 전 세계의 질서에 혼란을 가져오게 될 것이
다. 그런데 트럼프는 대통령이 되어 종교, 인종, 문명 간의 갈등과 혼란을 가중시키
고 있다. 트럼프의 정책은 공동선을 지향하는 역사의 흐름을 거역하는 반역사적,
반시대적 방향으로 나가고 있다. 미국이 추구해 온 자유, 정의, 민주주의를 지키고
공동선의 세계를 추구하기 위해서는 인종차별주의와 반이민주의 유색인종의 차별
화를 중단해야 한다. 백인과 흑인, 라틴계, 아시아계. 그리고 미국의 원주민이 언젠
가는 한자리에 모여 공생의 정치, 공생의 경제, 공생의 사회통합을 위해서 공동의
정책을 논의하여야 한다. 그런데 현재 미국은 혼란에 빠져 있다. 트럼프는 중동 7
개국 이슬람 국가의 사람들을 입국 불허하여 연방법원의 판결까지 받아 겨우 입국
이 허용되어 미국 사회뿐만 아니라 관계국들과의 갈등이 깊어지고 있다. 세계 모든
인종은 다 함께 평등하게 살 생존권을 타고났다. 그러나 현실은 요원하다. 인종 간
분쟁 문제는 미국뿐만 아니라 전 세계의 문제이다. 인종분쟁의 대표적인 예를 보자.

　　시리아는 내전으로 몸살을 앓고 있는데 2017년에 인종 간 싸움으로 사망한 사
람들의 숫자가 40만에 이른다고 한다. 또 760만 명의 시리아인이 전 세계를 떠돌
며 정처 없는 난민생활을 하고 있다. 인종문제와 종교문제는 서로 얽혀 있다. 시리
아의 근본적인 문제는 시아파와 수니파라는 종교분쟁에서 출발한다. 하늘나라에서
마호메트는 후손들의 이 비참한 모습을 바라보고 있는지…

　　인종분쟁의 최대의 격전지는 아마 팔레스타인과 이스라엘의 싸움일 것이다. 이
들은 2천년을 싸우고 있다. 이들의 싸움은 싸움으로 해결될 수 있을까? 지금까지의
경험으로는 불가능하다고 본다. 해결책은 평화스럽게 사는 길을 찾는 일이다. 이들
은 다 같이 아브라함의 후손이다. 한 할아버지를 조상으로 하고 있는 같은 종족이
다. 이들 중에는 평화롭게 살기 위해서 평화운동을 꾸준히 하는 사람들도 있다. 평
화의 영적 지도자 파이잘 알 후세이니는 이렇게 절규하고 있다.

"오, 신이여, 가슴에 고통이 가득합니다… 그 고통을 원한으로 바꾸지 마소서… 마음에 고통이 가득합니다… 그 고통을 보복으로 바꾸지 마소서… 영혼에 두려움이 가득합니다… 그 두려움을 증오로 바꾸지 마소서."

이렇게 신에게 인도해 줄 것을 호소하면서 파이잘은 다음과 같이 선언하고 있다. "우리는 우리 국민들의 자유를 원했다. 우리는 다른 사람들의 노예가 되기를 원치 않았다. 우리는 우리 국민들이 함께 모여 살 수 있는 조국을 원했다. 우리는 다른 사람들의 나라를 파괴하거나 그들의 집을 무너뜨리기를 원치 않았다"(「평화의 미래」 참조).

이렇게 기도하고 선언하면서 그들은 평화롭게 함께 살기 위한 평화운동을 하고 있는 것이다. 이와 같은 평화운동이 확산될 것이며 가까운 미래에 평화가 정착될 날이 있을 것이라고 기대하여 보자.

4) 문명과 문명의 공생

미래 인류의 과제는 인류가 공생하며 함께 평화적으로 살아야 한다는 것이다. 인간이 공생하기 위해서는 복합적인 요인이 작용한다. 그 요인이 자연과 인간의 공생, 인종과 인종의 공생, 종교와 종교의 공생, 문명과 문명의 공생이다. 이들은 상호 연결되어 작용한다. 환경, 인종, 종교의 문제는 문명의 문제로 연결된다. 기독교 문명, 이슬람 문명, 불교 문명, 힌두 문명은 환경과 종교로부터 잉태된 것이다.

서구의 역사는 종교와 문명의 전쟁터였다. 어리석은 인간들은 상대의 종교와 문명을 압살하고 자기들의 세상을 만들고자 하였지만 살육의 피만 강물을 이루고 승자는 없었다. 전쟁의 역사에서 얻은 교훈은 무엇인가? 서로 공생하는 것이다.

새뮤얼 헌팅턴이 그의 저서 「문명의 충돌」에서 제시한 그림은 문명의 충돌을 예시한 것이다. 헌팅턴은 문명의 충돌에서 세계정세의 가장 위험한 변수는 상이한 문명을 가진 집단들 사이의 갈등이라고 주장하였는데 그의 주장에 많은 사람들이 감동받고, 호기심을 느끼고, 분개하고, 위기감을 느끼고 당혹스러워 하였다. 문명과 문명의 충돌은 세계평화에 가장 큰 위협이 되며, 문명에 바탕을 둔 국제질서만이 세계대전을 막는 가장 확실한 방어수단이라고 주장하고 있다. 그렇다면 문명의 충돌로 인한 전쟁을 막고 문명과 문명 간에 평화롭게 공존하는 길은 어디에 있는가?

첫째, 그림에서 나타난 문명권의 정상회의이다. 평화공존을 위한 문명, 문화의 공존 원칙을 세워야 한다. 둘째, 문명 간의 교류위원회를 만들어 교류를 위한 세부

사항을 정한다. 셋째, 교류의 실천이다. 정치, 경제, 교육, 종교, 문화의 교류를 확대한다. 문명 간의 공통점을 발견하고 이해와 협동으로 공존, 공생하는 문명권 형성에 노력한다.

그림 12-1 │ 문명 세계의 역학: 새로운 구도

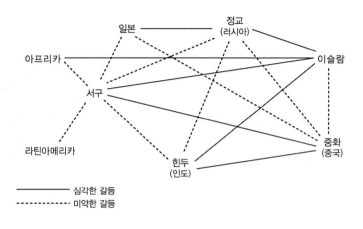

문명과 문명의 공생의 사례를 다민족, 다문화 국가인 싱가포르에서 찾아보려고 한다. 싱가포르는 국민의 76%가 중국계, 15%가 말레이시아계와 이슬람계, 6%가 인도계의 힌두교도와 시아파다. 정부는 유교적 가치를 중요시 여기면서도 영어의 중요성을 강조해 서구적 문화와의 공존을 강조했다. 다문화 민족의 공생의 필요성을 느낀 정부는 싱가포르 국민이 공유하고 공생하기 위한 가치를 다음과 같이 정의하였다.

공동체(인종)에 우선하는 국가, 개인에 우선하는 사회, 사회의 근본 단위로서의 가정

개인에 대한 배려와 공동체의 지원, 대결보다는 합의, 인종·종교 간 화합. 싱가포르의 구상은 다양한 인종과 문화로 구성되었으며 서구와는 차이가 나는 싱가포르의 문화적 정체성을 정의하고, 다인종·다문화의 싱가포르 국민이 공생·공영하겠다는 정부의 의지를 강조한 것이라 할 수 있다. 이 싱가포르의 사례를 전 세계 다른 문화권으로 확대하면 문명과 문명의 공생의 모범적인 사례가 될 수 있으리라 생각한다.

평화와 문명의 미래는 세계의 주요 문명들을 이끄는 정치인, 종교인, 지식인들이 얼마나 서로를 이해하고 협력할 수 있느냐에 달려 있다. 미래의 세계에서 문명과 문명의 충돌은 세계평화에 가장 큰 위협이며, 문명에 바탕을 둔 국제질서만이 세계에서 일어나는 전쟁을 막는 가장 확실한 방어수단이 될 것이다(새뮤얼 헌팅턴, 「문명의 충돌」, 533쪽 참조).

II 삶의 의미를 찾아서

― 부유한 채 죽는 것은 인간의 치욕이다

인간은 무상(無常)의 일상성 속에서 살아간다. 무상의 극복, 이것이 인간에게 주어진 최대의 화두이다. 희망과 의미 있는 삶을 통해서 무상극복의 길을 찾아보려고 한다.

1. 인간은 왜 무상한가?

인간은 살고 싶다. 영원히…

그러나 인간의 생로병사는 덧없이 찾아온다. 이것이 무상의 근원이다.

소설가 김유정은 29세에 요절했다. 그는 죽기 10일 전 친구에게 편지를 썼다. 돈을 좀 보내주면 닭을 사서 약으로 고아먹고 땅꾼을 사서 뱀을 잡아 먹겠다고 간곡하게 돈을 빌려 달라고 요청하였다. 빌린 돈은 번역서를 출판해서 갚겠다는 약속까지 하였다. 그는 닭도 뱀도 먹어보지 못하고 떠났다. 그렇게 살고 싶었는데, 29세의 젊은 나이에 그렇게도 일찍이 떠나다니…

서강대 교수였던 영문학자 장영희 교수는 소아마비환자였는데 유방암, 척추암,

간암으로 고생하였다. 신은 너무 많은 시련을 장 교수에게 주었다. 항암제 주사를 맞을 때 음식을 삼키면 칼을 삼키는 것처럼 통증이 심했다고 호소하였다. 그래도 그녀는 살고 싶다고 간절히, 간절히 기도하고 원했다. 애석하게도 장 교수도 가고 말았다. 필자의 일생은 투병의 일생이었다. 사선을 넘고 넘으며 이승에 아직 남아 있다.

톨스토이의 "죽음에 임해 보지 않은 인간은 인생을 운운할 자격이 없다"는 경구가 나에겐 큰 위안으로 남아 있다. 필자도 머지않아 떠나게 될 것이다. 이처럼 산자는 모두 떠난다. 이것이 인생무상이다.

이 세상 만물 중에 인간만이 무상을, 덧없음을 느끼는 유일의 동물이다. 인생이란 덧없고 덧없는 부평초 같은 존재라고 한탄한다. 왜 인간만이 무상을 느끼며, 무상은 어디서 오는 것일까? 무상이란 세상 만물의 변하고 변하는데서 오는 허무감이다.

우주 만물은 변하고 변한다. 자연은 4계절을 따라 변하고, 꽃은 피면 지고, 봄 동산의 녹음방초는 가을이면 낙엽이 된다. 우리 인생도 변한다. 생로병사(生老病死)는 우리를 무상케 하고 슬프게 한다. 내 주위의 사람들도 변한다. 인간은 배신을 등에 짊어지고 산다. 연인도 변하고 우정도 변하고 동지도 변한다. 예수 제자 유다에서부터 배신의 역사는 시작되었다.

> 청초 우거진 골에 지난다 누엇난다.
> 홍안을 어듸 두고 백골만 누엇난다.
> 잔 시어 권하리 업스니 그를 슬러 하노라
> ― 임제(1549~1587) ―

이 시 한 수는 조선 중기 때 시인 임제의 시이다. 임제가 평양감사로 임명받아 평양 길을 가면서 개성에 들려 명기 황진이를 찾았는데 그녀는 이승을 하직하고 이미 저 세상으로 떠나고 없었다. 임제는 황진이의 무덤을 찾아 인생의 덧없음을 몇 줄의 시에 담았다고 한다.

인생의 무상을 노래한 임제 자신도 이 시로 인하여 평양감사로 임명 받은 지 3일(?) 만에 파직당하였다고 하니 이 또한 무상한 인생사가 아닌가 한다.

인생은 덧없는 것, 동물의 세계에는 무상이란 슬픈 단어가 존재하지 않는다. 오직 인간의 세계만이 존재하는 불청객이다. 무상의 극복, 이것이 산자의 화두다.

2. 어떻게 무상을 극복할 것인가?

헤밍웨이의 「노인과 바다」에서 주인공 노인은 낚시에 걸린 물고기와 사투를 벌이면서 이렇게 독백한다. "희망을 갖지 않는 것은 어리석다. 희망을 버리는 것은 죄악이다"라고.

O. Henry의 「마지막 잎새」에서 늙은 무명화가가 창가에 그려놓은 나뭇잎이 한 잎 두 잎 모두 떨어져 버리고 마지막 남은 한 잎을 보고 주인공 존시는 절망에서 희망을 찾아 소생한다. 그들은 무상의 절망 속에서 삶의 희망을 버리지 않았다.

무상의 극복에 대하여 좀 더 생각해보자.

부처나 예수 같은 성자 외에 어떻게 수많은 대중들이 100% 무상을 극복할 수 있겠는가? 부처도 생로병사의 인생무상을 느끼고 무상을 극복하기 위해서 출가를 하였다. 예수와 부처의 무상극복의 길은 고행의 길이었다. 어떻게 일반 대중들이 무상을 극복하기 위해서 예수와 부처의 길을 가겠는가마는 인간에게 무상을 극복하고자 하는 의지는 부처와 다름이 없을 것이다. 그래서 인간은 삶이 무상하고 궁금하고 불안하니까 시지프처럼 그 길을 찾아 헤맨다. 무상의 극복은 우리에게 주어진 끝없는 명제라 하겠다.

그 길은 과연 존재할까? 우리 자신의 삶을 위해서 몇 가지 생각해 보자.

첫째, 희망을 버리지 않는 것이다.

미래에 대한 꿈과 희망은 인간이 갖는 최대의 생명력이다. 폴란드 아우슈비츠 감옥에서 3년 동안이나 죽음의 행진 속에서 살아나온 빅터 프랭클 박사(DR, Flankle)는 삶에 대한 희망을 버리는 사람들이 빨리 죽더라는 체험적인 사실을 그의 저서(「죽음의 수용소에서」)에서 털어놓았다.

삶에 대한 믿음과 희망을 상실하면 삶의 의지도 상실하여 곧 죽더라는 것이다.

미국의 유명한 슈퍼맨은 말에서 낙마하여 전신이 마비되어서 삶의 희망을 포기하고 산소 호흡기를 떼기로 결심하고 먼저 그의 어머니의 동의를 구하고 다음으로 병실에 들어오는 그의 아내에게 동의를 구하였다. 그러나 그의 아내는 산소 호흡기 제거를 반대하면서 "당신은 숨 쉬고 있는 한 나의 남편입니다"라고 남편의 볼을 쓰다듬으며 눈물을 흘렸다. 그의 아내는 포기하지 않았다. 그는 아내가 주는 희망의 생명줄을 잡고 다시 살아나서 새로운 인생을 시작하였다. 그는 휠체어를 타고 전국을 누비며 절망에 빠진 사람들에게 희망을 전파하는 희망의 전도사가 되었다. 때로는 대통령과 나란히 앉아서 생명과 삶에 대한 강의를 하였다. 그는 삶의 희망에 대한 명강사가 되었다. 그는 슈퍼맨 시절보다 수천 배 생의 보람을 느끼며 살다가 갔다. 그는 무상을 극복한 사람이었다.

어떤 미국의 한 병원에서 영안실을 돌보는 간호사가 있었다. 그녀는 매일 사람이 죽어가는 것만 보고 살았다. 어느 날 그녀는 자원봉사자인 의사 퀴블 로스에게 "오늘도 6명이나 죽었어요"라고 한탄하였다. 그러자 그 의사, 봉사자는 간호사를 신생아실로 안내하였다. "자 보세요. 여기 새 생명들이 태어나지 않아요?"(인생수업에서).

인간 사회는 죽음이 있으면 삶이 있고 겨울이 가면 봄이 오는 것이 자연의 섭리이다.

많은 사람들이 죽음 같은 절망 속에서 포기하지 않고 살았기에 오늘의 인류사회는 계속되고 있다.

처칠은 옥스퍼드대학교 졸업식축사에서

포기하지 마십시오. (Never give up!)
포기하지 마십시오. (Never give up!)
포기하지 마십시오. (Never never never give up!)

세 번 외치고 하단하였다.

처칠은 어렸을 때 학력부진아였다. 옥스퍼드를 가고 싶었지만 실력이 모자라 사관학교에 갔다. 그러나 그는 포기하지 않는 삶을 살았기 때문에 수상을 두 번이나 하고 2차 세계대전을 승리로 이끈 영웅이 되었다.

2차 대전이 끝나고 일단의 심리학자들이 아우슈비츠 죽음의 수용소에서 살아나온 사람들을 조사해 보니 최후까지 삶의 의지를 포기하지 않은 사람들이 살아남더라는 것이다.

희망을 버리지 않는 것은 무상을 극복하고 생명을 이어가는 것이다. 아우슈비츠 수용소에서 자유의 날을 꿈꾸다가 그 꿈이 무너지자 허망하게 죽음을 맞이한 한 사례를 보자.

폴란드 유태인 수용소인 아우슈비츠에 F라는 유태인이 있었다. 그는 1945년 2월 어느 날 밤 꿈을 꾸었다. 꿈속에서 예언자가 나타나 네가 원하는 것이 무어냐고 물었다. 그는 전쟁이 끝나고 자유의 몸이 되는 것이라고 대답하였다. 그 예언자는 그의 귀에 대고 조용히 속삭였다. 1945년 3월 30일이라고, 그는 꿈 이야기를 다른 수용자에게 털어 놓았다. 전쟁이 끝나고 자유의 몸이 될 것이라고, 그는 꿈속에 나타난 예언자의 말을 믿고 3월 30일 만을 기다리고 있었다. 그런데 예언자가 약속한 날이 다가와도 전쟁은 끝날 기미가 없었다. 그는 3월 29일 갑자기 아프기 시작하여 3월 31일에 죽었다.

3월 30일에 석방되리라는 희망의 상실이 그를 죽음으로 내몰았던 것이다. 희망이 사라지니까 미래에 대한 믿음과 살고자 하는 의지는 마비되었고 그의 몸은 병마의 희생양이 되었다. 그는 발진티푸스로 죽었다. 인간의 정신상태가 육체의 면역력과 얼마나 밀접한 관련이 있는가를 보여준 사례였다.

희망에 대한 쥐의 실험을 보자. 쥐 한 마리는 완전히 밀폐된 독에 넣고 또 다른 한 마리는 독에 바늘구멍을 뚫어 놓고 넣었는데 바늘구멍이 나 있는 독안에 넣은 쥐가 일주일을 더 살았다고 한다. 인간의 삶에도 희망의 창문이 필요하다.

정신이 병들면 육체도 병든다. 정신이 흔들리면 육체도 흔들린다. 희망을 버리는 것은 생명을 버리는 것이다.

둘째, 창조적인 작업을 하는 것이다.

아인슈타인, 퀴리부인, 피카소, 다산 같은 사람들은 창조적인 작업을 통해서 육체의 소멸을 넘어 무상을 극복한 사람들이다.

셋째, 종교생활을 하는 것이다.

종교생활을 통해서 무상을 극복하고 영생을 꿈꾸는 삶을 사는 것이다. 양로원에 들어와서 불편한 몸으로 죽음의 나날을 기다리는 환자들 중 종교생활을 하는 노인들은 얼굴이 맑고 긍정적인 생활을 한다고 한다(종교에 대해서는 종교와 인간에서 상논 하였음).

넷째, 낙관론자로, 긍정적인 인생관을 가지고 살 것.

이 세상에는 두 부류의 사람들이 있다. 낙관론자와 비관론자가 그들이다. 낙관론자는 미래에 대한 도전과 희망을 가진 사람들이다. 인류사회는 낙관론자들에 의하여 발전해 왔다. 헬렌 켈러는 비관론자는 해도(海圖)에 없는 바다를 항해할 수 없다고 하였다. 그녀는 시각장애인이었지만 29개국을 여행하고 11권의 책을 출간하였으며 사회를 위해서 많은 일을 하였다. 시각장애를 극복하고 역사에 남을 업적을 쌓은 헬렌도 만일의 소망이 있었다. 그녀는 만일 눈을 단 3일간 만이라도 뜰 수 있다면 네 가지의 소망이 있다고 하였다.

첫째로 사랑하는 친지들의 얼굴을 보고 싶다. 둘째, 읽고 싶은 책을 읽고 싶다. 셋째, 오후에 오랫동안 숲속을 거닐며 아름다운 자연에 취해보고 싶다. 넷째, 새벽에 일어나 밤이 낮으로 변하는 기적을 보고 싶다. 신이 그녀의 소망을 들어주었더라면…

미국의 아이젠하워 장군은 비관론자는 어떠한 전쟁에서도 이길 수 없다고 하였다. 그는 2차 대전 때 노르망디 상륙작전을 지휘한 명장이었으며 콜롬비아 대학의 총장과 미국 대통령을 지낸 인물이었다.

마젤란은 포르투갈 사람으로 포르투갈 왕에게 미지의 세계를 탐험할 지원을 요청하였으나 거절당하고 스페인왕의 지원을 받아 스페인 국기를 달고 해도(海圖)에 없는 108일간의 긴 항해 끝에 마젤란 해협을 개척하고 1521년 4월 필리핀을 발견하였다. 마젤란은 필리핀의 세부라는 한 섬의 추장의 화살에 목숨을 잃었지만 그 후 필리핀은 무려 333년 동안이나 스페인의 식민지가 되었다. 마젤란은 도전과 희망을 잃지 않는 위인이었다. 필리핀이라는 이름은 스페인의 왕 필립2세의 이름에서 따온 것이라 한다.

어두운 밤중에 촛불역할을 하는 사람들은 인생을 낙관적이고 긍정적으로 사는 사람들이다.

청 춘

영감이 끊어져 정신이 냉소라는 눈에 파묻히고
비탄이란 얼음에 갇힌 사람은
비록 나이가 이십세라 할지라도 이미 늙은이와 다름없다.
그러나 머리를 드높여 희망이란 파도를 탈 수 있는 한
그대는 팔십세 일지라도
영원한 청춘의 소유자인 것이다.

— 사무엘 울만, '청춘'

다섯째, 주는 삶이다.

의미 있는 인생은 지혜와 자비(慈悲)다. 지혜는 능력이요, 자비는 남의 기쁨과 슬픔을 함께 하는 삶이다. 디킨슨의 시 한 편으로 주는 삶을 대신하고자 한다.

내가 만약 누군가의 마음의 상처를 막을 수 있다면
헛되이 사는 것이 아니리
내가 만약 한 생명의 고통을 덜어주고
기진맥진해서 떨어지는 물새 한 마리를
다시 둥지에 올려놓을 수 있다면
내 헛되이 사는 것이 아니리
— 에밀리 디킨슨 —

진정한 삶은 주는 삶이다.

Ⅲ 의미 있는 삶

1. 삶과 죽음

인간으로 태어난다는 것은 신비 중의 신비요, 경이 중의 경이다. 정자 2~3억 마리가 난자를 향해서 경쟁하여 한두 마리가 골인한다. 얼마나 심한 경쟁 속에서 인간이 탄생하는가? 인간의 경쟁은 어머니 뱃속에서부터 시작되었는지 모른다. 불교에서는 인간으로 태어난다는 것은 200년 동안 광대한 바다 밑에 살고 있던 거북이 한마리가 어느 날 물위로 떠 올라서 망망대해에 떠다니는 조그만 나무 토막 하나에 목을 걸치는 격이라고 한다. 얼마나 기적적으로 태어났는가. 부처는 인간으로 태어난다는 것은 실수라고 하였지만 그래도 만물 중 인간으로 태어난다는 것은 다행이 아닌가? 이런 인간은 육체라는 집에 정신이라는 주인을 모시고 태어난다. 육체는 정신의 Rent Car이다. 정신은 육체의 주인이요, 육체는 잠깐 빌린 자동차라 할 수 있다. 이렇게 함께 태어난 인간은 육체와 정신이 함께 살아가야 한다. 이것이 공동선이다.

어떻게 사는 것이 올바른 삶일까? 극작가 베르디는 평생을 고뇌하며 살았는데 그의 고민거리는 '이 세상은 악이 지배하는가? 선이 지배하는가?'였다고 한다.

선(善)이 침묵하면 악(惡)이 승리한다는 경구를 생각해보자. 우리는 어느 편에 서서 인생을 살아야 할 것인가? 악의 편에 서서 산다는 것은 죄악이요, 지옥의 문을 선택한 것이 될 것이다. 악이 승리하는 세상을 만들어서는 안 된다. 삶은 타향살이요, 죽음은 고향 가는 길이다. Rent Car를 타고 살다가 고향으로 돌아가는 인생인데 고향에 가서 심판받을 때 무엇을 내어놓겠는가?

인간은 누구나 육체라는 이상한 집을 벗어던지고 저승으로 들어갈 때 인생의 대차대조표와 손익계산서를 작성하게 된다. 흑자의 손익계산서와 선의 대차대조표를 내 놓아야 한다. 악행을 하고 적자의 손익계산서를 들고 더러워진 빈손으로 고향에 가면 환영받지 못할 것이 자명하다.

인생에 있어서 중요한 것은
첫째, 무상에 대한 깨달음
둘째, 죽음과 삶의 의미파악
셋째, 희망을 주는 삶일 것이다.

죽는 방법을 배운 사람은 노예가 되지 않는 방법을 배운 셈이라고 몽테뉴는 말했다. 삶(타향살이)을 값 있게 하면 죽음(고향 가는 길)의 길에 금의환향(錦衣還鄉)할 수 있다.

선의 길을 갈 것인가? 악의 길을 갈 것인가? 인생의 길은 선택의 길이다.

2. 깨달음이 길

1) 깨달음이란?

깨달음이란 국어사전에 보면 '생각하거나 궁리하여 알게 된 것'이라고 나와 있다. 보다 이해를 쉽게 하기 위해 생각해보면 **스스로 또는 외부의 자극에 의하여 통찰력(Insight)이 생겨 의식이나 행동에 변화가 오는 것**이라 할 수 있다. 소나 개는 이러한 것을 알지 못한다. 소는 오늘 밭갈이를 못 하였으니 내일은 더욱 힘을 내어 밭갈이를 많이 하여 주인을 기쁘게 해야겠다는 의식이 없다. 개는 '오늘 밤 한밤중의 침입자를 놓쳤으니 내일 밤 자지 않고 망을 보다가 도둑놈의 뒷다리를 물고 주인에게 가리라' 하는 의식이 없다. 그저 신이 주신 본능대로 살 뿐이다. 그러나 인간은 깨닫고 결심하고 행동한다.

이스라엘의 초대 수상 골다 메이어는 여자로 태어났으니 아름다운 여성이 되고 싶었다. 16세 소녀였을 때 그녀는 거울 앞에 서서 자기 모습을 보았다. 코가 너무나 커 보였다. 이처럼 큰 코를 가지고는 여자의 세계에서 아름다운 여인이 되기는 어렵고, 여성으로 출세하기도 어렵겠다는 생각이 들었다. 그녀는 남성의 세계로 가야겠다고 생각하고 정치가의 꿈을 키웠고 마침내 이스라엘의 초대 수상이 되었다. 이것이 인간에게만 부여된 깨달음의 섭리다.

너무 늦은 깨달음도 있다. 미국의 아리조나주에 있는 대협곡 그랜드캐년을 가기 위하여 봉고차를 타고 달리고 달려 저녁 노을 빛이 아름다운 석양에 그랜드캐년 입구 모텔에 도착하였다. 여장을 풀고 피로를 풀 겸 맥주 한 잔을 하려고 동네 조그만 슈퍼마켓에 들렸는데 자기들은 술을 팔지 않는다는 것이다. 왜냐고 묻자 조상들이 술로 망했기 때문이라고 하였다. 너무 늦은 깨달음이 아닌가? 측은하고 안타까웠다. 그 광활한 영토를 백인한테 빼앗기고 때늦은 후회 속에서 살다니…

옛날에 읽었던 어떤 수필에 한 노인이 '섣달 그믐날 밤 창가에 서서 지나간 인생을 추억해보니 너무도 허무한 것을 뒤늦게 깨달았다'는 구절이 생각난다. 그는 창가에 서서 신에게 갈구한다. "신이여! 한번만 더 기회를 주소서. 일분, 일초도 아껴서 보람찬 인생을 살겠나이다." 그러나 신은 두 번 기회를 주지 않는다. 인디언처럼 이 사람도 너무 늦게 깨달음을 얻었다. 인간은 체험을 통해서만 깨닫는 것이 아니다. 학습을 통해서 얼마든지 깨닫고 인간다운 삶을 누릴 수 있다. 늦기 전에 깨달아야 한다.

2) 깨달음의 길

인간은 깊은 명상을 통해서 깨달음이라는 찰나의 아이디어가 떠오르고 그 아이디어를 구체화하여 새로운 세계를 건설해 나간다. 깨달음의 세계를 종교차원과 인생차원으로 나누어 정리하여 보도록 하자.

(1) 종교차원: 종교차원의 깨달음은 소위 득도(得道)를 의미한다. 예수, 마호메트, 석가 등 이 분들은 중생을 위해서 종교적 차원에서 깨닫고 성인이 된 분들이다.

(2) 인생차원: 인생차원의 깨달음은 어떤 자극이나 학습을 통해서 인생의 변화를 가져오는 것이다. 인생체험의 깨달음의 예로서 첫째 공자를 들 수 있다(종교차원으로 분류하는 사람들도 있지만).

공자의 일생을 보면 인생차원의 깨달음이라고 말하고 싶다. 그는 위편삼절(韋編三絶) 즉, 주역을 공부할 때 책 가죽 끈이 세 번이나 끊어질 때까지 책 속에 파묻혀 공부를 하였다고 사기(史記)에 나와 있다. 그는 자신의 깨달음을 일생의 연대별로 정리하였다. 인생차원의 깨달음을 통해서 유교를 창시하고 성인의 반열에 오른 위인이다. 평범한 사람들에게도 희망을 준 위대한 사람이다. 그의 깨달음의 과정을 살펴보자.

15세에 지학(知學): 학문에 뜻을 세우고, 30에 입(立): 물질적으로 정신적으로 인생을 살아가는 데 기반을 닦고, 40에 불혹(不惑): 어떠한 유혹에도 현혹되지 않고, 50에 지천명(知天命): 하늘의 명 즉, 인생의 소명이 무엇인가를 깨달았으며, 60에 이순(耳順): 어떠한 이야기를 들어도 귀에 거슬리지 않았으며, 70에 종심소욕불유구(從心所慾, 不踰矩): 마음가는 대로 행동을 하여도 도덕규범에 어긋나지 않았다. 이것이 공자의 일생이다. 그의 인생은 얼마나 노력하며 살았던 인생인가? 그래서 공자를 가리켜 각고면려(刻苦勉勵)하여 깨달음을 얻은 위대한 상식인이라고 한다.

3) 인류를 위한 인생차원의 깨달음

깨달음을 통해서 인생을 빛내고 인류의 구제에 공헌한 사람들의 업적에 대한 학습을 통해서 수기(修己), 치인(治人), 치세(治世)의 삶을 살 수 있다면 여기에서 이야기하고자 하는 깨달음의 길은 헤아릴 수 없는 가치가 있다고 생각한다. 몇몇 사례들을 들어 보자.

(1) 정치가: 만델라, 모네 같은 사람들을 들 수 있다.

만델라는 남아공에서 평화롭게 사는 길은 흑백통합의 길이라 생각하고 27년 감옥 생활을 하면서도 그의 꿈을 이룬 사람이다. 자기실현(Self actualization)의 상징적인 인물이다.

모네는 불란서 사람으로 유럽의 평화적 공존의 이상을 실현하기 위하여 노력한 사람이다. 유럽의 역사는 피의 투쟁사였다. 피만 흘렸지 통합에는 실패하였다. 모네는 깨달았다. 전쟁은 통합의 무기가 될 수 없다는 것을! 그는 평화적 대안을 제시해 오늘날 EU공동체의 기초를 제공한 사람이다.

(2) 사상가: 간디

(3) 문학가: 루쉰

(4) 기업가: 록펠러, 송하(松下)

(5) 학자: 드러커 같은 위인들은 모두 어느 계기에 깨달음을 얻고 자기의 꿈을 실현하여 인류 사회에 공헌한 사람들이다.

여기에서는 중국의 문학가 루쉰의 깨달음과 인생에 대하여 이야기하려고 한다.

루쉰(盧迅)의: 의학에서 문학으로

루쉰은 중국의 문학가로 중국 근대 문학가의 3걸 중의 한 명으로 문학뿐만 아니라 중국인의 정신적 의사로 13억 중국인으로부터 추앙 받고 있는 인물이다. 그는 의학을 공부하여 병든 아버지를 치료하고 아버지처럼 질병으로 고생하는 중국 사람들을 치료해야겠다는 평범한 꿈을 안고 일본으로 유학의 길을 떠난 청년이었다. 그의 아버지는 병이 들었는데 돌팔이 의사들한테 치료비만 많이 지불하고 병은 낫지 못하고 있었다.

그가 일본에 가서 의학공부를 하다가 문학으로 전공을 바꾼 데에는 충격적인 사건이 있었다. 1902년 3월, 일본으로 가서 일본어를 공부하고 1904년 센다이 의학전문학교에 들어갔다. 그런데 이 의학전문학교 2학년 때 뜻하지 않은 사건이 일어났다. 세균학 시간에 세균의 형태를 보여주는 영화가 끝나고 종료시간 무렵 시사영화를 보게 되었다. 영화의 핵심은 러일전쟁 시 한 중국인이 짜르(러시아 황제의 군대) 군대의 스파이로 있다가 일본군대에 체포되어 총살을 당하는데 빙 둘러서서 구경하는 사람들은 중국인이라는 것이다. 그때 교실에서 영화를 보는 사람들 중에서 중국인은 루쉰 한 사람 밖에 없었다. 루쉰을 제외하고는 박수를 치며 환성을 울렸다.

그 영화를 보고 와서 며칠 동안 고민하였다. 어떻게 자기 겨레가 학살당하는 것을 빙 둘러서서 보면서도 무감각할 수가 있단 말인가? 이것은 루쉰에게 있어서 너무나도 큰 충격이었다. 그는 깨달았다. 중국인에게는 육체를 치료하는 의사보다 정신을 치료하는 의사가 더 필요하다는 것을. 그는 중국인의 정신을 치료하기 위하여 문학가가 되기로 결심하고 의학 전문학교의 문을 나왔다. 조국 중국인의 정신을 치료하기 위하여 그가 처음으로 쓴 책이 유명한 「아Q 정전」이었다.

루쉰은 중국인을 조소하는 그 영화를 보지 않았더라면 평범한 의사로 생을 마감했을런지 모른다. 루쉰의 고뇌와 애증은 바로 근대 중국의 고뇌와 애증이었으며 루쉰이 남긴 수많은 글들은 당시의 중국을 가장 정직하게 증거하고 있다.

상해의 홍구 공원에는 루쉰의 동상이 서 있다. 그 자리는 윤봉길 의사가 일본군 대장에게 폭탄을 던진 바로 그 자리라고 한다. 그 자리에 윤의사의 동상을 세우고 싶었지만 루쉰의 동상이 서는 바람에 윤의사의 동상은 다른 자리에 세우게 되었다.

4) 인생의 경험에서 변화를 일으킨 사건들

인생을 살다보면 예상치 못한 일들이 발생하는 경우가 있다. 그 일이 본인에게 해가 되기도 하지만 새로운 사람으로 탄생하기도 한다. 우리말에 전화위복(轉禍爲福)이라는 말이 여기에 해당된다고 할까. 그 사례들을 살펴보자.

헤밍웨이는 스페인 내전 때 스스로 자원하여 종군하였다. 그때 한 간호사와 사랑에 빠져 전쟁이 끝나면 결혼하여 함께 미국에서 행복하게 살자고 약속하였다. 전쟁이 끝나가는 무렵 그는 먼저 미국에 돌아왔고 그의 연인 간호사가 돌아오기를 기다리고 기다렸다. 그런데 2년이 지나도록 그녀는 나타나지 않았다. 헤밍웨이가 수소문해서 알아보니 그녀는 스페인의 귀족청년과 결혼하여 살고 있었다. 연인의 배신의 자극으로 인해 나온 작품이 "무기여 잘 있거라"이다.

천재 작곡가 슈베르트는 너무도 가난하여 어느 목사 집에 가정교사로 들어가 살게 되었다. 목사의 두 딸이 있었는데 그는 둘째딸을 사랑하게 되었다. 목사가 그 사실을 알고 그의 집에서 내보내 버렸지만 그는 목사의 딸을 잊지 못하였다. 목사의 집에서 나온 후 사랑하는 연인을 겨우 한번 만났을 뿐이었지만 슈베르트는 그 목사의 딸을 잊을 수가 없었다. 그는 그의 이루지 못한 사랑을 "미완성 교향곡"이라는 불후의 명곡으로 남기고 31세의 나이로 요절하였다.

이 밖에도 사마천의 사기(史記) 등 그 예는 수없이 많다. 이러한 시련 속의 경험과 깨달음들은 누군가의 빛나는 삶의 계기가 된다.

"풍상은 자연을 아름답게, 시련은 인간을 아름답게"라는 경구를 필자는 기억하고 살고 있다.

시련에 지지 말자. 시련을 극복하고 깨닫고 정진하면 아름다운 인생을 살 수 있다.

3. 의미 있는 삶의 모습

No pain, No glory!

왜 살아야 하는지 아는 사람은 그 어떤 상황에도 견딜 수 있다.
— 니체 —

유한의 삶을 사는 인간에게 주어진 과제는 무상을 극복하는 것이고, 진정한 삶은 한 인간으로서의 삶의 가치를 느끼며 사는 것이다. 그 해답은 희망을 버리지 않고 의미있는 삶을 사는 것이다.

그 의미를 알고 있는 지식사회의 인간사회가 왜 점점 병든 사회가 되어가고 있을까? 더욱이 현대인은 과거에 비하여 풍요 속에 살고 있지만 지나친 풍요 속에서 삶의 의미를 찾지 못하고 인생을 낭비하고, 진정한 삶의 가치를 찾지 못하며 안타깝게 사라지고 만다. 여기에서는 의미 있는 삶을 살았던 이들의 사례를 살펴보고자 의미 있는 삶을 산 사람들을 찾아서 여러분 앞에 소개하고자 한다.

1) 빅터 프랭클의 삶

– 미래에 대한 믿음의 상실은 죽음을 부른다 –

– 나치의 강제수용소에서 죽음의 행진을 경험한 사람들 중에서 자기가 해야 할 일이 있다는 것을 알고 있는 사람들이 더 잘 살아남았다 –

빅터 프랭클은 심리학자로 폴란드 아우슈비츠 수용소에 잡혀갈 때 옷 속에 그의 정신적 자식인 심리학 원고를 감추고 갔다. 그러나 곧 모든 것을 압수당하고 헐렁한 줄무늬 수감자 복으로 갈아입었다. 그는 그의 부모, 아내, 형제가 가스실에서 생을 마감했다는 것을 직감하고 피눈물을 흘리며 절망하였지만 자신은 삶의 의지를 포기하지 않았다. 100명 중 98명이 죽어나가는 죽음보다 더 무서운 수용소에서 삶의 희망을 버리지 않고 버려진 휴지쪽지에 숨어서 글을 쓰며 생명을 이어나갔다. 그는 극한 상황에서도 희망을 버리지 않고 의미있는 삶을 살았다. 그가 남긴 말 "이 세상에서 더 이상 빼앗길 것이 없는 극한 상황에서도 사랑하는 사람을 떠올리며 순간의 기쁨을 맛 볼 수 있었다." 그는 그렇게 순간의 기쁨이라도 놓치지 않고 삶의 의지를 포기하지 않았다.

2차 대전이 끝나고 수용소에서 그는 살아 돌아와서 「죽음의 수용소에서」, 「삶의 의미를 찾아서」라는 수용소의 경험을 토대로 책을 썼다.

그는 아우슈비츠 수용소에서 해방되어 그 죽음의 문을 나와서 꽃들이 피어있는 들판을 걷고 걸어서 무릎을 꿇고 다음과 같이 기도하였다.

"저는 제 비좁은 감방에서 주님을 불렀나이다. 그런데 주님은 이렇게 넓고 꽃들이 피어 있는 자유로운 공간에서 저에게 응답하였나이다." 그는 살아나와 의미 있는 삶을 살다가 갔다. 제3정신 의학파로 불리는 그는 로고테라피라는 새로운 심리치료법을 개발하였으며 죽음의 수용소를 세상에 알리고 희망과 의미 있는 삶의 전도사로 살다가 갔다.

아우슈비츠 수용소에서 죽어가는 어떤 수감자는 자신의 고난과 죽음으로 자기가 사랑하는 사람이 고통스런 종말로부터 구원받도록 해 달라고 기도를 하였다. 이런 사람에게 고난과 죽음은 의미가 있는 것이다. 그의 희생은 아주 심오한 의미를 지닌 희생이었다.[2]

삶의 의미를 찾아서 살다간 감동적인 또 하나의 예를 보자.

2) 세계적인 조류학자가 된 살인범 로버트 스트라우드의 삶!

미국의 교도소에서 살인혐의로 교도소 생활을 하고 있던 죄수에게 동생이 면회를 왔는데 교도관이 면회를 시켜주지 않았다. 그 죄수는 동생과의 면회를 거절한 그 교도관을 살해하고 말았다. 그는 사형선고를 받았으나 어머니의 청원으로 감형 없는 종신형을 선고받았다.

희망이 없고 의미 없는 나날을 보내다가 우연히 교도소 뜰에서 죽어가는 세 마리의 새를 발견하고 감옥에서 그 새들을 정성껏 돌봐서 새들이 다시 생명을 찾았

---

2) 빅터 프랭클, 이시형 역, 「죽음의 수용소에서」(청아출판사, 2005) 참조.

다. 그 새들은 200마리로 늘어나고 그는 교도소 도서관에서 독학으로 열심히 연구하여 드디어 유명한 조류학자가 되었다. 그는 세계적인 조류학자가 되는 것이 꿈이었다. 그래서 그는 자유의 몸이 되어 연구하고 싶었다. 각계각층의 탄원에도 불구하고 그는 자유의 몸이 되지 못하고 54년간 감옥에서 살다가 갔다. 그가 죽은 후 그의 일생은 영화화되었다. 그의 생은 54년의 긴긴 감옥생활이었지만 의미 있는 삶을 살다가 간 인물이다.

3) 평생 2층 다락방에 누워 삶의 의미를 찾은 만화가 — 지현곤 선생

우리나라 마산에 한 만화가가 살고 있다. 그는 신장과 척추질병으로 하반신이 마비되어 평생 2층 다락방에 누워서 살고 있다. 그의 유일한 외부세계와의 소통은 다락방 창문으로 달을 보고 사는 것이라고 한다. 그는 40평생 누워서 겨우 고개만 들고 만화를 공부하여 만화가가 되었다. 서울에서 2번이나 전시회를 열고 2008년에는 미국 뉴욕 웨스트 27번가에 위치한 '아트게이트(Art Gate)갤러리'에서 전시회를 개최하였다. 위대한 인간 승리 아닌가.

그의 일생 중 유일한 외출은 사진을 찍기 위하여 두 시간 동안 경남대에 갔던 일이라고 한다. 전시회 때 서울 나들이를 권유하였지만 마지막 자기의 존엄성을 지키기 위하여 거절하였다. 혼자서는 거동도, 인간의 기본적인 생리 문제도 해결할 수 없기 때문이라는 답변이었다.

세상이 살기 어렵다고 하여 삶의 의미를 잃어가는 사람들에게 그의 삶은 그 무엇 하고도 바꿀 수 없는 생명의 메시지가 아닐까.

독자들이여! 여러분은 삶의 의미를 찾을 수 있는 충분한 환경을 갖고 있지 않은가? 지금 이 순간 삶의 의미를 찾아가는 여행을 출발하라!

일본에서 이유 없는 살인사건이 일어나고 있다. 몇 년 전 공원을 산책하던 중년 부부를 이유 없이 살해한 사건이 발생하였다. 살인자는 놀랍게도 중학생이었다. 한국에서도 이 깨끗한 종이에 쓸 수조차 없는 안타까운 엽기적인 살인사건들이 일어나고 있다.

왜 이럴까? 삶의 의미를 찾지 못했기 때문이다. 무서운 범죄를 저지른 사람들은 삶의 의미를 찾지 못하고 인생을 포기했기 때문이다. 만일 그들에게 삶의 의미를 찾아준다면 그들은 선량한 시민으로 살 수 있다.

현대인은 노예가 되어 있다. 돈의 노예, 권력의 노예, 쾌락의 노예, 기계의 노예가 되어 있다. 최근 유흥비를 마련하기 위하여 모녀를 살해한 사건이 일어났다. 그들은 쾌락의 노예가 되어 있었던 것이다. 그들에게 쾌락보다 더 중요한 삶의 의미를 늦기 전에 찾아주었더라면 범죄는 예방할 수 있었을지 모른다. 노예생활은 의미 있는 삶이 아니다. 현대인들이 기계문명과 천민자본주의 노예에서 벗어나 인간으로서의 주체성을 가지고 삶의 철학과 비전을 실현하기 위한 인생을 항해한다면 함께 사는 공동선의 사회에 진일보하게 되리라는 희망을 가지고 싶다.

현실의 삶이 고달프더라도 삶의 의미를 찾아야 한다. 삶의 의미를 찾는 길이 인간이 추구해야 할 진정한 인간의 길이다.

IV 미래 인류의 과제 — 신인본주의 추구

1. 인본주의(Humanism)란?[3]

휴머니즘이란 다의적인 개념이다. 철학에서도 휴머니즘을 말하고, 문학에서도 휴머니즘을 논한다. 교육과 윤리에서는 물론이거니와 과학과 종교에서도 휴머니즘을 운운한다. 휴머니즘이란 말이 인간주의, 인도주의, 인본주의 또는 인간중심주의 등 여러 가지 술어로 불리는 사실은 무엇보다도 휴머니즘의 내용과 성격이 다채 다양함을 의미한다.

그러나 명칭과 성격을 달리하는 여러 갈래의 휴머니즘을 일관하는 공통적인 요소, 기본적 태도는 인간성의 해방과 존중, 인간성의 옹호와 완성에 있다. 인간성을 속박하고 억압하고 왜곡하는 일체의 사상과 제도와 조건과 세력에서 인간성을 해방하여 이것을 육성하고 발전시켜서 인간성을 완성하려는 데 휴머니즘의 기본정신이 있다. 인간의 자기소외, 자기상실에서 인간의 자기회복으로, 이것이 휴머니즘이 지향하는 중심사상이다.

그러므로 휴머니즘의 정신 속에는 언제나 레지스탕스(resistance)와 프로테스트

---

3) 안병욱, "휴머니즘의 계보," 「현대사상강좌」(서울: 동양출판사, 1965), pp. 211~213.

(protest)의 정신이 있다. 휴머니즘은 부정의 형식과 저항의 운동으로 나타났다. 인간성을 속박하고 왜곡하는 세력이나 대상에 대해서 정면으로 또는 측면으로 항의하고 반항해 왔다. 휴머니즘의 사상과 운동은 인간의 존엄성을 깊이 자각한 줄기찬 생명의 이성의 프로테스트요, 힘의 레지스탕스라 하겠다.

프로테스트의 대상, 레지스탕스의 대상은 시대에 따라서, 또 사회에 따라서 다르다. 무엇이 휴머니즘의 프로테스트와 레지스탕스의 대상이 되는가는 그 시대와 사회의 구체적인 역사적 상황에 의해서 결정된다. 휴머니즘은 중세 봉건사회의 부자유스럽고 불평등한 편견에 사로잡힌 인간의 불합리한 사고방식에 대해서 저항했고, 카톨릭교회의 교권과 독단에 저항했고, 어두운 미신과 완고한 편견에 사로잡힌 인간의 불합리한 사고방식에 저항했고, 자본주의의 돈에 의한 인간지배의 부당한 체제에 대항했고, 자유와 인권을 짓밟는 전체주의의 독재세력에 저항했고, 제국주의의 위장된 침략전쟁에 레지스트했고, 기계문명의 부당한 권위 앞에 반항했다.

인간을 비인간화하려는 일체의 세력에 저항하고 대항하는 태도를 취한 것이 휴머니즘의 정신이다. 휴머니즘의 근저에는 언제나 인간의 존엄성에 대한 깊은 자각이 있다. 인간에 대한 두터운 신뢰의 생각(念)과 위대한 긍정의 정신이 깃들어 있다.

사람을 부자유스럽게 얽어내는 일체의 질곡과 사슬에서 벗어나서 한 민족이나 한 계급만이 아니라, 피부의 흑백, 지위의 고하, 성의 남녀, 연령의 다소를 막론하고 모든 사람이, 전 인류가 저마다 사람으로서 사람답게 대접을 받고, 사람답게 생각하고 행동하고 생활하려는 자각과 노력이 휴머니즘의 근본이 되는 것이다.

여기에서 현대사회가 당면한 휴머니즘의 문제점을 제기해보면 다음과 같다.

첫째, 우리는 이제 과학 이전, 기계 이전의 세계로 절대로 돌아갈 수 없다. 과학과 기술과 기계는 인간의 수단과 도구로서 절대적 가치와 의의를 갖는다. 이 힘, 이 수단과 이 도구를 어떻게 쓰는가가 문제이지, 이 힘 자체를 무시하거나 부정하려는 휴머니즘이 있다면 그것은 현대의 휴머니즘의 자격을 상실한다.

둘째, 세계적 인류성의 문제이다. 세계사가 성립하고 인류사회가 도래한 것은 하나의 엄연한 사실이다. 추상적인 개념이 아니다. 어떤 민족의 입장이나 계급의 입장에 서려는 휴머니즘은 벌써 현대의 휴머니즘이 아니다. 세계사적 견지, 인류적 관점은 현대의 휴머니즘이 디디고 서지 않을 수 없는 발판이다.

셋째, 인류의 정의와 진보의 원칙에 어긋나는 일체의 휴머니즘은 현대의 휴머니즘이 될 수 없다. 휴머니즘이 휴머니티의 존중인 이상, 인류의 정의와 진보에 역행하거나 모순되는 일체의 이데올로기를 현대는 거부한다. 그것은 현대인이 어린애나 미개인이 아니기 때문이다. 그것은 근대 시민사회의 인간의식을 다 겪고 난 현대인이기 때문이다. 정의와 진보는 인간의 행동과 가치의 최고의 기준이다. 정의에 어긋나는 이론, 진보에 역행하는 사상을 아무리 힘으로 내리누르려고 하여도 현대인은 결코 응하지 않는다. 사상은 결코 힘으로 강요할 것이 아니고 그 내용이 모든 인간으로 하여금 저절로 따라오게 만들어야 한다.

과학성과 인류성의 진보의 원칙 위에 서는 휴머니즘만이 현대의 휴머니즘으로서 설 수 있을 것이다.

2. 신인본주의 모색

여기저기서 인간은 인간에 대한 살모사가 되었다고 한탄하고 있다. 오늘날 기술혁신이나 사회혁신의 물결 속에서 우정, 사랑, 헌신, 공동체, 타인에 배려 등은 없는 사회가 되어가고 있기 때문이다. 또한 청소년 자살의 증가, 알코올중독의 급증, 우울증의 만연, 파괴행위, 범죄 등의 문제는 풍요사회라고 일컬어지는 현대사회의 공통적인 고뇌가 되었다. 과연 이러한 상황에 처한 현대사회를 인간적인 사회로 건설할 수 있을까? 이에 대한 해답으로 토플러(A. Toffler)의 견해를 설명하고자 한다.

닥쳐올 내일의 문명을 향하여 충족한 정서생활과 건전한 정신체계를 만들어내기 위하여 인간은 누구나 세 가지의 기본적 필요조건이 있다는 것을 이해하지 않으면 안 된다. 그것은 공동체의 귀속의식과 세상의 구조에 대한 인식, 그리고 인생의 의미파악이라는 세 가지 조건이다. 토플러의 이러한 세 가지 조건이란 현대인의 소외의 극복을 위한 방안이다. 현대인은 직장에 다니면서도 소외를 느끼고, 세상변화에도 고독을 느끼고, 인생자체에 대해서 회의를 품는다. 이를 극복하기 위해서는 조직에 귀속의식을 강화시키고 세상구조의 변화에 적응케 하며 인생 자체를 보람 있게 보내려는 깨달음이 있어야 한다.

휴머니즘이란 낡은 철학 사조인 듯하지만 인간이 인간이기를 주장하는 시간과 공간을 초월하여 인간이 추구하여야 할 과제라 생각된다.

위의 현대휴머니즘의 문제에서 밝혀진 바대로 제3의 물결 속에서 살고 있는 인간이 옛날로 회귀할 수 없는 것이 오늘의 인류의 고뇌라 하겠다. 따라서 여기에서 주장하고자 하는 신인본주의란 현대의 기계문명과 물질문명의 번영을 구가하면서 인간위주의 정치, 경제, 사회, 교육, 문화의 틀을 마련하여 공동문화·공동선에 의한 인간본위의 사회, 인간본위의 조직문화를 구축하여 개인과 조직과 사회의 발전을 동시에 추구하는 것이라 할 수 있다.

3. 인간의 미래에 희망, 희망을!

장구한 인류의 역사를 조망하건대, 인간은 크게 두 가지의 관점에서 살아왔다. 하나는 부정적인 면에서, 다른 하나는 긍정적인 면에서이다. 인류의 장래에 희망을 걸 수 없다면 우리는 너무도 깊은 절망과 불안과 공포의 포로가 된다. 인류역사의 주인공은 인간이다. 희망이냐 절망이냐라는 문제는 주인공의 의지와 실천에 달려 있다. 오늘의 세계를 가리켜 위기라고들 걱정하지만 위기를 만드는 것도 인간이요, 위기를 극복하는 것도 인간이다. 미래에 희망을 갖자. 4,000년 전 이집트의 시인도 당시 이집트의 사회를 다음과 같이 개탄하며 노래하였다.

> 나는 오늘 누구에게 말을 걸어야 좋은가.
> 고요한 사람은 죽어 떠나고
> 거친 사람은 모든 사람에게
> 가까이 갈 수가 있구나.
> 나는 오늘 누구에게 말을 걸어야 좋은가.
> 이 세상은 부정으로 확대되고 그것은 끝없이 이어가는데
> 아무도 정의를 행하는 사람은 없고
> 세계는 악인들 손에 떨어져 버렸으니.

그러나 수천 년 후 오늘의 인류도 옛 이집트의 시인들처럼 현실을 한탄하면서도 희망을 버리지 않고 살아가고 있지 않은가. 아버지의 세대는 어느 시대이건 아들의 세대를 걱정하는 세대이다. 그러나 그 아들은 아버지의 걱정만큼 쇠퇴하지 않고 희망을 가지고 살아온 것이 인류의 역사이기도 하다. 희망을 걸면 길이 열릴 것이다. 위에서 열거한 인간소외의 문제를 해결하기 위하여 오늘을 사는 세대가 지혜를 모을 때 신인본주의에 의한 새로운 인간공동체가 탄생하지 않을까. 지혜로운 인

간은 파멸을 택하기보다는 삶을 택하는 이성적인 선택을 하리라는 인간에 대한 기대와 믿음 때문에 인류의 미래에 대해서 희망, 희망을 갖고자 한다!

▬▬▬ 상선약수(上善若水) — 老子의 교훈

현자 노자가 인간에게 준 상선약수(上善若水)라는 교훈이 있다. 이를 우리말로 풀이해보면 '최고의 선은 물과 같다'라는 뜻이다. 이 현자의 가르침을 설명해보면

첫째, 물은 생명을 의미한다. 물이 없으면 지구도 존재할 수 없고 인간도 생존할 수 없다. 인간의 육체는 70%가 물로 이루어져 있지 않은가.

둘째, 겸손하다. 물은 낮은 곳으로 흐르며 진자리 마른자리 가리지 않고 흐른다. 물은 모든 것을 수용한다. 인간의 생활에서 배출한 모든 오염물질을 말없이 모두 수용한다.

셋째, 물은 깨끗하게 청소한다. 물은 인간의 때, 세상의 때를 청소하여 정화시키는 역할을 한다.

넷째, 이렇게 上善若水인 물은 화가 나면 이 같지 않다. 바다의 파도에, 육지의 홍수에 이길 자가 없다.

노자는 上善若水라는 경구를 통해서 인간에게 가장 심오한 교훈을 주고 있다. 인간사에 일어나는 수많은 일들을 上善若水의 철학으로 실천한다면 진정한 인간, 진정한 지도자가 될 것이다.

Ⅴ 삶의 마지막 순간까지 — 삶의 3대 핵심요인

무 지 개

하늘에 무지개 보면
내 가슴은 뛰노라
내 인생 시작되었을 때 그랬고
지금 어른이 되어서도 그러하며

늙어서도 그러 하기를
그렇지 않으면 차라리 죽는게 낳으리
아이는 어른의 아버지
내 살아가는 나날이
자연에 대한 경외로 이어질 수 있다면
— 윌리암 워즈 워스(William Wordsworth) —

무한한 능력을 현실화하기 위해서는 삶의 구체적인 지표가 있어야 한다.
그 핵심요인을 생각해 보자.

1. 시대의식을 가져라(의식의 혁신)

지식혁명(컴퓨터)의 결과 현대인은 새로운 세계를 살아가고 있다. 현대인은 갈 수 없는 곳을 가고, 볼 수 없는 것을 보고, 들을 수 없는 것을 들을 수 있는 경이로 가득 찬 세계에 살고 있다.

지난 겨울 호주의 하얀 파도가 넘실거리는 남태평양 바닷가에서 스마트폰으로 사진을 찍어 한국으로 보내고 한국의 지인들과 통화도 하였다. 몇 년 전만 하더라도 가당치 않은 경이의 사건이었고 놀라운 일인데 사람들은 당연한 일로 생각한다. 이 경이의 세계를 어떻게 살아가야 할 것인가가 우리에게 주어진 과제다.

위에서 인간이 가지고 있는 무한한 능력의 실증을 제시하였다. 간디는 인간의 평등을 믿었으며 신은 인간 누구에게나 삶의 무기를 주었다. 의미 있는 인생의 길은 자신의 무한한 능력을 믿고 목표를 향해서 정진하는 데 있다.

인류의 과학문명의 역사가 어떻게 진화되어 왔는지 계산기의 발달과정을 보자. 우리 인류는 처음 숫자를 계산할 때 손가락과 머리를 사용했을 것이다. 그러다 BC 2600년 전 중국에서 인류가 만들어 낸 최초의 계산기가 출현하였다. 이 주판이라는 계산기는 오래도록 장수하였다. 산업혁명에 이르도록 장수하였으며 지금으로부터 몇십 년 전만 하더라도 상업고등학교에서는 주판시간이 있었다. 주판은 급수가 있어서 주판급수가 높은 학생은 은행에 추천 1순위였다. 주판이 전 세계적인 계산의 주역 역할을 하다가 1642년 세계 최초로 수동식 계산기가 출현하였다. 이 계산기가 출현한 이후 20세기 초까지도 주판은 계산세계의 주역 역할을 하였다. 그러다가 이 계산기가 수정을 거듭하여 기계식 자동계산기가 출현하여 널리 쓰이게 되었다. 이 계산기는 휴대용까지 나와서 널리 쓰이다가 드디어 컴퓨터라는 괴물이 나와서 달나라, 나아가 화성·목성까지 가는 거리의 계산에까지 계산의 만능기 역할을 하고 있다.

여기서 컴퓨터 이야기를 하는 이유는 우리 의식이 컴퓨터 시대에 적응할 수 있도록 바뀌어야 한다는 것을 말하기 위함이다. 달까지의 거리를 컴퓨터로 계산하고 있는 시대에 주판을 가지고, 기계식 계산기를 가지고 계산을 한다면 시대의 낙오자가 되고 만다. 현대사회의 소외의 그늘에서 쓸쓸하게 살아가게 된다. 컴퓨터의 전문가는 되지 못할망정 컴퓨터 시대의 사회변화를 인식하고 컴퓨터식 사고와 의식을 가진 삶을 살아가야 한다. 특히 최근 과학기술의 발달은 상상을 초월하고 있다. 컴퓨터의 총화라 할 수 있는 인공지능의 시대가 도래한 것이다. 즉 인공지능이 핵심이 된 지식혁명의 시대가 오고 있다. 앞으로 인공지능은 여러 가지 인간의 일을 대신하게 될 것인바, 인공지능을 어떻게 인류의 삶에 보탬이 되게 해야 할 것인가가 인간의 과제가 되고 있다. 벌써 인공지능 비서가 등장하여 실용화되고 있다. 식당에서는 손님에게 음식 주문을 받고 있다. 혼자 사는 노인의 비서 역할을 하고 있다. 곧 인공지능의 애인이 나타나 외로운 사람들의 연인 역할을 할 날도 머지않았다. 중국에서는 이미 섹스용 인공지능 애인이 판매에 들어갔다. 놀라운 현실이 우리의 창문을 두드리고 있다. 그러나 인류의 행복을 위해서 만든 기계가 역으로 인간에게 해독을 끼치게 된다면 그런 공포가 어디 있겠는가? 인공지능시대에 적응할 수 있는 의식과 시대의식을 가지고 삶의 전쟁터에서 승자가 되어야 한다. 이것이 우리에게 부여된 절체절명의 과제라 생각한다.

명심하라. 일신우일신(日新又日新) 정신으로 혁신, 혁신의 인생을 살라. 드러커(Drucker) 교수의 말대로 우리 인류는 내일 어떤 새로운 기술이 탄생할지 모르는 단절의 시대에 살고 있다. 단절의 시대는 인간성 소외라는 슬픔을 가져다 주기도 하지만 인류가 극복해야 할 고비이기도 하다. 머지않아 자율주행 자동차가 나와서 부산에서, 광주에서 서울을 가는데 승객은 버튼만 누르고 다른 업무를 보면서 여행을 즐기게 될 것이다. 미국에서는 하늘을 나는 자동차가 개발되어 운행 허가를 받았다고 한다. 이런 무서운 변화에 대응하고 적응하는 것이 시대의식을 갖는 것이다. 시대의 변화에 관계없이 나는 지리산 자락에 들어가 옛날 생활방식대로 살아야겠다 할지라도 시대의 변화는 읽고 살아야 한다.

2. 삶의 무기를 개발하라

앞에서 인간은 무한한 능력의 소유자라는 것을 강조하였다. 인간의 잠재능력은 무동력선이나 컴퓨터와 같은 것이다. 아무리 거대한 무동력선도 예인선이 없으면 무용지물이다. 컴퓨터의 기능이 신도 놀랄 바벨탑을 쌓고 있지만 인간이 버튼을 누르고 사용하지 않는다면 책상 위에서 잠자는 먼지 낀 철판에 불과하다. 인공지능의 시대가 왔다고 사람들은 기대 반 우려 반이다. 인공지능의 아버지는 인간이다. 인간이 어떻게 활용하느냐에 따라 인공지능이 인류에게 행복을 가져다 줄 것인가 불행을 가져다 줄 것인가가 결정될 것이다.

인간은 잠자고 있는 잠재능력에 불을 붙여 삶의 무기를 만들어 내야 한다. 삶의 무기를 개발하기 위해서는 첫째, 자신의 강점을 살려야 한다. 세월은 우리를 기다려 주지 않는다는 것은 만고의 진리다. 할 일은 많은데 시간은 한 치의 오차도 없이 인간을 죽음의 열차에 싣고 달린다. 인간은 누구에게나 강점과 약점이 있다. 시간은 가고 있는데 약점을 가지고 씨름할 시간이 어디 있는가? 강점을 발견하고 그 강점을 삶의 무기로 개발하여야 한다.

둘째로 그 강점은 무엇인가? 어느 길이 나의 길인가를 택하여 혁신과 창조의 길을 가야 한다. 오늘의 우리는 천재도 살기 어려운 시대에 살고 있다. 토익을 거의 만점을 받아도 일자리를 찾지 못하여 거리를 방황하는 세상에 살고 있다. 공무원 2,000명을 뽑는데 20만 명이 몰려드는 사회에서 살고 있다. 세상은 살기 어렵다. 인간의 역사가 시작된 이래 어느 시대나 살기 어려운 시대라고 개탄하면서 살아온 것이 인류의 역사인데 오늘의 현실은 어렵고 어렵다. 이렇게 어려운 시대이지만 살 길은 찾을 수 있고 찾아야 한다. 100세 시대라고 모두 100세를 살지는 못한다. 기대 수명을 살지 못하는 사람이 더 많다. 100세를 살기 위해서는 그만큼 노력해야 한다. 불경기라고 해서 모든 기업이 부도가 나는 것은 아니다. 불경기에도 수평적 사고를 발휘해서 살아난 기업도 많다. 한 통계에 의하면 기업을 설립하여 5년이 지나면 50%가 사라지고 10년이 지나면 10%만 생존한다고 한다. 우리는 10% 내에 들 수 있는 능력을 타고났다. 그 길은 창조적 사고를 통하여 무한한 인간의 능력을 최대한 발휘하는 것이다. 김연아가 피겨스케이팅에, 황영조가 마라톤에, 조성진이 피아노에 강점이 있음을 발견했다 하더라도 피나는 노력을 계속하지 않았다면 그들은 동네 피겨스케이팅 선수로, 동네 마라톤 선수로, 동네 피아니스트로 인생이 끝났을 수도 있었을 것이다.

컴퓨터 시대라고 하지만 컴퓨터를 전혀 모르는 사람들도 많다. 그들도 그들 나름의 인생을 열심히 빛나게 사는 사람들도 많다. 유명한 소설가나 시인 중에는 컴퓨터가 아닌 펜으로 소설을 쓰고 시를 쓰는 사람들이 많다. 다만 그들은 컴퓨터식 사고와 의식의 혁신과 시대의식을 가지고 있다. 자신의 무기를 개발해서 갈고 닦아라. 칼은 갈지 않으면 녹슬게 된다. 인간의 두뇌도 칼과 마찬가지다. 헤밍웨이가 하루아침에 태어난 것이 아니고 김소월이 하루아침에 태어난 것이 아니다. 헤밍웨이는 「노인과 바다」를 80번이나 수정하였다고 한다. 그는 노벨문학상 수상식에서 언어의 마술사라는 찬사를 받았다. 김소월은 '진달래'가 완성되기까지 3년이라는 세월 동안 퇴고와 퇴고를 거듭하였다. 그 산고의 결과가 우리 민족의 애송시로 탄생한 것이다. 천재는 하루아침에 태어난 것이 아니다.

여기저기서 못 살겠다고 아우성이다. 그러나 이 세상에 살고 있는 사람들 모두가 아우성인 것은 아니다. 금호고속 창업자 박인천 회장은 고물 트럭 2대로 운송업을 시작하였는데, 70년이 지난 현재 2,200대의 버스를 보유한 한국 제일의 버스 회사로 키웠다. 이것이 강점을 발견하고 그 강점을 혁신시킨 결과이다. 릴케는 시인이 되고자 하는 청년들에게 진정 시인이 되고자 한다면 밤중에 뜰에 나가 가슴에 손을 얹고 "나는 정말 시인이 될 자격이 있는 인간인가"라고 자문해 보라고 말하였다. 그렇게 고민해보고 일을 시작하라는 의미이다. 아인슈타인은 수학 천재였다. 그러나 그는 피아노에 취미가 있었다. 하루 4시간씩 피아노 연습을 하기도 하였다. 그러나 그의 피아노 실력은 진전이 없었다. 피아니스트가 될 수 있다면 그가 이룬 모든 학문적 업적과 노벨상까지도 포기할 의사가 있다고 독백하였다. 그러나 그에게는 완벽한 현악기 연주자가 되기 위한 필수 조건인 양팔과 양손을 조화롭게 움직이는 재능이 없었다. 그의 강점은 수학과 물리학에 있었다. 그는 강점을 살려 상대성원리라는 물리학의 새로운 분야를 개척했고 노벨상까지 받은 불멸의 학자가 되었다. 그는 2차 대전 후 이스라엘의 초대 대통령을 제안받았으나 거절하였다. 대통령 자리까지도 거절한 학자, 부럽고 대단하지 않은가!

우리나라의 한 가수 이야기를 들어 보자. '신라의 달밤'을 부른 가수 현인은 아버지가 판사가 되라고 일본 유학을 보냈는데 그는 아버지가 원하는 법률공부는 하지 않고 가수가 되어 한국에 돌아와 집에도 들어가지 못하고 떠돌이 신세가 되어 노래를 불렀다고 한다. 현인의 강점은 노래에 있었고 그는 노래를 위해 인생을 바

첬다. 약점을 강점으로 바꾸어 성공한 사람들도 있지만 인생길은 바쁘고 시간은 가고 간다. 강점을 개발하는 길이 성공적인 인생을 살아가는 지름길이다.

명심하라. 강점을 개발하라.

3. 포기하지 말라

인간은 태어나서 봄동산의 산보객처럼, 순풍에 돛단배 타고 유람하듯이 행복하게 살기를 원한다. 그러나 인생은 봄동산의 산보객이 아니다. 인생길은 파도타기처럼 험난할 때가 많다. 너무 험난하여 때로는 포기하는 사람들이 생기고 포기하고 싶을 때가 많다. 유신론의 입장에서 보면 길거리의 돌멩이 하나, 봄동산의 이름 없는 야생화 한 송이도 의미가 없는 것이 없는데 하물며 인간이야 무의미하게 이 세상에 던져진 존재이겠는가?

인간은 특별한 사명과 의미를 가지고 이 세상에 태어났다. 생을 포기하는 것은 신에 대한 배신이다. 신을 배신하지 말고 인생이라는 파도타기를 완주해야 한다. 서울의 한 원룸에서 29세 청년이 자살했고 25세 청년도 자살했다는 비보를 들었다. 얼마나 극한상황에 처했으면 젊음이 넘치는 나이에 자살을 택하였을까? 누구나 부러워하는 명문대 3학년 학생이 목숨을 끊었다는 슬픈 사연을 들었다. 가슴 아픈 비극이다. 절대로, 절대로 삶을 포기해서는 안 된다.

영국에 러셀과 토인비라는 두 석학이 있었다. 러셀은 자기가 인생에서 성공할 수 있었던 것은 연민과 정열이 있었기 때문이라고 하였다. 러셀은 네 번 결혼을 하고 75권의 책을 썼다. 20세기 인류의 사상에 큰 영향을 준 인물이다. 러셀은 자신의 사망 날짜까지 예언한 학자였는데 자기가 예언한 날짜를 지나서 7~8년이나 더 살았다. 네 번 이혼한 러셀은 반도덕적 인물로 낙인 찍혀 영국에서 교수직을 얻지 못하고 미국으로 가서 교수직을 구하려고 하였으나 미국에서도 그를 받아 주는 대학이 없어 다시 영국으로 돌아왔다고 한다. 지금 생각하면 웃기는 이야기이지만 그때는 그렇게 보수적인 시대였다. 역사 연구의 석학 토인비는 자기가 성공할 수 있었던 것은 오래 살았기 때문이라고 하였다. 자기 동기들은 전쟁터에 나가 거의 50% 이상이 사망하였는데 자기는 오래 살았기 때문에 연구를 계속하여 세계적인 역사학자가 될 수 있었다는 것이다. 21세기는 황인종의 시대가 될 것이라는 그의 미래세계의 진단은 필자에게 엄청난 충격으로 다가왔다. 21세기 중국은 G2로 급부상하여 미국을 누르고 세계 제1의 강대국의 꿈을 불태우고 있다.

필자는 태어날 때부터 병약하여 평생 사선을 넘나들며 살고 있다. 지금까지 살고 있는 것도 기적이라고 생각한다. 위장병으로 피골이 상접하여 시체같은 몰골로 대학을 다니던 3학년 때 회계학 교수가 강의 중 "위장병은 절대 나을 수 없는 병이다. 어제 한강에서 한 여대생이 위장병으로 고생하다가 투신 자살하였다"는 이야기를 하였다. 나는 절망했다. 큰 충격이었다. 내 인생에는 청춘이 없었다. 병을 치료하지 못하고 이렇게 지옥에서 살 바에야 나도 그 여학생처럼 가는 것이 삶의 고통에서 해방되는 길이 아닐까 생각했다. 그 여학생이 투신했다는 한강교에 갔다. 무심히 흐르는 한강물을 바라보며 20대에 투신자살이라니 가슴이 막막했다. 그때의 심정을 이 세상의 무슨 말로 표현할 수 있겠는가. 그때 한 아저씨가 다가왔다. "자네 여기서 뭐하고 있어? 자살하는 것은 죄악이야. 신은 뜻이 있을 거네. 돌아가서 다시 살아보게." 그는 강하게 나의 등을 떠밀었다. 회계학 교수의 말처럼 나의 위장병은 불치병이 되었지만 나는 사선을 넘나들면서 아직 살고 있다. 그래도 생각해보면 그때 한강에 투신한 것보다 눈물 어린 삶이었지만 포기하지 않고 살아서 자신을 위해서 세상을 위해서 조그만 일이라도 하고 사는 것이 의미 있는 인생이 아닌가 한다.

오늘의 한국사회를 생각하면 너무 암울하다. OECD 국가 중 자살률 1위, 노인 빈곤층 1위, 노인 자살률 1위, 2014년 청년층 자살이 2,340명이라고 한다. 대학 4학년 강의실에는 웃음이 없다. 어떤 코미디 같은 이야기를 해도 영혼을 빼앗긴 사람들처럼 멍하니 앉아 있다. 삶의 출구가 막혀 있기 때문이다. 안타까운 현상이다. 해방, 6·25, 4·19, 5·16, 5·18이라는 역사의 격동기를 겪으면서 말할 수 없는 고통 속에서 고난을 겪고 살아온 기성세대는 젊은 청년들에게 기대를 걸고 그들의 미래를 믿었었는데 한국의 청년들은 꿈을 잃고 방황하고 있다. 너무도 안타까운 현실이다. 일과 사랑은 인간 삶의 2대 기본명제인데 그 길은 보이지 않고 세상은 어수선하다. 57만 명의 대학생이 졸업을 미루고 휴학을 하면서 방황하고 있다. 이러한 비극의 극복은 한국사회의 민족적 과제인데 그 일차적 책임을 지고 있는 사람들은 우왕좌왕하고 있다. 청년들이여 그래도 죽지 말라. 앞문이 막히면 뒷문이 열리는 것이 인생의 섭리다. 두드리는 자에게 출구는 반드시 있다.

병마에 신음하던 나의 젊은 시절은 정말 가난했다. 대학 3학년 때 5·16이 일어났는데 그때 한국의 국민소득은 80$이었다. 지금 세계에서 국민소득 80$인 나라는 아마도 없을 것이다. 그런 빈곤 속에서 병마에 시달리면서 희망을 버리지 않고 살았다. 이것이 인생인가 자탄하며 살다 보니 꿈이 현실로 다가올 날이 오기도 했다. 어떤 질병보다 더 무서운 질병은 삶을 포기하는 질병일 것이다. 마음으로 질병도 치유할 수 있고 고난도 이겨낼 수 있다. 마음의 치유 의사는 바로 나 자신이라는 것을 명심해야 한다.

대부분의 사람들이 은퇴할 시기에 삶을 포기하지 않고 제2의 인생을 살았던 한 화가를 생각해 보자. 드가라는 화가는 60세가 되어 화가로서의 인생을 되돌아보니 남의 그림을 복사하고 살았던 아무 의미 없는 복사기 인생이었다는 것을 깨달았다. 그는 자신만의 무엇을 만들어 보기로 결심하고 새로운 화가의 길을 걷기로 했다. 과거의 삶에 등을 돌리고 어두운 작업실에 틀어박혀 있다가 마침내 남들에게 보여주거나 팔기 위한 작품이 아닌, 자기 자신을 위한 특별한 무엇인가를 창조하기로 결심하였다. 그는 작업실에서 쫓겨난 뒤 눈이 멀고 외로움과 절망에 빠져서 83세로 비참하게 생을 마감하였다. 그러나 60세부터 생을 마감할 때까지의 20년 동안 위대한 작품을 남긴 위대한 화가로 다시 환생하였다. 그의 인생 20년은 고행의 길이었지만 그 고행 길을 포기하지 않고 노력했기 때문에 무명의 복사 화가에서 위대한 창조의 화가로 재생할 수 있었던 것이다.

빛을 찾아가는 길

사슴이랑 이리 함께 산길을 가며
바위틈에 어리우는 물을 마시면

살아있는 즐거움의 저 언덕에서
아련히 풀피리도 들려오누나

해바라기 닮아가는 내 눈동자는
자운 피어나는 청동의 향로

동해 동녘 바다에 해 떠오는 아침에
북받치는 설움을 하소하리라

돌 뿌리 가시밭에 다친 발길이
아물어 꽃잎에 스치는 날은

푸나무에 열리는 과일을 따며
춤과 노래도 가꾸어 보자.

빛을 찾아가는 길의 나의 노래는
슬픈 구름 걷어가는 바람이 되라.
— 조지훈 —

색　인

저자약력

성균관대학교 경상대학
조선대학교 대학원
조선대학교 대학원(경영학박사)
미국 University of Texas at Austin 경영대학원 연구교수
신용보증기금 경영지도위원
광주경실련 공동대표
금호고속 인력개발고문
전남대학교 경영대학장, 경영대학원장
전남대학교 사회교육원장
전남대학교 대학원장
한국인사조직학회 부회장
한국경영학회 부회장
대한경영학회 회장
현재   전남대학교 명예교수
        광주대 이사, 광주방송 사외이사
        (사)평화아카데미 이사장

저   서
조직행위론(박영사, 1985)
의사결정의 분석(한국경제신문, 1986)
환경변화와 중소기업의 대응전략(중소기업중앙회, 1987)
인사관리론(공저, 경음사, 1988)
중소기업경영론(박영사, 1991)
조직행동론(박영사, 1992)
현대중소기업경영론(박영사, 1998)
인적자원관리(공저, 법문사, 2001)
인간관계론(박영사, 2003)
중소기업의 창업과 경영(공저, 박영사, 2005)
경영의 이해(공저, 박영사, 2006)
예방경영의 인생을 위하여(오래, 2012)
역사는 강자의 편이었다(마인드탭, 2018)

수상경력
산학협동상 수상(1988)
광주 민주유공자

제 3 판
지식사회의 인간관계 — 인공지능시대의 인간경영

초판발행	2009년 3월 10일
개정판발행	2010년 8월 10일
제3판중판발행	2019년 11월 1일

지은이	김종재
펴낸이	안종만·안상준

편 집	마찬옥
기획/마케팅	이영조
표지디자인	박현정
제 작	우인도·고철민

펴낸곳	(주) **박영사**
	서울특별시 종로구 새문안로3길 36, 1601
	등록 1959. 3. 11. 제300-1959-1호(倫)
전 화	02)733-6771
f a x	02)736-4818
e-mail	pys@pybook.co.kr
homepage	www.pybook.co.kr
ISBN	979-11-303-0781-7 93320

정 가   29,000원

2010년 대한민국학술원 우수학술도서 선정